Litschau
Heidenreichstein
Raabs a. d. Thaya
40 Schrems
Gmünd
Vitis
Gross-Siegharts
Weitra
Retz
41
Laa a. d. Thaya
Poysdorf
Allentsteig
Horn
Eggenburg
42
Zwettl
Gars am Kamp
Sitzendorf a. d. Schmida
Hollabrunn
Mistelbach
Zistersdorf
Hohenau a. d. March
Ernstbrunn
Dürnkrut
Gaweinstal
Gföhl
Langenlois
Krems a. D.
Weinviertel
Wolkersdorf
Stockerau
Korneuburg
Gänserndorf
Tulln
Klosterneuburg
Deutsch-Wagram
Marchegg
Marchfeld
Tullner Feld
Herzogenburg
Dunkelsteinerwald
Wachau
Weinsberger Wald
Waldviertel
47 Wien
Gross-Enzersdorf
Hainburg
St. Pölten
Melk
Pöchlarn
Pöggstall
39
Ybbs a. d. D.
Grein
Strudengau
Machland
Schwechat
Fischamend
Himberg
Kittsee
Wilhelmsburg
Altlengbach
Wienerwald
Mödling
43
45
44
Baden
Traiskirchen
Bruck a. d. Leitha
49
Zurndorf
Mannersdorf a. Leithageb.
Neusiedl a. See
Gols
Bad Vöslau
Ebenfurth
Leithagebirge
Purbach a. Neusiedler See
Frauenkirchen
48
Andau
Eisenstadt
Rust
Illmitz
Apetlon
Seewinkel
Wr. Neustadt
Mattersburg
Steinfeld
Hohe Wand
Berndorf
Pernitz
46
Hainfeld
Altenmarkt a. d. Triesting
Türnitz
Mank
Wieselburg
Scheibbs
Amstetten
Kematen
38
Ybbsitz
Waidhofen an d. Ybbs
Seitenstetten
Haag
Strengberg
St. Valentin
Enns
Perg
Steyregg
Linz
35
Leonding
Traun
Ansfelden
Marchtrenk
Wels
Welser Heide
Neuhofen a. d. Krems
Sierning
37 Steyr
Bad Hall
Ternberg
Kirchdorf a. d. Krems
Grieskirchen
Eferding
Peuerbach
Haag a. Hausruck
Ried i. Innkreis
Ampflwang
Lambach
Schwanenstadt
Attnang
Vöcklabruck
Vorchdorf
Gmunden
St. Georgen i. Attergau
Ebensee
Bad Ischl
Totes Gebirge
Bad Goisern
Bad Aussee
Dachsteingeb.
30
29
Höllengebirge
Oberösterreichische Voralpen
Sengsengebirge
Eisenwurzen
Lunz am See
Göstling a. d. Ybbs
Mariazell
50
Kräuterin
Schneealpe
Rax
Schneeberg
Puchberg a. Schneeberg
Ternitz
Gloggnitz
Neunkirchen
Bucklige Welt
Wechsel
Aspang Markt
Krumbach
Deutschkreutz
Oberpullendorf
Mürzzuschlag
Veitsch
Langenwang
Hochschwabgruppe
Eisenerz
Liezen
Admont
51
Haller Mauern
Ennstaler Alpen
Stainach
Irdning
Rottenmanner Tauern
Trieben
Triebener Tauern
Eisenerzer Alpen
Kindberg
St. Lorenzen
Fischbacher Alpen
Friedberg
Joglland
Pinkafeld
Günser Geb.
Oberwart
Rechnitz
Trofaiach
Kapfenberg
Bruck a. d. Mur
52
Birkfeld
Leoben
Hochalpe
Seckauer Alpen
Frohnleiten
54
55
Weiz
Pischelsdorf
Hartberg
Stegersbach
Knittelfeld
Gleinalpe
Deutschfeistritz
Zeltweg
Judenburg
Gleisdorf
Sinabelkirchen
Ilz
Fürstenfeld
Güssing
Graz
53
Köflach
Bärnbach
Voitsberg
Stubalpe
Lieboch
Kalsdorf
Feldbach
Paldau
Fehring
Jennersdorf
Bad St. Leonhard
Stainz
Wildon
Deutschlandsberg
Sausal
Leibnitz
St. Peter a. Ottersbach
Gamlitz
Mureck
Bad Radkersburg
Leutschach
Koralpe
Saualpe
Seetaler Alpen
Radstadt
Altenmarkt
Schladming
Haus
Schladminger Tauern
Wölzer Tauern
Niedere Tauern
Lungau
Tamsweg
28
Murau
Gurktaler Alpen
Nockberge
Friesach
Hüttenberg
57
58
Althofen
56
Wolfsberg
St. Veit a. d. Glan
Brückl
St. Andrä
Radenthein
Paternion
Treffer
Feldkirchen
59
St. Paul i. Lavanttal
Völkermarkt
Lavamünd
Klagenfurt
Jauntal
Bleiburg
Bad Bleiberg
Villach
Velden
61
Arnoldstein
Finkenstein
60
Ferlach
Karawanken
Rohrbach
Ulrichsberg
36
Rainbach i. Mühlkreis
Bad Leonfelden
Freistadt
Mühlviertel
Sarleinsbach
Altenfelden
Oberneukirchen
Neumarkt i. Mühlkreis
Ottensheim
Pregarten
Bad Zell
Unterweißenbach
Königswiesen
St. Georgen a. Walde
34
Münzkirchen
Sauwald
Schärding
Kopfing im Innkreis
33
Andorf
Donau
A1
A2
A4
A7
A8
A9
A10
A11
A21
A22
A25
N
0 10 20 30 40 km
© Kartographie: werbeagentur geografik, graz, 0804
geografik
www.geografik.at

Peter Pfarl

DIE SCHÖNSTEN WALLFAHRTSORTE ÖSTERREICHS

PETER PFARL

DIE SCHÖNSTEN WALLFAHRTSORTE ÖSTERREICHS

:STYRIA

Bildnachweis:
Willfried Gredler-Oxenbauer: Seite 152
János Kalmár: Seite 143
Gregor Peda, Kunstverlag Peda, Passau: Seite 144
Alle anderen Bilder sind Originalaufnahmen von Peter Pfarl.

Sämtliche touristischen Hinweise sowie Angaben
über Telefonnummern und Mail-Adressen erfolgen ohne Gewähr.

in der Styria Pichler Verlag GmbH & Co KG
www. styriapichler.at

Umschlaggestaltung: Bruno Wegscheider, Wien
Grafische Gestaltung: Andrea Malek, Malanda-Buchdesign, Graz
Druck und Bindung: Mladinska Knjiga tiskarna, Ljubljana, Slowenien
ISBN 3-222-13160-0

Gedruckt auf Hello silk von **sappi**

Inhalt

Einleitung 7

Vorarlberg
1 Rankweil 8
2 Bildstein 11

Nordtirol
3 Kaltenbrunn und Serfaus 13
4 Seefeld 16
5 Wilten 19
6 Maria Waldrast 22
7 St. Magdalena bei Trins 25
8 Absam 28
9 St. Georgenberg bei Schwaz 31
10 Eben am Achensee 34
11 Die Hohe Salve 37
12 Klobenstein 40

Südtirol
13 St. Martin im Kofel 43
14 Riffian 46
15 Trens 49
16 Meransen 52
17 Latzfonser Kreuz 55
18 Maria Weißenstein 58
19 Heiligkreuz am Kofel 61
20 St. Silvester auf der Alpe 64

Osttirol
21 Obermauern 67

Salzburg
22 Salzburg 70
23 Maria Plain 73
24 Großgmain 76
25 St. Wilhelm 79
26 Maria Kirchenthal 82
27 Die Kapelle zu den Drei Wallern in Gastein 85
28 St. Leonhard bei Tamsweg 88

Oberösterreich
29 St. Wolfgang 91
30 St. Konrad 94
31 Maria Schmolln 97
32 Hart bei Pischelsdorf und Heiligenstatt 100
33 Brunnenthal bei Schärding 103
34 Schardenberg 106
35 Pöstlingberg 108
36 Waldkreuzkapelle bei Helfenberg 110
37 Christkindl 113

Niederösterreich
38 Sonntagberg 116
39 Maria Taferl 119
40 Hoheneich 122
41 Pulkau 125
42 Maria Dreieichen 128
43 Maria Enzersdorf 131
44 Hafnerberg 134
45 Klein-Mariazell 137
46 Mariahilfberg bei Gutenstein 140

Wien
47 Stepfansdom 143

Burgenland
48 Frauenkirchen 146
49 Loreto 149

Steiermark
50 Mariazell 152
51 Frauenberg bei Admont 155
52 Schüsserlbrunn 158
53 Graz 161
54 Weizberg 164
55 Kulm bei Puch 167

Kärnten
56 Hochfeistritz 170
57 Waitschach 173
58 Gurk 176
59 Maria Saal 179
60 Maria Elend 182
61 Dobratsch 185
62 Maria Luggau 189

Literaturverzeichnis 191

Die schönsten Wallfahrtsorte Österreichs

Einleitung

Am Wallfahren fasziniert am meisten die Tatsache, dass dabei Denkmuster und Handlungsformen, die man normalerweise frühesten Epochen der Menschheitsgeschichte zuschreibt, in unserer heutigen Zeit geübt werden. Leute, die sonst vor dem Fernseher oder dem Computer sitzen oder denen die Nutzung des Flugzeugs einen Teil des Alltags bedeutet, kommen unter Opfern zu einem bestimmten Ort, weil sie glauben, sie könnten sich dort Gott und dem Überirdischen annähern, und zwar besser als anderswo. Es sind häufig Orte, die wegen ihrer landschaftlichen Besonderheiten seit vielen Jahrhunderten, ja Jahrtausenden von den Menschen zu kultischen Zwecken aufgesucht wurden und um die sich abenteuerliche Geschichten mittelalterlichen Zuschnitts ranken. Man kann diese nicht glauben, aber sie werden doch für die Stimmung der Örtlichkeiten als maßgeblich und unverzichtbar angesehen.

So kann man wahrlich vom Geheimnis der Wallfahrtsorte sprechen, ein Geheimnis, das sich in zweifacher Weise äußert. Zum einen vermag niemand zu sagen, wie alt die Pilgerstätten tatsächlich sind. Sie wurden von der Kirche adoptiert und adaptiert. Dabei vermied man es penibel, die alten, durch das Christentum überwundenen Anschauungen und Gebräuche auch nur zu erwähnen, geschweige denn sie zu schildern oder zu beschreiben. Daher können diese nur in so undeutlichen und so geringen Spuren erkannt werden, dass viele Deutungen möglich sind und viele Deuter sich aufgerufen fühlten, ihre Meinungen kundzutun. Am populärsten war lange Zeit die Anschauung, in den Wallfahrtskirchen würden in Wahrheit germanische, keltische oder sonstige heidnische Gottheiten verehrt, denen zwar ein christliches Gewand angetan wurde, die aber noch leicht als Freya oder Epona zu erkennen wären. Solche Ansichten wirken heute noch vielfach nach. Sie kommen aber nicht um die Tatsache herum, dass seit den Zeiten dieser Göttinnen und Götter viele generationenlange Zeiträume verstrichen sind, in denen konkrete Erinnerungen unterdrückt, verwischt oder sonstwie ausgelöscht wurden. Was sich aber oft erhielt, waren allgemeine Erinnerungen an die Bedeutung der Plätze, sei es weil sie als Versammlungsorte gedient hatten, sei es weil die Vorfahren hier regelmäßig ihre Feste gefeiert hatten, sei es weil sie einfach als Heil und Segen spendend erachtet worden waren.

Man kann aber nicht alle diese Örtlichkeiten über einen Leisten schlagen. Es ist auch deswegen so reizvoll, sich mit ihnen zu beschäftigen, weil ihre Geschichte und ihre Formen so mannigfaltig sind. Dazu kommt häufig landschaftliche Attraktivität oder künstlerischer Reichtum, sodass sie zumeist auch touristische Bedeutung haben.

Dies alles aber kann ihren Zulauf nicht erklären, das zweite Geheimnis der Wallfahrtsorte. Ich suchte einmal eine hochgelegene, einsame Kapelle mit einem heilsamen Brunnen auf und musste mich das letzte Wegstück durch Schnee empor kämpfen. Oder aber sah ich ein frisch entzündetes Licht; es war also trotz der Unbilden der Jahreszeit schon jemand da gewesen, der sich pilgernd dorthin begeben hatte. Kaum irgendwo fand ich unter den hunderten besuchten Kultorten einen, der nicht mit Blumen geschmückt oder mit Lichtern ausgestattet war, der also keine Zeichen lebendiger Verehrung und Zuneigung aufgewiesen hätte.

Und diese Verehrung nimmt zu. „Die Kirchen werden leerer – die Wallfahrtsorte aber immer voller. Jährlich machen sich zweihundertfünfzig Millionen Menschen auf Pilgerreise. Und ihre Zahl wächst. Neuerdings finden besonders Jugendliche Gefallen an den frommen Strapazen.“ So schrieb vor kurzem eine Zeitschrift in einem Artikel, der überschrieben war: *„Was ist so toll an Wallfahrten?“* Ein Buch kann es nicht schildern, was die Pilger am heiligen Ort erleben. Vielleicht verspüren sie esoterische Kräfte, vielleicht empfinden sie die religiöse Atmosphäre des Ortes als entspannend und wohltuend, vielleicht fühlen sie sich Gott wirklich näher. All dies muss der Besucher selber für sich entdecken. Dieses Buch soll ihm nur Anregung sein. Es kann nur aufzählen, was es alles an den Wallfahrtsorten gibt und wie interessant ihre Geschichte ist.

1

Vom Stammeszentrum zum Landesheiligtum

Rankweil

Kein umgebauter Rittersaal einer Burg, sondern seit eh und je Sakralraum: das Kircheninnere, erfüllt von spiritueller Kraft

Der erste Mai wird in Vorarlberg nicht nur als der Tag der Arbeit begangen; an diesem Tag findet auch die Landeswallfahrt nach Rankweil statt. Obwohl die Veranstaltung heutzutage, wie das nun einmal so ist, nur mehr einen Teil der Bevölkerung anspricht, wurde doch bis in die jüngste Zeit in Reden und Berichten vielfach an der Fiktion festgehalten, ganz Vorarlberg werfe sich der Gnadenmutter zu Füßen, und der Kirchfelsen von Rankweil sei wieder einmal das Herz des Landes. Jedes Jahr bietet der Hügel an diesem Tag ein feierliches Bild. Eindrucksvoll ragt er aus der blühenden Ebene mit ihrem Meer von Eigenheimen und Apfelbäumen, eine andächtig gestimmte Menge steigt zu ihm empor. Glockengeläut, Gebet und Lieder erfüllen die Luft. Ob jemand von den Teilnehmern weiß, dass schon vor zweieinhalbtausend Jahren solche Versammlungen des ganzen Landes in Rankweil stattgefunden haben?

Zumindest dürfen wir solches vermuten, denn in dieser Gegend saß um die Zeitenwende der Stamm der Vennonen, der das obere Rheintal Vorarlbergs und seine Seitentäler ausfüllte, und an der Stelle Rankweils lag seine Siedlung *Vinomna.* „Der Name des Ortes gleicht dem Stammesnamen so auffällig, dass ein Zusammenhang bestehen muss“, folgert der Historiker Benedikt Bilgeri. Man kann also ohne weiteres annehmen, dass sich hier der Vorort der Vennonen erhob. Da wir nicht wissen, wie sie organisiert waren, können wir nicht von einem Häuptlingssitz oder einer Königsburg sprechen, wohl aber scheint die spätere Geschichte des Ortes zu beweisen, dass sich hier zumindest ihre zentrale Gerichtsstätte befand. Es war nämlich ein Gaugericht etabliert, dessen Zuständigkeit bis weit hinein in die heutige Schweiz, ja bis nach Süddeutschland reichte. Aus dem neunten Jahrhundert wird gemeldet, dass hier teilweise noch die alten römischen Rechtsnormen galten. Bis ins 19. Jahrhundert amtierte das Rechtsinstitut in Rankweil, dann verlegten es die bayrischen Besatzer in die nahe Stadt Feldkirch, wo heute noch die höhere Gerichtsinstanz für Vorarlberg zu finden ist, der einzige Fall in Österreich, dass die Hauptstadt eines Bundeslandes nicht der Sitz eines Landesgerichtes ist.

Wenn wir uns der Meinung hingeben, dass dieses schon in der Frühzeit so bedeutsame Institut auf die Antike, ja auf die Zeit der Vennonen zurückgeht, dann gewinnt der Stammeshauptort schon schärfere Konturen. Wenn wir aber in unsere Überlegungen auch noch den berühmten Wallfahrtsort Rankweil einbeziehen, dann wird ein keltisches oder rätisches Stammesheiligtum immer wahrscheinlicher. Freilich darf man die hiesige Gottesmutter nicht als die Nachfolgerin einer altheidnischen Göttin ansehen, denn die Gnadenstatue stammt aus der Zeit um 1460 und wurde erst 1494 der Kirche geschenkt. Zuvor war ein anderer Kultgegenstand verehrt worden, das hochgerühmte „Silberne Kreuz", eine Kostbarkeit romanischer Kunst, um das sich alte Legenden rankten. Es soll von einem wilden Bergbach angeschwemmt worden sein. Über Anraten eines alten Mannes, der sich dann als der Apostel Petrus persönlich entpuppte, legte man es auf einen Ochsenkarren, um es dort, wo die Zugtiere stehen bleiben, aufzustellen. Die Ochsen machten am Rankweiler Berg halt, den Leuten schien es aber bequemer, die Kapelle für das Kreuz im ebenen Bereich anzulegen, worauf das Baumaterial immer wieder durch geheimnisvolle Kräfte des Nachts auf den Felsen vertragen wurde. So entschloss man sich schließlich, den Bauplatz am Kirchhügel zu akzeptieren.

Auch das Silberne Kreuz aber, so kunstreich und alt es sein mag, stammt nicht aus der Zeit vor 1200. Damals war die Epoche der Vennonen schon mehr als tausend Jahre vorüber, sie waren von den Römern unterworfen worden, und die weitere Geschichte des Raumes verlief durch Völkerwanderung und andere Turbulenzen so unübersichtlich wie andernorts auch. Dass sich im 13. Jahrhundert noch jemand an die Götter der alten Kelten und Räter erinnerte, und das Kreuz bewusst an ihrer Stelle auf den Felsen setzte, scheint höchst zweifelhaft.

Wenn eine Epoche, eine Ära, eine Kultur zu Ende gegangen ist, bleibt vor allem die Erinnerung an ihre Feste übrig. Die Feste gehören so selbstverständlich zum Ablauf des menschlichen Lebens, dass man sich meist gar keine Gedanken über sie macht. „Saure Wochen, frohe Feste" sollen nun einmal

Das Silberne Kreuz hat seinen Namen vom Silberüberzug aus dem Jahre 1723. Es birgt ein romanisches Holzkreuz. Der Engelkranz datiert von 1984.

den Inhalt des menschlichen Daseins bilden, diese sind seine bessere Hälfte, denn das Fest ist nichts anderes als der Aufruf an seine Teilnehmer, es sich wohl sein zu lassen. Essen und Trinken gehören meist zum Grundprogramm, dazu kommen Vergnügungen aller Art, von ansprechender Musik bis zur Ausgelassenheit. Ein Fest, das eine Gemeinschaft feiert, bedeutet aber mehr. Es führt Gleichgesinnte oder sonst Zusammengehörige an einen gemeinsamen Ort. Dass sie sich kennen lernen und das Erlebnis miteinander teilen, verbindet sie. Je größer die Gemeinschaft ist, umso mehr wird das Fest ausgestattet mit Lustbarkeit, mit Tanz und Glanz, mit sportlichen Wettkämpfen und Gelegenheit zu Handel und Wandel. Es findet seinen Höhepunkt in religiösen Zeremonien, die sich mitunter bis zur Ekstase steigern können. Gelungene Fest sind denen, die sie erlebt haben, unvergesslich. Noch knapp bevor die letzten Zeugen der alten Monarchie ausstarben, hörte man sie schwärmen von den Feiern zum Geburtstag Kaiser Franz Josephs, und die Parteitage der NSDAP boten schließlich einen bis dahin nicht gekannten Aufwand verführerisch inszenierten Prunkes.

Gesetzt den nicht unwahrscheinlichen Fall, dass die Vennonen an ihrem Hauptort Vinomna von Zeit zu Zeit zusammenkamen, um einen gemeinsamen Stammestag zu veranstalten, dann können wir annehmen, dass es sich so abspielte, wie es die Überlieferungen von zeitgenössischen Festen der Kelten allgemein berichten. Das Repertoire bot den „Kampf der Wagen und Gesänge" und natürlich große Gelage. Voll integriert in den Ablauf, ja dessen Höhepunkt waren die Ehrungen der Götter. Wir können an Opfer und heilige Tänze denken, an Mysterien und Zaubereien der Priester. Von der strikten Einhaltung ihrer Zeremonien hing der Segen für den einzelnen und das Volk ab.

Es gibt genügend Beispiele in der Geschichte, dass sich die Erinnerung an solche Feste hielt, selbst wenn sie aus irgendwelchen Gründen einige Zeit nicht begangen, abgeschafft oder sogar unterdrückt wurden. Auch nach vielen Jahren standen Leute auf, die sie wieder in Schwung brachten, sei es aus abergläubischen Absichten, sei es aus Nostalgie, einfach um die schönen Zeiten wieder aufleben zu lassen.

So wäre es durchaus denkbar, dass auch noch im hohen Mittelalter das Volk auf dem markant aufragenden Felsen von Rankweil zu solchen tradierten Festen zusammenkam und sich davon nicht abhalten ließ, als der Bischof von Chur eine Kastellkirche anlegte. Erst die Aufstellung des Silbernen Kreuz als Devotionsobjekt erregte anscheinend die Gemüter. Sie bedeutete offenbar die endgültige Umwandlung des Berges in eine christliche Andachtsstätte. Durch weisende Ochsen und durch Vögel, die das Baumaterial vertrugen, musste der göttliche Wille nachdrücklich dargetan werden, und so wurde aus Rankweil allmählich ein Wallfahrtsort. Als dann zu Ende des 15. Jahrhunderts die spätgotische Madonnenfigur des Meisters Hans Rueland hierher kam, hatten sich die Wogen längst geglättet, eine besondere Legende rankte sich nicht mehr um die Figur, obwohl sie rasch zum eigentlichen Gnadenbild avancierte, dem mit der Zeit hunderte Gebetserhörungen zugeschrieben wurden.

Schon die Lage und Anlage garantieren, dass Rankweil attraktiv bleiben wird. Der steile Felsenberg überragt eindrucksvoll die unzähligen Gebäude der Ebene. Was man dort hinaufgebaut hat, schaut auf den ersten Blick wie eine verschachtelte, auf knappem Raum errichtete Burg aus, und noch beim Durchschreiten des Torbaues in den engen Innenhof, den Wehrgänge, Arkaden und hohe Mauern einschließen, wird man der Überzeugung sein, dass hier einmal Ritter hausten, wie es bis vor kurzem auch die festgefahrene Meinung vieler Heimatkundler war. Es handelte sich aber stets um einen Sakralbau, zumindest seit der Ära der Churer Bischöfe im 8. Jahrhundert. Allerdings wurde im Lauf der Zeit immer wieder umgebaut und angebaut. Manchmal legte man mehr Wert auf die Wehrhaftigkeit, dann wieder auf Schönheit und fromme Stimmung. So ist es ein Vergnügen, in dem Komplex herumzustreifen, man findet hölzerne Umgänge mit Panoramablick, eine barocke Kapelle von erlesener Pracht, man entdeckt das romanische Silberkreuz, merkwürdige Votivbilder, alte Legendendarstellungen und eine Reihe von unterirdischen Räumen, die fast Höhlen gleichen. In einer von ihnen lebt das Andenken an die bemerkenswerteste Sage von Rankweil auf und zugleich die Erinnerung an das alte, hochberühmte Gaugericht.

Es liegt nämlich in diesem Gelass ein Stein mit tiefen Eindrücken, in die man seine Knie einfügen kann, der so genannte „Gebetsstein des heiligen Fridolin". Der war ein iroschottischer Wandermönch. Er hatte im 7. Jahrhundert am Oberrhein das Kloster Säckingen gegründet. Ein gewisser Urso vermachte ihm Vermögen, starb aber bald darauf, und Fridolin konnte die Schenkung nicht nachweisen, als sie vom Bruder seines Gönners bestritten wurde. Das hiesige Landgericht wurde angerufen und Fridolin wusste, dass er sich in Beweisnotstand befand. Da holte er den toten Urso aus der Gruft, nahm ihn an der Hand und führte ihn nach Rankweil, wo es den Richtern und dem bösen Bruder alle Haare aufstellte, als der Verstorbene eine einwandfreie Aussage ablegte und die Schenkung bestätigte. Wo Fridolin abgebildet wird, hält er das Skelett an der Hand, ein eindrucksvoller Beweis dafür, dass man der Kirche nichts wegnehmen darf, da sonst bei Bedarf selbst die Toten als Zeugen aus den Gräbern geholt werden könnten.

Auf den Höhen von Rankweil lag nun irgendwo – die genaue Stelle kennt man nicht mehr – der Stein mit den Abdrücken. Frauen, welche sich Kinder wünschten, knieten in die Schründe, andere Leute taten es um der Gesundheit willen. Ende des 17. Jahrhunderts brachte man ihn auf den Rankweiler Kirchenberg und deklarierte ihn zum Gebetsstuhl des heiligen Fridolin, in dem er gekniet war, als ihm die Schenkung streitig gemacht wurde. Das Gebet war so intensiv, dass selbst der Stein weich wurde und die Abdrücke der Knie für immer festhielt.

i Der aus der Ebene aufragende Liebfrauenberg ist von der Autobahn Feldkirch–Bregenz aus nicht zu übersehen (Ausfahrt „Rankweil" der Rheintalautobahn).
Tel. 05522/44224
basilika.rankweil@aon.at

2

Heilige Steine im Land der Räter

Bildstein

Die unweit der Kirche befindliche Erscheinungskapelle. Das Relief zeigt die Vision der Kinder.

„Barockkirche Bildstein" kündigt ein Schild neben der Autobahn an, die von Feldkirch nach Bregenz führt, und wer die Augen nach rechts richtet, erblickt sie schon, eine zweitürmige Anlage auf einer Anhöhe. Es lohnt sich, einen Abstecher dorthin zu unternehmen, weniger wegen der stocksteifen, nüchternen Barockkirche, sondern wegen der herrlichen Landschaft. Und deswegen, weil es sich um einen interessanten Wallfahrtsort handelt.

Das Panorama am Platz vor der Kirche dort oben ist wirklich sensationell. Der Blick umfaßt das Vorarlberger Rheintal bis weit hinauf gegen Feldkirch. Darüber erheben sich die Berge von Graubünden und Appenzell. Gegen Norden und Westen breitet sich der Bodensee mit seinen vielgestaltigen Ufern aus. Es verwundert nicht, dass dieses hervorragende Plateau, das, wie es scheint, irgendwann einmal künstlich eingeebnet wurde, einst ein Versammlungsplatz für die Bewohner der ganzen Gegend war. Der Topograph Johann Jakob Staffler, der 1847 das Land gewissenhaft beschrieben und aus verlässlichen Quellen geschöpft hat, berichtet, sie hätten hier „die größten Märkte, die Beratungen in Feindsgefahr, die Maien- und Fasnachtsgerichte abgehalten". Wenn das stimmt, dann fanden hier auch ihre Feste statt und wohl auch die Rituale zur Verehrung ihrer Götter. Und wie es häufig vorkommt, wäre die Saga von den großen Tagen daran haften geblieben und hätte bewirkt, dass mit dem Lauf der Zeit ein christlicher Wallfahrtsort daraus wurde. Hier kam aber noch etwas anderes dazu: Der Stein, der „Bildstein", der dem Ort später seinen Namen gab.

1379 wird die Gegend, die früher „Steußberg" oder einfach nur „Berg" hieß, unter dieser Bezeichnung erwähnt. Es muss also schon damals ein markantes Denkmal, nämlich ein Bild auf einem Stein, gegeben haben. Dieser Stein ist heute noch vorhanden, ein dunkler Sandsteinfelsen, der etwa eine Viertelstunde Weges unterhalb der Kirche zutage tritt und über eine Länge von etwa fünfzig Metern an der Oberfläche sichtbar bleibt. Der Weg vom Talort Rickenbach herauf steigt dort ziemlich steil an und verläuft über diesen Sandstein, in den Stufen eingehauen sind. Der rechts vom Weg gelegene Teil des Felsens fällt jäh zu einer Wiese ab. Die Gegend hat einen eigenen, etwas düsteren Reiz und ist sicherlich seit eh und je den Leuten, die der Bergeshöhe zustrebten, aufgefallen. Mehr noch, wir dürfen annehmen, dass das Gebilde für sie kultische Bedeutung hatte.

Um das Wesen solcher Steine zu erfassen, ist es nicht zu weit ausgeholt, wenn man bis in die Steinzeit zurückgreift, in jene Zeit, als die Megalithkultur, die, wie heute vermutet wird, eine matriarchalische Struktur hatte, den „Kult der großen Steine" über Europa verbreitete. Die Leute verehrten damals eine Muttergöttin, welche sich im Schoß der Erde ausdrückte. Aus ihr entsteht alles Leben, zu ihr kehrt alles zurück. Ihre stärkste Emanation fand diese „Mutter Erde" in den Steinen, die, wenn sie eindrucksvoll genug waren, als heilig angesehen wurden. Der Schweizer Kulturhistoriker Kurt Derungs vermutet, alteuropäische Volksgruppen, die nicht von den Indogermanen überlagert wurden, hätten diese mutterrechtlichen Gedanken der Megalithzeit weitergeführt und die Verehrung der großen Steine bis in die geschichtlichen Zeiten bewahrt. Zu diesen Reliktvölkern zählt er die Räter, die sicherlich im heutigen Graubünden und den angrenzenden Kantonen, aber vermutlich auch in Vorarlberg siedelten. Gerade im Bündnerland finde man, wie er 1999 schreibt, „eine große Vielfalt des Steinkults, der bis in die letzten Jahrzehnte noch mit einem Brauchtum verbunden war". Und er betont, wie sehr dabei das weibliche Prinzip im Vordergrund stand.

Dafür führt er eine Reihe eindrucksvoller Beispiele an, etwa die Kindersteine, von denen die Mütter die Seelen ihrer Sprößlinge empfingen. Kann man sich diesen Empfängnisort anders vorstellen als weiblich? Oder die Rutschsteine, über welche die Frauen mit nacktem Gesäß hinabgleiten mussten, um Fruchtbarkeit zu erlangen. Sie nahmen die

Kraft der lebenspendenden Muttergöttin in sich auf, wie immer man sich diese vorstellte und wie immer man sie bezeichnete. Es gibt Zeugnisse für eine Göttin mit einem Namen, der so ähnlich wie *Reitia* klang und der dem ganzen Volk den Namen verlieh. Von ihr berichtet ein uraltes, geheimnisvolles Lied in rätoromanischer Sprache und Überlieferung, wie sie über einen Stein rutscht und dabei ihre Blöße zeigt. Der Hirtenbub beobachtet das und erzählt es dem Senner, worauf die hohe Frau das Land verlässt, und dieses dürr und unfruchtbar wird. Aber das Gedicht singt in Wahrheit nicht von *Reitia,* sondern von der heiligen Margaretha, die eigentlich als Jungfrau im weit entfernten Antiochia in der südöstlichen Türkei gemartert und enthauptet wurde, aber ihr Name enthält die Bezeichnung der alten Göttin und so trat sie an deren Stelle, ein einzigartiges Zeugnis vom Fortleben uralter Vorstellungen und von ihrer zwar recht dürftigen, aber deutlich erkennbaren Umformung in christliches Denken.

Ferner gibt es in jenem Teil der Alpen Menhire und andere Steine, die eindeutig weibliche Symbolik tragen, etwa der glattgescheuerte Block von Teglio im Veltlin, dessen Zeichnung so aussieht wie eine stilisierte Mariazeller Muttergottes, oder die konzentrischen Kreise von Carschenna im Hinterrheintal, die an die Spiralen an den steinzeitlichen Tempeln von Malta erinnern. Sie sollen das Auge der Großen Mutter ausdrücken. Derungs berichtet weiters von einem Felsen im Engadin, den man den Steiß der Alten Frau nennt, und dem die Buben einen Kuß aufdrücken mussten. Ein anderer abzuküssender Stein findet sich bei Santa Maria im Tal Mustair.

Mussten sich die heranwachsenden Buben auch beim Felsen von Bildstein auf die Erde werfen, um ihn abzuküssen? Rafften die Frauen ihre Röcke, um mit nackten Hintern über die abschüssige Platte zu rutschen? Davon ist nichts überliefert, weder in schriftlichen Quellen noch in mündlichen Erzählungen. Wir wissen also nichts. Aber der Stein muss seine Bedeutung gehabt haben und er muss weiblich besetzt gewesen sein. Er zeigt rätselhafte Schriftzeichen sowie Kreuze und Näpfchen, und er trug als „Bildstein“ eine Darstellung der Jungfrau Maria. Bemerkenswert ist auch das Drängen der Kirche, deren Verehrung von dem alten naturhaften Kultort wegzuverlegen auf das Plateau auf der Höhe des Berges.

Wir kommen zur offiziellen Entstehungsgeschichte der Wallfahrt. Sie scheint wasserdicht abgesichert durch eine eidliche Aussage, die der Eigentümer der betreffenden Grundstücke, Martin Höfle, am 30. März 1676 vor einer Kommission seiner „allergnädigsten Herrschaft“ und vor dem Ordinarius „ihrer Fürstlichen Gnaden des Herrn Bischof von Konstanz“ ablegen musste. Er berichtete, schon sein Großvater und Urgroßvater hätten eine hölzerne Kapelle anstelle eines Bildstocks errichtet für *unser frawen Bildtlin.* Damit können nur die ersten Anlagen auf dem Bildstein gemeint gewesen sein und tatsächlich sieht man dort die Spuren von Fundamenten. 1629 kam schon, wie berichtet wird, eine Menge Pilger auf den Berg, um Schutz vor einer damals grassierenden Pest zu erbitten. Damals stand an der Stelle der heutigen Kirche eine hölzerne Andachtsstätte, und der damalige Eigentümer Georg Höfle hatte gelobt, sie durch einen Steinbau zu ersetzen.

Da er sich aber damit Zeit ließ, wurden seine beiden Söhne von der Gottesmutter höchstpersönlich aufgefordert, den Vater an das Versprechen zu erinnern. Sie waren damals noch halbwüchsige Buben und wurden an einem Herbstabend bei starkem Nebel in die familieneigene Mühle geschickt. Unterwegs zeigte sich eine Frau „ganz weiß und glenzend wie die Sonn“ und sagte, ein Mann habe sich vorgenommen, eine gemauerte Kapelle zu bauen. Er solle das tun, dann werde die Pest nicht über sein Haus kommen. Die Angesprochenen trauten sich daraufhin nicht mehr nach Hause und nächtigten in der Mühle. Am nächsten Tag schimpfte sie der Vater, sie aber berichteten von der Erscheinung, worauf er nachdenklich meinte, der erwähnte Mann sei wohl er selbst. Er ließ gleich Baumaterial kommen, erkrankte aber kurz darauf und starb. Einundzwanzig Jahre später rief dem Höfle eine Stimme zu: „Martin, bau!“. Als er dann an dem Platz der nunmehrigen Kirche ackerte, versagten ihm seine Ochsen ihren Dienst und waren nicht von der Stelle zu bringen. Das deprimierte ihn so, dass auch er krank wurde. Seine Gattin umschloss daraufhin den Bauplatz mit einem Gatter, offenbar um vor solchen überirdischen Zurufen Ruhe zu haben. In der Folge kam es zur Grundsteinlegung und zum Bau, der von vielen *Guetthätern* finanziert wurde.

Es soll sich also auf Bildstein eine leibhaftige Marienerscheinung zugetragen haben, die später durch eine Erscheinungskapelle und ein Schnitzrelief in Andenken gehalten wurde. Es fällt allerdings auf, dass Martin Höfles Geschichten erst 1679 amtlich aufgenommen wurden, als die Kirche längst stand. Und außerdem – Maria als Kinderschreck, die zwei kleinen Buben solche Angst einjagt, dass sie sich nicht mehr nach Hause wagen und in einer kalten Mühle übernachten? Auch die Botschaft, die sie zur Erde bringt, ist höchst dürftig und es scheint, als hätte das alles nur dazu gedient, um die Kirche am Berg als das wahre Heiligtum der Gottesmutter populär zu machen, und die Leute von dem alten Steinmal wegzubringen.

So ist Bildstein ein berühmter Wallfahrtsort geworden und bis heute geblieben mit Prozessionen, Fahnen und frommen Kirchenliedern wie jenem, das Pfarrer Fusangel seligen Angedenkens einst für den Ort gedichtet hat: „Es kommen die Waller von nah und von fern, zur Helferin aller, zur Mutter des Herrn“. Wer eine andere Art der Frömmigkeit erleben möchte, begebe sich auch zu dem dunklen Felsen am einsamen Waldsteig. Er wird ihn vielleicht als einen Ort der Kraft erleben, so wie die Menschen in der Vorzeit, als Stätte, wo man sich den überirdischen Mächten ebenso nahe fühlen kann wie oben in der Kirche.

i **Ausfahrt „Dornbirn-Nord“ der Rheintalautobahn, dann über Wolfurt. Der alte Kultstein liegt ungefähr 1 km unterhalb der Kirche (Hinweistafel „Zur Gnadenbild Gedenkstätte“ an der Auffahrtsstraße).**
Tel. 05572/58367
pfarramt@maria-bildstein,at

3

Über Berge und Gletscher zum Wallfahrtsort

Kaltenbrunn und Serfaus

Auf der Pillerhöhe in der Nähe von Landeck entdeckte 1992 ein archäologisch interessierter Sägewerksbesitzer zusammen mit einem Bildhauer eine prähistorische Opferstätte. Die Pillerhöhe ist eine Einsattelung in einem Tal, durch das früher der Inn floss, bevor er sich aus irgendwelchen Gründen entschloss, den Lauf weiter nach Norden zu verlegen, wo er mühsam Schluchten durch die Berge graben musste. Als sich die Wissenschaft des Fundes annahm, merkte sie alsbald, dass man hier auf etwas ganz Besonderes gestoßen war. Manche solcher Plätze gibt es in den Alpen, hier aber konnte eine nahezu zweitausend Jahre lang dauernde Benutzung nachgewiesen werden, von der Mittleren Bronzezeit bis ans Ende der Antike.

Es begann mit einem Brandopferaltar, einem Block aus geschichteten Steinen im Ausmaß von drei mal drei Metern und einer Höhe von 1,20 Metern, auf dem Tiere, vornehmlich Schafe, Ziegen und Rinder, den Gottheiten zuliebe dem Feuer übergeben wurden. Es gab den Altar sogar in doppelter Ausführung. In den Spalten des rundum anstehenden Gesteins kamen metallische Opfergaben zutage, Beile, Werkzeuge, Waffen und Schmuckstücke. Man ging nämlich um 500 v. Chr. dazu über, anstatt der blutigen

Im Steilgelände liegt die mustergültig instand gehaltene Wallfahrtskirche Kaltenbrunn.

Tieropfer den Göttern Sachen zu spenden, darunter auch Opferfiguren, die zum Teil sogar aus dem oberitalienischen Etruskerland importiert worden waren. Noch später, in der Römerzeit und danach, brachte man Münzen dar. Als Klingelbeutel, in den sie geworfen wurden, dienten wiederum die Felsspalten. Unterhalb der Altäre gab es eine „Festwiese", einen Platz, an dem sich die Kultgemeinde versammelte.

Wir wollen einen Ortswechsel vornehmen und folgendes mögliche Szenario entwerfen:

Unweit der Pillerhöhe, genau gesagt im nächsten Tal, gab es für die dortigen Bewohner ebenfalls eine solche Anlage, einen tischförmigen Steinblock als Opferstätte, auf dem bis in die christliche Zeit hinein den Göttern gespendet wurde. Man kannte und ehrte ihn auch später noch und hielt das Weidevieh von ihm fern, nicht zuletzt deshalb, weil daneben eine Quelle mit auffällig frischem Wasser entsprang, der man heilende Kräfte zuschrieb. Der Kirche war der Platz nicht geheuer. Mit einem Mal stand ein frommes Zeichen oder Bild auf dem altarförmigen Gebilde, ein Abgesandter der Obrigkeit kam und sorgte dafür, dass die Stätte endgültig christlich wurde. Er errichtete eine Kapelle und eine Hütte für die künftigen Betreuer des Heiligtums.

Wir haben damit exakt die Entstehung des Wallfahrtsortes Kaltenbrunn im Kaunertal nachvollzogen, die sich im Stil der Legendenerzähler etwa in dem vom Pfarrer verfassten Kirchenführer folgendermaßen darstellt: „Der frommen Legende nach fanden Hirten inmitten einer Geröllhalde auf einem tischgroßen Stein eine Muttergottesstatue, um die Roggen und Weizen wuchsen, die vom Weidevieh aber unbehelligt blieb. Außerdem sprudelte an dem Ort – an dem heute der Altar der Gnadenkapelle steht – eine frische Quelle aus dem Berg. Sie gab diesem Ort den Namen Kaltenbrunn. Die Hirten verrichteten vor dieser Marienstatue ihre Andachten und deckten die Statue jeden Winter schützend mit Fichtenzweigen zu. Viele Menschen aus der Umgebung kamen bald voll Vertrauen zu dieser Stätte. So wurde der Ort, wohl auch durch wunderbare Gebetserhörungen, weitum bekannt und zog zahlreiche Pilger an. Später kam Bruder Johannes Macharius, ein frommer Gelehrter, nach Kaltenbrunn. Er erbaute für das Marienbild auf dem Stein eine hölzerne Kapelle und für sich und andere Besucher eine Einsiedlerklause."

Weitere wunderbare Vorkommnisse dienten der Propaganda für die Gnadenstätte. So soll ein Tiroler Ritter in Mailand einen Gegner im Turnier umgebracht haben, worauf man ihn inhaftierte. Er rief Maria an, wurde von seinen Ketten befreit, konnte

Serfaus: rechts die Pfarrkirche, in rechtem Winkel zu ihr die niedrige Wallfahrtskirche, dazwischen der frei stehende Turm

fliehen und begab sich nach Kaltenbrunn, wo er fortan als Eremit lebte. Es wurde auch berichtet, in der Kapelle seien die Stimmen der Engel zu hören gewesen, und geisterhafte Prozessionen weißgekleideter Personen hätten stattgefunden, die sich mit Fahnen und in *hechster Andacht* auf das Heiligtum zubewegten.

So legte man Kaltenbrunn mit der Zeit einen hervorragenden Ruf als Wunderort zu und von weither, speziell aus der Imster Gegend und aus dem Pitztal, kamen und kommen die Pilger. Letztere müssen über das so genannte Wallfahrtsjöchl marschieren. Beim Auf- und Abstieg sind nicht weniger als 1.400 Höhenmeter zu überwinden, ein kraftzehrender Weg von vielen Stunden. Noch gewaltiger ist die Leistung der Wallfahrer aus dem Langtauferertal in Südtirol, die in zwei Tagen über das 2.960 Meter hohe, häufig verfirnte Weißseejoch kommen.

Diese mühevolle Weitwallfahrerei wird noch bemerkenswerter, wenn man bedenkt, dass es in den Herkunftsgebieten dieser Extrempilger allenthalben Gnadenstätten gibt, die sie viel bequemer aufsuchen könnten, wenn ihnen nach himmlischem Segen zumute ist. Im Pitztal etwa liegt die Bichelekapelle. Sie ist ausgezeichnet durch himmlische Weisungen, denn das dort verehrte Marienbild wurde von einem Bettler auf einem Baum gefunden, nachdem ihm ein Engel den Weg gezeigt hatte. Votivbilder künden davon, dass es dem Ort an Heilkraft nicht mangelt. Auch in der malerischen Kirche von Kronburg, einer Anhöhe von Imst und Landeck, kann man auf einem Fresko die wunderbare Heilung eines Kindes bewundern, die auf Fürbitte der dortigen Gottesmutter geschah.

Schließlich befindet sich auch Serfaus nicht weit entfernt, eine durch ihr Alter und ihre mirakulose Entstehung hoch angesehene Wallfahrtsstätte. In diesem, auf einer Hochfläche gelegenen Ort, heute einem Zentrum des winterlichen Jetset, existieren gleich zwei Kirchen nebeneinander bei einem freistehenden Turm. Die eine, die Pfarrkirche, zählt zu den üblichen Nordtiroler Barockbauten mit züngelnd ornamentierten Altären, farbenfrohen Gemälden und naiv-

Die Muttergottes von Kaltenbrunn hat ihren Platz in der Gnadenkapelle im Kirchenschiff.

frommen Deckenbildern. Auf einem ist die örtliche Pfarrgemeinde dargestellt, wie sie an den heiligen Josef mit einer Bittschrift herantritt. Der in den Wolken sitzende Patron nimmt solche Petitionen entgegen und notiert auf einer Art Vermerkblatt, dass die Bitte erhört sei. Die zweite Kirche ist ein ungewöhnlich karges, romanisch-gotisches Gebäude, das besonders innen recht altertümlich wirkt. Der Name „Unsere Liebe Frau im Walde“ weist auf den Ursprung hin, auf eine Zeit, als die Gegend dünn besiedelt und wenig erschlossen war. Der Marienfigur am Hochaltar ist hinten die Jahreszahl 427 eingekerbt, sodass man ihren Ursprung auf dieses Jahr zurückführt. Das ist natürlich ganz unmöglich, doch ist die Statue, die aus der frühen Romanik, genauer aus der Zeit um 1300 stammt, ungewöhnlich alt, eines der ältesten aller österreichischen Gnadenbilder. Es soll auf einer Fichte erschienen sein, doch verehrt man auch ein zweites, wesentlich jüngeres Bild und ist sich nicht recht im Klaren, bei welchem von beiden es sich um das vom Baum heruntergeholte handelt.

Es gab also so manche Pilgerziele in dieser Gegend, Ried ist ein weiteres mit seiner Loretokapelle und Fließ, wo sich die Grabstätte eines durch seine Teufelsaustreibungen in Erinnerung gebliebenen und immer noch verehrten Pfarrers aus dem 19. Jahrhundert befindet. Dann gibt es dort noch die Kapelle zur heiligen Philomena, hinter der eine Steinplatte mit fast hundert eingegrabenen Schalen in einen Abgrund hinausragt.

Damit öffnet sich wiederum der Blick in die rätselhaften Kultübungen, die vielleicht aus der Vorzeit stammen. Wir sind thematisch wieder bei den Brandopferplätzen und Steindenkmälern, die hier so häufig vorkommen, dass ein Forscher von der „heiligen Ecke Tirols“ sprach. Alles scheint hier etwas urtümlicher als anderswo. Wenn man die Haufendörfer durchwandert mit ihren alten bildergeschmückten Häusern denkt man an die Nachbarschaft zu den Rätoromanen im nahen Engadin und entsinnt sich des geheimnisvollen Volkes der Räter, die auch am oberen Inn saßen und deren religiöser Sinn sich hier vielleicht mehr verdichtete und der in diesen Tälern offenbar stärkere Spuren hinterließ als in anderen Gegenden.

i **Die beiden Orte liegen sich im obersten Inntal gleichsam gegenüber. Wenn man von Landeck kommt, zweigt links die Straße ins Kaunertal ab, in dem Kaltenbrunn liegt (neben der Kirche der „Kalte Brunnen“ und eine einfache Gastwirtschaft), nach rechts geht es auf das landschaftlich schöne Hochplateau mit Serfaus. Bemerkenswert ist die „Dorfbahn“, welche die Schifahrer vom Dorfeingang zu den Bergbahnen fährt.**
Pfarramt Kaltenbrunn
Tel 0676/6149267
Pfarramt Serfaus
Tel. 05476/6245

Seefeld mit seinem kleinen See und dem Wettersteingebirge im Hintergrund

4

Vom Ritter, der im Kirchenpflaster einsank

Seefeld

Seefeld und Wallfahrt, das passt eigentlich gar nicht zusammen. Bei Wallfahrt denkt man an Buße und Einkehr. Seefeld hingegen ist einer der mondänsten touristischen Orte Tirols, es kommt gleich hinter Kitzbühel und St. Anton. Golfplätze, ein Casino bieten sich an, von Abfahrtsstrecken und Langlaufloipen gar nicht zu reden. Hotels der höchsten Klassen gibt es zuhauf. Hallenbad und Wellnessbereich gehören zu ihnen so selbstverständlich wie anderswo der Frühstücksraum. Reichlich werden Prunk und Komfort geboten, und doch ist der gefälligste Bau des Ortes keine Luxusherberge, sondern die kleine Seekapelle aus dem 17. Jahrhundert, die man am Siedlungsrand pfleglich von Verbauung freigehalten hat und die auf Prospekten und Internetseiten als das Wahrzeichen des Ortes fungiert. Was die Gefälligkeit anlangt, so rangiert gleich hinter ihr die Pfarrkirche, ein edles gotisches Gebäude, das die Bauhütte des regierenden Innsbrucker Erzherzogs im 15. Jahrhundert aufgeführt hat. Da in der Residenzstadt wegen vollständiger Barockisierung von ihren Werken praktisch nichts übrig geblieben ist, stellt die Seefelder Kirche ihr erhaltenes Hauptwerk dar. Dass der Landesfürst seine Haus- und Hofarchitekten hieher zum Kirchenbau abkommandierte, musste seinen besonderen Grund haben.

Die Ursache liegt in dem früher so genannten „weltberühmen Wunder von Seefeld“, das aus dem abgelegenen Weiler – er bestand, wie Laurin Luchner schreibt, „nur aus wenigen Gehöften in einer sumpfigen Gegend mit Hochmooren“ – eine große Attraktion machte. Heute kennt kaum ein Besucher des Ortes die Geschichte von der wunderbaren Hostie, einst verschaffte sie Seefeld Zulauf, Ansehen und Wohlstand.

Sie berichtet vom Ritter Oswald Milser, einer historischen Gestalt, die 1363 beim Übergang des Landes Tirol an die Habsburger eine gewisse Rolle gespielt hat. Er war ein gewalttätiger Typ, der den Abt von Wilten gefangen setzte und dafür eine Zeitlang aus der Kirche ausgeschlossen war. Am Gründonnerstag des Jahres 1384 ließ er sich zu etwas hinreißen, was wir heute als eine große Dummheit betrachten würden, damals aber als ein Frevel der Sonderklasse empfunden wurde. Er verlangte vom Priester, ihn bei der Kommunion mit einer großen Hostie zu bedienen, nicht mit einer kleinen, wie sie die armen Leute bekämen. Der Pfarrer fürchtete den Zorn des Edelmannes und legte ihm die gewünschte Hostie auf die Zunge. In diesem Moment begann diese zu bluten. Der Ritter sank in die Erde ein und versuchte in Panik, sich am Altarstein festzuhalten. Auch dieser wurde weich und nahm die Eindrücke der Finger auf. Erst als ihm der Priester die *mit Bluet und Blauen Bisszeichen unterloffene* Hostie aus dem Mund nahm, festigte sich der Boden wieder.

Der Vorfall erregte erhebliches Aufsehen. Oswald Milser war so betroffen, dass er in das Kloster Stams eintrat, wo er in strenger Buße noch zwei Jahre lebte. Seine Frau aber, anscheinend schlimmer geartet als er, wollte das Wunder nicht wahrhaben, verwies auf einen Hackstock und meinte, aus diesem würden genauso wenig frische Rosen wachsen, wie der Boden unter ihrem Mann nachgegeben hätte. Alsbald trieb das alte Holz Blumen, *worüber sye Rasend worden, und in die Wiltnüssen wie ein Wildes Thyer verloffen ist.*

In Seefeld findet sich eine Anzahl von Erinnerungen an das Ereignis. Am nachhaltigsten prägt sich das mit einem Gitter verschlossene Loch vor dem Hochaltar ein, in dem seinerzeit die Beine des Ritters steckten und in dem man die Abdrücke seiner Füße erkennen kann. Am Altartisch zeigt man die allerdings weniger ausgeprägten Spuren der Finger. Und dann gibt es natürlich die wunderbare Bluthostie. Sie ist heute ein unansehnliches schwarzes Gebilde, was, wie der Mesner sagt, daher rührt, dass sie während des Krieges in einem Stollen aufbewahrt wurde. Dort verlor sie Gestalt und Ansehen. Und doch wird sie, wie es sich gehört, mit Ehrfurcht behandelt. Sie steht in einem gotischen Sakramentshaus und ist mit vierundzwanzig Schlössern versperrt. Der richtige Schlüssel öffnet sie alle auf einmal. Das Behältnis, in dem sie sich befindet, stammt aus dem Ende des 14. Jahrhunderts und wurde von einem Burgherrn von Zirl gespendet.

Und dann gibt es noch jede Menge von Bildern und Dokumenten, die den Vorfall mit Oswald Milser zeigen, dort eine höchst bemerkenswerte Darstellung vom Hofmaler des Kaisers Maximilian, Jörg Kölderer, da ein barockes Fresko, am Kirchenportal ein gotisches Relief. Auf einem Tisch ist eine Dokumentation aufgelegt, die über Anordnung Kaiser Karl VI. angefertigt wurde. Nicht nur auf Deutsch wird darin das Mirakel geschildert, auch in vielen anderen Sprachen, und wenn ein Isländer oder Litauer nach Seefeld kommt, kann er sich die Geschichte vom eingesunkenen Ritter ohne Übersetzung zu Gemüte führen.

Was ist dran an der Legende, die so eifrig dokumentiert und bezeugt wurde? Ich meine, es gibt eigenartige Beziehungen zwischen Seefeld und dem Stift Stams, wo der Ritter Milser seine letzten Tage verbracht hat. Dort existiert eine Heiligblutkapelle, die schon für 1300 bezeugt ist. Sie war zur Aufbewahrung einer wenig zugkräftigen Reliquie bestimmt, für ein Stück Erde aus dem Bereich unterhalb des Kreuzes Christi. Magdalena, die dort den Tod des Erlösers beweinte, habe sie ausgegraben und später nach Europa gebracht, wo sie auf verschiedene Klöster verteilt wurde. Da sich darüber keine besonders intensive Wallfahrt entwickelte, wurde vielleicht dem büßenden Standesherrn ein Hostienwunder angehängt, und zwar in seiner Heimat, dem abgelegenen Nest Seefeld. Dort wurden möglicherweise einige unebene Stellen in Boden und Altar mit Meißelhieben und Legendenerzählungen zu kultischen Denkmälern erweitert. Die Gedankengänge, welche die Gründung von Hostienwallfahrten begleiteten, sind ja oft nur schwer oder gar nicht nachzuvollziehen.

1399 wird erstmals von Gnaden und Wundern des heiligen Sakraments von Seefeld berichtet, ohne dass der bestrafte Edelmann erwähnt wird. Im 15. Jahrhundert wird aber die Szene bereits bildlich wiedergegeben und die bemerkenswerte Fürsorge, welche die Tiroler Landesfürsten dem Heiligtum zukommen ließen, beweist, dass sich hier ein Wallfahrtsort von starker Frequenz gebildet hatte. Seine Schatzkammer war für ihren Reichtum berühmt und enthielt beispielsweise einen silbernen Arm, den der junge König Maximilian gespendet hatte. Dieser

Das Portal der Seefelder Kirche, ein Werk der herzoglichen Bauhütte von Innsbruck um 1470

Die zierliche Seekapelle ist die zweite Wallfahrt von Seefeld. Sie enthält ein wundertätiges Kreuz.

Herrscher, der das Gebiet wie viele andere als Jagdrevier schätzte, entschloss sich, hier ein Kloster zu gründen. Das Gebäude ist heute eines der luxuriösesten und bemerkenswertesten Hotels Österreichs.

Ein besonderer Gönner des Ortes war Erzherzog Ferdinand II., der 1664 durchgesetzt hatte, dass aus Tirol und den westlich davon gelegenen Besitzungen der Habsburger ein eigener Herrschaftskomplex gebildet wurde, den er selbständig verwalten durfte. Er war ein eigenwilliger Herr, der von sich und seinen Ideen überzeugt war und der dagegen nichts aufkommen ließ. Schon seinem Vater hatte er das Leben schwer gemacht, als er sich in den Kopf setzte, unbedingt die Bürgertochter Philippine Welser zu heiraten. Die Finanzen seines Landes ruinierte er durch Sammelwut und Verschwendung. Es war außerdem sein Ziel, die Untertanen wieder ordentlich katholisch zu machen. Er „gebot seinen Beamten, alle Glaubensverdächtigen zu melden und auf die Einhaltung der Fastengebote und den Empfang der Sakramente zu achten. Beichtzettel und Beichtregister dienten der Kontrolle der Untertanen. Wer sich nicht zum katholischen Glauben bekannte, musste das Land verlassen.“ (Josef Riedmann) All dies entsprach nicht nur seiner Überzeugung, sondern diente auch der Festigung der Herrschaft. Dem Bekehrungseifer konnte der Wallfahrtsort Seefeld trefflich dienen, bezeugte doch das hier überlieferte Mirakel die Macht und Wahrheit des heiligen Altarssakramentes, das mit sich nicht spotten ließ. Es widerlegte damit die gegenteiligen Ansichten der Ketzer. Ferdinand ließ durch seinen Hofarchitekten eine Heiligblutkapelle an die Kirche anbauen und bestimmte sie zum Aufbewahrungsort der Wunderhostie. 1583 pilgerte der Fürst zu Fuß von Innsbruck her, wobei ihn seine Gattin und seine Söhne samt der ganzen Regierungsmannschaft und dem Hofstaat begleiten mussten.

Wenn man später vom „heiligen Land Tirol“ sprach und damit nicht nur Religiosität, sondern auch Treue zu konservativem Sinn und zum Haus Habsburg meinte, so geht diese Charakteristik zu einem guten Teil auf das tatkräftige und unduldsame Wirken dieses Mannes zurück, der nicht nur die Andersgläubigen unterdrückte und verfolgte, sondern sich auch wirksame Mittel einfallen ließ, um den Landesbewohnern die katholische Religion schmackhaft zu machen. Dazu gehörte auch das Wunder von Seefeld. Und auf diese Weise ist der Nobelort irgendwann in seiner Geschichte auch eine Tiroler Pilgerstätte gewesen, was man ihm eigentlich gar nicht ansieht, außer man fragt sich in der Kirche, was das seltsame Loch und die eigenartigen Bilder zu bedeuten haben.

i Die Seekapelle liegt am Beginn der Straße nach Mösern und ist ebenfalls eine Wallfahrt. Im nahen Mösern Prachtblick aufs Oberinntal und „Friedensglocke“.
Pfarramt, Tel. 05212/2319-0

5

Maria unter den vier Säulen

Wilten

Einmal im Jahr wird dem internationalen Publikum in den Medien eine Teilansicht des Innsbrucker Stadtteils Wilten präsentiert und zwar ausgerechnet der Friedhof. In den ersten Jännertagen findet nämlich immer das Springen auf der Bergisel-Schanze statt. Da ist es üblich, einen Springer von oben mit Teleobjektiv und angenähertem Hintergrund so abzulichten, als würde er auf das Gräberfeld hinuntersegeln und dort landen. Dazu lassen sich die Journalisten mehr oder weniger geistvolle Reflexionen einfallen wie „Tod springt mit" oder „Wo alles endet". Beim Sprungevent aber denkt niemand an den Tod. Es ist eine Veranstaltung des Lebens. Je mehr Leben herrscht, umso besser, die Leute wollen schließlich etwas erleben.

Würden die Reporter ihre Fotoapparate etwas tiefer ansetzen, dann könnten sie den Sportler in die Basilika von Wilten springen lassen, und der Bildtitel würde vielleicht lauten „Sprung in den Himmel". Aber das würde auch nicht stimmen. Diese Kirche ist ebenfalls ein Ausdruck des Lebens. Einen lebensvolleren Festsaal als diesen Raum kann man sich kaum vorstellen.

Mächtige Bögen begrenzen eine weite, lichte Halle, exquisiter Stuck überzieht die Decke, die Wände sind in elegantem Weiß gehalten. Goldene Streifen trennen die Raumteile voneinander. Oben aber werden in grandioser Farbgebung und theatralischer Pracht biblische Szenen vorgeführt, mit de-

Am Hochaltar thront Maria unter einem mächtigen Baldachin, der von vier Säulen getragen wird.

Grazie und Theatralik: Deckenfresko des Augsburger Malers Matthäus Günther (1754)

nen die Kirchenpatronin Maria glorifiziert werden soll. „Wie eine Primadonna“ (Egg) tritt ihre Vorläuferin Judith an den Rand eines mächtigen Podiums und hebt den abgeschnittenen Kopf des feindlichen Feldherrn in die Höhe, während das erlöste Volk unten in Jubel ausbricht. Wenn der eine oder andere voller Begeisterung die Arme hochreißt, wenn eine Mutter dem Kind die Retterin zeigt, dann tun sie es alle an der richtigen Stelle, um eine harmonische Komposition zu bewirken. Das geschieht nicht gekünstelt, sondern voll lebendiger Dramatik, und selbst die reizende Mädchengestalt der Himmelskönigin, die über der Szene schwebt, wirkt auch in ihrem höchsten Triumph, in dem sie den Fuß auf die Weltkugel setzt, menschlich und liebenswert. So sind alle diese Deckenbilder gestaltet, heiter und farbenfroh und auch der Bauherr der Kirche, der pausbäckige, rotwangige Abt Norbert Bußjäger tritt auf dem vordersten Fresko unbefangen unter die höchsten Herrschaften des Himmels und überreicht ihnen mit weit ausholender Gebärde wohlgemut einen Bittbrief.

Die Architektur von Altären und Kanzel passt sich dieser lockeren Art vortrefflich an. Die Konstruktion des Hochaltares wird gebildet von vier hohen Säulen, die einen zierlichen geschwungenen Baldachin tragen, darüber schwebt eine mächtige Krone. Dieser Aufbau bildet die Umrahmung für eine spätgotische Madonnenfigur, das eigentliche Zentrum des Kirchenbaues, die Gnadenstatue „Maria unter den vier Säulen“.

1756 wurde die Kirche eingeweiht, zu einer Zeit, als anderswo die Aufklärung schon weit fortgeschritten war. Diese konnte sich in der Folge nicht genug wundern über Tirol, diesen Hort dumpfester Bigotterie, „diese mit ägyptischer Finsternis bedeckten Gegenden“, wie Berichte aus dem Anfang des 19. Jahrhunderts das Land charakterisierten. 1809 werden die Freiheitskämpfer des Andreas Hofer im Rapport eines französischen Generals folgendermaßen beschrieben: „Diese wilden Tiroler steigen mit rasendem Geschrei ins Inntal hernieder, das Kruzifix an der Spitze, mit ihren Priestern, rasend wie Tiere.“ Es ist nicht zu glauben und kann nicht stimmen, dass dieses Land eine Generation nach den Schöpfern so heiter-anmutiger Kirchen nur mehr von wilden, fanatischen Unmenschen bewohnt war. Der Erbauer der Wiltener Kirche, Franz Penz, war ein Pfarrer. Vierzehn Kirchen hat er erbaut. Keine einzige wirkt wie eine düstere Höhle des Aberglaubens. Es sind helle, luftige Räume, in die durch große Fenster die Bäume hereinschauen, dazu die Felsen der Berge und die Wolken des Himmels. Die

Fresken, mit denen man sie fast immer auszierte, sind farbenfreudige, mitunter köstliche Schilderungen. Die Heiligenfiguren zeigen sich nicht als ekstatisch abgehobene Gestalten, sondern als freundliche, verständnisvolle Helfer, von denen man sich Beistand in der Not erwarten kann. Erst im fortschreitenden 19. Jahrhundert setzte jene Welle des Fundamentalismus ein, die dem Land dunkle, weithin freudlose Sakralbauten in neoromanischem oder neogotischem Stil bescherte.

Das 18. Jahrhundert aber war aufgeschlossen gegenüber allen Einflüssen aus den Nachbargegenden, aus Italien, der Schweiz und Bayern. Tirol galt ja seit jeher als klassisches Transitland, als Bindeglied zwischen Nord und Süd. Gerade Wilten bildete einen neuralgischen Punkt, jenen Punkt, wo die Brennerstraße endlich nach beschwerlichen Wegen über Berghänge und durch Schluchten das freundlichere Gelände des Inntals erreichte. Schon die Römer hatten an dieser wichtigen Position ein starkes Kastell namens Veldidena angelegt, das sicherlich einen bedeutsamen Posten darstellte. Solche Örtlichkeiten machte sich auch das frühe Christentum zunutze. Die Legende erzählt, dass Soldaten der in *Veldidena* stationierten *legio fulminata* ein Marienbild unter vier Bäumen verehrt hätten, und zwar genau an der Stelle der heutigen Basilika. Die Figur sei in der Völkerwanderungszeit vergraben und im hohen Mittelalter von einem Bauern namens Lorenz entdeckt worden, der es in Gedanken an seine seinerzeitige Unterbringung – woher wusste er davon? – unter vier Säulen aufstellte. Die braven römischen Wehrmänner, die sich andächtig um Maria scharen, sind zwar in einer anschaulichen Freskodarstellung in der Kirche zu sehen, doch entstammen sie zweifellos der frommen Phantasie, die sich aber um einen wahren Kern entwickelt haben dürfte, denn 1999 entdeckte man bei Grabungen, dass genau unter dem Chorraum der Kirche auch schon die Priester der frühchristlichen Ära ihre Zeremonien abgehalten haben. Es fand sich die Apsis einer Kirche aus dem 5. Jahrhundert.

Vermutlich hatte sich damals im Gelände von Veldidena auch eine Mönchsgemeinschaft eingenistet, deren Patron der heilige Laurentius war. Der Dichter Venantius Fortunatus, der um 565 hier durchreiste, berichtet jedenfalls von einer Kirche dieses Heiligen, die er in dieser Gegend vorfand. Bei einer Renovierung stellte sich heraus, dass man einen Balken zu kurz geschnitten hatte. Als ein Priester den heiligen Laurentius anrief, dehnte sich das Holz aus, sodass es die erforderliche Länge erreichte. Man vermutet, dass es sich dabei um die erste Kirche des Klosters von Wilten handelte, das heute noch etwas östlich der Basilika besteht und mit seiner rot-gelben Färbelung einen dekorativen Blickpunkt bildet. Selbstverständlich war es mit der Wallfahrtskirche eng verbunden. Mindestens seit dem 13. Jahrhundert üben die weißen, wie die Päpste gekleideten Mönche hier die Seelsorge aus.

Es war zweifellos kein ganz leichter Dienst, denn dieses römerzeitliche Kirchenzentrum, das vermutlich die Urkirche des mittleren Inntales war, wurde eifrig von Pilgern aufgesucht. Zu Anfang des 14. Jahrhunderts tauchte dann die Muttergottesstatue auf, wenn auch nicht als antike Figur, die sich aus der Erde buddeln ließ, sondern als Arbeit aus der Zeit um 1330. Dass Wilten im späten Mittelalter ein auch von höchsten Herrschaften geschätzter Zufluchtsort war, beweist das berühmte Votivbild des Herzogs Friedrich IV. von Tirol, das in einer frühen Kopie an einer der Kirchenwände hängt.

Dieser Landesfürst war ein rauher Haudegen, der sich Zeit seines Lebens mit Feinden und Widerwärtigkeiten aller Art herumschlagen musste. Manche Kalamitäten brockte er sich durch eigene Schuld ein, vor allem hatte er sich die schwerste Krise seines Lebens selber zuzuschreiben. Er lebte in der Zeit des so genannten abendländischen Schismas, als drei Päpste gleichzeitig von sich behaupteten, der einzig gültige Stellvertreter Gottes zu sein. Der Kaiser berief ein Konzil nach Konstanz am Bodensee, damit über die Person des Papstes disponiert werde. Dabei favorisierte Herzog Friedrich den falschen Kandidaten. Als dieser die Wahl verlor und abserviert werden sollte, ergriff er mit Hilfe des Tiroler Landesherrn die Flucht. Der wurde zur Strafe in Acht und Bann getan und seiner Herrschaft für verlustig erklärt. Als „Friedl mit der leeren Tasche" kam er in sein Land zurück, musste sich in Bauernhöfen als Knecht verdingen und trat der Sage nach sogar als Straßensänger auf. So viel Romantik machte schließlich auch den Kaiser schwach und Friedrich wurde schließlich wieder in seine Würden eingesetzt.

1427 stiftete der Herzog der Wiltener Kirche zum Dank einen Altar, und damals soll auch das nicht mehr vorhandene Original des Votivbildes entstanden sein. Die Darstellung zeigt den Herzog und seinen Kameraden, den Ritter von Mülinen, wie sie unter dem Schutzmantel der Muttergottes knien, zwei verwegene Typen, die nach ihrem erfreuten Gesichtsausdruck zu schließen, wieder einmal Glück gehabt haben und dies der Protektion zuschreiben, die sie bei der heiligen Maria hatten.

Die späteren Votivbilder sind weniger dramatisch. Sie stammen auch nicht von Fürsten, sondern von einfachen Leuten, die Hilfe in Krankheiten und anderen üblen Situationen erfahren hatten. Heute ist die Sitte, solche Bilder zu malen, weitgehend abgekommen, dafür finden in der Kirche, die 1957 vom Papst zur Basilika erhoben wurde, große kirchliche Veranstaltungen statt. Einzelwallfahrer sollten allerdings außerhalb der Sommersaison kommen, denn der herrliche Bau wird unentwegt von Touristenscharen aufgesucht und bewundert.

Dies ist freilich auch eine Art und Weise, in der eine Kirche mitten im Leben steht und von Leben erfüllt wird, wenngleich sie nicht unbedingt der Intention ihrer Erbauer und Betreiber entspricht. Es werden aber noch genug Leute kommen, für welche ungeachtet des herrschenden Trubels Maria mit ihrem Kind das Ziel ist, das sie als die Quelle des Lebens anrufen.

i **Am südlichen Stadtrand von Innsbruck. Besuchenswert ist auch die Stiftskirche und natürlich der nahe gelegene Bergisel (Andreas-Hofer-Denkmal, Gedenkstätten und imposante Flugschanze).**
Basilika, Tel. 0512/583385
pfarre-wilten@stift-wilten.at

6

Waldrast halten beim heilsamen Wasser

Maria Waldrast

2641 Meter hoch liegt diese Wallfahrt in einer Region, die sonst den Almen vorbehalten ist.

Es ist ein einprägsames Wandern vom Stubaital hinüber in die Waldrast. Zur rechten Hand steigen die Felsen der Serles auf, eines Berges, der wegen seiner Schönheit zu den Berühmtheiten Tirols zählt. Hier ist man ihm nahe wie sonst nirgends. Hat man das Gasthaus Sonnenstein passiert, dann hört sozusagen die Zivilisation auf. Es gibt nur noch den Bach, den Wald und den Berg, und natürlich den steinigen, mühsamen Weg, der steil und lange emporführt. Und doch fanden sich früher Leute, die jede Woche diesen Marsch auf sich nahmen, um den Wallfahrtsort Maria Waldrast zu besuchen, wie jener Knecht, von dem berichtet wird, er habe bei einer Quelle immer gerastet und sich mit dem Wasser erfrischt. Zur Belohnung für solche opferreiche Pilgerei spendete ihm der Brunnen plötzlich reines Gold, und eine Stimme sprach, er werde davon immer wieder bekommen, solange er sein Glück bescheiden genieße. Als er einmal größeren Finanzbedarf hatte und mit einem Eimer anrückte, endete der Segen. Die Quelle aber führt immer noch den Namen Goldbrünndl. So hat der prächtige Weg auch seine Mysterien.

Nach langem Aufstieg gelangt der Wanderer schließlich zu einem Sattel und unter sich sieht er mit einemmal die Waldrast liegen. Der erste Gedanken dürfte wohl sein, dass ihn die Zivilisation wieder eingeholt hat. Ein riesiger Parkplatz tut sich auf, eine Wasseranlage, bei der geschäftige Leute mit Plastikgefäßen hantieren oder mit nackten Beinen herumsteigen, ferner nimmt er ein mächtiges Kloster mit Gastwirtschaft wahr, auf deren Terrasse es sich die Gäste wohl sein lassen. Die Kirche wirkt daneben fast bescheiden und unscheinbar.

Einen gegensätzlichen Eindruck erhält der Besucher, wenn er sich mit dem Auto von Matrei her nähert. In endlosen Kurven führt die schmale Straße aufwärts. Und wenn man endlich am Ziel angekommen ist, meint man, das Ende der Welt erreicht zu haben, so hoch und so einsam gelegen zeigt sich das Heiligtum, hinter dem die waldige Anhöhe des Waldraster Jöchls ansteigt. Die wilde, ungangbar erscheinende Serles schließt das Bild ab. Und wiederum taucht die Frage auf, was die Menschen wohl bewogen hat, ausgerechnet an diesem exponierten Fleck die Muttergottes zu verehren und auf beschwerlichen Wegen von weither zu ihr zu pilgern.

Die Sage tut sich leicht mit einer Erklärung. Sie ist allerdings ungewöhnlich alt, dürfte direkt auf das späte Mittelalter zurückgehen und wirkt daher noch unlogischer und noch weniger nachvollziehbar als andere derartige Erzählungen. Es wird berichtet, im Jahre 1392 habe die Jungfrau Maria einen Engel auf die Erde geschickt. Dem dürren Stock eines Lärchenbaumes soll dieser befohlen haben: *Du stockh sollest der Frauen im himmel bild fruchten!* Wie dieses Wunderzeichen geschah und wie es publik wurde, bleibt völlig offen, denn erst fünfzehn Jahre später, am Ostersamstag des Jahres 1407, bemerkten zwei Hirten das heutige Gnadenbild, das aus dem Baumstrunk herausgewachsen war und mit Äxten herausgehackt werden musste. Man brachte es in die zuständige Pfarrkirche nach Matrei. Die Statue, um die es hier geht, ist selbstverständlich kein rohes hölzernes Idol, das aus einem Baum herausgeschlagen wurde, sondern ein zwar volkstümlich einfaches, aber säuberlich geschnitztes Bildwerk, das nach Ausweis der Fachleute auf die Zeit um 1420 bis 1430 zurückgeht.

Matrei muss für die damaligen Menschen irgendwie eine unsympathische Form der Amtskirche verkörpert haben, denn ebenso wie die Wohltäter des nahe gelegenen St. Magdalena bei Trins der Pfarre keine Einnahmen aus dem Wallfahrtsbetrieb gönnten, beließ man auch die wunderbar aufgefundene Marienstatue von der Waldrast nicht im obrigkeitlich verordneten Gotteshaus. Eine Stimme befahl dem Holzknecht Christian Lusch zu Pfingsten des Jahres 1429, für die Figur eine Kirche zu bauen. Der arme Mann fühlte sich vollkommen überfordert und erwiderte, das bringe er niemals zustande. Doch in der nächsten Nacht kam die Stimme wieder, und auch in der übernächsten mit dem Befehl: *Im Wald ist ein gruen Fleck im Mosz, da leg dich nyder und rast, so wird dier wol chund gethan die rechte stat.* Dieser vage Hinweis (denn grüne Flecken im Moos gibt es im Wald zuhauf) soll den Namen des Ortes erklären. Der Mann fand tatsächlich die gewünschte Stelle, und als er dort „Waldrast" hielt und eingeschlafen war, vernahm er plötzlich Glockengeläut. Im Aufschlagen der Augen erblickte er einen Moment lang die Jungfrau Maria in weißem Gewand mit dem Kind auf dem Arm. Er meldete das Erlebnis der örtlichen Geistlichkeit. Diese verwies ihn an den Bischof von Brixen. Der Kirchenfürst gab in einer Urkunde die Erlaubnis für den Bau einer Kirche in dem Berggebiet und setzte auch noch einen Sammelbrief auf, damit die nötigen Gelder beschafft würden. Die beiden Dokumente stammen aus dem Jahr 1409, sodass auch hier wiederum die eigentümlich genauen Datierungen in der Sage mit der Realität nicht übereinstimmen. Über solche Ungereimtheiten setzte sich das Volk großzügig hinweg. Als wichtiger empfand es die Tatsache, dass schon bei jener Prozession, in der die Marienstatue in die eben fertiggestellte Kirche getragen wurde, zwei blinde Personen das Augenlicht erlangten und dass seither die Wunder nicht aufhörten, sodass selbst Leute, die in der Ferne von den Türken gefangengehalten waren, auf die Kraft der Waldraster Muttergottes vertrauten und von ihren Fesseln befreit wurden.

Die weitere Geschichte der Waldrast kennzeichnen extreme Höhen und Tiefen. Wie Gustav Gugitz berichtet, war es üblich, dass die Tiroler Landesfürsten den Wallfahrtsort im hohen Almgebiet regelmäßig aufsuchten. Bei den Opfern, welche sie der heiligen Maria widmeten, erwiesen sie sich weder als kleinlich noch als phantasiearm. Kostbare Kleinodien wie Monstranzen und Kelche wanderten ebenso hinauf in die Hochregion wie die zu Messgewändern umgearbeiteten Hochzeitsroben der Prinzessinnen oder die langen blonden Haare einer Erzherzogin, die ihr abgeschnitten worden waren, als sie ins Kloster ging. Der direkte Nachfahre dieser generösen Herrschaften, Kaiser Joseph II., hatte mit Pilgerorten weniger im Sinn. Er ließ die Kirche sperren und hob das daneben bestehende Kloster des Servitenordens auf. Die Marienfigur wanderte in die Pfarrkirche von Mieders im Stubaital, wo ihre Verehrer Gelegenheit gehabt hätten, sie ohne die Mühe des Bergganges zu besuchen. Sie zogen aber weiterhin hinauf auf die Höhe und verrichteten ihre Gebete bei den allmählich verfallenden und zu Ruinen sich wandelnden Baulichkeiten. „Es zeigte sich", wie Karl Lukan treffend bemerkt, „an diesem Bergheiligtum beeindruckend, wie sehr die Magie eines bestimmtes Ortes

Trinken, Augen- und Füße waschen, Kneippen – für alles ist das heilsame Wasser gut.

Maria Waldrast: Blick gegen die Brennergegend

wirkt, dass sie sogar stärker sein kann als ein wundertätiges Gnadenbild". Natürlich waren die Leute mit dem Zustand nicht einverstanden. Sie setzten es schließlich durch, dass nach vielen Jahren die Klostergebäude wieder instandgesetzt werden konnten. Die Örtlichkeit wurde wieder geistlichen Zwecken zugeführt und durch die Rückstellung des Marienbildes komplettiert. Die nächste Aufhebung erfolgte 1941 durch die Nationalsozialisten. Diesmal stand das Schicksal der Gnadenstatue im Mittelpunkt des Interesses. Zwei Burschen brachen nächtens in die versperrte Kirche ein, holten das Bildwerk und versteckten es, sodass es erst 1945 wieder aufgefunden und im Triumph zurückgeholt werden konnte.

Bei so viel Verwüstung ist es erstaunlich, dass die alte Bausubstanz und die alte Ausstattung einigermaßen erhalten geblieben ist. Beide stammen aus dem 17. Jahrhundert und zeigen den strengen, in Schwarz-Gold gehaltenen Geschmack des frühen Barock. Trotz dieser Nüchternheit ist die Kirche nach wie vor ein rege besuchtes Pilgerziel, besonders beliebt sind Nachtwallfahrten, die während der warmen Jahreszeit monatlich stattfinden.

Es scheint aber, als läge es im Sinne der hier wirkenden Ordensleute, die Wirkung der Andachtsstätte zu erweitern. Harmonien und Kräfte sollen auf den Pilger einwirken, er soll seine Seele mit neuartigen Methoden aufladen und Energien aufnehmen, die er bislang nicht verspürte. In einem gegenüber der Kirche liegenden Gebäude wurde ein Meditationsraum eingerichtet, in dem unter anderem ein Mandala betrachtet werden kann. Mitten darin ist in klassischer Verbindung fernöstlicher und christlicher Frömmigkeit die Reliquie eines Ordensheiligen eingelassen.

Am Auffälligsten aber ist der Kult um das Wasser. Die seit altersher berühmte Quelle von Maria Waldrast entspringt in unmittelbarer Nähe der Kirche. Sie ist heute in ein Kneipp-Becken gefaßt, in welchem die Gäste zu diversen Gesundheitsübungen angeleitet werden, und es rinnt aus einem Marienbrunnen. Es ist, wie in einer Beschreibung versichert wird, „ein hoher Energieträger, wirkt reinigend, kräftigend, regenerierend, harmonisierend". Man soll es daher auf kranke Körperstellen auftragen oder trinken. Wenn man andere Quellen damit anreichert, kann man diese, wie es heißt, mit der Information des Marienwassers aufwerten. Viele Leute füllen es daher in Kanistern ab und bringen es in Mengen in ihre Häuser.

Die Wirkungen des Wassers sind kaum zu objektivieren, auch für den Autor dieses Buches nicht. Und doch könnte man die Auffassung vertreten, es habe schon vor vielen Jahrhunderten sensible Menschen gegeben, die bei diesem Wasser energetische Wirkungen verspürten, ob es nun Einbildung war oder nicht. Und weil es sich da um Leute mit Überzeugungskraft handelte oder weil es viele waren, die solches empfanden, liegt vielleicht darin der Ursprung der heute noch florierenden Wallfahrt zu dem abgelegenen Heiligtum Maria Waldrast.

i Von Matrei an der Brennerautobahn führt eine ca. 9 km lange, schmale und relativ steile Mautstraße nach Maria Waldrast. Man kann auch von Mieders im Stubaital mit der Gondelbahn zum Koppeneck fahren (herrliche Aussicht) und von dort in einer schönen, einstündigen Wanderung zum Wallfahrtsort gelangen. Klostergasthof Tel. 05273/6219 maria-waldrast@aon.at

Im Steilgelände, gegenüber dreitausend Meter hohen Bergen, liegt die Magdalenenkirche.

7

Das abgelegene, kaum zugängliche

St. Magdalena

bei Trins

„Dort leuchtet aus dem dunklen Schoß hoher, jäh abstürzender Felsen ein Kirchlein nieder. Mit Schauder blickt man hinauf, mit Schwindel blickt man hinab!" Johann Jakob Staffler, der um 1840 eine mehrbändige Beschreibung Tirols lieferte und stets für markige Formulierungen seiner Landschaftsszenerien gut war, hat mit dieser Charakterisierung von St. Magdalena im Tal Gschnitz den Nagel auf den Kopf getroffen. Mitten in der steilsten Bergflanke wird man in beträchtlicher Höhe einer einsamen Kirche gewahr und fragt sich, welche Verrücktheit denn in dieser Extremlage ein Bauwerk entstehen ließ, das keinem praktischen Zweck diente und das genauso gut an einem leichter zugänglichen Platz hätte angelegt werden können.

In der Frage, warum diese Kultstätte hier und nicht wo anders gebaut wurde, versagen bei St. Magdalena alle Erklärungen. Der Platz, 400 m über dem Talboden, ist bis heute nur von einer Seite her über einen Fußpfad erreichbar, hier gab es kein Bergwerk und keine Burg, ja auch als Festplatz ist der schmale und abschüssige Vorsprung des Steilabfalls ungeeignet. An eine Besiedlung war dort oben sowieso nie zu denken, ja mehr noch, in den Zeiten, auf welche das Bauwerk zurückzugehen scheint, ist das ganze Tal noch kaum besiedelt gewesen. Von einem können wir allerdings ausgehen, dass seine Erbauer nicht verrückt waren, sondern dass sie sich wohl etwas gedacht haben.

Das Tal von Gschnitz zweigt bei Steinach von dem zum Brennerpaß führenden Wipptal ab und zieht in seinem Hauptteil in einer Höhe von ungefähr 1.200 Metern dahin. Es galt seit eh und je als besonders rauhe Gegend, geprägt von *auffallend großer Kälte, Schnee, Windt oder Regengewitter,* wie es in einem Schriftstück von 1666 heißt. Die ganze Gegend gehörte bis ins 17. und 18. Jahrhundert zur stundenweit entfernten Pfarre Matrei. Die ersten Höfe wurden 1288 erwähnt, zuvor gab es wohl nur Almen in der „verlassenen, unzugänglichen Bergwildnis". 1471 führte noch nicht einmal ein ständiger Weg ins Tal. Der Wipptaler Heimatforscher Hermann Holzmann, von dem die meisten der hier gemachten Angaben stammen, wunderte sich daher mit Recht, dass offenbar St. Magdalena schon vor der Dauerbesiedlung des inneren Gschnitztals bestanden hat.

Das hohe Alter ist hier keine Wunschvorstellung romantischer Kultplatzforscher, sondern eindeutig bewiesene Tatsache. Es blieb nämlich eine Urkunde aus dem Jahr 1307 erhalten, laut welcher die Ehefrau des damaligen Tiroler Landesherrn, die Königin Anna von Böhmen und Polen, *dem Sant Magdalena gotzhaws auf dem perg* eine jährliche Schenkung aus den Einkünften der Salinenbetriebe von Hall machte. Die Spende sollte jeweils dem Priester zukommen, der *dem allmächtigen Got in dem selben gotshaus dient,* und wenn dort ein Priester nicht vorhanden wäre, solle sie den einheimischen Kirchenverwaltern übergeben werden, keinesfalls aber dem Pfarrer von Matrei. Holzmann schließt daraus, dass es damals schon regelmäßigen Gottesdienst oben auf dem Schrofen gab. „Das abgelegene, kaum zugängliche St. Magdalena" hatte also zu dieser Zeit bereits einen eigenen Geistlichen, während selbst der wichtige Straßenort Steinach erst 1397 einen solchen bekam.

Merkwürdig scheint dabei der Gegensatz zur angestammten Pfarre Matrei, der aus der Urkunde herauszulesen ist. Offenbar passte der dortigen Geistlichkeit die hiesige Kultstätte nicht. Der Grund dafür könnte darin liegen, dass St. Magdalena auf heidnische Zeiten zurückgeht und dass dort die früheren Bräuche und Anschauungen lebendiger geblieben waren als in den übrigen Talorten, die für die Seelsorger leichter greifbar waren.

Das in ferne Zeiten weisende Alter ist also evident und ergibt sich auch aus Bauresten und Fresken, von denen noch zu reden sein wird. Ansonsten aber treffen die Merkmale, die man gemeiniglich für heidnische Kultstätten als charakteristisch ansieht, nicht zu: Das Magdalena-Heiligtum liegt nicht auf einer markanten Kuppe, die jedem Anreisenden ins Auge springt, es hat keine beherrschende Position. Wer nichts davon weiß, dem fällt es vielleicht gar nicht auf, so sehr verbirgt es sich im waldigen Steilgewände. Es bleibt neuerlich die Frage, was die Menschen hinauf getrieben hat auf diesen unauffälligen, entlegenen Fleck. Es wird von einer Quelle berichtet, die einst hinter dem Altar entsprang und sich in einem steinernen Becken sammelte. Es dürfte sich aber um ein kümmerliches, unansehnliches Gerinne gehandelt haben, und so ist man verleitet, sich auf der Suche nach Erklärungen an die Lehre von den Kraftplätzen, geomantischen Linien und rechtsdrehenden Gewässern zu wenden. Diese ist laut Jörg Purner zwar von einer „wissenschaftlich untragbaren Atmosphäre von Leichtgläubigkeit, Kritiklosigkeit und mangelnder Selbsteinschätzung" eines Großteils der praktizierenden Anhänger in Verruf gebracht worden, doch hat gerade dieser Wissenschafter sie durch Forschungen auch wieder etwas salonfähig gemacht. Er hat sich besonders mit St. Magdalena

Fresken der Brixner Schule im Inneren (um 1400): links die letzte Kommunion der in ihre Haare gehüllten Magdalena, rechts kniet sie vor Christus und wäscht ihm die Füße.

im Gschnitztal befasst und im älteren Teil des Baues, dem westlichen, eine markante symmetrische Kreuzung von Strahlungslinien festgestellt, ebenso im Chor nahe der erwähnten Quelle, dort aber in eher unregelmäßiger Form. Aber was hat es mit einem solchen Kraftplatz auf sich? Spürt jemand heute noch seine Wirkung? Öffnet sich sein Mund, wenn er auf die „Linie der Beredsamkeit" in St. Magdalena tritt? Reckt und streckt sich der Besucher unwillkürlich auf der Wachstumslinie? Oder müssen wir annehmen, dass unsere Vorfahren ein anderes Empfinden für solche Energiezonen hatten, das uns heute abhanden gekommen ist, das sie aber damals veranlasste unter unsäglichen Mühen an einem schwierigen Gelände eine Kirche zu bauen?

Selbst wenn es so gewesen wäre, bleibt die Frage, wie sie in einem unbewohnten wilden Tal auf diesen kleinen Gebirgsvorsprung gestoßen sind, der ihnen durch Kraftlinien und womöglich durch ein besonderes Wasser körperlich und seelisch gut tat. Darüber könnte eventuell die Sage Auskunft geben. Sie berichtet, ein Adeliger aus dem Lande jenseits des Brenners habe so viel Sünde auf sich geladen, dass er eines Tages aus Reue beschloss, irgendwo eine Kirche zu bauen. Er belud einen Esel mit dem erforderlichen Geld und ließ ihn frei dahin ziehen. Das Tier marschierte durch manche Täler und zuletzt nach Gschnitz, wo es am Fuß des bewussten Berges zusammenbrach. Also schritt man dort zum Bau. Die Arbeit ging aber nicht recht voran, weil sich die Zimmerleute laufend verletzten. Man beobachtete, dass Vögel die blutigen Späne forttrugen, hinauf auf die Höhe, wo man bei der Nachschau „ein schön geschnitzeltes Bild der heiligen Magdalena fand". Vielleicht bringen diese sagenhaften Vögel und der Esel hier die Intuition zum Ausdruck, welche die Leute bewog, den Ort der Kraft auf dem Berg zu finden. Vielleicht aber bedeuten sie, so wie meistens, die göttliche Weisung, einen heidnischen Kultplatz in eine christliche Andachtsstätte umzuformen.

Denn dass dieser Ort seit langer Zeit in Verehrung stand, beweist auch die Tatsache, dass die Bewohner der weit entfernten Dörfer Patsch und Ellbögen alljährlich den langen Marsch zur Magdalenenkirche unternahmen, womit sie vornehmlich gutes Wetter und Verschonung von widrigen Winden erflehen wollten. Sie pflegten auch das so genannte „Sunnebeten", das war eine Wallfahrt, die bei lang anhaltender Nässe hieher getan wurde. Man unternahm diese Prozessionen also des guten Wetters wegen. Wenn der Kultort auf heidnische Zeiten zurückgeht, muss es dort offenbar irgendeine heilige Frau gegeben haben, irgendein überirdisches weibliches Wesen, irgendeine Göttin, die man des Wetters wegen verehrte. In christlichen Zeiten wurde aus ihr Maria Magdalena, die Jüngerin Jesu aus dem Evangelium, die wegen ihrer reichlich geflossenen Reuetränen zu einer Wetterpatronin avancierte.

Die heilige Magdalena, „hingestreckt wie eine Filmdiva", mit Totenkopf und Salbgefäß (1. Hälfte des 19. Jahrhunderts)

Eine archaische Darstellung der Magdalena ist immer noch an der Wand des Gotteshauses als Fresko zu sehen. Sie breitet ihre Hände zum Gebet aus und wirkt wie eine urtümliche Götterfigur. Sie stammt aus der Zeit um 1200, und jener Bauteil, in dem sie sich befindet, wird als vorromanisch angesehen. Er stammt somit tatsächlich aus einem Zeitalter, als diese Täler noch kaum besiedelt und die Leute noch kaum christlich waren, und damit wird in St. Magdalena das, was man bei den meisten derartigen Kultstätten nur vermuten kann, zur Gewissheit.

Der Kunstfreund findet aber auch aus späteren Jahrhunderten Interessantes in diesem einsamen Gotteshaus. In schönen, gut erhaltenen Fresken der Brixner Schule aus dem 15. Jahrhundert wird das Leben der Kirchenpatronin vorgeführt, wie sie ihrem Meister Jesus die Füße mit Tränen wäscht, wie sie die letzte Kommunion vor ihrem Ableben aus den Händen ihres Bruders Lazarus empfängt, und wie sie als Einsiedlerin von Engeln emporgehoben wird und schon als Lebende den Glanz des Himmels erfährt. Sie lebte nämlich in späteren Jahren als Büßerin in der Wüste. Eine Liegefigur aus dem 19. Jahrhundert führt sie uns als solche vor, eine schöne Frau mit langen nackten Beinen, hingestreckt wie eine Filmdiva. So mancher Gläubige mag durch diesen Anblick aus seiner Andacht abgeschweift sein.

Wenn der Besucher hinaustritt aus der Kirche, steht er vor einer gewaltigen Bergwelt. Manche Gipfel sind dreitausend Meter hoch, andere knapp darunter, lauter imposante Felsmassive mit Wänden und Wildbächen. Wenn aber die Gschnitzer vom „Berg" oder „Bergl" schlechthin sprachen, dann meinten sie seit jeher nicht den Habicht mit seinen 3277 Metern und nicht die eindrucksvolle Kirchdachspitze, sondern die unauffällige Bergkanzel, auf der die Magdalenenkirche steht. Und auch das lässt eigentlich tief blicken.

i **Von Steinach an der Brennerautobahn ins Gschnitztal. Der lohnendere Aufstieg zur Kirche St. Magdalena beginnt am Kirchplatz von Gschnitz (1 ½ Stunden, steil).**
Gasthaus, Tel. 05275/5372
pranger@hotmail.com

8

Die Muttergottes im Fensterglas

Absam

1796 spielte Andreas Hofer noch keine Rolle, auch die Befreiung des Vaterlandes war noch kein Thema. Aber bleierne Furcht und Unruhe hatten sich über Tirol gelegt, denn die Leute kam das Gefühl an, die Welt sei aus allen Fugen geraten.

Nachdem dem Land eine längere Periode des Friedens und des wirtschaftlichen Aufschwungs beschert gewesen war, fiel es dem Kaiser im fernen Wien ein, sich an Religion und geheiligten Traditionen zu vergreifen. Kirchen, die man dringend brauchte, um irgendwelche Nothelfer anzurufen, wurden als nicht mehr benötigt gesperrt, ja viele sollten abgerissen werden, Klöster wurden aufgehoben, Wallfahrten verboten, und sogar die Wehrverfassung, die auf Kaiser Maximilian selig zurückging, wollte dieser unfassbare Monarch umändern. Bald kamen noch schlimmere Nachrichten aus Frankreich. Der König und die Königin waren wie Verbrecher geköpft worden, gotteslästerliche Parolen wie Freiheit und Gleichheit wurden von dort aus verbreitet. Armeen zogen aus, um der Welt das angebliche Glück der Revolution zu bringen, und im Sommer 1796 standen sie unter ihrem jungen Oberbefehlshaber Napoleon Buonaparte in Oberitalien bereit, von Süden her in Tirol einzumarschieren und eine Verbindung zu ihren in Deutschland kämpfenden Truppen herzustellen.

Aufgeregt traten die Landstände in Bozen zusammen, um den Ernstfall zu beraten und Vorsorgemaßnahmen zu organisieren. Der Prälat von Stams regte an, sich des himmlischen Segens zu versichern, und so gelobten die Deputierten am ersten Juni 1796 feierlich, dass im ganzen Land künftig das Herz-Jesu-Fest in würdiger Weise als Festtag gefeiert werde. So hatte der Zeitgeist der Aufklärung in das Gegenteil umgeschlagen. Eine Welle der Religiosität erfasste die Bevölkerung und ließ sie Zutrauen fassen, dass ihr in der Not der himmlische Beistand nicht versagt bleiben werde. Als der Winter kam, wurde die Lage immer prekärer. Das österreichische Militär kassierte gegen die Truppen der Revolution eine Niederlage nach der anderen, nur die Tiroler Schützen konnten Erfolge registrieren. Ungeachtet dessen wurde der Vorstoß in das Herz des Landes erwartet.

Ein kleiner Ausschnitt aus der Fülle von Bildern in der Votivtafelkapelle von Absam

Am siebzehnten Jänner 1797 am späten Nachmittag saß in dem kleinen Dorf Absam bei Hall die achtzehnjährige Bauerntochter Rosina Bucher in der Stube und nähte. Als sie zum Fenster sah, erblickte sie, so wird berichtet, plötzlich in der Scheibe ein einem Kupferstich ähnliches Abbild eines Frauenkopfes, das vorher nie jemand gesehen hatte. Sie hatte gleich die richtige Idee und rief: „Mutter, schau, im Fenster ist ein Bild der Muttergottes!" Das war das Wunder von Absam, das sogleich ungeheures Aufsehen erregte und auf den Wehrwillen des Tiroler Volkes enormen Einfluss übte.

Das Bild der „Muttergottes im Glas" ist auf einem Seitenaltar der Kirche ausgestellt, innig verehrt von den einen, misstrauisch beäugt von den anderen. Sie sehen eine kleine graue Scheibe, in der, wenn man sie von der richtigen Seite her anblickt, gegen den unteren linken Rand zu ein Frauengesicht mit großen Augen zu erkennen ist. Angeblich wurde die Darstellung, nachdem sie sich gezeigt hatte, abgewischt und abgewaschen, doch ließ sie sich nicht entfernen. Das Volk erachtete das sofort als ein Wunder, alles begab sich zu dem Haus und bestaunte die frisch erschienene Muttergottes. Der Fensterflügel wurde ausgehängt und zur allgemeinen Besichtigung aufgestellt. In den höheren Rängen der Geistlichkeit und gar unter den Professoren der Universität und den Beamten hatte sich die Aufklärung schon so weit festgesetzt, dass sie dieses Treiben nicht dulden konnten. Das wunderbare Glas wurde nach Innsbruck geschafft, damit dort eine natürliche Erklärung für das Phänomen gefunden werde. Was damit geschah, wissen wir nicht genau. Es gibt kein Untersuchungsprotokoll und keine Zeugenaussagen. Auf alle Fälle neigte das Kollegium zur Ansicht, eine wunderbare Entstehung sei nicht anzunehmen. Inzwischen rumorte es in Absam gewaltig. Es wurde auf den Straßen und in den Wirtshäusern herumgeschimpft und den Herren, die das Wunderding unter Verschluss hielten, Schlimmes angedroht, bis diese es verschreckt herausgaben. Seither befindet es sich in der dortigen Kirche.

Eine Bäuerin mit ihrem Viehstand. Dass alles gesund ist, dankt sie der Absamer Muttergottes.

Die ganze Untersuchung hatte nicht viel mehr als einen Monat gedauert. Ihr Abbruch verhinderte nicht nur eine nachvollziehbare Analyse, man ging auch der Frage nicht nach, wie die Darstellung auf die Scheibe gelangt sein könnte. Zumindest tat man es nicht gründlich. Der örtliche Glaserer wurde befragt. Er gab an, er habe seinerzeit das Fenster eingesetzt und auch später noch damit zu tun gehabt. Er konnte sich aber nicht erinnern, jemals etwas Auffälliges daran bemerkt zu haben. Es handelte sich zudem um den Innenflügel. Eine Manipulation von außen her war also auszuschließen. Die Hausbewohner waren biedere, gut beleumundete Leute, denen es nicht zuzutrauen war, dass sie ein so kompliziertes Phänomen fabriziert hätten. Sie waren nach der Erscheinung in Furcht geraten, denn sie hielten sie vorerst für ein böses Omen und meinten, dem Vater oder dem Sohn, die beide im Bergwerk arbeiteten, sei etwas zugestoßen. Heute verweist man vielfach auf die merkwürdige Tatsache, dass das Marienbild mit keiner anderen zeitgenössischen Darstellung etwas gemeinsam hat, sie ist stilistisch einmalig. Früher wurde noch vorgebracht, dass die Art des Kopftuches mit jener übereinstimmt, die bei den christlichen Frauen des vorderen Orients üblich ist.

Es bleiben also noch genug Fragen um das Absamer Gnadenbild zu klären. Die Sache wird dadurch nicht einfacher, dass in den Jahren nach 1797 etliche Nachahmungstäter auftraten, die behaupteten, an ihren Fenstergläsern hätten sich ähnliche Mirakel gezeigt. Insgesamt sieben Mal soll das passiert sein. Am siebten März 1807 erschien das dornengekrönte Haupt Christi in Mariahilf in Innsbruck, am vierundzwanzigsten März 1812 die heilige Maria in der Schneeburggasse in Hötting. Sie wurde von den Behörden dermaßen gründlich untersucht, dass das Glas zerbrach. Eines dieser seltsamen Scheibenbilder ist noch erhalten. Es stammt vom Haus eines Webers im Ortsteil Fuchsloch in Thaur, einem Dorf nahe bei Absam, und wurde im Jahr 1802 entdeckt. Der Zulauf hielt sich anscheinend in Grenzen, sodass der Hausbesitzer eine andere Art suchte, um aus der geheiligten Scheibe Nutzen zu ziehen. Er verkaufte sie an einen Interessenten in Ehrwald an der Zugspitze, dem es auch nicht recht gelang, das Glasbild populär zu machen. 1965 kam es nach Thaur zurück und kann an einem Seitenaltar der Pfarrkirche besichtigt werden. Es wurde nie untersucht. Es handelt sich offenbar um ein Machwerk, eine grob aufgetragene Zeichnung, in der man mit einiger Phantasie den heiligen Josef mit dem Jesuskind erkannte. Im Gegensatz dazu kann man dem Frauenkopf von Absam, der den Betrachter mit bannenden Augen anblickt, eine gewisse Ausdruckskraft nicht absprechen.

Das eigentliche Wunder von Absam aber liegt in der Wirkung, welche die Erscheinung an der Fensterscheibe ausstrahlte. Wir erinnern uns, dass im Jänner 1797 an der Südflanke Tirols die höchste Gefahrenstufe angesagt war. Die Franzosen unter ihrem General Buonaparte standen im Begriff, in das Land einzudringen. Am vierzehnten Jänner 1797, drei Tage bevor sich das Bild zeigte, versuchten die kaiserlichen Truppen, sie abzudrängen, wurden aber vor Ri-

An der Kirchenfassade ist das Bild der wunderbaren Fensterscheibe ins Großformat übertragen.

voli nachhaltig geschlagen, mussten die Festung Mantua räumen und damit dem Feind den Weg freimachen. Dessen Vormarsch ging rasch vor sich. Am dreiundzwanzigsten März stand er in Bozen, am ersten April in Brixen. Nun sollte der Landsturm von den nördlich gelegenen Bergen her einen Angriff unternehmen. Er traf bei dem hochgelegenen Dorf Spinges auf die feindlichen Truppen, und es entwickelte sich eine abenteuerliche Schlacht, bei welcher eine Bauernmagd in Erinnerung blieb, die auf der Friedhofmauer stehend mit einer Mistgabel auf die Feinde losging, ebenso wie ein Schmied, der mit der Sense wütete. Jedenfalls behielten die Tiroler in dem erbitterten Ringen die Oberhand und die geschlagenen Truppen zogen es vor, gegen Osten über das Pustertal abzumarschieren.

Die „Schlacht von Spinges" war der erste große Zusammenstoß zwischen den „Kindern der Revolution", die für ihre Ideale zu Feld gezogen waren, und den Männern von Tirol, „fanatischen, gnadenlosen Bauern, die für und um ihre Heimat kämpften" (Magenschab). Entsprechend bedeutsam war die propagandistische Wirkung des Gefechtes. Dass die Verteidiger des Landes dabei Sieger geblieben waren, schrieben sie bald der Hilfe der Muttergottes zu, die sich zweieinhalb Monate vorher in einem Bauernhaus mitten in Tirol wunderbar gezeigt hatte. Das Marienbild von Absam schwebte wie ein Kampfzeichen über den Aktionen des nun folgenden „Heldenzeitalters", der Ära des Andreas Hofer und des aus der Nähe des Gnadenortes stammenden Schützenmajors Speckbacher.

Im Mesnerhaus neben der Kirche ist eine „Votivtafelkapelle" eingerichtet. Ihre Wände sind tapeziert mit einer Fülle jener bunten kleinen Bilder, mit welchen die Menschen ihre Bitten oder ihren Dank an die Muttergottes richteten. Einige dieser Tafeln gehen bereits auf das Erscheinungsjahr 1797 zurück und beweisen, wie schnell sich das Wunder herumgesprochen hat. Auf vielen Malereien sieht man Soldaten, Schützen und Landsturmmänner, die der Madonna auf den Knien ihren Dank für den Schutz in der Schlacht abstatten. Es handelt sich um Erinnerungen an die Kampfzeit, wie man sie auch in anderen Wallfahrtsorten des Landes findet. Sie sind mitunter viel einprägsamer und echter als das heroische Pathos, mit dem spätere Maler den Freiheitskampf glorifizierten. Man sieht etwa, wie die Franzosen hinter einem Landesverteidiger nachknallen, der gerade noch rechtzeitig einen schützenden Wald erreicht, oder wie dem Mesner Jocher von Wilten von einem feindlichen Husaren ein Säbelhieb verpasst wird. Aber auch nach dem Ende der Kämpfe wirkte das Wunder von Absam weiter, oder soll man sagen: wirkte Absam weiter Wunder. Unzählige Bilder berichten von Krankheiten, von Sorgen mit den Angehörigen und dem Vieh, und von anderen Nöten. Und jenen Eheleuten, die 1840 eine solche Tafel stifteten, auf der sie mit ihren Kindern zu sehen sind, war es wohl gleichgültig, wie Maria ins Glas gekommen war. Die Muttergottes von Absam hatte ihnen geholfen – da wäre es sicherlich vermessen gewesen, zu bestreiten, dass sich hier tatsächlich ein Wunder zugetragen hatte.

i **Autobahnausfahrt Hall-Mitte. Der Ort liegt am Nordrand des Inntales, am Fuß der Karwendelberge. Pfarramt, Tel. 05223/57164**

9

Schon vor neunhundert Jahren pilgerte man ins Felsental

St. Georgenberg

Die Abtei St. Georgenberg, hineingebaut in wildes Felsgelände. Im 18. Jahrhundert wurde sie in freundlicheres Gebiet verlegt, die Wallfahrt blieb aber an der alten Stelle.

Wer auf der Autobahn durch das Tiroler Inntal fährt, sieht zwischen Schwaz und Jenbach einen Moment lang in einem tiefen Einriss des Karwendelgebirges Gebäude aufblitzen. Um zu ihnen zu gelangen, muss man zu Fuß über Berg und Tal wandern, an hohen Steinwänden vorbei und über Brücken, von denen die letzte gar aus dem Mittelalter stammt und über eine tiefe Schlucht führt. Sie bildet den einzigen Zugang zu einem alten Stift, das auf einen wüsten Felsklotz aufgesetzt ist. Wer hatte um Himmels willen die Idee, in dieser wenig wegsamen Wildnis eine Wohnung zu bauen und sei es auch für weltabgewandte Mönche?

Bereitwillig gibt die offizielle Beschreibung Auskunft: „In längst vergangenen Tagen lebte zu Aibling in Bayern eine gottesfürchtige Adelsfamilie. Ein Sohn mit Namen Rathold fasste den Entschluss, in stiller Abgeschiedenheit sein Leben Gott zu weihen. Er verließ Familie und Heimat und wanderte in das Land im Gebirge, wie man damals Tirol nannte. Im Stallental, einer wilden Bergschlucht nördlich von Schwaz, fand er wenig oberhalb des rauschenden Wildbachs eine Felsenhöhle, die ihm für sein Vorhaben geeignet erschien. Diese wählte er zur Wohnung." In dieser erbaulichen Tonart geht es weiter bis zu jenem Punkt, wo der gottselige Einsiedler, umgeben von den frommen Gefährten, die sich ihm angeschlossen hatten, am Vorabend von Weihnachten das Zeitliche segnete.

Offiziellen Charakter hat auch die Klosterchronik, deren erste schriftliche Fassung, niedergeschrieben um 1480 vom gelehrten Abt Kaspar Augsburger, Folgendes erzählt: *Der selb edlen herren* (nämlich jener von

Aibling*) einer, des nam Got bekanndt ist, hat jm fürgenommen, Got dem allmächtigen ze dienen und im auserwölt eine höle gehawen in einen velß, darin er lange zeit gelegen und allen menschen unbekannt gewesen und Got fleißigklichen gedient,* Wenn man weiß, welch hohen Stellenwert der Gründer eines Klosters gemeiniglich hatte und dass er zumeist als dessen Übervater verehrt wurde, nimmt man mit Staunen zur Kenntnis, dass der Chronist im 15. Jahrhundert seinen Namen nicht zu nennen wusste und sich mit der Floskel behalf, dieser sei Gott bekannt. Bei der hohen Intelligenz, die dem Abt Augsburger nachgesagt wurde, kann man ihm durchaus unterstellen, dass er seinen Lesern Geschichten servierte, die er eigentlich selber als unwahr durchschauen konnte. Die Höhle, in welcher der Stifter jahrelang gehaust haben soll, ist ein schattiges Loch im Steilgelände, in dem es auch ein robuster Mann höchstens ein paar Tage aushalten würde. Es wird dann auch erzählt, wie der Einsiedelmann zu weiten Pilgerreisen aufbrach, wie er sich in Rom zum Priester weihen ließ und wie er schließlich bis Compostella gelangte. Von dort nahm er ein Marienbild mit, das er zu seiner Andacht in der Grotte aufstellte; es soll das bis jetzt verehrte Gnadenbild sein. Man bedenke, die Geschichte spielt im 10. Jahrhundert. Die Statue war zur Zeit der Abfassung der Chronik gerade erst fünfundsechzig Jahre alt!

Auch die Art, wie das Kloster entstanden sein soll, fällt aus dem Rahmen des Üblichen. Zwar zeigt das Geschehen zunächst den gewohnten Ablauf der Legende: Rathold, allmählich alt und kränklich geworden, sucht mit seiner Einsiedlergesellschaft eine freundlichere Bleibe. Der auserwählte Bauplatz findet jedoch nicht die Zustimmung des Himmels. Vögel müssen das Baumaterial auf den Felsen im Stallental vertragen, der göttliche Wink wird befolgt und es entsteht das Kloster in seiner extravaganten Lage. Dann aber heißt es weiter, es seien *vil edle herren und edelleut hinauffkommen und in yeder (hätte) auff dem velß ein hauß gebawet,* woraus man schließen kann, dass am Anfang nicht unbedingt gottesdienstliche Bauten, sondern Burgen oder Adelshäuser standen. Heute noch heißen die Trakte des Klosters nach diesen Rittergeschlechtern Schlitterer, Säbener und Freundsberger Stock.

Rathold, der den spätmittelalterlichen Klosterchroniken dem Namen nach unbekannt war, scheint eine Erfindung späterer Zeit zu sein. Um 1480 wurde eine Grabplatte mit seinem Namen gefunden. Erst aus dem späten 18. Jahrhundert gibt es spärliche Denkmäler, die ihm gesetzt wurden, eine damals auf den Hochaltar gestellte Statue sowie ein kleines Gemälde auf einem klostereigenen Gebäude am Achensee. Die

Ein kleines Stück hinter der Klosteranlage steht die gotische Lindenkirche.

spätere Geschichtsschreibung hat der sagenhaften Figur immer mehr Realität beizubringen versucht, und die Haushistoriker des 20. Jahrhunderts versuchten, ihn in die zeitlichen Ereignisse einzupassen. Einmal wurde vermutet, er sei Großgrundbesitzer mit romanischen Vorfahren gewesen, dann mutierte er zum Wehrdienstverweigerer, der sich in der tiefsten Bergwildnis versteckte, um nicht gegen die Ungarn ausziehen zu müssen.

Es stellt sich die Frage, ob man diesem Rathold überhaupt so viel Bedeutung beimessen soll. War er nicht etwa bloß eine künstliche Gestalt aus späteren Jahrhunderten, die meinten, ein ordentliches Kloster brauche eben eine ansehnliche Gründerfigur? Die Fabulierfreude mittelalterlicher Kleriker war bekanntlich groß. Passende Sagen wurden von einem Ort auf den anderen übertragen, und so formte sich in St. Georgenberg die Geschichte von den frommen Einsiedlern in den Erdlöchern, die aus Spanien ein Marienbild importierten, und von weisenden Vögeln, die ihnen zeigten, wo die Kirche hingehört. Ist es nicht viel naheliegender, von der merkwürdigen Überlieferung auszugehen, edle Herren hätten sich hier ihre Ansitze gebaut, und anzunehmen, am Anfang von St. Georgenberg sei eine wehrhafte Burg gestanden, ein Herrschaftszentrum für die nähere und weitere Umgebung. Der Felsen ist ja auch für eine solche Anlage bestens geeignet, isoliert und uneinnehmbar. Wir wissen, dass an vielen Wohnstätten hochedler Geschlechter nebenbei Gemeinschaften von Klerikern bestanden, aus denen sich später Klöster entwickelten, als die Herren abzogen und die Gebäude den Geistlichen überließen. Denken wir an Melk, Klosterneuburg oder Lambach. Und vielleicht war der markige Felsen im Stallental immer schon ein magischer Platz, zu dem die Bewohner des Unteren Inntales seit langer Zeit schon in Prozessionen zogen, sei es, um hier ihre Götter zu verehren, sei es, um den Herren des Gebietes einen rituellen Besuch abzustatten, sei es, um beides zu tun.

Denn solche Prozessionen sind in St. Georgenberg schon zu einer Zeit bezeugt und beschrieben, wie es sonst kaum wo vorkommt, nämlich bereits im 11. Jahrhundert. Zwar stellt die Chronik des Abtes Augsburger den Anfang dieser Züge so dar, als seien die andächtigen Christen über die Errichtung der *wirdigen abtey*, die im Jahr 1138 erfolgte, so begeistert gewesen, dass sie es sich nicht nehmen ließen, alle Jahre hierher zu wallen, doch stimmen alle heutigen Geschichtsschreiber darin überein, dass die Anfänge der Prozessionen zumindest um die Jahrhundertwende anzusetzen sind, sohin knapp nach der Zeit des sagenhaften Rathold und noch vor der Klostergründung.

Damals existierte noch kein Gnadenbild. Auch der später so hochgeschätzte Reliquienbestand des Klosters wurde erst ab ungefähr 1100 angesammelt. Die Leute besuchten einfach die Stätte. Sie kamen aus dem ganzen Unterland, dem Machtgebiet der Herren, das vermutlich auch noch Aibling in Bayern einschloss. Oder handelte es sich um das Gebiet eines Stammes, das vom Wipptal bis ins Bayerische reichte? Schon früh wurden die Kreuzzüge einer Ordnung unterworfen, die uns bis heute überliefert ist. Wir wissen daher, welche Pfarren kamen, welcher Tag für jede von ihnen festgelegt war und wie ihr Besuch ablief. Es handelte sich um einen kollektiven Zug mit Anwesenheitspflicht. Aus jedem Haus, „aus welchem der Rauch aufsteigt“, sollte wenigstens ein Mann dabei sein. Es mussten Opfergaben mitgebracht werden, meist Geld, Getreide, Wachs oder Käse. Dafür gab ihnen der Klostervorsteher „Ehrungen“, also Geschenke, so wie eben ein Lehensherr mit seinen Untertanen verfuhr. Nach mannigfachen Gebetsübungen, aber wohl auch nach Geselligkeit und Abwechslung, kehrten die Leute in ihre Heimatdörfer zurück.

Nachdem sich die Kirche als alleinige Instanz auf dem Felsblock etabliert hatte, überwog allmählich der rein religiöse Charakter der pfarrlichen Märsche. St. Georgenberg wurde im Lauf der Zeit mehr und mehr mit attraktiven Kultstücken ausgestattet. Da gab es zunächst Reliquien in reicher Fülle, es wurden hundertzweiunddreißig Stück gezählt, darunter ein Schulterblatt der heiligen Magdalena, die Sandalen des heiligen Georg, ein Stück des Stabes, mit dem Moses die Wogen geteilt hatte, und ein Haar der Muttergottes. Im Jahr 1310, in wirtschaftlich angespannter Situation, widerfuhr der Abtei das Glück eines sensationellen Wunders. Ein Priester hatte an der Gegenwart Christi im Altarsakrament gezweifelt, und mit einemmal hatte der Wein am Altar Blutsgestalt angenommen. Die Heiligblut-Monstranz ist heute noch erhalten, in exzellenter Goldschmiedarbeit umrahmt sie ein Glasröhrchen mit der Wunderflüssigkeit, die zweihundert Jahre nach dem Mirakel noch so frisch war, „als wäre sie gerade aus einer Wunde vergossen worden“. Im Jahr 1415 wurde in der hinter dem Kloster gelegenen „Lindenkapelle“ ein zeitgenössisches Marienbild aufgestellt, dem von jetzt an die Aufmerksamkeit der Gläubigen galt. In den Votivbildern und im Buch von den Gebetserhörungen wird kein einziges Mal der alte Patron der Anlage, St. Georg, angerufen, schon gar nicht der Lokalheilige Rathold, sondern einzig und allein „Maria unter der Linde“.

St. Georgenberg ist ein normaler Wallfahrtsort geworden, den nur noch seine romantische Lage vor den anderen auszeichnet. Die Gruppenzüge wurden mit der Zeit seltener, die individuelle Andacht trat in den Vordergrund, und in der neuesten Zeit wurden Nachtwallfahrten eingeführt, die in der Wanderung durch die dunklen Wälder und Schluchten ein eindrucksvolles spirituelles Erlebnis bieten.

i In unmittelbarer Nähe der Ausfahrt „Schwaz“ der Inntalautobahn liegt das mächtige Stift Fiecht. Von dort kann man auf schmaler Straße bis zum Weiler Weng fahren und hat dann noch ungefähr 1 Stunde Fußweg bis Georgenberg. Empfehlenswerter ist es, das Fahrzeug in Fiecht stehen zu lassen und den ganzen Weg zu Fuß zu gehen (ca. 1 ½ Stunden). Abstieg über die wilde Wolfsklamm nach Stans und auf Waldwegen zurück nach Fiecht (etwa 3 Stunden).
Abtei Fiecht, Tel. 05242/63276-45
raphael@st-georgenberg.at

Die Kirche St. Notburga steht dort, wo der Talboden des Achenseegebietes steil zum Inntal abzufallen beginnt.

10

„Der himmlisch frohe Tugendsinn macht eine Magd zur Königin"

Eben

Die Landschaft, die sich zwischen dem Tiroler Dorf Eben und dem Achensee ausbreitet, ist auf einem barocken Gemälde an der Decke der dortigen Pfarrkiche wiedergegeben. Man erblickt eine saftige Flur mit Getreidefeldern, Obstgärten und Bauerngehöften in Streulage. Die Gegend war damals eine abgeschlossene Welt. Sie liegt gut vierhundert Meter über dem Inntal und ist vom nördlich angrenzenden Bayern durch den See mit seinen felsigen, kaum gangbaren Ufern geschieden. Die an den Rand gerückte Kirche war natürlich das wahre Zentrum dieser bäuerlichen Siedlung. Wenn sich die Leute dort am Sonntag zum Gottesdienst einfanden, konnten sie am Plafond aufmunternde Sprüche studieren wie: „Arbeit mit Gebet verbunden sind die schönsten Andachtsstunden". Darunter war auch ein Merksatz für ihr weibliches Personal: „Der himmlisch frohe Tugendsinn macht eine Magd zur Königin." Das konnte zwar nicht so wörtlich gemeint sein, weil Derartiges nur im Märchen vorkommt, aber zu einer Heiligen konnte es eine Magd schon bringen, wie hier bewiesen wurde, denn in der Dorfkirche von Eben wird die heilige Magd Notburga als Himmelsbewohnerin verehrt.

Die ländliche Idylle ist heute wie weggeblasen, ersetzt durch ein Konglomerat höchst komfortabler und wohl auch rentabler Touristikbetriebe. Dort, wo auf dem alten Bild die Felder in die Waldungen übergingen, stehen dicht an dicht die Hotels und Pensionen. Die Gegend ist für ein solches Großangebot auch prädestiniert. In ganz Tirol gibt es keinen See wie diesen, dazu wuchtige Berge und reiche Möglichkeiten zum Wintersport. Die Kirche ist allerdings mittlerweile in jeder Beziehung an den Rand gerückt, und die erbaulichen Sprüche nimmt kaum mehr jemand zur Kenntnis und zu Herzen. Die heilige Notburga ist aber immer noch präsent und mit ihr eine Menge Geheimnisse und Rätsel.

Patron der Kirche von Eben war ursprünglich der heilige Rupert. Es hieß aber, sie berge das Grab einer Dienstperson der Grafen von Rottenburg, die aus der nahen Stadt Rattenberg stammte, im Jahr 1313 gestorben war und wegen ihrer Sorge um die armen Leute in besonders geehrtem Andenken verblieb. 1434 wurde der Bau als Kapelle zur heiligen Notburga bezeichnet, und aus einem Ablassbrief des Jahres 1475 kann man schließen, dass diese von Wallfahrern aufgesucht wurde. Als 1718 ein Umbau des Gotteshauses geplant war, beschloss man, das Grab zu suchen. Bergmänner wurden mit der Grabung beauftragt, sie fanden tatsächlich am achten Tag, nachdem sie den Innenraum umgegraben hatten, in der Kirchenmitte ein Skelett, das ordnungsgemäß durch einen Ordensmann, der früher Arzt gewesen war, untersucht und als Restbestand des Leichnams der heiligen Notburga deklariert wurde.

Bei dieser Totenbeschau hatte jemand einen Einfall, der später zu nicht geringer Verlegenheit des örtlichen Klerus führte. Die offenbar bestehende Unsicherheit, ob es sich tatsächlich um die Knochen der Heiligen handle, gab Anlass zu fragen, ob es sich überhaupt um ein weibliches Gerippe handle. Der sachverständige Pater meinte dazu, er könne darüber keine verlässlichen Angaben machen, *weilen iene Gebein, daraus das Geschlecht zum leichtisten khunte unterschiden werden, schon verwösen waren.* Es sei aber bei den Reliquien ein Stück Stoff *von ainen Weiberkitl* gelegen, außerdem habe das Skelett ein *Weibergirtele umb den Leib herumb* gehabt. Diese Schlussfolgerungen aus vermoderten Textilresten schien den liberalen Schriftstellern des 19. Jahrhunderts, die sich über die Formen Tiroler Frömmigkeit im allgemeinen und über den Notburga-Kult im besonderen lustig machten, allzu dürftig. Sie setzten eins drauf und verkündeten, etwa in der *Neuen Freien Presse* 1899: „Die Gelehrten in Innsbruck haben längst herausgebracht, dass die also verherrlichten Knochen einem männlichen Skelett angehören, und als ihr einstiger Besitzer etwa ein gut ausgewachsener Senner, keinesfalls aber eine zarte Jungfrau anzusehen ist.“ Erst 1991 konnte diese wiederholt aufgestellte Behauptung eines „blamablen Reliquienkultes“ durch eine tatsächlich stattgefundene wissenschaftliche Untersuchung des Anatomischen Instituts der Universität Innsbruck widerlegt und festgestellt werden, dass es sich tatsächlich um die Überreste einer Frau handelt, die im 14. Jahrhundert gelebt hatte.

Warum diese Gebeine so viel Bedeutung haben, ist leicht beantwortet. Sie sind an einer exponierten Stelle der Kirche zur Verehrung ausgestellt, in einem großen, reich verzierten Glasschrank in der Mitte des Hochaltars. Nachdem man sie ausgebuddelt hatte, wurden sie zunächst in einem versiegelten Kästchen aufbewahrt, dann erbot sich die gräfliche Familie von Tannenberg, die in Schwaz ansässig war, sie zu fassen und kostbar zu schmücken, was in drei Jahren von den Damen des Hauses bewerkstelligt wurde, eine gottgefällige Tat, welche einen barocken Dichter zum lobenden Poem *Oh Tannenberg, oh Tannenberg* animierte. So steht das Gerippe heute, übrigens in einzelnen Teilen durch Holzstücke ergänzt, im reichen gräflichen Filigranschmuck am Altar, eine drastische Art der Heiligenverehrung. Auch wenn Ludwig Steub 1846 befand: *Der Schädel grinst mit wenig Anmuth herunter auf das andächtige Volk,* empfindet man das Arrangement von dem heiligen Totengebein keineswegs als besonders düster oder traurig.

Deckengemälde der St.-Notburga-Kirche: links das Sichelwunder mit der Achenseelandschaft, rechts der Leichenzug der hl. Notburga

Freilich bleibt die Frage offen, ob es sich wirklich um das Knochengerüst einer heiligen Dienstmagd namens Notburga handelt. 1960 meinte Hans Bachmann in einer gründlichen Arbeit, in Eben sei eine Eigenkirche der Herren von Rottenburg gestanden. Wenn darin im 13. Jahrhundert eine weibliche Person bestattet wurde, dann könne es sich nur um eine Angehörige dieses Geschlechtes gehandelt haben und nicht um die Hausgehilfin. Wolfgang Pfaundler hielt dem entgegen, es wäre doch nicht undenkbar, dass ein adeliger Herr ausnahmsweise jemanden aus seinem Gesinde, der ihm beispielsweise das Leben gerettet oder ihn aus einer Not befreit hatte, oder der sonst als Persönlichkeit in hohem Ansehen stand, in seiner Kirche habe beisetzen lassen, auch wenn diese Person von niedrigem Stande war.

Notburga war den ältesten Berichten zufolge Köchin auf der Rottenburg und zeichnete sich dadurch aus, dass sie das, was vom Tisch der Herrschaft übrig blieb, *zimlich gehrn* den Bedürftigen brachte. Das ging der Burgfrau auf die Nerven, sie gebot ihr, die Essensreste an die Schweine zu verfüttern. Die Dienerin hielt sich nicht daran. Als sie wieder einmal mit den Überbleibseln der Mahlzeit dem Siechenhaus zustrebte, wurde sie vom Herrn gestellt und befragt, was sie da forttrage. Sie sagte, es seien Hobelspäne und tatsächlich hatten sich die Lebensmittel in solche verwandelt. Der Ritter fühlte sich natürlich auf den Arm genommen und sprach die Entlassung aus, was zu jener Zeit mit folgenden Worten geschah: *Sie solle sich als ein unverschämtes Mensch fein geschwind aus dem Schloss hinaus trollen und einen anderen Herren suchen.* Obwohl die so arbeitslos Gewordene „wegen ihres weit und breit erschollenen Tugendwandels" von anderen Adelsfrauen begehrt wurde, *verdingte sie sich doch viel lieber bei einem einfältigen Bauern im hohen Gebirg, auf der Eben genannt, nahe bey dem Kirchlein St. Ruprecht. Sie behielt sich aber vor, nach Feyerabende zeit nit mehr zu arbeiten.* Auch beim Weizenschneiden am Samstag beschloss sie pünktlich ihre Arbeit und „hing ihre Sichel auf". Diese Wendung der ältesten Legendenfassung wurde später zu einer frommen Sage, der berühmtesten Episode der heiligen Bauerndirn. Demnach hätte der Bauer darauf gedrängt, dass der Weizenschnitt ehestens beendet werde, sodass auch keine Zeit zum Beten blieb, als die Aveglocke ertönte. Notburga aber warf ihre Sichel in die Luft. Diese stand dort so lange still, bis die Andacht vollendet war.

Inzwischen war es mit den früheren Chefleuten auf der Rottenburg stark bergab gegangen. Zuerst war die geizige Burgfrau verstorben. Ihr Geist kam jede Nacht in den Saustall, *rüsselte wie ein ander Schwein und risse sich mit ihnen herum, dass niemand schlaffen kunt,* Außerdem wurde der Ritter in eine Fehde mit dem eigenen Bruder verwickelt, sodass er in große Not geriet. Da erinnerte er sich seiner früheren Bediensteten und ersuchte sie *mit gebogenen Knyen,* wieder auf die Burg zu kommen. Sie könne die Armen beschenken, wie sie wolle. Kaum war die Magd wieder zum Dienst erschienen, wendeten sich die Verhältnisse. Der Rottenburger gelangte zu mehr Ehren, Reichtum und Würde als zuvor. Dafür kam über den Bauern auf Eben das Unglück, er verfiel in Armut und in eine tödliche Krankheit und konnte nur infolge des Beistandes der Notburga ein halbwegs befriedigendes Ende finden.

Als die Heilige selber ihren Tod herannahen fühlte, ordnete sie an, ihr Leichnam solle auf einen mit zwei jungen Ochsen bespannten Wagen gelegt und dort begraben werden, wo die Tiere stillestehn. Diese marschierten dann über den Inn und den Berg hinauf nach Eben, wo sie durch eine endgültige Halteposition die Begräbnisstätte anzeigten. Es war in der Rupertkirche. Engel hoben den Sarg vom Wagen herunter, und die Zugtiere konnten wunderbarerweise in dem engen Gebäude mitsamt dem Wagen umdrehen.

Es besteht kein Zweifel, dass hier mehrere Legendenkreise eine sagenhafte Biografie formten. Auch wenn wir davon ausgehen, dass es um 1300 in der Gegend tatsächlich eine Magd gab von einer so starken persönlichen Ausstrahlung und einer so nachhaltigen sozialen Gesinnung, dass sie nach ihrem Tod als Heilige Verehrung fand, so bleibt beispielsweise immer noch die Legende von den ungelernten Ochsen, die ihren Leib zum Ort der Bestattung tragen, als später hinzugefügtes Motiv, das vielleicht auf einen alten Flurumgang zurückgeht. Manche andere Zutaten sind schon den liberalen Sagenforschern des 19. Jahrhunderts verdächtig vorgekommen. Der schon erwähnte Ludwig Steub schreibt: „Auch nähern sich schon Mythologen, welche der Sichel wegen in der heiligen Rattenbergerin eine heidnische Mondgöttin oder wegen ihrer Feldarbeit eine Gottheit des Erntesegens wittern wollen". Alle diese Anschauungen werden heute als zu weit hergeholt abgelehnt, aber gewisse Sagenelemente sind sicherlich in die Gestalt der Heiligen von Eben eingeflossen, etwa die Vorstellung von den Saligen Frauen, welche in den Bergen hausen und manchmal herniedersteigen, um in den Häusern der Menschen unter Auflagen und Bedingungen Dienste zu leisten. Ihre Gegenwart bringt Glück und Wohlstand, bis sie sich wieder zurückziehen. Und irgendwie stimmt die Vorstellung ja ohnehin. Notburga wurde verehrt als eine himmlische Gestalt, die zu Lebzeiten allen ihren Bekannten, nach dem Tod aber dem ganzen Land Segen brachte.

i Erreichbar über die Achenseestraße (unterwegs der Aussichtspunkt „Kanzelkehre") oder mit der interessanten Oldtimer-Bahn, die vom Bahnhof Jenbach abfährt. Der nächste Ort am Westfer des Sees heißt Pertisau, von dort führt eine Straße zur Grammai-Alm (sehr lohnend, Almwirtschaft). Pfarramt, Tel. 05243/5227

11

Der Berg mit den blutigen Köpfen

Die Hohe Salve

Exakt auf dem Gipfel des Berges wurde die Kirche zum hl. Johannes dem Täufer errichtet.

1828 Meter ist sie hoch, die Hohe Salve über Söll im Tiroler Unterland, ein Berg, hervorragend zu gebrauchen für jeden Sport, ein rechter Gebrauchsartikel. Nach allen Richtungen führen Schiabfahrten hinab, jeder Talort profitiert davon. Im Sommer sammeln sich auf dem Gipfel die Paragleiter, auch den Bergläufern und Mountainbikern bietet sich ein Idealgelände, selbstverständlich auch den Wanderern. Und da die Berge weit schöner wären, wenn es nicht bergauf ginge, helfen Aufstiegseinrichtungen in reicher Fülle dem Übelstand ab. Bis auf die höchste Höhe kann man mit Sesselliften gelangen. Alles in allem ist es ein Platz, der zeigt, wie sehr die Alpen als Spielplatz dienen können, ein richtiger Platz für die Spaßgesellschaft also.

Unsere Vorfahren gingen anders an den Berg heran. Zwar war die Salve mit ihren runden, molligen Formen freundlicher als die felsigen Hochgebirge, aber wenn sich Gewitter über ihr zusammenzogen oder wenn der Schneesturm sie kahl fegte, schauten sie ängstlich auf ihr drohendes Massiv. Ganz unheimlich wurde sie durch ihre Kirche, die exakt auf dem Gipfel postiert ist. In ihr geht es nämlich um Köpfe, genau gesagt um abgeschnittene Köpfe.

Sie ist Johannes dem Täufer geweiht, aber nicht dem Prediger, der neben dem Fluss als Einsiedler lebte und die Leute taufte, sondern jenem, den man in Italien San Giovanni Decollato nennt, den „geköpften Johannes“, der über Veranlassung einer Königin enthauptet wurde. Die Geschichte wird in den Evangelien erzählt: Wie der Täufer den Provinzfürsten Herodes wegen einer regelwidrigen Ehe zusammenstauchte, wie dieser ihn einsperren ließ, sich aber dann nicht getraute, den angesehenen Propheten zu töten, bis er durch einen unbedachten Schwur dazu gezwungen wurde. Das Mädchen Salome hatte vor ihm getanzt und hatte ihn so erotisiert, dass er ihr vor allen Tischgenossen versprach, er werde ihr einen beliebigen Wunsch erfüllen. Das dumme Ding begehrte hierauf über Intention ihrer Mutter, der Königin Herodias, die der Anlass des Konfliktes gewesen war, das Haupt des Johannes. Da blieb dem Herrscher nichts übrig, als ihn köpfen zu lassen. Man brachte das Haupt auf einer Schüssel in den Festsaal, gab es dem Mädchen und diese reichte es der Mutter.

Ein Beispiel für eine Schüssel mit dem abgeschnittenen Kopf des hl. Johannes

Der Teller mit dem blutigen Kopf des Johannes, ein greuliches Bild, ungeeignet für schwache Nerven, war dem christlichen Volk ein liebwertes Thema, das es seit dem hohen Mittelalter allenthalben pflegte und wiedergab. Obwohl es sich um ein Randereignis der biblischen Geschehnisse handelt, gab es in vielen Kirchen jene entsetzlichen Schüsseln mit dem bärtigen Kopf, dessen offen starrende Augen den Besucher fürchterlich zu fixieren scheinen. Die Popularität des Motivs ist nicht anders zu erklären als mit einem tief eingewurzelten Kult um Köpfe, der zweifellos auf die Kelten zurückgeht, und der aus den Sinnen nicht entschwunden war, auch als die Leute längst einer anderen Religion angehörten.

Für die Kelten war der Kopf ein magisches Symbol von großer Bedeutung. Auf Achsnägeln, Möbelbeschlägen, Trinkgefäßen, überall findet man Köpfe angebracht. Auch solche aus Stein wurden später an vielen Orten ausgegraben. Sagen erzählen von den Schädeln von Helden, die als Zauberwerkzeuge dienten, und römische Schriftsteller berichten von der merkwürdigen, geradezu perversen Liebe keltischer Krieger zu abgeschlagenen Feindeshäuptern, die an Gürteln getragen, über Haustüren genagelt oder im Inneren von Häusern wie Schätze verwahrt wurden. Es lässt sich nachweisen, dass diese Affinität bis ins hohe Mittelalter nachklang. An vielen Türmen und über vielen Portalen sind urtümliche Köpfe eingemauert, und die Fachwelt tut sich oft schwer, zu beurteilen, ob sie romanischer Provenienz sind oder noch aus der keltischen Ära stammen. Meist werden sie als Dämonenfiguren gedeutet, welche Unheil abwehren sollen, aber nahe liegender wäre es, sie einfach auf die alten Sitten und Vorstellungen zurückzuführen. Und dasselbe würde für die Johannesschüsseln gelten, die nichts anderes sind als weniger aufwendige Exemplare des altgewohnten Kopfkultes. Als Heilmittel für Kopfschmerzen und Halsleiden schrieb man ihnen eine recht handgreifliche Bedeutung zu.

Auf der Hohen Salve war die alte Schädelverehrung bis in unsere Zeit hinein lebendig. Es wäre freilich kühn, anzunehmen, dass schon die Kelten auf dieser Höhe ihren leicht abwegigen Gebräuchen nachhingen. Nicht der geringste Nachweis liegt dafür vor, wenn auch neolithische Steinbeile und Waffen aus der Bronzezeit, die oben zutage kamen, beweisen, dass dieses Gebirge schon der Vorzeit aufgesucht und begangen wurde, und wenn auch der Name Salve irgendwie in Richtung *salus* weist und somit „Berg des Heiles" bedeuten könnte. Jedenfalls setzte sich auf der Höhe die magische Verehrung des Kopfes fest. Ihren christlichen Ausdruck fand sie in der Kapelle des Johannes mit dem abgeschlagenen Haupt.

Es ist ein schlichter Bau, denn auf dieser Höhe konnte man keinen Aufwand treiben. Er wurde 1589 erwähnt und immer wieder durch Blitzschlag zerstört. Eigene Betbrüder waren als meteorologische Wachtposten dort angestellt, einerseits hatten sie vorzusorgen, wenn wieder einmal das himmlische Feuer einschlug, andererseits hatten sie bei herannahenden Gewittern eine weiße Fahne zu schwingen, worauf in allen Talorten warnend die Glocken zu läuten begannen. Natürlich hatten sie auch die Wallfahrer zu betreuen, denn es wird von großem Zulauf berichtet, sodass die Höhenkirche schon in den ersten fünfunddreißig Jahren ihres Bestehens zweimal erweitert werden musste. Bis ins 19. Jahrhundert war der Innenraum vollgeräumt mit Johannesköpfen. Wie Gustav Gugitz meldet, hingen hunderte solcher Schreckdarstellungen an den Wänden, teilweise befanden sie sich in einer Wanne hinter dem Altar, wo sie wild durcheinander lagen. „Am Hals sah man meist die rotbemalten, vom Scharfrichterstreich durchschnittenen Adern." Die Pilger legten einen dieser Schädel auf einen Teller, trugen ihn um den Altar herum und gaben ihn dann mit einem Opfer zurück. Das taten übrigens auch Mädchen in der Hoffnung, auf diese Weise zu einem Mann zu kommen.

Garniert wurde diese Stätte der seltsamen Riten durch eine einschlägige Sage, die in verschiedenen Versionen erzählt, immer mit abgeschlagenen Köpfen endet. Demnach gab es einmal eine Witwe namens Ehrentraud – schon der Name weist sie als fromm und anständig aus – deren Sohn ins Kriminelle schlitterte und als Räuber allerlei Missetaten verübte. Die unglückliche Frau sah im Traum das blutige Haupt ihres Sohnes auf dem Gipfel der Hohen Salve, umgeben von den Köpfen seiner Kumpane. Sie ging besorgt auf den Berg hinauf, oben begegnete ihr der Sohn, und es gelang ihr, ihm das Versprechen abzunötigen, dass er sich dem Gericht stelle. Er tat es und wurde zusammen mit seinen Kameraden durch das Schwert hingerichtet. Die abgeschlagenen

Häupter aber barg die Mutter und bestattete sie auf der Höhe.

Heute findet sich nur noch ein einziger Kopf auf dem Salvenberg. Es ist jener des Täufers, der in einem schwarz-goldenen Glaskasten auf dem Hochaltar steht. Blass und unheimlich schaut er auf die Besucher, die sich nicht mehr recht vorstellen können, was das bedeuten soll. Sie wenden meist nur einen kurzen verwunderten Blick darauf und wenden sich dann wieder dem herrlichen Rundblick zu, der sich draußen auftut, denn die Schau bietet die ganze Kette des Hauptkamms der Hohen Tauern mit ihren unzähligen Spitzen und Kuppen dar, dazu den Hochkönig, den Watzmann und das Kaisergebirge. Sie lesen vielleicht noch mit Amüsement die Inschrift über dem Kirchenportal, die berichtet, dass Maria Louise von Parma, weiland als Gattin Napoleon I. Kaiserin der Franzosen, hier weilte und „von diesen schönen Höhen auf die glücklichen Kinder ihres Vaters niederblickte", ein unverfrorener Werbespruch, denn das Regime dieses Vaters Franz I. war eines der repressivsten, das Österreich erlebte.

Dass sie sich an einer seltsamen Kultstätte befinden, bedenken und wissen die wenigsten Touristen. Und selbst wenn sie davon Kenntnis hätten, könnten sie mit einem Kopfkult nicht viel anfangen. Was soll es bedeuten und nützen, blutige Köpfe anzufertigen, zu sammeln und um den Altar zu tragen, vor den schrecklich starrenden Blicken der Hingerichteten zu beten oder sich eines Räubers zu erinnern, dessen Schädel hier begraben sein soll. Und doch rührt der Sinn dieses Ortes an die urtümlichsten religiösen Gedankengänge der Menschheit. Zu den frühesten nachweisbaren Bestattungssitten gehörte es, die Schädel eigens beizusetzen, in eigenen „Nestern", wo Dutzende von ihnen beisammenliegen, wie in der Ofnethöhle in Franken. Wir wissen nicht, was man sich dabei gedacht hat und was es bedeuten soll. Aber da diese Leute näher bei den Ursprüngen des Lebens standen als wir, da sie mehr mit der Natur verbunden lebten und den Geheimnissen des Daseins unbefangener gegenüber standen, sind ihre Riten sicherlich bedenkenswert und wir können uns glücklich schätzen, einen Ort zu finden, an dem sie bis in unsere Zeit wenigstens in Andeutungen fortlebten, auch wenn wir nicht mehr in der Lage sind, sie geistig auch nur in Ansätzen nachzuvollziehen.

Gegen Südosten blickt man über die grünen Berge der Kitzbühler Alpen bis zu den Tauern.

i Die Gipfelkirche ist von Hopfgarten, Brixen im Thale oder Söll aus mit Gondelbahnen und Liften erreichbar. In der Nähe der Talstation des Liftes von Söll liegt der romantische Wallfahrtsort Stampfanger.
Gipfelrestaurant, Tel. 05335/2216
info@hohe-salve.at

12

Gespaltene Steine gegen Krankheit und anderes Übel

Klobenstein

Dort, wo die Tiroler Achen die Grenze nach Bayern überschreitet, hat sie eine wilde, lange Schlucht in die Berge eingeschnitten. Mitten darin liegt eine kleine Wallfahrt, bestehend aus Gnadenkapelle und Loreto-Kirche, beide verbunden durch eine Art Flur oder Vorhaus. Der wahre Grund, warum die Leute hieher pilgerten, liegt aber im Freien vor der idyllischen Anlage, ein riesengroßer Stein, der in der Mitte bis zum Grund hinab gespalten ist, sodass sich ein schmaler Durchgang bildet, der Klobenstein. An ihm lässt sich gut ablesen, wie sich Wallfahrtsorte gebildet und entwickelt haben, die ihr Entstehen derartigen auffälligen Phänomenen der Natur verdanken.

Die Gegend ist wildromantisch. Unweit liegt das Entenloch, wo sich das Tal des sonst breiten Flusses auf 4,3 Meter verengt. In Hochwasserzeiten verfing und verklauste sich hier das Treibgut, sodass der Rückstau das oberhalb gelegene Dorf Kössen überflutete. Die schmale Passage wurde 1912 durch Sprengung auf 14 Meter verbreitert, ist aber noch eindrucksvoll genug, wie die ganze Flussstrecke, die man nach dieser kritischen Passage die Entenlochklamm nennt.

Der Stein, von dem vorhin die Rede war, ist von den Bergen, die beiderseits die Talenge einfassen, herabgestürzt und beim Aufprall in zwei Teile zerbrochen. Für „spalten" sagt man im Dialekt der Gegend „klieben",

Die übereinander gestaffelten Anlagen in Klobenstein. In der Bildmitte eine Brunnenkapelle, links daneben der gespaltene Stein, darüber die Wallfahrtskirche.

die Vergangenheitsform lautet „gekloben". Der geklobene Stein, der Klobenstein, ist also wie die ganze Örtlichkeit nach dem Spalt im Felsen benannt, was allein schon seine Bedeutung darlegt. Menschenhand hat die Seitenwände des Durchlasses geglättet und vielleicht vertieft, man kann daher bequem hindurchgehen.

Nun hatte aber dieses Durchgehen, Durchzwängen, Durchkriechen zwischen zwei Steinen in früheren Zeiten eine magische Bedeutung, die wir uns gar nicht mehr so recht vorstellen können. Der Stein wurde als die kompakte Manifestation der Mutter Erde empfunden. Er galt keineswegs als unbelebt. Geheimnisvolle Strahlungen gingen von ihm aus, Wirkungen, die heute wieder Aktualität haben, wenn man etwa an die verschiedenen Edelsteine denkt, die als Abwehrmittel gegen Krankheiten verkauft werden. Am intensivsten konnte man sich diesen Einflüssen aussetzen, wenn man zwischen den eng nebeneinander befindlichen Steinen durchschlüpfte. Man glaubte, dadurch die Kräfte der Erde am besten aufnehmen zu können und alles Kranke, Schlechte, Üble abzustreifen. Aus allen Teilen der Welt gibt es Beispiele für diese Vorstellungen, und auch in Österreich findet man immer wieder solche Durchkriechsteine.

Einer der berühmtesten ist wohl die so genannte Buckelwehlucken in St. Thomas am Blasenstein, das im Mühlviertel östlich von Linz liegt. Ein immenser Granitblock weist einen Spalt auf, durch den sich ein Mensch gerade eben durchzwängen kann. Es heißt, dass es sich da um ein bewährtes Mittel gegen Kreuzschmerzen handelt, und man hat von radioaktiven Strahlen gemunkelt, welche auf den Benutzer der Engstelle einwirken. Heilwirkungen gegen Rückenschmerzen sagt man auch dem Felsenloch am Falkenstein bei St. Wolfgang nach. Vermutlich glaubte man früher an weit mehr Segenswirkungen, denn diese Steinformation hat sicher wesentlich dazu beigetragen, dass bei der Wolfgang-Klause einer der bedeutendsten Wallfahrtsorte des Abendlandes entstand.

In Klobenstein war es wohl ähnlich. Kundige Leute kannten den Stein, der in der Mitte entzweigebrochen war, und schritten in tiefem Glauben an die Kräfte der Erdgöttin hindurch. Sie fühlten sich dadurch gestärkt und gesegnet. Mit der Zeit kamen immer mehr Menschen, welche den Weg in die einsame Schlucht zum geklobenen Felsgebilde fanden und dieses verehrten. Sie mussten es heimlich tun, denn die Kirche sah solchen Umgang mit der Natur nicht gern. Sie wagte es nicht, den

Durch diesen Spalt zu gehen galt als gesundheitsfördernd. Später diente er, verbreitert und vertieft, als Zugang zur Kirche.

heilsamen Stein anzutasten, höchstens dass sie ein Marienbild daran befestigen ließ.

Dafür ließ sie sich etwas anderes einfallen, ein göttliches Zeichen nämlich. Sie bediente sich zweier offenbar angesehener Männer, des Georg Thaler aus Kössen in Tirol und des Wolf Ober aus Grabenstätt in Bayern. Der eine litt unter Leibsschmerzen, der andere wurde von *ainer Freitz yberfallen.* Unter Beschwerden dieser Art kann man sich nichts Rechtes vorstellen, jedenfalls wurde es jedem von ihnen eingegeben, er möge *bey dem Clom stain Ain Kabelen Bauen Lassen* zu dem Zweck, *damit Ihme dieser grosse schmerzen gelindert Werde.* Als sie sich nun zu dem *Verstandenen orth* begaben, trafen sie dort *ganz Unverhoffter,* also zufällig, zusammen, was natürlich für beide Männer und für sonstige interessierte Kreise das Himmelszeichen war, beim Klobenstein eine christliche Kirche zu errichten. Es geschah dies im Jahre 1674.

Die weitere in der einschlägigen Literatur als „rührende Erzählung" bezeichnete Sage von dem „alten Mütterlein", das betend die Schlucht durchwanderte und am Klobenstein durch die Fürbitte der Muttergottes aus Lebensgefahr errettet wurde, ist wohl eine romantische Zutat. Sie soll nämlich eben die Stelle passiert haben, als ein Felsblock zu Tal donnerte und auf sie zustürzte. In ihrer Not rief sie Maria an, worauf sich der Stein wunderbarerweise spaltete. Sie blieb unverletzt und heil. Ein unbeholfenes Dialektgedicht legt dem Pilger an Ort und Stelle die Nutzanwendung des Geschehnisses ans Gemüt:

Und allzeit hoaßt's: Der Klobenstoa
A deutlichs Zoacha, wier im moan
Dass starks und fromms Vertrauen hilft
– drum schau
In allm voraus auf Unsre Liebe Frau.

Andere Erzählungen berichten, der Spalt habe sich anlässlich von Grenzstreitigkeiten aufgetan, wobei der eine Teil des Felsens Bayern, der andere Österreich zufiel. Aber das liegt auf derselben Linie eklatanter Unglaubwürdigkeit, zumal die Grenze ohnehin etwas weiter nördlich verläuft.

Jedenfalls war 1674 neben dem altverehrten Stein eine Kapelle entstanden und mit einer von irgendwoher herbeigeschafften Marienstatue ausgestattet worden. Es gab auch einen Einsiedler „zur besseren Aufsicht über den Opferstock", in Wahrheit aber wohl auch zur Überwachung der Pilger, damit diese von abergläubischen Praktiken Abstand nahmen.

1701 ging man daran, am Klobenstein zusätzlich eine Kapelle zu errichten, und zwar „zu Ehren Unserer Lieben Frau von Loreto". Solche Loreto-Heiligtümer wurden auch an anderen volkstümlichen Andachtsstätten angelegt, um die wundergläubige Bevölkerung zu einem kirchlich approbierten Mirakel hinzulenken, denn Loreto stand unter der höchsten Protektion von Päpsten und Fürsten. Allzuviel Freude dürften die Leute mit diesem obrigkeitlich verordneten Gebäude nicht gehabt haben. In einem Bericht darüber heißt es: „Die Bauangelegenheit scheint auf Schwierigkeiten gestoßen zu sein, denn unterm 2. März 1702 wurde dem Dechant von St. Johann bedeutet, dass Ihrer fürstlichen Gnaden Absicht sei und bleibe, mit dem vorhandenen Bau der Loretokapelle fortzufahren." 1707 wurde der einfache Bau endlich fertig gestellt und vom Bischof von Chiemsee persönlich eingeweiht.

Möglicherweise wurde damals die bestehende Kirche deswegen nicht vergrößert, sondern eine zweite errichtet, um einen Durchgang zwischen den beiden Heiligtümern zu bilden, den die Gläubigen anstelle des Felsspaltes in andächtiger Gesinnung durchschreiten könnten. Die beiden Kapellen sind nicht ganz an den Hang herangebaut, dahinter gibt es einen mit einem Dach überdeckten Gang, der vielleicht demselben Zweck dienen sollte. Es gibt eine Parallele dazu in dem erwähnten St. Thomas am Blasenstein, wo eine ähnliche Anlage unter dem Hochaltar der Kirche geschaffen wurde, die „Kreuzgang" heißt. Vielleicht hoffte man auch hier, den Pilgern einen Ersatz zu bieten, den sie statt des anstößigen Durchschlüpfens durch einen des heidnischen Ursprungs verdächtigen Stein benützen könnten.

Der Felsengang selber lag nun direkt vor dem Seiteneingang zur Kirche von Klobenstein. Wer ihn durchschritt, konnte gar nicht anders, als anschließend das Gotteshaus zu betreten. So war er fast gezwungen, jeden unziemlichen Gedanken zu unterlassen und, wenn er es schon tat, sofort Abbitte zu leisten vor der Gottesmutter, die nun die Patronin der Örtlichkeit wurde.

Es gibt noch einen auffälligen Hinweis darauf, wie sehr man bemüht war, den Stein zu unterdrücken. In der Kirche hängen einige große, besonders schöne und kulturhistorisch wertvolle Votivbilder aus dem 18. Jahrhundert. Eines berichtet, dass die angrenzende Gemeinde durch den Schutz der *Wunderthätigen Mutter-Gottes in Klobenstain vor der Laidigen Viehsucht* verschont wurde, ein anderes dankt dafür, dass Reit im Winkel vor den einfallenden feindlichen Kriegstruppen verschont blieb. Das dritte schildert die Gründung des Wallfahrtsortes durch die Herren Thaler und Ober. Auf allen diesen Gemälden ist die Anlage der Kirche getreulich dargestellt, auch wurde versucht, die Landschaft wiederzugeben. Eigenartigerweise fehlt nur der Klobenstein. Er wurde jeweils, wohl mit voller Absicht, einfach weggelassen.

Heutzutage ist Klobenstein mit seinem altertümlichen Gasthaus ein beliebtes Ausflugsziel geworden, sei es für Wanderer, Paddler oder Autotouristen. Die Heiligtümer, die inzwischen durch einen Vorbau zu einem einzigen Gebäude verbunden wurden, können besonders im Sommer über Besuchermangel nicht klagen. Für die Bewohner der Gegend bedeutet die ganze Anlage ein Stück Heimat, das sie nicht missen wollen. Der große Stein aber mit dem auffälligen Spalt lebt längst in friedlicher Koexistenz mit den Gotteshäusern. Und alles regt an, sich darüber zu besinnen, dass das Land da und dort Örtlichkeiten enthält, die direkt hineinführen in das Denken unserer Vorfahren, die mit der Natur und der Übernatur noch weit mehr verbunden waren, als wir das vermögen.

i **Klobenstein liegt an der von Kössen zum Chiemsee führenden Straße.**
Originelle Gaststätte.
Gasthaus, Tel. 0664/5138178

13

Von Höhlen
und rätselhaften Kultmalen

St. Martin
im Kofel

Die Kirche von St. Martin steht fast senkrecht über dem Talboden des unteren Vinschgaus.

Vermutlich ist es den Bewohnern von Latsch im Südtiroler Vinschgau zu dumm geworden, immer nur zu hören, wie urtümlich der Charakter ihrer Landschaft und wie archaisch jener ihrer Bauwerke ist. Sie rissen in der Mitte ihres Dorfes ein paar altersgraue Gemäuer nieder und errichteten an deren Stelle ein großes, modernes Gemeindezentrum. In den Prospekten, mit denen sie für den Besuch ihres Ortes werben, kommt allerdings die etwas düster geratene Baulichkeit nicht vor. Statt dessen werden wiederum jene kirchlichen und adeligen Gebäude aus älterer Zeit vorgeführt, an denen die Gegend ungewöhnlich reich ist. Neben der Pfarrkirche mit ihren mannigfachen Kunstwerken, neben der malerischen Nikolauskirche und der Spitalkapelle, die einen außergewöhnlich schönen Flügelaltar enthält, stand die „Unsere Liebe Frau auf dem Bichel" genannte Kirche einigermaßen im Schatten. Sie soll zwar von einem Papst geweiht worden sein, wirkt aber eher unscheinbar, zumal ihre Ausstattung in ziemlich provinziellem Barock gehalten ist. Da sie aber nun einmal zum Ortsbild gehörte, sollte sie im Jahr 1992 renoviert werden.

Im Jahr zuvor war im nahen Hochgebirge die Mumie vom Similaun gefunden worden. Der Mann, der den populären Namen *Ötzi* erhielt, hatte mit Sicherheit seinen Aufstieg über das nicht weit von Latsch entfernte Schnalstal angetreten. Seine Entdeckung wurde mit Recht als eines der größten Ereignisse in der Geschichte der Archäologie gewertet. Umso mehr war man überrascht, als bei der Erneuerung der schlichten Bichelkirche ein weißer Marmorblock zum Vorschein kam, der sich als Kultstein, als Menhir entpuppte und der just aus jener Ära stammte, in welcher der soeben entdeckte prähistorische Mensch gelebt hatte. Seine Oberfläche ist über und über mit Schalen und anderen Zeichen bedeckt, welche Sonnen, Beile, Dolche und vieles andere mehr darstellen. Begeistert berichtete die Presse von „Eismanns Heiligtum" und fragte „Heldendenkmäler oder Steinzeitaltäre?"

So alt wie dieses einzigartige Monument ist der Wallfahrtsort St. Martin im Kofel sicher nicht. Aber wer ihn besucht, wird sich ebenfalls in uralte Zeiten versetzt fühlen. Und ob man nach Jahrhunderten oder Jahrtausenden rechnet, spielt für die Empfindungen, die sich mit solchen Kultstätten verbinden, ja wirklich keine Rolle. Man muss den Kopf weit zurücknehmen, um die Kirche und die paar Häuser, die sie umgeben, in den Hängen oberhalb von Latsch wahrzunehmen. Sie befinden sich in geradezu unglaublicher Höhenlage. Drei Stunden lang mussten sich früher die Leute über steile, heiße Hänge hinaufmühen. Unterwegs existierte keine Einkehrmöglichkeit, kaum ein Haus, ja nicht einmal eine Quelle. Heute kann man sich das gar nicht mehr vorstellen. Es gibt eine Seilbahn, welche die zwölfhundert Höhenmeter dorthin rasch überwindet und zur Not auch eine kleine, schmale Straße.

Der Bauplatz der Kirche liegt in stark abschüssigem Gelände. Die Bauleute mussten daher im südlichen, talseitigen Bereich beträchtliche Mauern aufführen. Obwohl die Verhältnisse sohin recht ungünstig waren, hatten sie sich genau an diese Örtlichkeit zu halten, denn gerade dort tat sich eine kleine Höhle auf, die als heiliger Ort verehrt und irgendwann dem heiligen Martin geweiht worden war. Über ihr wurde im 16. Jahrhundert das Gotteshaus angelegt.

Es handelt sich um einen recht einfachen Bau. Er macht aber Eindruck mit allerlei Fresken, Votivbildern und einem primitiven Marmorrelief. Rechts neben dem Hochaltar öffnet sich die Grotte, in deren Felsgewände der bunte Altar eingepasst ist. In seiner Mitte kommt ein puppenartiger Ritter Martin wie auf einem Steckenpferd daher. Er ist in einen Militärmantel aus echtem Stoff gehüllt, hat einen Helm mit Federbusch am Kopf und in der Hand ein langes Schwert. Vor ihm kniet auf einem roten Polster der Bettler, auch er mit einem Stoffmantel angetan, der aber weit ärmlicher wirkt als jener des martialischen Patrons.

Der Ritter St. Martin im prunkvollen Mantel mit dem Bettler.

Es heißt, diese Figurengruppe habe sich vor Zeiten in der Kirche des etwas etschaufwärts gelegenen Dorfes Göflan befunden. Eines Tages sei der Ritter mitsamt seinem Pferd und seinem Bettler sowie mit einer Gans und einer Glocke den Berg hinaufgeschwebt. Man habe Nachschau gehalten und ihn mitsamt seinem Zubehör in der Höhle entdeckt. vorauf man ihn zu Tal trug und in Göflan in einer Truhe versperrte. Tags darauf war er aber wieder in der Höhe, und als man ihn neuerlich zurückholte und einschloss, wanderte er noch einmal auf den Berg, sodass man ihn dort beließ und ihm die Kirche errichtete. Seither half er den Bauern, wenn sie in Angst um ihren kostbarsten Besitz, den Viehstand, waren.

Sicherlich diente aber als ursprüngliches Kultobjekt nicht die putzige Heiligenfigur, sondern der Grottenraum, der sie umgibt. Man spricht von einem uralten Heiligtum der Hirten. Ihnen wird die Höhle inmitten der unendlich ausgedehnten und weitgehend kahlen Hänge des Nörderberges aufgefallen sein, und sie werden sie als etwas Besonderes empfunden haben. Höhlen haben ja immer und überall die Phantasie der Menschen angeregt. Sie galten als „die geheimnisvollen Tore zu der unterirdischen Welt" (Biedermann), als der Zugang zu den Gottheiten und den Räumen der Tiefe. Man stellte sich vor, dass sich in ihnen die großen Mysterien abspielten, etwa die Entstehung und die Geburt der Götter. Wenn man vom „Schoß der Erde" spricht, wird damit die Analogie zum Mutterleib ausgedrückt, in dessen Geborgenheit der Mensch sich bildet und entwickelt.

Nach dem Evangelium wurde Christus in einem Stall geboren. Kommt man hingegen an den Originalschauplatz nach Bethlehem, so wird dort eine Grotte als die Geburtsstätte gezeigt. Daneben gibt es eine Höhle der Hirten und eine der von König Herodes ermordeten Kinder, sowie eine Milchgrotte. Auch die Gefangennahme Christi am Ölberg muss sich demnach in einem unterirdischen Gelass abgespielt haben, ebenso saß Johannes in einem solchen, als er auf Patmos seine apokalyptischen Visionen niederschrieb. Die Apostelgeschichte berichtet, der heilige Paulus sei nach einem Schiffbruch auf der Insel Malta sogleich vom Statthalter in Ehren aufgenommen worden. Es ist also anzunehmen, dass er ein komfortables Quartier gehabt hat. An Ort und Stelle wird der Besucher jedoch in eine Katakombe geführt, und es wird ihm erzählt, dass sich der Heilige darin aufgehalten habe. Eindrucksvoll ist das Höhlenheiligtum des heiligen Michael am Monte Gargano in Apulien. Schon am Eingang zu den umfangreichen Treppenanlagen, die dort in die Unterwelt führen, wird der Besucher durch eine Inschrift aufmerksam gemacht, dass dieser „schauerliche Ort" das „Haus Gottes" ist. Franziskus von Assisi, so heilig er war, wagte nicht, den Höhlenraum zu betreten, und das Gotteshaus, das man errichtete, wurde durch die Engel selber geweiht.

Im deutschsprachigen Alpenraum und seiner Umgebung spielen Höhlen bei weitem nicht jene Rolle wie im mediterranen

Kulturbereich, etwa in Griechenland, wo man allenthalben auf Andachtsstätten stößt, die in solche Erdöffnungen hineingebaut sind. Immerhin gibt es aber auch hier etliche unterirdische Heiligtümer. Das größte davon findet sich in Mariastein in der Nähe von Basel, wo eine veritable Kirche in einem unterirdischen Raum angelegt wurde. In Österreich sind unter anderem die so genannten Katakomben in der Mönchsbergwand in Salzburg, die Wolfganghöhle am Falkenstein oder die Rosaliengrotte in Unterkärnten zu nennen. Im steirischen Ennstal liegt in der Nähe der Ortschaft Großreifling die Rochusgrotte. Der Aufstieg zu ihr ist steil und mühselig, aber der Besuch lohnt sich vor allem für Leute, die an Schwächen des Stützapparates oder der Augen leiden. Im oberen Höhlenraum öffnet sich nämlich ein Durchkriechstein, der wie alle diese Anlagen Rückenschmerzen heilt. Das aus den Felsen tropfende Wasser tut hingegen den Augen gut, wobei sich die Zauberwirkung in folgender Geschichte schlagend äußert: Eine Magd sollte ihrer kranken Bäurin etwas von dem wunderbaren Nass bringen, war aber zu bequem, um hinaufzusteigen und brachte pures Leitungswasser. Daraufhin wurde die Herrin tatsächlich gesund, die Dienerin aber blind.

Besonders eigenartig sind die künstlichen Höhlen, die sich im nördlichen Teil unseres Landes, aber auch in anderen Teilen Europas finden, die Erdställe. Man vermutet, dass sie für Meditationsriten angelegt wurden. Man sperrte die jungen Männer für einige Zeit in die dunklen Räume, und die Begegnung mit der Unterwelt und der Mutter Erde wurde für sie zu einem prägenden Eindruck.

In St. Martin im Kofel empfindet man die Höhle sicherlich als bemerkenswert und einprägsam. Das große Erlebnis des Ortes sind aber die Gehöfte der Bauern, die in unvorstellbarer Einsamkeit die steilen, abschüssigen Hänge, mehr als tausend Meter über dem Talboden, bewirtschaften. Bei einem Gang durch diese Welt wird der Besucher nachdenklich. Er erlebt ein Kontrastprogramm zu den Lebensumständen seines Alltags, zur Großstadt und zu allem, was sonst das heutige Leben ausmacht. Diese Welt ist ihm fremd wie die Schalensteine, welche die Menschen früherer Zeiten auf dem langen Weg nach St. Martin aus unbekannten Beweggründen in die Steine ritzten, und die sich wiederfinden auf dem Menhir der Bichelkirche, ja sogar auf der tätowierten Haut der Gletschermumie.

i Die Seilbahnstation befindet sich am östlichen Ortsende von Latsch, 24 km westlich von Meran. Die Auffahrt auf der Straße ist nicht zu empfehlen. Oben Jausenstationen in Bergbauernhöfen.
Seilbahn, Tel. 0039-0473/622212

Die eindrucksvolle Bergbauernlandschaft von St. Martin im Kofel in rund 1750 Meter Höhe.

Blick gegen den Meraner Talkessel

14

Wallfahrten in Andreas Hofers Heimat

Riffian

Der Burggraf des Schlosses Tirol hatte einen abgesteckten Kompetenzbereich, den man als das „Burggrafenamt" bezeichnete. Heute gibt es keinen Burggrafen mehr und keinen Amtsbezirk, aber das Gebiet wird immer noch mit dem amtlichen Namen von einst bezeichnet. Es handelt sich um eine der attraktivsten Gegenden der Alpen, das Land um Meran. Es ist fruchtbar, verkehrsgünstig, von vortrefflichem Klima, ein „Garten Gottes", von dem die Dichter schwärmen.

Kein Wunder, dass es schon in der vorgeschichtlichen Zeit ungewöhnlich dicht besiedelt war. Hier fand man mehrere Menhire, letzte Ausläufer der mittelmeerischen Megalithkultur, hier liegt das älteste Urzeitdenkmal im deutschsprachigen Alpenraum, das Steingrab von Gratsch, und hier brach jener Steinzeitmensch zu seiner Hochgebirgstour auf, die am Similaunjoch letal endete und von der er nach Jahrtausenden als Ötzi im gläsernen Sarg zurückkehrte.

Am Rand dieses Gelobten Landes, schon im Talbereich von Passeier, liegt der Wallfahrtsort Riffian. Der Durchreisende kann das unauffällige Kirchenviertel leicht übersehen, er wird zumeist von der üppigen Vegetation und ihrem Kontrast zu den kargen Hochgebirgshängen im unmittelbar angrenzenden Passeiertal abgelenkt. Dabei handelt es sich um eine der ältesten und wichtigsten Pilgerstätten Südtirols, die schon 1310 erwähnt und 1395 als Wallfahrtsziel einer Schlossfrau genannt wurde. Die Anfänge liegen im Dunkel, doch dürfte es sich um einen besonderen Platz handeln, denn wieder einmal heißt es, man habe die Kirche ursprünglich wo anders bauen wollen, doch hätten sich dort viele Unfälle ereignet. Vögel hätten den richtigen Ort angezeigt, indem sie blutbefleckte Späne dort hintransportierten. Die Gnadenstatue, eine Pieta, die übrigens aus der Zeit um 1420 datiert, also lange nach dem Beginn der Wallfahrt geschaffen wurde, soll im Passerfluss gefunden worden sein. Die ganze Anlage des Gotteshauses lässt darauf schließen, dass sich hier einmal eine Burg oder eine andere bedeutsame Gebäudegruppe befand, denn der Fassade ist ein altertümlicher Querbau vorgelagert, in welchen der massive Turm eingefügt ist. Überliefert ist aber von einer Burg nichts.

Die Kirche ist in mittelmäßigem Barockstil gehalten. Bemerkenswert ist außer dem zentralen Marienbild nur ein marmorner Taufstein mit eigenartigen Figuren, darunter einer nackten Eva, ein Motiv, wie es an mittelalterlichen Kirchengeräten nicht gerade häufig vorkommt. Wer qualitativ hochstehende Kunst sucht, muss die Friedhofkapelle aufsuchen, wo er an allen Wänden Fresken im zierlichen Stil aus der Zeit um 1415 zu sehen bekommt.

Riffian ist eng mit jenen Kriegen verbunden, die man die Tiroler Freiheitskämpfe nennt, und zwar nicht mit jenen Phasen, welche der siegreiche Sandwirt Hofer mit Fahne und Triumphgebärde am Berg-Isel-Denkmal zum Ausdruck bringt, sondern mit unbekannteren Episoden, von denen nicht so oft die Rede ist.

Nachdem sich der Tiroler Landsturm schon früher bewährt hatte, wurde er 1799 wieder einberufen, denn die Truppen des revolutionären Frankreich versuchten von Graubünden her in die Habsburgischen Lande vorzustoßen. Am 25. März 1799 wurde das reguläre kaiserliche Militär bei Martinsbruck im oberen Inntal geschlagen, worauf sich die Landsturmmänner, die kaum Gelegenheit gehabt hatten, in den Kampf einzugreifen, zurückziehen mussten. Da die Franzosen aus mehreren Richtungen nachrückten, blieb ihnen nichts übrig, als den Weg über das Langtauferer Tal am Reschenpaß über hohe Jöcher zu suchen, was natürlich im März durch Schnee und Kälte nicht ohne Probleme vor sich ging. Ihre Errettung schrieben sie der *vorbitt diser Gnaden Mutter*, nämlich jener von Riffian, zu und stifteten ihr ein farbenfrohes Votivbild, auf dem zu sehen ist, wie die neunhundert Schützen, begleitet von einem Kapuziner, die steilen Schneehänge emporsteigen. Dahinter aber dräut *des Feindes Wuth* – eine stehende Propaganda-Formel in Kriegszeiten – nämlich die nachrückenden französischen Regimenter, deren Anführer mit gezogenen Säbeln und sadistischem Lächeln die Truppen anführen. Sie haben dann auch tatsächlich die von den Verteidigern verlassenen Dörfer des oberen Vintschgaus ausgiebig geplündert und verheert.

Eher peinlich war das Geschehen, das sich gegen Ende des berühmten Jahres 1809 in und um Riffian abspielte. Die letzte Berg-Isel-Schlacht war am 1. November geschlagen worden, die Tiroler hatten eine fürchterliche Niederlage erlitten, die jede weitere Erhebung sinnlos machte. Vernünftige Leute eilten zu den feindlichen Kommandanten, um einen erträglichen Waffenstillstand zu erwirken. Der Anführer des Aufstandes, Andreas Hofer, aber schwankte bedenklich zwischen Resignation und Widerstand. Er zog mit seinem Stab von Wirtshaus zu Wirtshaus, unterschrieb widersprüchliche Manifeste und war offensichtlich nicht mehr Herr der Lage, ein *arbmer verlassner Sinder,* wie er in seinen letzten Briefen einmal schrieb. Der Zufall wollte es, dass er auf diese Weise sich immer mehr in sein Herkunftsgebiet zurückziehen musste, und sich seine Operationsbasis auf das Passeiertal einschränkte. Dort rief er seine Leute unter ständiger Berufung auf die Gefahren für Glauben und Religion zum Widerstand auf, ungeachtet der Tatsache, dass die Franzosen in starker Formation von Bozen und Meran heranrückten und sogar schon ins Tal eindrangen. Bei Riffian aber hatten sich die Schützen auf den Hängen verschanzt und schlugen die Feinde zurück, sodass Hofer seine Kommandozentrale talauswärts verlegte und aus Saltaus, einem Gasthof nahe dem Wallfahrtsort, die letzten Schlachten befehligte. Er erlebte es, dass seine Leute bei Meran noch einmal Erfolge hatten, wenngleich der Sandwirt, wie glaubwürdige Berichte versichern, in den dunklen, alkoholschweren Wirtsstuben kaum mehr in das Geschehen eingreifen konnte. Die Franzosen rollten das Tal aber nun von der anderen Seite her auf, sie kamen über den Jaufenpaß und, wenngleich sie in einem allerletzten Kampf noch einmal überwältigt wurden, zerfiel kurz darauf der aussichtslos gewordene Widerstand gleichsam von selbst, die Schützen verliefen sich, Andreas Hofer musste auf die winterlichen Almen fliehen. Er wurde bekanntlich dort gefasst und nach Meran eskortiert, vorbei an der Kirche von Riffian, vor deren Gottesmutter der tiefgläubige Mann sicherlich öfter gebetet hatte. Nun aber ging es nach Mantua in den Tod.

Als Andreas Hofer seinen Abschiedsbrief schrieb *(Ade mein schnede welt, so leicht khombt mir das sterben for, das mir nit die Augen nass werden)*, gedachte er eines anderen Wallfahrtsortes seiner unmittelbaren Heimat und ordnete an, dass seine Witwe „beim Rosenfarbenen Blut" in St. Martin die Totenmessen lesen lasse. Mit diesem hatte es folgende Bewandtnis: Um 1500

In der Friedhofkapelle ist ein gotischer Freskenzyklus zu bewundern.

Eine Wallfahrt, die seit jeher viel Anklang fand: Eingang zur Kirche von Riffian

– der genaue Zeitpunkt ist nicht annähernd bekannt – soll ein Priester in St. Martin beim Messelesen plötzlich an der Gegenwart Christi gezweifelt haben, worauf der Wein sich in Blut verwandelte, aufschäumte und das Kelchtuch rot färbte. Ein Stück davon wurde in einer Monstranz aufbewahrt, einmal im Jahr feierlich durch das Dorf getragen und, wie der Brief der Sandwirtes beweist, hoch verehrt. 1827 forderte das bischöfliche Ordinariat nähere Auskünfte über das Wunderding, denn es schien nicht gut denkbar, dass sich in einem abgelegenen Bauerndorf ein Wunder ereignete, das hochrangigen Kirchen wie Georgenberg, Stams, Waldürn oder Bolsena zu großen Ehren verholfen hatte. Es wurde angeordnet, in kluger Weise vorzugehen, um die Sache abzuschaffen. Die Monstranz wurde in das Kloster Marienberg gebracht. Als 1873 das Behältnis geöffnet wurde, war es leer. Der darüber aufgenommene Bericht versichert treuherzig, sie müsse wohl „irgendwann herausgefallen sein".

Der Gnadenort Riffian scheint im Gegensatz zu der untergegangen Wallfahrt von St. Martin zeitlos. Immer noch sieht man die Pilger einzeln oder in kleinen Gruppen die steile Gasse zur Kirche empor wandern und lange vor dem Muttergottesbild beten. Es ist ein kurzer Weg, wenn man bedenkt, dass in dieser Gegend vermutlich schon einmal ein Wallfahrtsort existierte, aber 1600 Meter höher im geheimnisvollen Gebiet der Spronser Seen. In einer kargen Hochgebirgseinöde finden sich dort mehrere Steine, die übersät sind mit einer Unzahl von Schalen und Näpfchen. Es ist gar nicht anders denkbar, als dass diese Zeichen aus religiösen Motiven in die Steine der eindrucksvollen Hochfläche eingemeißelt wurden, und man kann wohl von einer Wallfahrtsstätte der Urzeit sprechen. Sicher sind es unbewiesene Behauptungen, wenn Franz Haller die Anlage als „Sonnenkultstätte" bezeichnet, aber mittlerweile wurde in der Nähe ein bronzezeitlicher Brandopferplatz entdeckt, ein Naturheiligtum, das immerhin auch in 1684 Meter Höhe liegt.

So weist Riffian mit seiner Umgebung auf verschiedene Formen der Religiosität hin. Eine christliche Wallfahrt, die seit jeher viel Anklang und Sympathie fand, wurde zeitweise überlagert von einem gleichsam politischen und kriegerischen Christentum. In der Nähe gibt es eine bemerkenswerte Überlieferung von Aberglauben und Täuschung, und dann findet man die magische Verehrung der Natur, wie sie sich in dem hochgelegenen Brandopfer- und Steinschalenplatz ausdrückt. An einem einzigen Ort ist hier mehr versammelt, als lange religionsgeschichtliche Abhandlungen zusammentragen könnten.

i **Liegt ungefähr 5 km nördlich von Meran. Die Kirche befindet sich oberhalb der Durchzugsstraße. Die Auffahrt dorthin ist steil und eng. Pfarre, Tel. 0039-0473/241035**

15

Tote Kinder erleben ihre Taufe

Trens

Der charaktervolle Bau der gotischen Wallfahrtskirche von Trens liegt etwas oberhalb der Brenner-Staatsstraße.

Wer heute den Brenner überquert, fährt immer auf demselben Straßenbelag, die immer gleichen Leitschienen begleiten ihn links und rechts, und die Ausblicke in die Landschaft bringen deren Vielfalt kaum zur Geltung. Früher bot eine solche Passfahrt bei weitem mehr Abwechslung, wenn sie auch nicht immer als sonderlich angenehm empfunden wurde. So gelangte der Reisende, wenn er das überaus steile und gefährliche Gefällstück von der Passhöhe nach Sterzing glücklich hinter sich gebracht hatte, in ein weites, ebenes Gelände, das allerdings nass und unwegsam war, sodass sich der Weg auch wieder etwas mühsam am Talrand entlangschlängeln musste. Beim ersten großen Schuttkegel zeigte sich das unauffällige Dorf Trens, dem es bis heute nicht anzusehen ist, dass es sich um einen der bedeutendsten Wallfahrtsorte Südtirols handelt.

Seine Kirche ist ziemlich groß und wirkt recht alt. Sie wurde ebenso wie der massige Turm von einer bekannten Bauhütte in sauberem und gefälligem spätgotischem Stil erbaut an einem Platz, der schon seit langem besiedelt gewesen war. In einer Schenkungsurkunde aus dem Jahr 826 kommt er als *Torrentes* vor, was so viel wie Wildbach heißt. Dass er seit dem hohen Mittelalter als Marienheiligtum aufgesucht wurde, beweisen ein Ablassbrief von 1345, der aus Avignon direkt vom Päpstlichen Hof kam und eine Messstiftung der Ritter einer nahe gelegenen Burg aus dem Jahr 1407.

Innen wurde das Gotteshaus allerdings radikal barockisiert, und zwar von dem in der Tiroler Kunstgeschichte nicht besonders geschätzten Wiener Kirchen- und Theatermaler Josef Adam Mölck, dem man nachsagt, er habe allzu oberflächlich und *à la mode* gearbeitet. In Trens schlug er alle gotischen Rippen ab und änderte damit den Charakter des Raumes völlig, was ihm von dem Landestopographen Staffler 1847 das Urteil eintrug, er habe mit Unverstand die schöne Kirche verdorben. Immerhin sind seine Fresken farbenfroh und theatralisch und bringen barocken Schwung in den frommen Raum.

Das Ziel der Pilger bildet die kleine runde Gnadenkapelle, die an die linke Seite des Langhauses angefügt ist, ein eleganter Bau aus der Zeit um 1725 mit einem ganz in italienischem Stil gehaltenen Marmoraltar. Auf diesem steht, mit aufwendigen Brokattextilien geschmückt, das spätgotische Gnadenbild, eine künstlerisch hochwertige Arbeit. Sie soll von einem Bauern aus dem Schutt einer Mure geborgen worden sein. Er brachte sie in seine Stube, doch wanderte sie immer wieder in den Bereich der heutigen Kirche, sodass sie schließlich in der viereckigen Kapelle am Friedhof inthronisiert wurde, bis man sie 1728 unter großem Gepränge in die neuerbaute Gnadenkapelle brachte, eine letzte Übersiedlung, die sie sich diesmal anstandslos gefallen ließ. Die Geschichte von der Mure wird zwar durch eine Ursprungskapelle im südlichen Dorfbereich lokalisiert und dort auf einem hübschen Bild auch illustriert, doch weisen die erwähnten Urkunden mit Sicherheit darauf hin, dass die Wallfahrt älter ist, als die erst um 1470 entstandene Figur. Auf welche Zeiten und auf welche Ursprünge sie zurückgeht, muss in diesem Fall offen bleiben, denn das Dorf breitet sich wie zufällig auf dem durch Muren gefährdeten Schuttkegel aus. Weder archäologische Funde noch Burgen zeigen an, dass er früher Rang und Bedeutung hatte, es könnte nur sein, dass vielleicht hier das Volk der Genaunen, das Kaiser Augustus in seiner Triumphinschrift von La Turbie unter den unterworfenen Alpenstämmen anführt, seinen zentralen Versammlungsplatz hier hatte, denn direkt daneben erhebt sich auf einem Hügel der Weiler Valgenäun, dessen Name man auf eben diesen Stamm zurückführte. Allerdings ist das alles etwas vage, denn wo die Genaunen tatsächlich siedelten, weiß man nicht recht, meist vermutet man sie im Unteren Inntal.

So bleibt die Entstehungsgeschichte des sicher sehr alten Wallfahrtsortes Trens im Dunkeln. Wenden wir uns daher dem hier geübten Brauchtum zu, wir werden Wunderliches erfahren. An der Wand links und rechts der Gnadenkapelle hängt, säuberlich aufgereiht, eine große Anzahl bunter Votivtafeln, auf denen sich die Leute für wunderbare Hilfe in allen möglichen Lebenslagen bedankten, vornehmlich bei Krankheiten, aber auch bei Autounfällen, Bombenangriffen und anderen gefährlichen Situationen. Auf vielen von ihnen sind Wickelkinder zu sehen, fest und steif eingefascht mit rosigen Gesichtern und kleinen roten Kreuzen über ihren Köpfen. Daneben knieen glücklich lächelnd die Eltern und Verwandten, darüber schwebt ebenso lächelnd die Gottesmutter im Brokatgewand. Was es mit diesen Babies auf sich hat, bringen manche Inschriften zum Ausdruck: *Durch Anrufung dißer gnaden'Mutter hatten mir Alle unsre Kinder Zur Heiligen Tauf gebracht. 1812* oder *Durch Fürbitte der Gnadenmutter zu Trens, des heiligen Nepomuk und des heiligen Florian haben die drei Kinder die Taufe erhalten.*

„Durch Anrufung dißer gnadenMutter hatten mir Alle unsre Kinder zur H Tauf gebracht 1812"

Es handelt sich um einen Brauch von einigermaßen makaberem Zuschnitt, der besonders in Trens in Schwung war, die Rettung ungetauft verstorbener Kinder. Hatte eine Frau in früherer Zeit ein totes Kind zur Welt gebracht oder war eines gleich nach der Geburt verstorben, so stellte sich neben dem Schmerz der Eltern die bange Sorge ein, dass dieses Kind ja außerhalb der christlichen Gemeinschaft gestanden war. Es wurde in einer besonderen Ecke des Friedhofes begraben, Vater und Mutter konnten keine Hoffnung haben, es im ewigen Leben wieder zu finden. Die Kirchenlehrer entwarfen zwar in dogmatischer Phantasie Orte milderer Verdammnis, in denen sie verwahrt wurden, aber der Eintritt in den Himmel war ihnen mangels Taufscheins unwiderruflich versperrt.

Da verfielen nun manche solcher leidgeprüften Eltern auf einen Ausweg. Sie brachten ihren toten Säugling zu einem für solche Fälle bewährten Wallfahrtsort, um für ihr Kind die Gnade der Taufe zu erbitten. Das spielte sich in Trens folgendermaßen ab: Die Babyleiche wurde in einer feierlichen Prozession, geleitet von Frauen mit brennenden Kerzen, in die Kirche getragen oder dort auf den Altar gelegt. Unter fortwährendem Gebet wurde sie so lange massiert, bis man meinte, sie habe Lebenszeichen von sich gegeben. Meist handelte es sich um Schweiß, manchmal um Blutschweiß, auch wurde es als Zeichen der Erhörung angesehen, wenn es plötzlich Röte im Gesicht zeigte oder gar die Augen oder den Mund bewegte. Man kann sich vorstellen, dass sich die meisten dieser Merkmale recht natürlich durch die Abreibungen erklären lassen, aber in der vermutlich reichlich hysterischen Stimmung, in der alles sehnlichst auf ein Wunder wartete, verlor man Urteilsfähigkeit und Realitätssinn. Der anwesende oder schnell herbeigeholte Pfarrer nahm dann eilig die Taufe vor, die beglückten Eltern konnten ihr Kind im Familiengrab bestatten und sich dem tröstlichen Gedanken hingeben, es dereinst im Himmel anzutreffen.

War die Szenerie an sich schon bizarr genug, so wird dies noch verstärkt durch besondere Verzweiflungstaten, etwa als 1693 ein Embryo, der einer toten Mutter aus dem Leib geschnitten worden war, in eine solche Wallfahrtskirche getragen wurde, oder als Eltern ihr bereits vor neun Tagen bestattetes Kind aus dem Grabe holten und nach Maria Luggau brachten, um die Taufe zu erflehen. Eine Sage aus Vorarlberg schildert einen ähnlichen Vorfall: Einem Mann wurde ein Kind geboren, das leider tot war. Er schickte seinen Knecht mit dem Leichnam nach Schruns, wo solche Taufwunder besonders häufig beobachtet wurden, und trug ihm auf, es auf den Altar zu legen und um ein Lebenszeichen zu beten. Dem Knecht war der Marsch zu mühsam, außerdem hielt er anscheinend nicht viel von der Sache. Er verscharrte die Leiche im Wald, kehrte um und erzählte seinem Auftraggeber eine erfreuliche Geschichte von roten Wangen und Lippen, einer glücklich durchgeführten Taufe und einem christlichen Begräbnis. Im Jahr darauf gab es in dem betreffenden Haus wieder eine Totgeburt, diesmal nahm der Vater selber die Mühe auf sich, zum Wunderort zu pilgern. Als er an die Stelle kam, an der die erste Leiche bestattet worden war, meldete sich diese plötzlich aus dem Erdboden und rief: „Vater nimm mich auch mit!". Der Mann begriff, grub sogleich nach, fand die unverwesten Reste des vorverstorbenen Kindes und trug beide nach Schruns, wo er mit Erfolg die Gottesmutter anrief. Zum Gedenken steht an der Stelle das so genannte Bruderhäuschen von Dalaas.

Es muss gesagt werden, dass vernünftige Leute in der Kirche nach Kräften versuchten, diesen Unfug einzudämmen. Solche Taufen wurden immer wieder verboten. Ob die verzweifelten Eltern aber anderweitig getröstet wurden oder ob ihnen das Verbot einfach nur hingeknallt wurde, muss offen bleiben. Bemerkenswerterweise ist auf einer Votivtafel in Trens aus dem Jahre 1812, die in besonders deutlichen Worten von einer Totentaufe berichtet, die Inschrift fast unleserlich gemacht worden.

Diese makaberen Vorgänge von einst sollen aber den Charakter der Wallfahrtsstätte Trens nicht diskreditieren. Er ist trotz seines Alters und trotz seines großen Zuzuges ein recht urtümlicher Ort geblieben, sozusagen ein normales, gestandenes Tiroler Dorf mit einer berühmten Wallfahrtskirche als Mittelpunkt. Wer von Sterzing her die Staatsstraße benützt, dem fällt vielleicht der neu angelegte Pilgerweg auf mit zeitgenössischen Anrufungen, bei denen es nicht mehr um die Reanimation toter Kinder geht, sondern um Analogien zu unserem Lebensweg, um Ehrfurcht vor der Natur und den Werken Gottes und um das Heil aller Menschen, für das gebetet werden soll. Und wenn wir, wie es auf einem der Besinnungssteine steht, überzeugt sind, dass die Werke Gottes gerecht und beständig sind, dann brauchen wir auch nicht mehr Angst zu haben um ungetaufte Kinder und andere Anomalien, die früher den Theologen und anderen Menschen schweres Kopfzerbrechen machten.

i Ausfahrt „Sterzing" der italienischen Brennerautobahn. Der neue Pilgerweg führt vom Norden her zur Wallfahrtskirche.
Pfarramt, Tel. 0039-0472/647132

Die Gnadenstatue von Trens mit ihrem prächtigen Umhang

Die drei Jungfrauen von Meransen auf einem Fahnenblatt

16

Jungfrauen und Mütter, Göttinnen und Heilige

Meransen

„Hast du an gewissen Tagen daheim Speisen und Getränke aufgetischt und ein Messer dazugelegt, damit sich die drei Schwestern damit bedienen könnten, wenn sie in der Nacht kämen?“ So hatte vor tausend Jahren in Worms der Beichtvater seine bußfertigen Schäfchen zu befragen, und wenn jemand mit Ja antwortete, galt er sicherlich als abscheulicher Götzendiener. Vermutlich deckten trotzdem viele Hausfrauen heimlich und in abergläubischer Furcht die Tische an den bekannten Terminen, zu denen, wie sie wussten, solche überirdische Wesen nachts umgingen.

Wer waren die drei Schwestern, die noch im 11. Jahrhundert herumgeisterten und den Seelsorgern zu schaffen machten? Aus der Mythologie des Altertums haben wir verschiedene Gestalten zur Auswahl, denen diese Frauendreiheit zugeordnet werden könnte, und es scheint nicht weiter verwunderlich, dass im Hochmittelalter, als die Heidenzeit noch nicht allzu weit zurücklag und die Leute vielleicht noch nicht so intensiv christlich indoktriniert waren, der Gedanke an solche Göttinnen im Volk fortlebte. Weit mehr überrascht es, dass heute noch an vereinzelten Orten in den Pfarrkirchen Statuen und Gemälde zu finden sind, die drei Schwestern unbekannter Herkunft, unbekannter Lebensweise und unbekannter Todesart darstellen.

Der berühmteste dieser Orte ist Meransen nördlich von Brixen in Südtirol. Das Dorf, heute ein rege besuchter Schiort, den sogar die italienische Nationalmannschaft zum Training aufsucht, thronte früher einsam und fast unzugänglich über der Vereinigung von Eisacktal und Pustertal. Ein langer steiler Plattenweg, Katzenleiter genannt, führte empor, und es bedeutete sicherlich keine geringe Beschwerlichkeit, etwa in der Sommerhitze oder im Winter bei Schneelage den zweistündigen Aufstieg zu unternehmen. Oben aber breitet sich ein sauber gerodetes und ordentlich bebautes Land aus, das den vielen Bauernhöfen auf den sanften, sonnigen Hängen Existenz und Lebensgrundlage bietet. In der einstigen Isolation dieser Bergsiedlung konnte sich der Kult der drei Jungfrauen halten, der sonst fast überall von der Kirche längst abgeschafft worden war. Auch in Meransen trat einmal ein Kaplan auf, der sich über die Verehrung der drei Frauen abfällig äußerte und sie als Abgötterei bezeichnete. Alsbald wurde er mit Blindheit geschlagen. Er erhielt sein Augenlicht erst wieder, als er seine Meinung revidierte. Mit dieser Geschichte konnten die Meransner allen Gegnern ihrer Heiligen wirksam entgegentreten.

Und doch mussten sie es sich gefallen lassen, dass sich berufene und unberufene Deuter aller Art über die Verehrung dieser Patroninnen hermachten. Aus jeder Feder flossen andere Erkenntnisse. „Man liest von Heilrätinnen, Nornen, Elben, Göttinnen keltisch-römisch-germanischer Prägung, Matronenkult, Spes - Fides-und Caritas". Doch ist „es zu einer klaren Definition noch nicht gekommen", wie einer der kompetentesten Volkskundler Südtirols, Hans Fink, anmerkt. Es scheint also angebracht, ein wenig in diesen Götterhimmeln Umschau zu halten. Dort finden sich tatsächlich etliche bedeutsame weibliche Dreifaltigkeiten, die man verschiedentlich wiedergeboren sah in Figuren wie den drei Jungfrauen von Meransen.

Es mag weit hergeholt erscheinen, sogar die griechischen Mythenfiguren einzubeziehen, doch soll wenigstens darauf hingewiesen werden, dass schon unter ihrer Schar mannigfache Triaden weiblicher Göttinnen auftreten, etwa die abscheulichen Gorgonen und die Graien, deren Ressort die Erzeugung von Horror war, oder die reizvollen Grazien, die guten Geschmack und Anmut verkörperten. Bei den Germanen, die uns schon näher stehen, gab es die Nornen oder Parzen, drei Frauen von gewichtiger Bedeutung, weil sie das Schicksal aller Wesen in ihren Händen hielten. Die eine spinnt den Lebensfaden, die zweite wickelt ihn ab und die dritte zerschneidet ihn, sie verkörpert den Tod. Selbst die Götter unterstanden ihren Beschlüssen und alle Menschen waren ihnen unterworfen.

In der Kuppel werden die drei Meransner Jungfrauen gezeigt, wie sie in den Wolken thronen; auf der Erde sammeln sich ihre Verehrer.

Konkret erfassbar ist für uns die Verehrung der Matres oder Matronen, für die sich vor allem im Rheinland unzählige Bezeugungen finden. Es handelt sich um drei Damen unterschiedlichen Alters, die frontal sitzend oder stehend auf den Reliefs der Weihesteine oder Gräber abgebildet sind. In den Händen halten sie häufig Fruchtkörbe und ihre riesigen Hüte könnten auch auf den Köpfen der Ladies von Ascot sitzen. Sie galten als die Patroninnen einzelner Personen, einzelner Familien oder einzelner Stämme, denn sie trugen häufig Beinamen, durch die sie ihren Verehrern zugeordnet werden konnten, etwa die friesischen Mütter oder die Mütter von Jülich *(Juliacum)*. Daneben rief man sie als die „gastfreundlichen" oder als die „kraftspendenden" Matronen an. Aus alledem ergibt sich, dass sie gewiss nicht einheitlich genormte Schutzheilige waren, sondern in wechselnden Gestalten auftraten, wenngleich die Dreizahl strikte eingehalten wurde.

Immer wieder versuchte man, den Drei-Jungfrauen-Kult, wie er etwa in Meransen gepflegt wird, von der Verehrung dieser Matronen abzuleiten. Das dürfte schon deshalb fehlschlagen, weil es sich in dem einen Fall ebenso wie bei den meisten der angeführten Göttinnen vornehmlich um betagte Damen handelt, im anderen aber um Jungfrauen. Auch begegnen uns die Matronen viel weiter im Westen, nämlich am Rhein und hauptsächlich im Kölner Raum, während in unseren Alpenländern keine einzige Inschrift oder Abbildung von ihnen kündet. Und doch verbindet ein geheimnisvoller Bezug das Bergdorf Meransen mit der fernen Stadt Worms am Rhein.

Wir haben Worms am Anfang dieses Kapitels bereits erwähnt. Dort fragte der inquisitorische Beichtvater nach Abgötterei um die drei Schwestern. Ausgerechnet da hat sich im Dom ein Steinrelief in gotischer Manier erhalten, das drei gekrönte Jungfrauen zeigt und sie als Embede, Warbede und Wilbede bezeichnet. Vom Namen der Mittleren soll sich die Bezeichnung der Stadt ableiten, die man sohin die „Stadt der Sonnenjungfrau" genannt hat.

Die Heiligen von Meransen wurden 1382 als Ambet, Barbet und Gewerget angeführt. 1620 heißen sie Aubetta, Vilbetta und Gwerbetta, heute zumeist Aubet, Cubet und Quere. Markant ist dabei die Nachsilbe *-bet* oder *-betta,* die dem rheinischen *-bede* entsprechen dürfte. Man weiß zwar nicht, was sie bedeutet, aber viele Heimatforscher verbinden sie mit einer angenommen Urreligion feministischer Mütterverehrung. Dabei wurde eifrig nach namenskundlichen Belegen dafür gefahndet. Vom Bettelwurf, einem Berg bei Hall in Tirol, bis zum Pötschenpass im Salzkammergut musste alles als Beweis dafür herherhalten, was ein B oder P und anschließend ein T in seiner Bezeichnung aufweist.

Wenn auch solche Gedankengänge unbewiesen und phantastisch anmuten – eines wird nicht zu bestreiten sein: So recht ins Schema ordentlicher christlicher Heiliger passen die drei Jungfrauen auf keinen Fall. Es gibt vor allem keine Biografie von ihnen, und es scheint, als seien sie eben auf der Hochfläche von Meransen verehrt worden, ohne dass man sich viel Gedanken machte über Herkunft, Lebenswandel, Ableben und Bestattung. Nur ein paar dürftige, einander widersprechende Sagen gingen um. Die berühmteste davon erzählt von der Jungfrauenrast, einer einst markanten Stelle an dem vorhin genannten Katzenleitersteig, die heute durch Geländeveränderungen und Umbauten leider ihren Reiz weitgehend verloren hat. Dort sollen sich die drei Frauen matt und müde auf ihrem Weg nach Meransen niedergelassen haben. Auf ihr Flehen sei eine Quelle entsprungen, und ein Kirschbaum habe seine Äste herabgeneigt, sodass sie sich an den Früchten stärken konnten. Die Annahme liegt nahe, dass hier der ursprüngliche Kultort lag, bis die Kirche die drei Wesen wenigstens soweit vereinnahmen konnte, dass ihre Verehrung auf die Pfarrkirche verlagert wurde.

Dort wurde den drei Jungfrauen, die sich sozusagen in heidnischer Blöße präsentiert hatten, auch ein christliches Gewand verpasst. Sie wurden den elftausend Begleiterinnen der heiligen Ursula zugezählt, einer sagenhaften Frauenbewegung des 5. Jahrhunderts, die pilgernd Europa durchquerte und in Köln einem Massaker der Hunnen zum Opfer fiel. Selbstverständlich ist auch das eine verwegene Legende, aber sie hatte den Anschein kirchlicher Beglaubigung, zumal St. Ursula sogar im offiziellen Heiligenkalender ihren Platz fand. Eine Teilnehmerin an dieser Fahrt, die heilige Aurelia, soll in Straßburg krank geworden sein, und die drei Jungfrauen sollen zu ihrer Pflege bei ihr geblieben sein. Nachher seien sie allein durch die Lande geirrt und hätten schließlich in Meransen eine Zuflucht gefunden.

Vor dem Eingang zur Kirche des Bergdorfes Meransen.

Dort stehen sie nun am rechten Altar, hübsche, ansprechende gotische Statuen. In der Kuppel werden sie gezeigt, wie sie auf den Wolken des Himmels sitzen und die andächtigen Pilger und sonstigen Verehrer nicht vergessen. Dass dies nicht der Fall ist, beweist ein Glasschrank mit mannigfachen Votivgaben und Danksagungen. Wallfahrer erscheinen heute kaum mehr. Dafür kommen immer wieder Leute, die eintauchen wollen in die Mysterien der drei Rätselfrauen, in den Kult um drei unbekannte, aber offenbar hilfreiche weibliche Wesen, die weniger wegen eines besonders frommen Lebenswandels verehrt wurden, sondern weil offenbar schon immer die Menschheit der Ansicht war, es seien weibliche Wesen, die der Welt Frieden und Heil vermitteln könnten, von der Mutter Erde angefangen bis zur Jungfrau Maria. Noch stärker wurde das „ewig Weibliche" wohl empfunden, wenn es in dreifacher Gestalt auftrat, ob sie nun Schicksalsfäden spinnen, ziehen und abschneiden, ob sie Sonne, Mond und Sterne verkörpern oder Werden, Sein und Vergehen. Und da wir sowieso nicht imstande sind, diese Geheimnisse zu begreifen, ist es auch gut zu wissen, dass es im kirchlichen Bereich Freiräume gibt, in die weder die Theologie noch überhaupt die Vernunft vordringen kann, in denen man einfach sitzt, staunt und meditiert wie vor den Statuen der drei Jungfrauen von Meransen.

i Der Talort ist Mühlbach am Beginn des Pustertales (Ausfahrt „Brixen–Pustertal" der italienischen Brennerautobahn). Von dort kann man den Wallfahrtsort mit einer Seilbahn oder auf einer Straße erreichen. Die „Jungfrauenrast" liegt etwas unterhalb des Ortes in unmittelbarer Nähe der Zufahrtsstraße.
Pfarramt, Tel. 0039-0472/520171

17

Wetterherren, Wetterhexen und Wetterzauber

Latzfonser Kreuz

Der höchstgelegene Wallfahrtsort der Ostalpen ist die in 2302 Metern Höhe befindliche Kapelle zum Latzfonser Kreuz.

Die Altstadt von Klausen liegt auf 525 Meter Höhe im engen Tal des Eisack in Südtirol. Nach Westen öffnet sich der kurze Graben des Tinnebaches, und von ihm steigen die Berge ohne Absatz bis zur 2.581 Meter hohen Kassianspitze an. Man kann sich vorstellen, wie gefährlich bei solchen Geländeverhältnissen die Sturzbäche nach Unwettern sind. Am ärgsten war es 1921, als die Stadt beinahe zerstört wurde. Unten schien noch die Sonne, als oben ein Gewitter tobte, dass den Leuten Hören und Sehen verging. Sie konnten beobachten, dass „ganze Waldstücke mit aufrecht stehenden Bäumen wie Männer in einem Schlitten herabschossen, vor sich eine Luftwalze treibend, die weitere Bäume abrasierte. Die Wellen sollen bis zu den Mauern des Schlosses Garnstein emporgeschossen sein, das auf 20 Meter hohem Felsen steht." (Rampold).

Allenthalben wurden in Südtirol zur Abwehr solchen Unheils Wetterkreuze aufgestellt. In dem besonders bedrohlichen Gebiet oberhalb von Klausen errichtete man eine regelrechte Wallfahrtsstätte für Wetter- und Viehbelange, das Latzfonser Kreuz. Mag aber die Örtlichkeit zur Abwehr von Ungemach gut sein – wer sie an einem hellen, klaren Tag erlebt, denkt sicher nicht an Düsternis und Schrecken. Er befindet sich weit oberhalb der Baumgrenze im hellsten Licht der Berge, wenn sich auch die endlosen Halden, auf denen die im Minimalformat gehaltene Kirche wie verloren liegt, dunkel und ziemlich gleichförmig nach Norden und Süden ausdehnen. Sie werden überragt von den auch nicht lichten, sondern schwarzen Gipfelfelsen der Kassianspitze. Wenn er aber hinüberschaut auf die andere Seite des Eisacktales, dann blickt er in die reich gegliederte Bergwelt der Dolomiten mit ihren hellen Stöcken, Türmen und Zacken. Er erkennt den Rosengarten, den Schlern, den Langkofel und Dutzende weitere, die er von manchen anderen Punk-

Archaische Landschaft: Nicht nur der Herrgott, sondern auch „der Wilde" soll sich hier wohl gefühlt haben...

ten aus schon bewundert hat, aber die er hier in einem einzigen Panoramablick auf einmal erfasst.

Wie sehr die kleine Wallfahrt mit dem Wetter in Verbindung steht, beweist ihre Geschichte. Es heißt, dass die Gegend von Latzfons drei Jahre lang unter schauerlichem Wetter zu leiden hatte, sodass nichts mehr wuchs und reifte. Da fragte ein Priester, ob sie denn nicht irgendwo einen Herrgott hätten, dem sie zuwenig Ehre antäten. Sie hielten Nachschau und fanden in der Rumpelkammer eines Bauern ein großes Kreuz. Mit diesem marschierten sie um das Dorf herum und wollten es an einem passenden Platz aufstellen. Der Gekreuzigte schüttelte aber den Kopf und soll sogar „Nein!" gesagt haben. Da trugen sie es höher hinauf und wollten dort Station machen. Aber wiederum war die Reaktion negativ, so lange bis sie es hoch hinauf ins Gelände über den Almen brachten, dort wo heute die Kirche steht. Nach einer anderen Überlieferung soll ein feuriger Stier mit den Hörnern den Boden umgegraben und dabei das Kreuz zutage gefördert haben. Merkwürdigerweise warfen es die Leute gleich wieder zum Gerümpel. Da nun sei die Schlechtwetterfront gekommen, die drei Jahre lang nicht wich, so lange, bis man den Herrgott hervorholte und ins Hochgebirge beförderte.

Den Zug des Kreuzes gibt es heute noch einmal im Jahr, denn den Winter verbringt der Gekreuzigte in der Latzfonser Kirche. Am Freitag nach Fronleichnam, wenn die Höhen einigermaßen aper geworden sind, wird er in einer Prozession hinaufgebracht und bleibt dort bis zum Oktober. Es handelt sich um eine schlichte gotische Arbeit, die von reich geschnitztem Rankenwerk umgeben ist. Die Christusfigur selber ist schwarz. Es heißt, man habe sie mit Ochsenblut und flüssigem Baumpech eingerieben.

Wilder Stier, Ochsenblut, Unwetter, schwarzer Herrgott, irgendwie mutet das alles recht mythisch an, und tatsächlich sind wir hier in einem Bereich, der voll ist von archaischem Überlieferungsgut. Da heißt es etwa, in Latzfons habe „der Wilde" sein Unwesen getrieben. Nach dem abendlichen Gebetläuten segelte er in der Luft herum und hielt Ausschau nach Menschen, die noch unterwegs waren. Eine unvorsichtige Bäuerin, die sich noch im Freien aufhielt, wurde geraubt und in den finsteren Wald entführt. Erfreut über die schmackhafte Beute brüllten die Genossen des Wilden: „Mir auch ein Teil!" Der schockierte Ehegatte rief das auch und fand am nächsten Morgen ein blutiges Lendenstück seiner Frau vor der Hütte. Die Wilden galten als verkommene, unchristliche Gestalten, die von den neuen Bewohnern bekämpft und verachtet wurden, sodass sie sich immer mehr zurückzogen und schließlich in Suff und Elend verendeten. Hans Fink hält sie für „die Urbevölkerung unserer Berge".

Man kann sich das leicht ausmalen, denn direkt unterhalb der Hänge von Latzfons ragt im Eisacktal der Felsen von Säben auf, wo bekanntlich vordem ein reicher heidnischer König hauste, der mit samt seinem Volk, sei es von den Römern, sei es von den Christen, nach einer entsetzlichen Schlacht verjagt wurde. Die gegenüberliegenden Berge sollen sodann das Rückzugsgebiet der Geschlagenen gebildet haben, wo sie lange noch als Geister herumschwirrten. Bei Fink heißt es: „Dort wo sich das Felsental nach Garnstein verengt und die steilen Felsen drohend ragen, dort ist einem Bäuerlein von Latzfons der bleiche Zug der büßenden Heiden begegnet. Der König der Räter führte das klappernde Knochenheer an. Das Männlein erkannte ihn an der blitzenden Krone und am schwarzen Raben, der auf der Schulter des traurig bleichen Herrschers saß und krächzte." Eine andere verdächtige Gesellschaft sind die „Köeter", die es gleichfalls nur in der Latzfonser Gegend gab, schreckhafte gruselige Gestalten, denen nur mit Gebet und Weihwasser beizukommen war. Auch die Töchter vom Roath-Hof, die drei Roath-Gitschen, gehören zu diesen undurchsichtigen Figuren. Sie gaben sich einmal als fromme Klosterfrauen, ein anderes Mal als gefährliche Verführerinnen der Männer. Als sie schließlich wegen ihres sündhaften Treibens verjagt wurden, rächten sie sich mit Dürre und trockenem Wetter. Es scheint auch, als hätten sich die christlichen Glaubensverkünder unter diesen Umständen vorsichtig an das Dorf heranarbeiten müssen, denn die nach der Überlieferung älteste Kirche der Gegend, St. Peter im Wald, ein urtümlicher romanischer Bau, liegt eine Viertelstunde außerhalb.

Ob diese Gedanken über die Fortdauer des Heidentums auf den Latzfonser Bergen nun zutreffen oder ob es sich um romantische Phantasien handelt – sicher ist, dass noch vor kurzem der Ort als besonders „konservatives Dorf" (Fink) galt mit einer reichen Überlieferung von seltsamen Sagen und Gebräuchen. Dazu gehören auch die Überlieferungen, welche die Leute über die drohenden Wetter anstellten, die sich oben auf den Anhöhen, insbesondere um den „Kessel", den heutigen Standort der Kreuzkapelle, zusammenbrauen. Damals gab es noch keine Kommentatoren von Radio und Fernsehen, die den Leuten etwas über Nordseetiefs und Gewitterfronten erzählten, daher suchten sie nach anderen Erklärungen. Es gab offenbar im Himmel Wetterherren, denen Macht gegeben war, die Luftschichten umzurühren und die Schleusen der Wolken zu öffnen. „Der heilige Oswald kann's hageln lassen wie er will," zitiert Hörmann einen Bauern aus der Meraner Gegend, und das schädliche Treiben der Eisheiligen fürchtet die gesamte mitteleuropäische Landwirtschaft bis heute.

In der Gegend von Latzfons aber, wo sich so viele dubiose Wesen herumtreiben, machte man diese für die Wetterunbilden verantwortlich. Die Menschen konnten nicht vorsichtig genug sein, um diese Dämonen nicht zu reizen. Besonders die Geister der kleinen Bergseen vertrugen keinen Spaß. Zwei Hirten sahen am Kassiansee oberhalb des Latzfonser Kreuzes ein wildes Weib, das im Wasser stand und ihre Zotteln zu einem Zopf band. Sie riefen die Frau als Hexe an, worauf diese unter Fluchen mit der Hand auf das Wasser schlug. Alsbald brach ein fürchterliches Unwetter los. Ein anderer Mann, der über das Joch wanderte, traf dort auf ein ähnliches Weib, das so unheimlich war, dass er sich gleich verdrückte. Auch er erlebte den Ausbruch eines argen Gewitters. Unangenehm waren die Begegnungen mit den „Peterer Geißweibelen", die dort oben an einem Bach saßen und ihre langen Haare auswuschen. Auch sie waren Wetterhexen und brachten Unheil über das Land. Da fragt man sich, ob nicht der Kult der heiligen Maria Magdalena, der oben am Latzfonser Kreuz blüht, eine Erinnerung an solche sagenhafte heidnische Weibspersonen ist. Sie hatte ja lange Haare, mit denen sie zuvor die Männer verführt hatte, mit denen sie aber in der Folge ihrem Meister die Füße trocknete und die sie wie ein Kleid einhüllten, als sie in einer Einsiedelei in der Wüste Buße tat. Auch sie galt als Wetterpatronin. Jedes Jahr an ihrem Festtag, dem 22. Juli, oder am darauf folgenden Sonntag ziehen die Menschen hinauf, um die traditionelle Bergmesse zu feiern.

Sie tun es an einem Ort, der möglicherweise schon für ihre Vorfahren vor tausend Jahren ein Heiligtum bedeutete, denn direkt neben der Kreuzkirche öffnet sich im Gestein eine kleine Höhle, von welcher der Wallburgenforscher Georg Innerebner meint, sie habe in urgeschichtlicher Zeit eine namhafte Rolle gespielt. Diese Bergzüge erlebten offenbar auch ohne Geister damals allerhand kultische Aktivitäten, die vielleicht mit den weiter unten angelegten Bergwerken zusammenhängen, vielleicht mit ihrer exponierten gewitterbringenden Lage, vielleicht auch mit der prachtvollen Sicht über eine unendliche Bergwelt, die in den Menschen den Eindruck erweckte, hier seien sie dem Himmel näher. Und deshalb legten sie auf der nahen Königsangerspitze in 2440 Meter Höhe einen Brandopferplatz an, wo sie ihren Göttern Tiere und anderes opferten. Vielleicht geschah dies auch auf anderen Gipfeln. Jedenfalls wurde die Kassianspitze, die direkt über dem Latzfonser Kreuz liegt, nach dem alten Wetter- und Fruchtbarkeitspatron Kassian benannt. Wer den Anstieg bis zur Kreuzkapelle schafft, der wird sich das relativ kurze Stück Weges dort hinauf nicht entgehen lassen. Er kommt zu dem schon vorhin genannten Kassiansee, einem düsteren Gewässer, das von lauter schwarzem Geröll umgeben ist, und steigt von dort zur Spitze. Eine gewaltige Schau über dreihundert Hochgebirgsgipfel erwartet ihn, aber auch ein weiteres Rätsel. Allenthalben stehen dort die so genannten „Steinmandln", in Pyramidenform aufeinander geschichtete Steine, herum. Wer meint, es handle sich um simple Orientierungshilfen für Wanderer, die in Nebel geraten sind, irrt. Ihre große Anzahl macht diese Ansicht unwahrscheinlich. Sie sollen gleichfalls aus der Urzeit stammen und kultische Bedeutung gehabt haben. Die Standplätze dieser Steingebilde galten als „Hexentreffplatz", und im 16. Jahrhundert hat man im nahen Sarntal einer „Hexe" den Vorwurf gemacht, sie habe sich an diesen Zusammenkünften bei den „Steinernen Mandln auf dem Auenjoch" in sündhafter Weise beteiligt.

Inmitten von Geröllhalden liegt die Kapelle. Ganz links im Bild die kleine, geheimnisvolle Höhle.

i Von Klausen (Ausfahrt der italienischen Brenner-Autobahn) führt eine Straße über Feldthurns nach Latzfons (7 km). Von dort geht man zu Fuß zur Klausener Hütte und zum Latzfonser Kreuz, dem höchstgelegenen Wallfahrtsort der Ostalpen (2302 m, 3 Stunden, Ausdauer erforderlich). Zu empfehlen ist noch der Anstieg zur Kassianspitze (2581 m, 45 Minuten). Latzfonser-Kreuz-Hütte, Tel. 0039-0472/545017

18

Ein Kultort wird umgepolt

Maria Weißenstein

Die bedeutendste Wallfahrtsstätte des Landes Südtirol: Maria Weißenstein

In knallbunten Farben und überdeutlichem Realismus wird auf einem Deckengemälde in der Kirche von Maria Weißenstein die Gründungssaga des Ortes vorgeführt. Als der Bauer Leonhard Weißensteiner die Fundamente für die Marienkapelle, die er erbauen wollte, aushob, fand er im Erdboden die Gnadenstatue, die sich schon vorher durch Lichterscheinungen bemerkbar gemacht hatte. Das Gemälde ist nicht recht gelungen. Der Mann hält zwar eine Schaufel im Arm und hat auch soeben ein Loch gegraben. Sein blütenweißes Hemd und seine tadellose Trachtenhose kontrastieren aber stark zu den Erdarbeiten. Die kleine Statue steht unter einer Lichtkuppel wie unter einem Glassturz, und zwar einem solchen, wie man ihn in Spielzeuggeschäften erwirbt und in dem es schneit, wenn man ihn umdreht. Das Wunder und der Mythos lassen sich eben schwer darstellen und schon gar nicht in realistischer Deutlichkeit.

Weiter vorne in der Kirche wird auf einem volkstümlichen Barockbild die vollständige Legende wiedergegeben. Demnach war jener Leonhard Weißensteiner irrsinig und tobsüchtig, sodass er, wie es zu dieser Zeit üblich war, in Ketten gelegt wurde. Schon damals erschien ihm Maria und versprach ihm Heilung. Sie verlangte aber, dass er in der Nähe seines Hofes eine Kirche baue. Eines Tages riss sich der Kranke los, stürmte durch die Gegend und stürzte schließlich über einen turmhohen Felsen in eine Schlucht. Neuerlich zeigte sich Maria und erklärte, er werde nach neun Tagen gefunden werden. Es wurde ihm wiederum Gesundheit versprochen, soferne er mit dem Werk ernst mache. Er versprach es, vergaß dann aber darauf, wurde wieder geisteskrank und entschloss sich schließlich zum Bau an der Stelle, die ihm Maria angegeben hatte. Dabei fand er beim Graben die Statue. Er lebte dann dort als frommer Einsiedler und betreute die Pilger, die sich alsbald einfanden. Dies soll sich um 1550 zugetragen haben.

Wir sind heute nicht mehr imstande, solche Erzählungen für bare Münze zu nehmen. Wir versuchen, sie zu erläutern und zu erklären. Die einen wollen Gedankengut der Vorzeit in ihnen entdecken, die anderen wollen sich möglichst eng an den frommen Inhalt anlehnen und nur dort, wo es gar nicht anders geht, davon abrücken. Die einen gleiten gerne ins Phantastische ab, die zweite Gruppe macht die Legenden häufig allzu harmlos. So äußerte sich ein Schriftsteller, die Wallfahrt von Maria Weißenstein gehe auf eine Bildtafel zurück, die, wie in Südtirol üblich, an einem Baum befestigt war. Da dieser Ort „einen religiösen Anziehungspunkt" bildete, habe man das Gemälde in einer Kapelle untergebracht und später durch eine Statue ersetzt. „Um die Bedeutung dieser Andachtsstätte besonders hervorzuheben und dem Volk glaubhaft zu machen, musste ein Wunder am Beginn der Entstehung gesetzt werden." So wurden die Ereignisse „zur bekannten Auffindungslegende verwoben" (Stürz). Ob diese banale Deutung den sensationellen Aufstieg des Gnadenortes verständlich machen kann, ist zu bezweifeln, daher soll hier eine andere Erklärung versucht werden, die sich nicht nur auf die örtlichen Gegebenheiten, sondern auch auf Analogien zu anderen Gnadenstätten stützt.

Maria Weißenstein ist zweifellos die bedeutendste Wallfahrtsstätte des Landes Südtirol. Auch Papst Johannes Paul II. ließ sich hier einfliegen, und sein Vorgänger Johannes Paul I. war oft da, allerdings noch als Bischof und auch als junger Mann, denn seine Heimat lag nicht allzu weit entfernt. Eine Eigenart des Ortes bedeutete früher der lange Anmarsch, ein endloser bußhafter Wallfahrtsweg, der die Leute in vier Stunden von den üppigen Obst- und Weingärten des Bozener Unterlandes durch das ziegelrote Porphyrgestein des Brandner Tales in ein fast almartig anmutendes Wiesen- und Waldgelände führt. Nicht nur Kreuzwegstationen, sondern auch Wirtshäuser mit den Namen „Halbweg" und „Dreiviertelweg" markierten die Abschnitte der Strecke, bis die Pilger endlich vor der breit ausladenden Fassade der Kirche und des zugehörigen Servitenklosters angelangt waren.

Die Landschaft, in der sie sich befanden, ist vom Feinsten. In der klaren Luft von über 1500 Meter Höhe bildet der Rosengarten den Höhepunkt eines grandiosen Rundblicks über Dolomiten und andere Berge. Gegen Westen schaut man in unendlicher Ferne die Gletscher von Ortler und Cevedale. Was in nächster Nähe zu sehen ist, erfreut das Auge weniger. Die Fassade von Kloster und Kirche zeichnet sich nicht gerade durch erlesene Architektur aus. Man muss wissen, dass die Baulichkeiten aus der Barockzeit stammen. Anno 1787 hat aber der Klostertöter Kaiser Joseph II. zugeschlagen. Er ließ alles zerstören und auf Abbruch verkaufen. Als das Kloster und die Wallfahrt wieder in Betrieb gehen durften, bemühte man sich schlecht und recht, alles wieder instand zu setzen. Nur im Kircheninneren gelang es, den barocken Eindruck fast vollständig wieder herzustellen. In dem trotzdem eher schlichten Raum fällt ein kaminartiger Einbau auf, die Auffindungskapelle, welche die Stelle anzeigt, wo der Bauer das Gnadenbild entdeckte.

Damit sind wir wieder bei der Ursprungslegende. Und es mutet seltsam an, dass sie gerade hier lokalisiert wird, mitten auf dem Wiesenplan, der so gar nicht dramatisch oder mythisch wirkt. Vom Bergpanorama natürlich abgesehen, aber das hat ja fast jeder Punkt in dieser Landschaft.

Am Ende des großen Parkplatzes steht auf einem Baum zu lesen: „Zur Einsiedelei des Leonhard". Hier beginnt ein Waldweg, auf dem man in einigem Auf und Ab nach zwanzig Minuten zu einer Stelle gelangt, die man wirklich nur mit größter Verwunderung betritt, zumal sie in der Literatur über Weißenstein nur ganz oberflächlich oder gar nicht erwähnt wird. Es ist ein Ort von düsterer Romantik und Rätselhaftigkeit. Felstrümmer liegen auf dem Boden herum, manche sind mit Bildstöcken und Kreuzen überbaut, zwischen ihnen gibt es Steige und halbverwachsene Stufen. An etlichen Stellen kann man sich zwischen den Blöcken

Einer der vielen Bildstöcke bei der Einsiedelei des Leonhard. Er trägt ein Relief mit einer Darstellung von Maria Weißenstein. Davor sind eine Menge Kreuze niedergelegt.

durchzwängen, als ob sie Durchkriechsteine wären. Überall liegen bei den Bildstöcken kleine Kreuze, zusammengebunden aus Zweigen und Ästen, Fotografien und Totenbilder. Über verwitterten Mauerzügen erhebt sich eine einfache Kapelle und in ihrer Nähe eine Einsiedlerhütte, in deren Innerem man bei einem Blick durch's Fenster das karge Inventar des Eremiten erkennen kann. Das ist St. Leonhard, errichtet über „einer altheiligen Stätte", wie Luis Oberrauch schreibt, allerdings ohne dass auch er Näheres dazu ausführen würde. Aber der verwunderte Besucher erkennt die topographische Besonderheit des Platzes. Unmittelbar hinter der Kapelle bricht das Gelände jäh ab. Senkrecht geht es über mindestens hundert Meter in eine tiefe Schlucht hinab. Und wer sich auf einem schmalen Steig ein kleines Stück über die Geländekante hinauswagt, steht plötzlich vor einer Felsnische mit der Aufschrift: „Ort, wo Leonhard abgestürzt ist 1553". Und auch hier stößt er auf Kreuze und Gedenkzeichen in Menge.

Ein alter Kultort, umgepolt: Der natürliche Steinblock unter dem Bildstock zeigt Spuren von Bearbeitung.

Es ist klar, dass hier die ältere Kultstätte ist, älter als das Kloster und die Kirche von Weißenstein. Und allmählich erschließt es sich, wie die Geschichte mit Leonhard dem Bauern auf Weißenstein tatsächlich ablief. Hier an dem Geisterort mit den Felsblöcken auf der Zinne über der Schlucht wurden Kulte betrieben, die mit den offiziellen religiösen Übungen der Kirche nichts zu tun hatten, Naturkulte, Dämonenverehrung, Tänze, Geheimtreffen oder was immer. Die Kirche nahm Anstoß daran, konnte sie aber nicht abstellen und nicht christlich machen. Und so bediente man sich des Leonhard, um die Stätte zu verlegen und an einem neuen Ort attraktiv zu machen. Vielleicht war der Mann ursprünglich selber ein Anhänger des alten Kultwesens. Dass man ihn als geisteskrank und sinnesverwirrt bezeichnete, scheint darauf hinzudeuten, ebenso die Tatsache, dass er nicht so schnell von seiner alten Gesinnung loskam. Wie sich der Sturz in den Graben abspielte und ob er überhaupt stattgefunden hat, wissen wir nicht. Jedenfalls begann er, zwanzig Minuten von dem alten Ort entfernt, mit der Gründung der Andachtsstätte, und es ist klar, dass es eines Wunders bedurfte, um sie als gottgesegnet auszuweisen: Lichtzeichen und Auffindung des Gnadenbildes im Erdreich.

So wurde der Kultort verlegt, verändert, umgepolt und der Erfolg blieb nicht aus. Schon um 1600 wird in einer Chronik von einer „großen Wallfahrt" gemeldet. Allerdings erzählt der Autor, im Traum sei Maria dem „Bauersmann Weißensteiner" erschienen, und als er über ihre Weisung den Kirchenbau begann, habe er das Gnadenbild in einem Baum gefunden. Man sieht, dass die Einzelheiten der Legende hier wie anderswo variieren. Sie waren offenbar nicht so wichtig, ja nicht einmal das Gnadenbild selbst hat die Bedeutung, die ihm gemeiniglich zugeschrieben wird. Als Kirche und Kloster säkularisiert wurden, brachte man es nach Leifers bei Bozen, und von dort kam es nie mehr zurück, auch nicht nach der Wiederherstellung des Pilgerortes. Die wenigsten Wallfahrer wissen, dass sie nicht vor dem Originalbild beten, das der Gründer dem Erdboden entnahm, sondern vor einer irgendwann einmal angefertigten Kopie.

Aber das ist wohl alles nicht so wichtig. Entscheidend ist die spirituelle Kraft des Ortes. Auch wer mit Auto oder Autobus herkommt, ist beeindruckt von der Weite der Wege und fühlt sich dem Himmel näher. Umso mehr gilt dies für jene Pilger, die auf den endlosen traditionsgegebenen Pfaden hieher ziehen, denn in der Buße vollendet sich das Gebet, und wenn unsere Wallfahrtsorte nicht zu bloßen touristischen Attraktionen verkommen sollen, ist es notwendig, ihre Zugänge wieder zu entdecken, sie durch Anstrengung zu erobern. Niemand wird es bereuen, der diese Mühe aus freien Stücken auf sich nimmt. Ihm ist es vorbehalten, den Mythos zu empfinden, und schon gar, wenn er auch so „altheilige Stätten" einbezieht wie die Einsiedelei von St. Leonhard.

i Die Anfahrt ist etwas kompliziert. Am besten fährt man auf der Dolomitenstraße Bozen–Cortina bis Birchabruck, zweigt dann in Richtung Deutschnofen ab, von dort über Petersberg nach Weißenstein (ab Birchabruck ungefähr 16 km). Gasthaus, Tel. 0039-0471/615124

19

Der ladinische Wallfahrtsort

Heiligkreuz

am Kofel

Hinter der Kirche von Heiligkreuz und dem Hospiz Santa Crusc steigen die gewaltigen Wände des Heiligkreuz-Kofels auf.

Weit sind wir vorgedrungen in die Dolomiten, bis hinein in die entlegenen Täler. Das Auto haben wir zurückgelassen, mit der Seilbahn und zu Fuß sind wir in fast 3.000 m Höhe gelangt. Die Marmolata hält uns ihre glänzende weiße Gletscherbrust hin, daneben baut sich die Sella auf mit ihren tiefen Klüften. Ringsum stehen in perfekter Schönheit lauter Berge, deren Namen Rang und Klang haben: Tofana, Conturines, Geisler und wie sie alle heißen, und vor uns breitet sich das Hochland der Fanes aus, gepflastert mit riesigen Steinplatten, das einst ein grünes, fruchtbares Weideland gewesen sein soll, zur Zeit als das Volk der Fanes lebte mit Königen und Prinzessinnen, von deren Schicksal und Untergang die Talbewohner in Sagen berichteten. Unten in der holzgetäfelten Stube der Berghütte sind wir abends diesen Bewohnern begegnet, Jägern, Berggehern, Seilbahnarbeitern. Der Zufall hat sie zusammengeführt. Sie unterhalten sich nicht über die Fanes-Leute und ihre Könige, sondern über Geschichten und Geschicke ihrer Mitbürger, über Politik und Wirtschaft, über Gott und die Welt. Immer wieder gibt es Gelächter, das gewaltige Speckmesser wird herumgereicht, mitunter schauen sie zum Fenster hinaus, ob das bedenkliche Wetterleuchten über den Bergen der Catenaccia es ihnen wohl erlaubt, noch ein Viertel vor dem Abstieg zu trinken. Sie reden in ihrer eigenen Sprache, die niemand sonst versteht, dem Ladinischen. Ist das noch Tirol, wie es die deutsch geschriebenen Reiseführer vorgeben, oder ist es nicht vielmehr ein ganz eigenes Land, das Land der fremdartigen Berge, der unergründlichen Sagen und der unverständlichen Sprache? Die Berghütte ist eigentlich ein altersgraues Hospiz, 1718 erbaut, und heißt Santa Crusc. Auch das Stubengetäfel ist mehr als hundertfünfzig Jahre alt. An ihm sind drei Kreuze angebracht, in der Mitte Christus, seitlich die Schächer. Sie wurden mit Stricken an den Oberarmen angebunden, ihre Unterarme hängen schlaff herab, sodass sie wie fernöstliche Marionettenpuppen wirken. Auch draußen finden sich drei Kreuze, die Stricke der beiden Räuber bewegen sich leicht im Abendwind. Überall stößt man hier auf Kreuze, ein riesengroßes steht am Zugangsweg und dann noch eines als Unwetter abwehrendes Zeichen. Auch am Aufstieg zum Kreuzkofel findet sich eine Nische mit dem kreuztragenden Christus, und dieser bildet auch den Mittelpunkt der kleinen Kirche neben dem Hospiz, die wiederum das Zentrum des ganzen hoch gelegenen Bereiches darstellt.

Sie ist gotisch, doch blieb aus alter Zeit nicht viel übrig, denn Kaiser Joseph II. im fernen Wien befahl 1782 Kirchen wie diese zu schließen. Man räumte sie aus und verwendete sie als Stall. Sofort nahm sich die Sage der vertrauten, aber verlassenen Stätte an: Es wurden darin blutbefleckte Vögel gesehen, ein Mann ohne Kopf und andere Gespenster. Während der schweren Jahre der Franzosenkriege vermisste man die Zufluchtsstätte besonders stark, und 1839 setzten die Bauern die Erlaubnis durch sie wieder zu öffnen. Sie wurde im Stil der Zeit neu eingerichtet. Ein paar alte Stücke fanden sich noch und wurden wieder angebracht. Bald verkündeten auch Votivtafeln, dass „der Gekreuzigte" geholfen habe, und die Wallfahrt nahm neuerlich zu. Am Hochaltar wurde die aus dem 17. Jahrhundert stammende Figur des blutigen Heilands wieder angebracht, der sein Kreuz schleppt. Es wurden ihm ein paar gewalttätige Schergen beigesellt, links und rechts stellte man jeweils einen mitleidenden Engel auf. So entstand ein intimer Andachtsraum, den die Ladiner hoch in Ehren halten.

Die Gründung dieser Andachtsstätte wird einem Grafen Volkhold zugeschrieben, der sich hieher in die Einsamkeit zurückgezogen haben soll, wohl um eine Untat zu büßen. Er soll eine Kapelle zu Ehren des kreuztragenden Christus erbaut und seine Tage als Eremit beschlossen haben. Er hatte seine in der Nähe des heutigen Bruneck gelegene Burg in ein Frauenkloster umgewandelt und dieses mit reichen Besitzungen im Gadertal, darunter auch der Gegend von Heiligkreuz, ausgestattet. Das Stift hieß *Sunapurc,* das heißt Sühneburg, und dieser bemerkenswerte Name steht am Beginn der wildbewegten Geschichte des Klosters Sonnenburg im Pustertal. Denn da die Urkunden über die Besitzungen dieser Institution schlampig formuliert und die Aufsichtsrechte der übergeordneten Instanzen verworren waren, gab es laufend Turbulenzen, vor allem mit dem Fürstbischof von Brixen, von dem sich die resoluten Stiftsdamen nichts gefallen ließen. 1451 kam es zu einem Streit zwischen dem Kloster und etlichen Bauern um Weiderechte im Gadertal, in den sich der Bischof mit dem Erfolg einmischte, dass daraus eine dreizehnjährige Auseinandersetzung, ja ein Krieg entstand. In dessen Verlauf kam es zu denkwürdigen Bluttaten und Ereignissen wie dem Überfall auf einen Trupp ladinischer Bauern am Crep de Santa Grazia, dem Fels der Heiligen Hilfe, bei dem siebenundfünfzig Männer erschlagen wurden, oder der Belagerung und schmählichen Gefangennahme des Hauptakteurs, des Bischofs Nikolaus Cusanus von Brixen, der nicht nur als gnadenloser Herr in Tirol schaltete, sondern auch als Theologe von Weltformat wirkte. Als solcher verherrlichte er mit glühenden Worten das Wirken der göttlichen Liebe, als Politiker verhielt er sich kleinlich und streitsüchtig.

Wieweit die entlegene Region um Heiligkreuz in diese Wirren hineingezogen wurde, wissen wir nicht. In dieser märchenhaft schönen Gegend dominiert eher die Sage als die Geschichte. Selbst die Gründung durch den Grafen Volkhold ist ja keineswegs gesichert, denn andere Quellen melden, seine Zelle sei neben dem Kloster *Sunapurc* gestanden. Vielleicht befand sich hier in den Bergen ein abgelegener Stützpunkt seiner Macht, von dem die Heiligkreuz-Kapelle übrig geblieben ist.

Legenden und Sagen bildeten sich weiterhin um den Platz bis hinein in die Neuzeit. Im Gadertal lebte damals ein mächtiges Geschlecht, die Prack, die ihre Herkunft von den berühmten Scaligern in Verona ableiteten. Der erste Bedeutende von ihnen hieß Gabriel und blieb in unguter Erinnerung, denn er war für das vorhin erwähnte Gemetzel am Göttlichen-Hilfe-Felsen verantwortlich gewesen. Ob die Bevölkerung diesen Haudegen und harten Richter schätzte, muss bezweifelt werden. Umsomehr liebte es seinen Nachkommen Franz Wilhelm von Prack, der geradezu als die Identifikationsfigur der Gadertaler oder, wie man früher sagte, als ihr Nationalheld galt. Die unglaublichsten Abenteuer wurden dem *Grang Bracun,* dem „Großen Pracken", nachgesagt. Ein Mann von gewaltiger Körperkraft soll er gewesen sein. Ein solcher brauchte entsprechende Gegner, denen er immer wieder eins auswischen konnte. In seinem Fall war es das konkurrierende Geschlecht der Colz. Diese wussten, dass er eine Freundin in Ampezzo besuchte, und rissen die Brücke über die Travenanzes-Schlucht ab, damit er auf dem nächtlichen Heimritt hinabstürze. Der Prack setzte mit einem unglaublichen Sprung seines Pferdes hinüber und war damit in der Lage, weiterhin das Land gegen seine Feinde, die Venezianer, zu schützen. Da die Colz mit diesen einträgliche Holzgeschäfte tätigten, legten sie schließlich dem Pracken am Punt da bos, der Ochsenbrücke bei Corvara, einen Hinterhalt, und der strahlende Held verblutete als Opfer banaler Wirtschaftsinteressen.

In Heiligkreuz aber soll der Ritter seine größte Tat vollbracht haben. In den Klüften des Kofels hauste ein schrecklicher Drache, den die Leute so fürchteten, dass sie sich nicht mehr getrauten, die saftigen Almwiesen zu mähen. Sie riefen den Bracun zu Hilfe, dieser ritt hinauf und jagte dem Ungeheuer eine Kugel durch den Rachen mitten in das Herz.

Solche Drachenhatz kommt in vielen Sagen vor, vom hürnernen Siegfried oder dem Heiligen Georg wird Ähnliches erzählt. Meist aber arbeiteten diese Helden mit Schwert und Lanze, das Geschehen spielt in den Urgründen der Vorzeit und ist nicht mehr überprüfbar. Hier aber wird einem Mann, der tatsächlich am 7. Dezember 1582 ermordet wurde, ein Drachenkampf zugeschrieben, nicht mit archaischen Waffen, sondern mit dem Schießgewehr.

Daraus mag man erkennen, wie nahe wir in dieser Gegend der Ära der Sagen sind, wie kurz der Abstand zur Traumzeit ist. Karl Felix Wolff konnte noch die einzigartigen Erzählungen der Ladiner sammeln und aufzeichnen, heute sind sie verweht und vergessen, eine neue Ära hat alles zugedeckt. Der Tourismus hat von den wunderbaren Tälern Besitz ergriffen, und tagsüber ist die getäfelte Stube im Hospiz von Heiligkreuz oder Santa Croce voll von deutschen und italienischen Urlaubern, welche sich allenfalls über das gute Essen lobend äußern und die Aussicht bewundern. Wenn sie aber abends weg sind, die Stricke der Schächer an den Kreuzen von La Crusc im Abendwind baumeln und die Felswände des Kofels, in denen der Drache hauste, in sagenhaftem Rot aufglühen, dann fühlt man vielleicht noch ganz leise, dass dies ein besonderes Land ist, in dem man bis vor kurzem noch um die Gegenwart der Fanes, des Gran Bracun und des Grafen Volkhold wusste.

i **Sessellift von St. Leonhard im Abteital. Von der Bergstation 20–30 Minuten steiler Aufstieg zur Wallfahrtskirche. Großartige Tour auf den Heiligkreuzkofel (2911 m, Klettersteig).**
Hospiz Santa Crusc,
Tel. 0039-0471/839632

Allenthalben stehen in und um Heiligkreuz Kruzifixe wie dieses Wetterkreuz.

Öffnet der Besucher die Tür der einsamen Kapelle, steht er überrascht vor der Fülle farbenfroher Fresken.

20

„Was für ein Aufwand in dieser Einsamkeit!“

St. Silvester

auf der Alpe

Mit einem Mal drehten sich die Räder im Schnee durch. Der Wagen steckte fest. Unvorsichtig war ich in eine Wächte hinein gefahren, die der Wind auf den Weg geblasen hatte. Das wäre nicht so schlimm gewesen, hätte ich nur geeignetes Gerät zum Flottmachen bei mir gehabt oder wäre ich nicht ungefähr zehn Kilometer weitab von den nächsten menschlichen Behausungen entfernt gewesen. Ich hatte gehört, dass sich hoch in den Bergen nördlich von Toblach und Innichen in Südtirol eine merkwürdige Kultstätte befindet, und beschlossen, sie sozusagen en passant zu besichtigen. Aber St. Silvester auf der Alm duldet nicht, dass man es im Vorübergehen aufsucht. Man muss sich Zeit nehmen. Schon allein für den Weg dorthin.

Als wir es zu fortgeschrittener Jahreszeit noch einmal versuchten, war es neuerlich zum Staunen, wie weit man fahren muss. Der Talort Toblach liegt schon zwölfhundertvierzig Meter hoch. Darüber gibt es noch etliche Bauerngehöfte, welche die sonnigen Hänge nutzen, und dann beginnt endlos und einsam der Wald. Es ist kein finsterer Forst, immer wieder wird er von den hellen Lärchen durchsetzt, und manchmal lässt sich der Ausblick auf die gegenüberliegenden glanzvollen Dolomitenberge von Sexten erahnen. Nach ungezählten Kurven passierten wir die Stelle meines früheren Missgeschicks, wo ich den Wagen erst nach langen Bemühungen und knapp vor Einbruch der Dunkelheit zum Fahren gebracht hatte, und von da ging es noch ein gutes Stück bis zu jenem Punkt, wo sich plötzlich in tiefer Abgeschiedenheit am Gegenhang eine weiße Kirche von altertümlicher Bauart zeigte. Es war dann noch ein Anstieg zu Fuß über ungefähr fünfzig Meter erforderlich, bis wir die schmale Geländestufe erreichten, die zum Eingangstor führt.

Da gab es nun ein Kunsterlebnis sonders gleichen. Der Bau ist in romanischen Formen angelegt, er hat ein Alter von mindestens achthundert Jahren. Im Inneren steht der Besucher einigermaßen überrascht vor einer Fülle von lebendigen, farbenfrohen Fresken, welche die Brixner Malerschule um 1450 an die Wand geworfen hat. Mit höchster Pracht wurden den armen Hirten und Holzknechten, welche einst das Gotteshaus in der Hauptsache frequentierten, die prunkvollen Gewänder der Engel oder der drei Könige vor Augen geführt oder die Kronen der heiligen Märtyrinnen oder die Ornate der Bischöfe, darunter des Patrons St. Silvester. Was für ein Aufwand in dieser Einsamkeit!

Dieser heilige Silvester galt als ein spezieller Beschützer der Bauern und ihres Viehs, und man hat schon gedacht, er habe hier den Platz eines alten römischen Waldgottes namens Silvanus eingenommen, der vielleicht in vorchristlichen Zeiten an dieser Stelle verehrt worden war. In Wahrheit dürfte der Sachverhalt viel merkwürdiger sein. Papst Silvester I. amtierte, wie wir wissen, genau zu jener Zeit, als sich das Römische Reich unter Kaiser Konstantin dem Großen dem Christentum zuneigte, in einer Epoche von welthistorischer Bedeutung also. Der Papst hat dabei nicht die große Nummer abgegeben. Die Legende aber nahm sich der Ereignisse an und wertete die Rolle Silvesters mit folgender Geschichte auf: Man habe hunderteinundvierzig heidnische Zauberer zu Konstantin geschickt, und einer davon habe dem Kaiser erzählt, seine Religion kenne ein so starkes Wort, dass es einen Stier töten könne. Er flüsterten dem Bullen den Namen des „bösesten Teufels" ins Ohr, worauf derselbe auf der Stelle tot umfiel. Der Papst aber raunte ihm den Namen Jesus Christus zu, worauf das Tier aufstand und lebendig war wie zuvor. Daraufhin habe der Kaiser die Macht der päpstlichen Religion erkannt und sich taufen lassen.

Die Höhle unterhalb der Kirche St. Silvester oder das, was von ihr nach dem Bergsturz übrig blieb

Das staunende Volk nahm diese Geschichte für bare Münze, und plötzlich war aus dem ersten Papst der christlichen Ära ein Viehpatron mit Stallgeruch geworden, der vor allem im östlichen Tirol und in Westkärnten eifrig angerufen wurde, wenn ein Stier oder sonstiges Rindvieh in Gefahr stand, tot umzufallen. So geschah es auch auf den Almen rund um die Silvesterkirche.

Der Besucher, der durch den nicht endenden Wald zu dem Gotteshaus vorgedrungen ist, merkt nämlich auf einmal, dass dieses am höchsten Punkt eines Passtales liegt, dem er sich von der Flanke her über den Innichberg genähert hat. Es ist das so genannte Silvestertal. Hier herobn auf achtzehnhundert Metern Höhe finden sich Fluren und Wiesen, und früher gab es sogar Bauernhöfe. Der Passweg wurde nicht allzu stark frequentiert, das Haupttal war gut gangbar, und so erhielten sich in dieser abseitigen Welt einige Gebräuche und Überlieferungen, die den Wallfahrtsort St. Silvester heute noch interessant machen.

Wie verschiedene Autoren berichten, soll hier einmal ein riesiger Lärchenbaum gestanden sein, an den sich noch um 1950 alte Leute erinnerten. Man nannte ihn „Heiliglärch". Er war behängt mit Opfergaben, mit Figuren aus Holz, Wachs oder Lehm, die Rössern, Rindern oder Menschen nachgebildet waren. Sein Ansehen war nicht nur wegen seiner Dimensionen groß, es hieß auch, ein Götzentempel sei an seiner Stelle gestanden, ein Kaiser habe selber die Heiden vertrieben und den Bau zerstört. Er habe eine Kirche dorthin bauen lassen, an deren Stelle heute die Kapelle zum heiligen Silvester steht.

Die Hirten und Bauern seien aber nicht von ihrem alten Baum abgestanden. Sie hätten das Gotteshaus links liegen lassen und ihre Devotion weiterhin dem Baum zugewendet, bis es viel später einem Pfarrer zu dumm wurde. Er veranlasste, dass der Lärchbaum gefällt wurde, wozu er, wie ausdrücklich betont wird, ortsfremde Holzknechte beiziehen musste, denn die hier ansässigen Leute hätten sich niemals dazu verwenden lassen. Diese hatten nun nur noch den Strunk, er bildete den Gegenstand der Verehrung. Die Kirche konnte sie immer noch weit weniger anziehen.

Leider brach im Jahr 1917 der Bereich vor der Kirche ab und stürzte mitsamt dem Baumstumpf in die Tiefe. Dabei wurde auch die zweite Attraktion von St. Silvester zum Großteil zerstört, eine Höhle, die gleichfalls als Wallfahrtsziel und Opferstätte diente. Eine Felsnische ist noch vorhanden, sie befindet sich unterhalb des Kirchturms im Steilgelände und ist über einen waghalsigen Abstieg erreichbar. Dort gibt es überraschenderweise heute noch einen Opferkult. Es liegen kleine Kreuze darin, die aus Baumzweigen zusammengebunden sind. Ein alter Glaube besagt, der Pilger solle ein solches Zeichen deponieren. Finde er es im nächsten Jahr unversehrt vor, dann werde ihm das ganze Jahr über das Glück lachen.

Es lässt sich nicht vermeiden, dass den Besucher, der das Almkirchlein in seiner völligen Menschenleere für sich entdeckt hat und der hinuntergeklettert ist zu der steinernen Nische mit ihren primitiven Kreu-

In der Stille des Almkirchleins St. Silvester: Die Heiligen an der Wand waren den Menschen in alter Zeit himmlische Instanzen, denen sie sich ganz nahe fühlten.

zen, ein eigenartiges Gefühl befällt. Hier ist bis auf den Fahrweg, der weiterführt in die einsamen Berge gegen die österreichische Grenze zu, alles wie in vorzeitigen Jahrhunderten, auch wenn die wichtigen Kultobjekte, Baum und Höhle, nicht mehr existieren. Aber in der Stille dieses Waldtals fühlt man sich plötzlich den Menschen näher, für die eine an der Wand gemalte heilige Maria, ein Engel oder ein Bischof im Prunkgewand, eine himmlische Instanz war, der sie sich ganz nahe fühlten, mit der sie sprachen und die sie bitten konnten. Und magische Handlungen, mit denen man sie zwingen wollte, Glück und Segen zu spenden, werden heute noch ausgeübt.

Da tauchen wohl mitunter Gedanken auf, wie sie in einem in der Kirche ausgehängten Informationsblatt zu lesen sind: „Dass hier heidnisches Brauchtum in vorchristlicher Form weiterlebt, ist wohl mit Händen zu greifen“ und weiter, es sei in den langen Jahrzehnten nach einer oberflächlichen Christianisierung viel Heidnisches aufgelebt, „was zur Folge hatte, dass St. Silvester in einem christlich-heidnischen Flimmerlicht gesehen worden sein dürfte“. Bestärkt werden solche Ansichten dadurch, dass auf der Hügelkuppe oberhalb des Gotteshauses eine vorgeschichtliche Wallburg vermutet wird.

Und doch leiden solche Ideen, welche die hier betriebenen Kulte auf möglichst frühe Zeiten zurückführen möchten, an einem gedanklichen Fehler. Mehr als dreitausend Jahre sind seit der Bronzezeit, mehr als zweitausend Jahre seit der keltischen Ära verflossen, Zeiten, in denen sich immer wieder etwas Neues ereignete, was das alte Denken und Wissen verdrängte. Als Herzog Tassilo 769 das Kloster Innichen gründete, bezeichnete er in der Stiftungsurkunde die Gegend als menschenleer. Bayerische Kolonisten wurden in das Land geholt. In keinem Tal Südtirols kamen sie in so großer Dichte. Nirgends sonst gibt es so wenige Ortsnamen illyrischer oder romanischer Wurzel wie der Altmeister tirolischer Historiographie, Otto Stolz, feststellte. Immer wieder setzte neues Denken ein. Allein der Ruf magischer Orte wie St. Silvester mit seiner Wallburg, seinem Baum und seiner Höhle dürfen sich über die Zeiten gerettet haben. Die Formen, wie man sie mit Kulten ausfüllte, die Art, wie man die Himmlischen an solchen Orten anrief, deckte sich hingegen mit allgemeinen Anschauungen der jeweiligen Zeit. Der Ort behielt also seine Anziehungskraft, die Kulte passten sich an.

i **Die Straße beginnt in Alt-Toblach und führt zunächst nach Osten. Nach 13 km erreicht man St. Silvester (kurzer Aufstieg zu Fuß). Die Straße führt weiter in das aussichtsreiche Gebiet des Strickbergs.**
Tourismusverein Innichen,
Tel. 0039-0474/913149
info@innichen.it

21

Der Opferwidder in der Bilderkirche

Obermauern

Überall, auch am Sakristeiportal, sind in Obermauern die köstlich-naiven Figuren des Simon von Taisten zu sehen.

Wer in Obermauern bei Virgen in Osttirol die Kirche betritt, wird sofort gefesselt sein von der dramatischen Farbenpracht auf der gegenüberliegenden Wandfläche. In angeregter Erzählung ist da Bild an Bild gereiht, wie in einem Comic Strip. Da fehlen eigentlich nur die Sprechblasen, und auf einem der Gemälde sind sie sogar vorhanden in Form von Spruchbändern, die aus dem Mund der dargestellten Personen quellen und ihre Körper umflattern. Als die „Bilderkirche" wird das Gotteshaus zuweilen bezeichnet.

Der einheimische Maler Simon von Taisten hat hier in den Achtzigerjahren des 15. Jahrhunderts seine Mitteilungsfreude ausgelebt, ein bäuerlicher Künstlertyp, derb, unkompliziert, naiv. Dass er Hofmaler des Grafen von Görz war, lässt darauf schließen, dass sich dort die kulturellen Ambitionen eher auf lokalem Niveau bewegten, obwohl die Frau Gräfin, eine geborene Gonzaga, aus Mantua stammte, einem Zentralpunkt der italienischen Renaissance. Vielleicht lag es auch an den beschränkten finanziellen Möglichkeiten, dass man sich keinen fortschrittlicheren Hofkünstler leistete, denn nicht einmal der bescheidene Simon von Taisten konnte für seine Arbeit ordentlich entlohnt werden.

Das schränkte allerdings nicht seine Begeisterung ein, bunte, detailreiche Erzählungen mit Schwung an die Wand zu werfen, in die sich auch die heutigen Betrachter gern vertiefen, auch wenn alle vorgestellten Personen, ob gut, ob böse, so ziemlich den gleichen Gesichtsausdruck zeigen. Man kann es ihm aber auch nachfühlen, mit welchem Mitleid er den Körper des geschundene Christus von der Stirn bis zu den Zehen mit roten Striemen versah, von denen das

Blut tröpfelt, wie es ihn erfreute, wenn er zeigen konnte, dass auf ein Wort Christi am Ölberg seine Verfolger umfielen, und mit welcher Schadenfreude er die dummen Teufel malte, die wütend, aber machtlos die Befreiung der gefangenen Seelen durch den Auferstandenen erleben mussten.

Auf einem seiner Bilder hat er die volkstümliche Theologie seiner Zeit ausgebreitet: Ein grimmiger Gottvater schießt wütend Pfeile auf die sündige Erde, sie bedeuten Unheil und Plagen. Unten kniet Christus und zeigt dem Vater bittend die Wunden, die er erlitten hat. Er will dadurch Rettung für die Menschen erflehen. Maria aber hat sich etwas Wirksameres einfallen lassen: Sie breitet ihren Mantel aus und lässt das Volk darunter Platz nehmen. Die himmlischen Schreckenspfeile prallen an dem Kleidungsstück ab, verbiegen sich, werden unwirksam, die Schützlinge der hohen Frau sind gerettet. Gott wird hier zu einer Macht des Unheils, die Intervention Christi erscheint matt und wirkungslos, Maria aber ist die wahre Retterin und Zuflucht. Der Volksglaube driftete da weit von der offiziellen kirchlichen Lehre weg, und die Reformation fand gerade an diesem Punkt einen ihrer bedeutsamsten Ansätze: „Ist's aber nicht eine große und greuliche Ketzerei gewesen", schreibt Martin Luther, „dass wir alle unser Vertrauen auf unserer lieben Frauenmantel gesetzt haben?"

Die Katholiken konnten weiterhin ihre Zuflucht bei Maria suchen, selbst nach der Reformation, wenn sie es auch nicht mehr so exzessiv taten wie zuvor. Sie übernahmen dabei Verschiedenes aus der Zeit vorher, in Obermauern beispielsweise die Kirche selbst, einen Bau, den die Spätgotik mit Bravour und Feingefühl in die Berglandschaft gestellt hatte. Um 1660 baute man einen zeitgemäßen Hochaltar, aber man fügte die Figuren eines älteren mittelalterlichen Werkes ein, vor allem das Gnadenbild, das mindestens zweihundert Jahre zuvor geschaffen worden war. Es scheint auch, als hätte man ältere Übungen beibehalten, vor allem die Prozession mit dem Opferwidder.

Der Überlieferung nach soll dieser bemerkenswerte Brauch allerdings auf das

Christus erscheint der Maria Magdalena als Gärtner. Das Ende der Fahnenstange hat sich in einen Spaten verwandelt.

17. Jahrhundert zurückgehen. 1634 bis 1635 erlebte das Tal eine „schröckliche Menschenseuche". Sie raffte die Bewohner reihenweise dahin, jeder Dritte soll ihr zum Opfer gefallen sein. In dieser Not hätte das Volk von Virgen und Prägraten gelobt, jedes Jahr einen Widder in die altberühmte Kirche von Lavant zu treiben und dort aufzuopfern. Daraufhin sei die Seuche zum Stillstand gekommen. In Obermauern gibt es ein offensichtlich aus dem 19. Jahrhundert stammendes Bild, das zeigt, wie die Virgentaler mit ihrem Opfertier in Lavant eintreffen. Daneben attackiert ein wütender Widder mit Wucht den Sensenmann Tod, der entsetzt dem Angriff ausweicht und wohl das Weite suchen muss. Wenn auf dem Gemälde das Jahr 1635 als der Ursprung des Brauches angeführt wird, so muss das nicht unbedingt stimmen, denn an vielen Orten wurden alte, von der Reformation abgeschaffte Bräuche um diese Zeit wieder aufgenommen, und der Zeitpunkt ihrer Neubelebung irrig als das Datum der Entstehung angegeben. Seuchen und andere Unbilden könnten tatsächlich die Leute bewogen haben, sich daran zu erinnern, mit welchen Methoden ihre Vorfahren die Gottheit ehrten, und das schlechte Gewissen über die lange Unterlassung solcher Ehrungen könnte ein Übriges getan haben. Jedenfalls scheint das Opfer eines lebenden Widders so urtümlich, dass man gerne annimmt, es gehe auf ältere Zeiten zurück.

Heute spenden die Menschen hauptsächlich Geld, abgesehen von der in Wallfahrtskirchen und anderen Andachtsstätten hochaktuellen Gepflogenheit, Kerzen und Lichter darzubringen. Anderes aufzuopfern ist eher die große Ausnahme. Wenn wir aber in ganz frühe Epochen der Menschheit zurückgehen, stoßen wir auf immer drastischere Opfer, ja selbst auf die Sitte, Menschen für die Gottheit zu schlachten. In vielen Kulturen war der blutige Usus religiöse Pflicht, und selbst in den heiligen Schriften des Alten Testamentes finden sich die Spuren davon. Abraham erhielt von Gott den Auftrag, seinen einzigen Sohn Isaak, der nach langem frustrierendem Warten endlich geboren worden war, als Brandopfer darzubringen. Die Geschichte wird als Exempel einer bestandenen Glaubensprobe für Meditationen genutzt, ist aber auch ein Plädoyer gegen die vermeintlich gottgefällige Tötung von Menschen. Der Patriarch zögerte damals keinen Moment, hackte das nötige Holz, packte einen Esel und zog mit dem jungen Isaak zu dem von Gott angezeigten Ort. Dort fesselte er den Sohn, legte ihn auf den zugerichteten Holzstoß und zückte das Messer. Im letzten Augenblick ließ sich eine Stimme vom Himmel vernehmen und stoppte den grässlichen Vorgang. „Abraham aber", so heißt es, „hob seine Augen empor, schaute hin und erblickte einen Widder, der sich mit seinen Hörnern im Gestrüpp verfangen hatte. Er nahm ihn und brachte ihn anstatt seines Sohnes als Brandopfer dar". Ausgerechnet einen Widder! Bis zum Opfertier der Virgentaler war es aber noch ein weiter Weg. Alles Mögliche widmeten die Menschen den Göttern, und auch die Art, wie sie es taten, variierte. Sie versenkten

Waffen in den Flüssen, sie warfen Geld in Felsspalten, sie verbrannten Tiere auf Scheiterhaufen. Häufig ging es darum, etwas den überirdischen Mächten darzubringen, indem man es dem Gebrauch entzog, indem man also darauf verzichtete. Praktischer veranlagte Gottesverehrer erkannten, dass niemand einen Vorteil aus solcher Vernichtung zog, sie spendeten lieber den Tempeln und ihren Priestern. Was der biblische Gott von den Opfern hielt, gab er durch den Mund des Propheten Samuel kund: „Gehorsam will ich, nicht Opfer", und die letzte Überhöhung des Gedankens gab Christus, der sich nach der katholischen Theologie selbst als Opfer darbrachte, als das Lamm, das geschlachtet wird. Die Tiergruppe, der auch der Widder angehört, wird wiederum als Symbol herangezogen. Vielleicht wurde sie wegen der weißen Farbe ihres Fells als Gabe für Gott bevorzugt, denn immer wieder ist vom „reinen Opfer" die Rede.

Auch bei dem in Osttirol dargebrachten Tier legt man Wert auf Reinheit. Der Widder wird ein Jahr lang sorgfältig gepflegt und bekommt besonders gute Weideplätze. Er wird nie geschoren, aber dafür immer wieder gewaschen, sodass er an seinem Glanztag, dem Samstag nach Ostern, mit Bändern und Blumen verziert, ein prächtiges Exemplar seiner Gattung vorstellt. Früher trieb man ihn in einer endlos langen Prozession fünfzig Kilometer weit nach Lavant, seit 1920 zieht man nach Obermauern, ein treffendes Beispiel dafür, wie Bräuche sich im Lauf der Zeit ändern können. Früher war das nicht anders, wenngleich strenger auf die alten Traditionen geachtet wurde. Bei der ersten Widderprozession nach der Reformation wollte man zur Pfarrkiche nach Lienz marschieren. Der Widder soll sich aber losgerissen und allein nach Lavant getrabt sein, was man so deuten kann, dass der Zug früher diese Kirche zum Ziel gehabt hatte.

Nach Obermauern geht das Tier jedenfalls ohne ernstlichen Widerstand. Es wird dort dreimal um den Hochaltar geführt und steht dann während einer feierlichen Messe im Kirchenschiff unter den Gläubigen. Danach wird es versteigert, der Erlös kommt der Erhaltung der Wallfahrtskirche zugute.

Die Bergkirche von Obermauern, das Ziel der viel umrätselten Widderprozession

Die Virgentaler sind tüchtige Leute. Sie haben einen qualitätvollen Tourismus aufgezogen, die meisten von ihnen pendeln in Betriebe bis hinunter nach Lienz. Sie können mit Computern und Internet umgehen. Wie allen tüchtigen Leuten geht es ihnen im Kopf herum, welche Investitionen nötig sind und wie diese finanziert werden sollen. Wenn sie aber hinter ihrem Widder nach Obermauern gehen, haben sie das Gefühl, etwas Besonderes zu besitzen, etwas, was es nicht in jeder Gemeinde gibt. Und das Gefühl, dabei dem Himmel ein wenig näher zu kommen.

i **Man zweigt in Matrei in Osttirol von der Felbertauernstraße ab ins Virgental. Ungefähr 2 km nach Virgen erblickt man die Kirche von Obermauern. Man beachte die herrlichen Bauernhöfe.**
Pfarramt Virgen, Tel. 04874/5208

22

Die Familie des heiligen Rupertus

Salzburg

Salzburg, die Mozartstadt, Festspielstadt, Landeshauptstadt, ist auch eine „heilige Stadt".

Das Zentrum des Domes von Salzburg, jenes prächtigen Repräsentationsbaues, mit dem die geistlichen Fürsten des Landes, wie es scheint, selbst dem Himmel Respekt einflößen wollten, bildet eine mit Silber beschlagene schwarze Truhe. Sie ist kaum jemandem bekannt, befindet sie sich doch im Tisch des Hochaltares, weitgehend den Blicken entzogen und nur durch eine mit einem goldenen Gitter verschlossene Öffnung sichtbar. In dieser ungefähr einen Meter langen Holzkiste liegen die Gebeine des heiligen Rupert, des Begründers der Stadt Salzburg. Außerdem ist dort einer seiner Nachfolger, der Bischof Virgilius, bestattet, dem man vor allem wegen des Baues des ersten Domes Verehrung bezeugt.

Schätze solcher Art waren es, die den Lokalhistoriker Adolf Hahnl veranlassten, von „Salzburg als heiliger Stadt" zu sprechen, eine Bezeichnung, die vom Kaufpublikum in der Getreidegasse, von den Festspielgästen, aber auch von den Bewohnern, die zumeist mit recht unheiligen Auseinandersetzungen ihrer Politiker konfrontiert sind, wahrscheinlich mit einiger Verwunderung zur Kenntnis genommen wird. Natürlich weiß man, dass einst Bischöfe die Stadt und das Land regierten, aber das Wissen beschränkt sich häufig auf die Barockfürsten, welche das heutige Stadtbild prägten, und auf jenen letzten Bischof Colloredo, mit dem Mozart seine Probleme hatte, und dem man nicht selten den Fußtritt zuzuschreiben geneigt ist, mit dem jener aus dem Hofdienst expediert wurde.

Das geistliche Regiment, das uns hier so gefällig oder ungefällig entgegentritt, hatte jedoch auch andersgeartete Zeiten hinter sich, die mysteriösen Zeiten des heiligen Rupert und seiner ersten Nachfolger, welche von den Historikern und Archäologen ununterbrochen untersucht werden und die doch nicht zur Gänze gedeutet werden können, sowie die Zeiten der hochmittelalterlichen Erzbischöfe, die sich mit Geschick und Härte ein kleines Reich aufbauten, in dem sie, begünstigt vom Reichtum ihrer Salz- und Erzlager, ein angenehmes Hausen und Regieren hatten. Es war ein beachtlicher Komplex von Ländereien, der auf Grund unterschiedlicher Besitztitel zusammengetragen worden war. Man fasste ihre Bevölkerung, Herrschaften und Untertanen, unter den Begriff der „Familia Sancti Ruperti" zusammen. Und wie die Angehörigen einer Familie gelegentlich zusammenkommen und sich beim Oberhaupt „anschauen lassen", so zogen die Mitglieder der Rupertusfamilie einmal im Jahr in die Hauptstadt, um dem Patron und seinem regierenden Nachfolger ihre Aufwartung zu machen. Es handelte sich aber um keinen freiwilligen Besuch, sondern um eine Visite, bei der die alten Gedanken der Gefolgschaft noch mitschwangen. Der Vasall hatte ja in regelmäßigen Abständen persönlich seine Ergebenheit zum Ausdruck zu bringen, vor allem musste er die Abgaben entrichten; der Herr gelobte seinerseits, ihn zu beschützen, und gab ihm Gegengeschenke. Diese Formen eines freundlichen gegenseitigen Verhältnisses waren freilich inzwischen verwässert, das Wichtigste waren die Abgaben und Zinse geworden, die der Untertan zu leisten hatte. Alles andere war zur Förmlichkeit erstarrt. Bei der persönlichen Begegnung wurden symbolische Opfer dargebracht, ein Fest aber war geblieben, eine Feier, bei welcher die Landesbewohner Gelegenheit hatten, die engen Grenzen ihres Lebensraumes zu verlassen. Auch wenn das Ereignis mehr und mehr religiösen Charakter annahm und zur Wallfahrt wurde, hielten sie daran fest, ja es gab Gemeinden, die taten es noch nach dem Zweiten Weltkrieg.

Seinerzeit kamen sie, konzentriert auf die Wochen von Christi Himmelfahrt und Pfingsten, aus allen Teilen des Landes Salzburg, nur die Leute aus dem Lungau und den verstreuten Besitzungen des Erzstiftes waren nicht vertreten. Die ersten trafen schon um vier Uhr früh ein. Am Pfingstmontag erschienen allein zwanzig Prozessionen. Voran ging immer das Kreuz, daher wurden die Züge „Kreuztrachten" genannt, und die Teilnehmer „Kreuzvölker". Begleitet waren sie in der Regel vom örtlichen Priester. Für die Bewohner der Stadt Salzburg waren die Tage, an denen die Wallfahrer eintrafen, fixe Termine ihres Jahresablaufes. Sie erwiesen besonders den Pinzgauern rege Aufmerksamkeit, wenn diese unter Gesang durch die Gstätten- und Getreidegasse einmarschierten. Am Kranzlmarkt steckten ihnen weiß gekleidete Mädchen Blumen auf die Fahnen. Die Exoten aus dem fernen Innergebirg, die zwei Tage lang unterwegs gewesen waren, bildeten überhaupt die Sensation unter den Pilgern. Sie hatten das wohlgehütete und wichtige Privileg, um den Hochaltar des Domes herumzugehen, und durften am Abend vor dem Erzbischof selber auftreten. Anschließend wurden sie im Hofkeller von St. Peter mit Speis und Trank traktiert, wobei es sicherlich recht urwüchsig zuging, sodass die Visite der fernen Gebirgler vermutlich zu allerlei Anekdoten Anlass gab.

Ihre Zehrung bekamen alle Kreuzvölker, und die späteren Aufklärer konnten sich nicht genug darüber beschweren, wie sehr diese Ausflüge die Faulheit, die Zechgelage und die Raufhändel fördern. In Wahrheit war der religiöse Aspekt natürlich vorherrschend. Schon beim Anmarsch war fleißig gebetet und gesungen worden, in der Stadt musste nicht nur der Dom besucht werden, sondern auch das Stift St. Peter und das Kloster Nonnberg, wo das Kopfweh heilende Haupt der Äbtissin Erentrudis eine besondere Attraktion bildete. Wer als besonders fromm gelten wollte, besuchte aber noch weitere Gebetsstätten, denn Salzburg war, wie erwähnt, eine heilige Stadt und abgesehen von den Überresten der erwähnten Äbtissin im Nonnberg, der Gründerheiligen im Dom und der heiligen Äbte von St. Peter gab es den Marianischen Wunderbaum in der Franziskanerkirche, eine Vorrichtung aus Metall mit Ästen und silbernen Schrifttafeln, welche verschiedene Wunder und Gebetserhörungen anzeigten, oder die Heilige Stiege in der Kajetanerkirche, die

Sie wurde später in dem unsterblichen Lied von den Pinzgauern zusammengefasst, das schon im 18. Jahrhundert bekannt war:

Die Pinzger wollten kirchfahrten gehn
widi wadi we eleison
sie wollten gerne singa und kunntens nit gar schen
widi wadi we eleison

Auf eine der vielen Strophen geht das stets hochaktuelle Florianiprinzip zurück:

O heiliger St. Florian
widi wadi we eleison
verschone unsre Häuser, zünd andern ihre an
widi wadi we eleison.

Dabei gedachte man auch der sexuellen Regsamkeit der Pinzgauer:

Heilige Maria, jungfräuliche Zier
widi wadi we eleison
mach, dass uns koa Bua a Dirndl verführt
widi wadi we eleison.
Verliabtö Katzen sans, dös woaßt ja eh
juche widi wadi we.

Der Dom ist die Grabkirche des hl. Rupertus. Sein sagenhaftes „Felsengrab" findet sich in der Erzabtei St. Peter.

man aus Ehrfurcht nur knieend betreten durfte, oder das „Gnadenreiche Jesu-Kindl zu Maria Loreto", das den Gläubigen auf das Haupt gesetzt wurde und vor Kopfschmerzen, Fraisen und Besessenheit zu schützen vermochte. Dazu kamen weitere Stätten und Bilder der Gottesmutter, etwa in Mülln im Leprosenhaus, wie man sie freilich überall finden konnte. Ihretwegen hätte man nicht nach Salzburg kommen müssen. Trotzdem galten einige als wundertätiger als andere, und auch wer in seiner heimatlichen Pfarrkirche eine weitum wegen ihrer Heilkraft aufgesuchte Marienfigur stehen hatte, schätzte sich glücklich, wenn er noch vor der Muttergottes im nahen Maria Plain knieen konnte, da diese als eine besonders effektive himmlische Ärztin galt.

Etliche dieser Gnadenorte gehen auf das späte Mittelalter zurück, andere wie die Heilige Stiege gar erst auf das 18. Jahrhundert. Vielleicht gab es auch einige, die mit der Zeit abgekommen sind. Sie dienten jedenfalls alle der privaten Andacht, Erbauung und Hilfserbittung. Die Kreuztrachten aber waren Teil der Staatsideologie des Erzstiftes Salzburg. Rupert, der Gründerbischof, war der Mann, „der uns den Glauben hat gelehrt" und „der uns das rechte Licht beschert", ja er wurde von der Salzburger Geschichtsschreibung hochstilisiert zu jenem Heiligen, der ganz Bayern und Pannonien dem Christentum zugeführt hatte. In nahezu allen Gotteshäusern des Erzstiftes findet sich seine Statue, und in den von Salzburg missionierten Gebieten wurden allenthalben Rupertus-Kirchen angelegt.

Von den überschwenglichen Lobpreisungen ist nicht mehr allzu viel geblieben. Salzburg ist ein Bundesland geworden, weitgehend wie alle anderen. Das Rupertusfest am 24. September gilt zwar immer noch als halber Feiertag, doch erhält sich seine Popularität hauptsächlich durch den Rupertikirtag, der den Dom mit Ringelspielen und Schießbuden einkreist. Wer von der alten, dem Landespatron entbotenen Devotion noch etwas spüren will, muss in die Erzabtei St. Peter gehen. Dort werden an jenem Tag alle Altäre wie in der Ära des Barock mit prunkvollen Baldachinen aus Brokat eingehüllt. Die Kirche ist überreich geschmückt, Weihrauchwolken und die harmonischen klassischen Meßgesänge komplettieren das große Fest, und der traditionsbewusste Salzburger erweist dem Felsengrab des heiligen Rupertus seine Reverenz, einem etwas eigenartigen Arrangement aus barockem Zierat und römischen Steinen, von dem man aber weiß: Wenn hier das Ewige Licht erlischt, wird die Stadt Salzburg untergehen. Einmal ist es angeblich schon erloschen, an jenem fatalen Tag, als die Altstadt im Zweiten Weltkrieg bombardiert wurde.

i Alle beschriebenen Kirchen befinden sich in der Altstadt. Das so genannte „Felsengrab" des hl. Rupertus wartet im rechten Seitenschiff der Peterskirche auf Besucher.
Tourismusinfo, Tel. 0662/88987-32
tourist@salzburg.info

23

Am Anfang stand eine Pleite

Maria Plain

Der Weg zur Basilika von Maria Plain führt über den Kalvarienberg von 1685.

Die Elisabethkreuzung in Salzburg ist ein Ort von beachtlicher Frequenz. Der starke Verkehr, der aus der Stadt kommt, durchfährt einen großen Viadukt, über den die Münchner Züge in den nahen Bahnhof gleiten oder sich langsam in die Gegenrichtung in Bewegung setzen. Die Elisabethstraße mündet in spitzem Winkel in den Hauptverkehrsstrang. Beherrscht wird der Straßenknoten vom Kieselgebäude, einem massigen Bau im Stil der neuen Sachlichkeit aus dem Jahr 1926, in dem früher Zeitungen und Bücher gedruckt wurden und der heute als Einkaufszentrum die Massen anzieht. Im ersten Haus der westlichen Seite ist nach einem Installationsgeschäft eine Buchhandlung etabliert, es folgen die Elisabethapotheke und das Ristorante Grissini. Zwischen diesen beiden Betrieben ist am Ende des Gehsteiges ein Bildstock aus grobem Stein an die Hausmauer gelehnt. Eine schlichte Malerei zeigt den Engel, wie er auf die heilige Maria zufliegt, um ihr zu verkünden, dass sie vom Heiligen Geist den Erlöser empfangen wird. Ein Denkmal, das an diesem trubeligen Ort recht deplatziert wirkt, es ist die erste Station des Pilgerweges nach Maria Plain.

Früher führte er hier durch eine grüne Landschaft mit dem Namen *Froschheim,* heute zieht er durch das dicht verbaute Bahnhofsviertel. Gegenüber der zweiten Station, auf der Maria ihre Base Elisabeth im Gebirge von Judäa besucht, erheben sich ausgedehnte Wohnblocks, deren Bewohnernamen unverhältnismäßig oft mit *Öz-* beginnen oder mit *-vic* enden. Ein türkischer Lebensmittelhändler räumt gerade seine Obststeigen vor das Geschäft und hält einen Moment inne, um mit seinem Landsmann, dem Straßenkehrer, ein paar Worte zu wechseln. Vor der Bildsäule mit der Geburt Christi in Bethlehem geht man an einem auffälligen Gebäude vorbei, dem Sekretariat der Kommunistischen Partei, das wegen Geldmangels etwas desolat wirkt. An der Front wird immer noch auf einer Tafel der Arbeiterschaft die Unbesiegbarkeit versprochen, wenn sie nur gemeinsam kämpft. In der Nähe befindet sich ein Haus, in dem, wie gemeldet wird, die Familien von Schubhäftlingen in überfüllten Quartieren elend untergebracht sind. Der Pilger hat also genug Stoff zum Meditieren, wenn ihm auch nicht immer himmlische Gedanken aufstoßen. Das setzt sich fort, wenn er in der Folge an einer Straßenbahnremise, am Milchhof und an den unendlich langen Mauerzügen des Technozentrums XIII und XIV entlangwandert, an deren Ende er den Bildstock mit der Dornenkrönung Christi entdeckt. Erst nach der Plainbrücke und nach der Unterführung der Autobahn wird die Gegend friedlicher, idyllischer. Die doppeltürmige Wallfahrtskirche gerät ins Blickfeld, davor staffeln sich die originellen Kalvarienbergkapellen, von denen jede einen anderen Dachabschluss hat. Hier hat man das Gefühl, der frommen Welt vergangener Jahrhunderte nahe zu sein, in der das Leben nicht so komplex war wie heute und in der die andächtigen Marienkinder nichts anderes im Sinn hatten, als ihr Mutter würdig zu ehren. In Wahrheit ist die Geschichte des Gnadenortes keineswegs geradlinig verlaufen, sie führt genauso durch recht unschöne Episoden, durch Unrecht und Geltungssucht, Ungeschick und Schuld wie mancher heutige Lebenslauf.

Als der Begründer des Wallfahrtsortes Maria Plain wird ein Angehöriger des niederen Salzburger Adels namens Rudolf von Grimming angesehen, der sich hier ein Landgut gekauft hatte. Am 8. Dezember 1652 stellte er in einem Verschlag ein Marienbild auf, das sich zuvor in der Privatkapelle seines Schlosses Müllegg befunden hatte. Wenn man den alten Berichten glauben darf, geschah nun etwas recht Eigenartiges. Die primitive Kapelle auf dem Plainberg fand rasant Zulauf, und schon nach drei Wochen war dort eine Anzahl Wachsopfer und ein nicht unbeachtlicher Geldbetrag hinterlegt.

Dieser Bildstock zeigt das Gnadenbild von Maria Plain.

Dies scheint nicht anders erklärlich, als dass die Örtlichkeit schon früher als Andachtsstätte aufgesucht worden war, und tatsächlich verzeichnet der zuständige Pfarrer auch in den Jahren zuvor etliche Votivgaben. Wer die Gegend mit offenen Augen begeht, wird zwanglos merken, dass sie eine besondere Aura hat, die sie zu einem Kultort prädestiniert. Der breite, ausladende Berg schließt das Becken von Salzburg gegen Norden ab und bietet ein exzellentes Panorama. In der Mitte aber hat er eine Einkerbung, einen dunklen Sattel, und genau dort errichtete Rudolf von Grimming seinen Bildstock.

Freilich war auch das Gemälde etwas Besonderes. Es stammte aus dem Bayerischen Wald und war aus der Brandruine eines Bäckerhauses, das einem feindlichen Überfall zum Opfer gefallen war, unversehrt geborgen worden. Die Mutter des Barons von Grimming tauschte den mirakulosen Gegenstand von der Bäckermeisterin gegen ein anderes Gemälde ein und brachte ihn auf ihren Ansitz bei Salzburg. Zuvor hatte es die erste unliebsame Auseinandersetzung darüber gegeben, weil ein anderer Gutsbesitzer, wenn auch vergeblich, das Bild als sein Eigentum beansprucht hatte.

Als es nun unter so großer Anteilnahme auf dem Plainberg stand, war der örtliche Pfarrherr etwas ratlos und fragte beim erzbischöflichen Konsistorium an, wie er sich zu verhalten habe. Es wurde angeordnet, man solle es in einer Salzburger Kirche unterbringen. Der Herr von Grimming, der fürchtete, er werde es von dort nie mehr zurückbekommen, räumte es daraufhin wieder weg, und zwar am 13. Jänner 1653. Nur fünf Wochen war es also in Plain aufgestellt gewesen, nur so lange kann die erbauliche Szenerie gewährt haben, die auf alten Bildern dargestellt ist: Rudolf als Einsiedler, wie er vor dem Bildkasten kniet. Und auch der Spruch, der dabei zu lesen ist, gibt die Geschehnisse in ausgesprochen geschönter Form wieder:

Baron von Grimming, der sein Leben in der Einsamkeit hat zugebracht,
hat eine Klause und daneben ein Hüttlein für dieß Bild gemacht.

Tatsächlich war der fromme Freiherr zu diesem Zeitpunkt schon ziemlich pleite. Er hatte sich mit dem Ankauf des Landgutes am Plainberg und mit anderen Transaktionen total übernommen und wurde 1655 nach damaligem Brauch in Schuldhaft genommen, da er keine Zahlungen mehr leisten konnte. Zuvor aber hatte er eine Kopie seines Gemäldes angefertigt und diese bei der Holzkapelle angebracht. Während er im Kotter dunstete, avancierte das Abbild zum Volksheiligtum von Salzburg. Es bewirkte sogar die wunderbare Heilung eines gelähmten Knechtes, der zuvor auf allen Vieren hatte kriechen müssen.

Nachdem Rudolf von Grimming 1657 alle seine Besitzungen veräußert und damit seine Schulden abgedeckt hatte, schüttelte er den Staub von seinen Füßen und verließ die Heimat für immer, um sich, wie er sagte, in der Gegend des Bodensees als Einsiedler niederzulassen. Nur sein Bild und eine weitere Kopie davon nahm er mit. In Nesselwang im Allgäu lernte er einen Fuhrmann kennen, mit dem er sich anfreundete. Der Mann, der mit einem der dortigen Bürgermeister verwandt war, machte es möglich, dass auf dem Wankerberg, eine Dreiviertelstunde über dem Ort, eine Einsiedelei erbaut und dem Salzburger Baron überlassen wurde. Dieser stellte darin seine Kopie aus und konnte erfreut beobachten, dass auch hier alsbald reger Wallfahrtsbetrieb einsetzte. Auch die interessante Persönlichkeit des nunmehrigen Waldbruders wird dazu beigetragen haben. Er wird beschrieben als „ein Mann vorgerückten Alters, ungebildet, doch von natürlicher Redegabe". Allerdings war er kein einfacher Charakter. Er legte sich mit dem örtlichen Pfleger an, behauptete, er sei von höherem Adel als jener, und machte sich wichtig, indem er angeblich behauptete, ein „gottseliges Gespräch" mit einem Einsiedler, so wie er einer war, sei nützlicher als das Anhören einer Messe. Solche Beschuldigungen kamen hauptsächlich von den Betreuern anderer Wallfahrtsorte, die um ihre Einnahmen fürchteten. Die Behörde des Landesherren, des Bischofs von Augsburg, führte zunächst eine Visitation durch und machte 1663 kurzen Prozeß, indem Rudolf von Grimming „ausgeschafft", das heißt aus dem Land abgeschoben wurde. Die Aktion dürfte dermaßen überfallsartig vor sich gegangen sein, dass der Einsiedler nicht einmal seine Bilder mitnehmen konnte. Die Kopie blieb in Nesselwang, wo heute noch die Wallfahrt zum Maria-Plain-Bild auf dem Wankerberg blüht, das Original wurde im bischöflichen Ordinariat von Augsburg deponiert.

Indessen hatte sich auch ohne Anwesenheit des Stifters und des ursprünglichen Gemäldes die Salzburger Wallfahrt weiter entwickelt. Wir können das gut erschließen aus den verschiedenen Eingaben von Wachsziehern, Krämern und Bierschenken, welche am Plainberg ihre Geschäfte machen wollten. Bereits 1657 meldete der Pfarrer von Bergheim, es sei dort „alles mit Wachsbildern verhängt", und in der Folge entbrannten heftige Streitereien zwischen den ansässigen Wirten und jenen, denen im Wallfahrtsort eine neue Gewerbegenehmigung erteilt wurde. Unabhängig davon wurden bedeutsame gottesdienstliche Bauten geplant, und 1671 geruhte der Erzbischof selber, den Grundstein zu einer großen Kirche zu legen, mit deren Ausführung er seinen Hofarchitekten Giovanni Antonio Dario betraute. Die Obsorge über den Pilgerort wurde der Universität Salzburg überlassen. Deren gelehrte Mitglieder fanden heraus, dass sich das Original-Gnadenbild in Augsburg befand, und 1676 ersuchte der Salzburger Oberhirte seinen dortigen Kollegen, es ihm zurückzugeben, was auch gewährt wurde. Es wurde aber dann nicht öffentlich ausgestellt, sondern in der Schatzkammer von Plain aufbewahrt, wo es nur „vornehme Besucher" zu Gesicht bekamen. Dies gab wiederum Anlass zu allerhand Zank und Missstimmung, bis das Gemälde 1732 endlich dorthin gebracht wurde, wo es sich noch heute befindet, in die Basilika auf dem Plainberg.

Nachdem wir sohin den Pilgerweg mit seinen verschiedenartigen, verwirrenden Eindrücken zurückgelegt und den Gang der komplexen Entwicklung des Gnadenortes verfolgt haben, können wir uns nur wundern, welche Ruhe und Harmonie der Innenraum der Basilika verströmt. Die bedeutendsten Künstler des Umlandes wurden beauftragt, ihn zu gestalten. Hervorragend schöne Statuen stehen allenthalben, edle Gemälde schmücken die Altäre. Das Marienbild ist in einem unglaublich kostbaren Rahmen untergebracht. Wertvollste Kronen sind der Mutter und dem Kind aufgesetzt. Und doch wirkt nichts überladen. Eine glückhafte Atmosphäre erfüllt den Raum und macht ihn zu einem Platz, der nach wie vor ein Lieblingsziel vieler Salzburger ist. Auch für die Familie Mozart gehörte Maria Plain zum Lebensbereich. Es wurde auf Spaziergängen, oder zum Zweck der Osterbeichte, oder aber zur Bestellung von Votivmessen fleißig aufgesucht. Nur eines hat der Komponist nicht getan, obwohl es jeder Fremdenführer erzählt: Die so genannte Krönungsmesse hat er nicht für Maria Plain und die Krönung des dortigen Gnadenbildes geschrieben.

Das klassische Ensemble eines barocken Wallfahrtsortes: Kirche, Kalvarienberg und Gasthaus.

**i Von der Stadt aus am besten erreichbar von der nach Oberndorf führenden Straße, die beim Bahnhof beginnt. Wenn man von der Autobahnabfahrt „Salzburg-Nord" Richtung Stadt fährt, sieht man bald rechts ein Hinweisschild „Maria Plain". Erwähnt seien auch die guten gastronomischen Betriebe Plainwirt und Plainlinde.
Pfarramt, Tel. 0662/450194-0**

Die Großgmainer Pfarrkirche, von der die wenigsten wissen, dass es sich um eine Wallfahrt handelt.

24

Am Beispiel eines unauffälligen Wallfahrtsortes

Großgmain

Was die Art ihrer Entstehung betrifft, gibt es solche und solche Wallfahrtsorte. Eine große Zahl von ihnen geht darauf zurück, dass irgendein frommer Mensch ein Heiligenbild an einem öffentlichen Platz, zumeist einem Baum, anbrachte. Als dann Wunder und Zeichen konstatiert wurden, setzte Zulauf ein. Die Andachtsstätte wurde verschönert, vergrößert und ausgeziert. Zumeist erfolgten diese Gründungen in der Barockzeit oder in den Jahrhunderten danach, doch handelt es sich nicht selten um Kultstätten älterer Provenienz, die auf diese Weise umgeformt wurden. Andere Wallfahrten entwickelten sich um auffällige Naturdenkmäler, um Berge, Steine, Quellen, Bäume oder Höhlen. Sie gehen mitunter auf Zeiten zurück, die vor dem Christentum liegen und sind mit Sagen und Legenden aller Art ausgeschmückt. Sie sind jene, die man am meisten als romantisch empfindet, ansprechende Örtlichkeiten, in denen sich Natur und Religion verbinden. Abgesehen von Sonderfällen wie den Hostienheiligtümern, den Leonhardiwallfahrten oder Andachtsstätten wie jener der „Maria im Glas" von Absam, finden sich immer wieder auch Pilgerorte, die mehr zufällig in die Landschaft gesetzt scheinen. Der Platz weist keinerlei Besonderheiten auf, kaum eine Sage erklärt ihre Entstehung. Sie werden auf uralte Zeiten zurückgeführt, die niemand zu ergründen vermag.

Es sind jene Örtlichkeiten, in denen man die alten Versammlungsplätze des Volkes, seine Festwiesen und Gerichtsorte vermuten kann, deren Ansehen häufig nie ganz schwand und deren Andenken oft nie ganz erlosch. Da sie auch der Götterverehrung dienten, blieben sie geheiligt und wurden später mehr und mehr mit religiöser Symbolik ausgestattet und damit zu Wallfahrten umfunktioniert.

Großgmain westlich der Stadt Salzburg ist ein solcher Fall. Das Dorf ist eingebettet in eine Landschaft, in der die alpine Welt ihren vollen Charme entfaltet, in das Becken von Bad Reichenhall. Dieses liegt zum Großteil jenseits der Staatsgrenze und wird als ein Glanzpunkt der oberbayerischen Bergwelt angesehen. Da diese angenehme Gegend zwischen Stauffen und Untersberg seit frühester Zeit von den Menschen aufgesucht wurde, finden sich etliche prähistorische Relikte, etwa der bronzezeitliche Brandopferplatz vom Langacker, der in einer eigentümlichen Umgebung angelegt wurde, in der ein Sumpf, ein See und ein weit über das Tal hinausreichender Fernblick zu magischen Handlungen anregten. In und um Großgmain ist hingegen derlei nicht zu bemerken, der Ort liegt auf einem relativ unauffälligen Plateau, das nach Nordosten hin allmählich hinüberleitet in die Gegend von Salzburg.

Warum sich ausgerechnet hier „der älteste ununterbrochen besuchte Wallfahrtsort im Salzburgerland" entwickelte, ist auf den ersten Blick nicht recht klar. Keine Legende und keine schriftliche Quelle gibt darüber Aufschluss. Es ist aber zu bedenken, dass sich in unmittelbarer Nähe die Burg der Ritter von Plain befindet, eines seinerzeit mächtigen Geschlechtes, das es mit den Salzburger Erzbischöfen aufnehmen konnte und das imstande war, im Jahr 1167 deren Hauptstadt niederzubrennen. Großgmain bildete den Mittelpunkt ihres Besitzes, und die mittelalterliche Herrschaftsstruktur brachte es mit sich, dass ihre Untertanen in regelmäßigen Abständen gebeten, eingeladen oder genötigt wurden, sich am Stammsitz einzufinden, um ihre Zinse und Abgaben abzuliefern. Dass dies ein festlicher Anlass war, eine Begegnung zwischen Lehensherren und Gefolgschaft, bei der es hoch her ging, lässt sich denken, und so kann man sich vorstellen, dass der Platz, an dem diese Treffen stattfanden, mit der Zeit zu einem besonderen Ort wurde, an den sich Erinnerungen und Gefühle knüpften, sodass er weiterhin besucht wurde, als die Ritter von der Plainburg längst ausgestorben waren, doch geschah dies nun mehr und mehr aus religiösen Motiven. Es lief dies also so ab, wie man es von anderen einschlägigen Orten kennt.

Der Pfarrer von Großgmain ist überzeugt, dass etwas dazukam, das diesen Platz auszeichnet, eine besondere Strahlung kosmischer und tellurischer Kräfte, die hier stärker wirken als anderswo. Dies widerspricht keineswegs der Theorie vom Versammlungsplatz der plainischen Untertanen, denn allgemein herrscht die Ansicht, dass die Menschen früherer Jahrhunderte sensibler auf diese Einflüsse reagierten als wir Heutigen, sodass sie wohl auch ihre Festplätze präzise danach ausrichteten. Der Innsbrucker Universitätsprofessor Jörg Purner hat sich mit dem Phänomen dieser Energien befasst und versucht, die Beobachtungen, die von Rutengängern gemacht wurden, auf Kirchen und Kapellen zu übertragen. Er weist darauf hin, dass sich die Radiästhesie „vor allem im Zusammenhang mit der traditionellen Wassersuche und dem Bergbau" immer wieder bewährt hat, und ist der Frage nachgegangen, ob auch bei Kultstätten „signifikante Feldanomalien" festzustellen sind. Er bezog in seine Forschungen astronomische Untersuchungen ein und konnte beispielsweise nachweisen, dass die Ausrichtung der Gotteshäuser nach Osten, die ja früher vorgeschrieben oder zumindest üblich war, insofern variierte, als die Achse der Kirchen auffällig oft exakt auf jenen Punkt zielt, wo die Sonne am Gedenktag des Kirchenpatrons aufgeht.

Vager und umstrittener sind naturgemäß Purners Ausführungen über die an den Kultstätten auftretenden Energien. Hier ist viel von „Fühligkeit" und „sinnlich nicht wahrnehmbaren Komponenten", also von nicht messbaren Größen, die Rede. Und doch muss es überraschen, wenn er davon spricht, man habe mit Hilfe der Mutung, also der Anwendung der Rute, mitunter einen alten Altarbereich ausfindig gemacht, obwohl dieser zerstört oder baulich umgeändert war. „In solchen Fällen konnte die Richtigkeit der Mutungsergebnisse später auf Grund von Rekonstruktionen der jeweiligen Bauten festgestellt werden."

Die Schwierigkeit liegt darin, dass nicht jeder auf diese Kraftpunkte und Kraftlinien anspricht und dass derjenige, der sie nicht fühlt, sie auch nicht erjagen kann, um ein Goethe-Zitat etwas variiert anzuwenden. Wer aber ein Gespür dafür hat, für den ist dieses oft kaum fassbar, eine unbestimmte Empfindung, eine unerklärliche Affinität zu diesem Ort. Vielleicht aber kann die immer noch ungebrochene Anziehungskraft, welche die Wallfahrtsorte bis heute ausüben, zumindest ansatzweise einen Beweis für solche undefinierbare Energien darstellen, die über unser materielles Denken hinausführen und die auf den Menschen jedenfalls positiv einstrahlen. Vielleicht ist dies die tiefste Wirkung der Kultorte, dass sie den einfühlsamen Besucher ein wenig in eine Sphäre heben, zu der er sonst kaum irgendwo Zugang findet.

In Großgmain wurde ein Übriges getan. Neben dem Gotteshaus wurde ein „Marienheilgarten" angelegt. Er soll auf einem starken Energiefeld liegen und mit seinen Blumen und Kräutern, einem Steinblock vom Untersberg und einer Marienstatue „ein Künder alter biblischer Wahrheiten, ein Spiegel der Schöpfung und ein Teil der eigenen Seele" sein. Es kann sich dabei aber nur um eine Einladung handeln, solchen Wirkungen nachzuspüren, denn erzwungen können solche Empfindungen in diesem Garten ebensowenig werden wie in den Wallfahrtskirchen und sonstigen Kultstätten.

Dass die Menschen früherer Zeiten leichter Zugang zu diesem sensitiven Bereich fanden, ist zu vermuten. Aber auch sie pflegten sich bei der Beurteilung, welcher Wallfahrtsort wirksamer war, vor allem an die Fakten zu halten, die sie als handgreiflich und nachvollziehbar empfanden, nämlich ob dieser oder jener Heilige, diese oder jene Maria mehr Wunder zu wirken vermöge als andere. In Großgmain sind zwei Bildtafeln erhalten geblieben, welche solche wunderbaren Ereignisse aus dem 16. und aus dem 17. Jahrhundert vor Augen führen, eine eindringliche Propaganda für das Hei-

Aus der älteren Wundertafel von Großgmain: „Ein Mägdlein hat sich erhenkt in einer zerrissnen pfaid, die da hangte für ein handtuch ..." (links), „Ein kind ware ertrunken in einem bad ..." (rechts)

ligtum, noch dazu wo die die ältere der beiden Mirakeldarstellungen vom Erzbischof selber in Auftrag gegeben und die Begebenheiten von einem Notar beglaubigt wurde. Man könnte nun die Meinung vertreten, die hier wiedergegebenen Geschehnisse wären eben auf die geheimen Kräfte zurückzuführen, die dem Marienort innewohnten. Dem sei entgegengehalten, dass sich kein einziges der erstaunlichen Ereignisse in Großgmain selber abspielte. Die Leute wurden an ihrem Wohnort von einer Krankheit befallen oder sie gerieten irgendwo unterwegs durch einen Unfall in Not. Als sie sich „mit einem Opfer" oder „mit einem lebendigen Opfer" hierher „verlobten", erfuhren sie die helfende Kraft der hiesigen Muttergottes.

Die ältere Serie der Tafeln stammt aus dem Jahr 1513. Sie dürfte das älteste derartige Werbemittel sein, das in unserem Raum erhalten blieb. Die berühmten Altöttinger Mirakeltafeln stammen aus den Jahren um 1520, ebenso der Wunderaltar von Mariazell, eine ähnliche Darstellungsreihe aus Marienthal im Elsaß aus dem Jahr 1519. Anscheinend hatten also die Salzburger bei der Propaganda für ihren Gnadenort die Nase vorne und fanden, wie das bei der Werbung nun einmal so geht, bald Nachahmer. Umso größer ist die kulturhistorische Bedeutung der Bildwände. Er werden Alltagsszenen von damals vorgeführt, etwa ein Mann, der mitsamt Pferd und Wagen neun Klafter, das sind ungefähr zwanzig Meter tief, abstürzt und „mitten im Fall" Zeit findet, sich nach Großgmain „zu versprechen", oder wie in einem Raum ein zerrissenes Handtuch zum Händetrocknen aufgehängt ist und ein kleines Mädchen sich darin verwickelt, sodass es stranguliert wird. Die erschrockene Mutter gelobte ein „lebendiges Opfer" und das Kind kam wieder zu sich. Anderswo ist *ein saw* in eine Stube eingedrungen und hat einem Kind *das heupl gar erpissen und zerrissen.* – Was waren das für Zustände in unserem Land, dass Schweine in Wohnzimmer geraten und Kindern die Köpfe annagen konnten! Auch hier wirkte das Versprechen eines „lebendigen Opfers".

Was es mit diesen „lebendigen Opfern" auf sich hat, erfahren wir von dem Wallfahrtsforscher Gustav Gugitz, der über Großgmain schreibt: „Besonders charakteristisch und bis ungefähr 1900 erhalten war das Huhnopfer. Noch bis um 1870 stand in der Apsis ein hölzerner Hühnerstall, in den die Opfernden ihre Hühner einschlossen, nachdem sie diese während der Messe dreimal gegen Epilepsie und Fraisen um den Altar getragen haben. Letzteres geschah noch später, doch wurden die Hühner gleich in den Pfarrhof gebracht". Wieder werden wir an älteste Zeiten erinnert, und wir sehen auch die Analogie aus der Zeit um Christi Geburt auf einem der berühmten Bilder des „Meisters von Großgmain", nämlich der Darstellung im Tempel, wo der heilige Josef ebenfalls zwei Opfervögel, diesmal Tauben, in der Hand hält und sie vor dem Altar dem jüdischen Priester hinstreckt.

i Autobahnausfahrt „Salzburg-West", von dort Richtung Bad Reichenhall. Im Gemeindegebiet liegt das Salzburger Freilichtmuseum mit alten Bauernhöfen. Neben der Kirche steht ein berühmter Brunnen mit doppelgesichtiger Madonna (Wasser fließt aus den Brüsten). Pfarramt, Tel. 06247/8245-0

25

Der Kultort, der nicht umzubringen ist

St. Wilhelm

St. Wilhelm ist eine ganz kleine hölzerne Kirche, die neben einer Ansammlung von Felstrümmern weitab von den Siedlungen des Tennengaus wie ein Hexenhaus mitten im Wald steht. Dahinter baut sich die Fagerwand auf, Klettergarten und Aussichtspunkt, jedenfalls düstere Kulisse für einen der bemerkenswertesten Wallfahrtsorte der österreichischen Berge. Abgesehen von der Romantik der Gegend sind hier die Zustände und Vorstellungen, die sich mit einem solchen urtümlichen Kultplatz verbanden, dank des Widerwillens, den die Salzburgische Kirche gegen die volkstümliche Andachtsstätte pflegte, in einmaliger Weise dokumentiert und weitgehend auch nachvollziehbar gemacht worden.

Unterhalb des Passes Lueg hat das Salzachtal im Osten ein weitläufiges Hinterland mit verstreuten kleinen Ansiedlungen, ausgedehnten Wäldern, Almen und nicht allzu hohen Bergen. So wie dieser etwas unübersichtliche Landstrich trotz seiner vielen Reize nur den Einheimischen und wenigen Kennern wirklich geläufig ist, so entzog er sich in früheren Zeiten vielfach dem Zugriff der Obrigkeit und wahrte manche Eigenständigkeit. Anscheinend war das schon in der Spätantike so, wie eine Episode aus der im Jahr 511 verfassten Lebensbeschreibung des heiligen Severin belegt.

Damals gab es im Salzachtal ein Dorf namens *Cucullis,* dessen Name im heutigen Kuchl weiterlebt. Severin kam dort hin und

Wie ein „Hexenhaus" steht die Wilhelmskapelle im Wald.

erfuhr, dass manche Leute an einem bestimmten Ort heidnische Opferfeste abhielten. Dies war ihm sehr zuwider, er beorderte die ganze Bevölkerung in die Kirche und befahl, Kerzen mitzubringen. Nach langem, inständigem Gebet entzündeten sich mit einem Mal die Lichter staunenswerterweise von selbst, allerdings mit Ausnahme jener, die den Anhängern der alten Kulte gehörten. Diese waren damit aufgedeckt und mussten ihre obskuren Umtriebe eingestehen.

Es wäre reizvoll, die Gegend von St. Wilhelm als den „bestimmten Ort" anzusehen, an dem die ungehorsamen Schäflein des heiligen Severin ihrem Götzendienst oblagen. Doch kann man eine solche Annahme nicht einmal dann als wahrscheinlich erachten, wenn man den spätantiken Bericht ganz wörtlich nimmt, denn es wird uns mitgeteilt, die vorherigen Übeltäter hätten sich nach ihrer Entlarvung als ganz besonders eifrige Christen hervorgetan. Demnach pflegten auch sie nicht mehr ihre illegalen Übungen.

Die kirchlichen Dienststellen des 17. und 18. Jahrhunderts hatten keine Möglichkeit mehr, Kerzen von selbst zu entflammen. Um unliebsame Kulte zu bekämpfen, mussten sie mittels ihrer Dienstleute selbst zum Feuer greifen, und das kam so:

Aus dem Jahr 1644 wird uns das erstemal berichtet, dass der Pfleger von Golling Recherchen anstellte wegen einer ominösen Kapelle im Seewald, unter der mit Sicherheit ein Vorläuferbau der heutigen Wilhelmskirche zu verstehen ist. Es war anscheinend ihr Abbruch verfügt worden, doch war sie von unbekannter Hand wieder errichtet worden. Ein vierzigjähriger Mann, auf den man offenbar wegen Verdachtes der Zauberei ein Auge geworfen hatte, wurde dazu ausgefragt. Er leugnete aber, dass er mit der Sache etwas zu tun habe. 1684 erstattete der örtliche Pfarrer einen ausführlichen Bericht nach Salzburg. Er sprach von einer großen Anzahl von Wallfahrern, die an den Ort kommen, und erwähnte auch, dass er ein dort stehendes *Hittl*, worunter die Holzkapelle gemeint war, seinerzeit niederbrennen habe lassen, dass es aber unbekannte Täter wieder aufgerichtet hätten.

Das fürsterzbischöfliche Konsistorium verlangte daraufhin nähere Untersuchungen. Die dazu befragten Leute gaben an, einstmals habe dort gewissermaßen nur ein primitives Schutzdach aus Rinde existiert. Eine Inschrift habe erläutert: „Unsere Frau wohnte gerne in diesem Wald", woraus man schließen kann, dass der Ort als Aufenthalt irgendeiner überirdischen Frauensperson galt, wie sie an manchen Wallfahrtsstätten als der Urgrund der Verehrung zu denken ist. Später wurde dieser Aufbau durch ein Hüttl ersetzt, das aber über obrigkeitlichen Befehl niedergebrannt werden musste. Der Kaplan, der daran mitwirkte sei, wie die Leute wussten, *einauget* geworden, den Mesner habe eine Krankheit befallen, an der er starb. Das Gebäude wurde, unbekannt von wem, wieder errichtet, es enthielt nach den damaligen Feststellungen etliche Heiligenbilder und wächserne Votivgaben, wie „ein paar Weiberbrüst, ein Fatschenkindl, sechs Khüe und andere Viecher". Das alles wäre wohl nicht so schlimm gewesen, wenn nicht ein Felsbrocken neben der Kapelle, der Fagerstein, das eigentliche Wallfahrtsziel gebildet hätte. Dieser und ein Nachbarstein waren mit vielen Felszeichnungen *Creuzl, Jesus und andere Namb auch Jahreszahlen* versehen, man musste diese Blöcke umschreiten und man warf Opfergaben in eine tiefe Kluft, die sich daneben auftat. Die Leute, die so handelten, erlebten beachtliche Heilerfolge, sei es, wenn sie selber an Zahnweh laborierten, sei es, wenn ein Stück Vieh von einer Krankheit befallen wurde.

Der Bescheid der Salzburger Glaubenswächter war eindeutig. Das Hüttl sei ehestens wegzuräumen und zu destruieren, was auch durch Gerichtsdiener geschah, nachdem sich die Einheimischen geweigert hatten, es zu tun. Sie fürchteten, es würde ihnen Unheil widerfahren, wie seinerzeit dem Kaplan und dem Mesner. Zwei Jahre später stand das anstößige Bauwerk wieder, musste neuerlich abgerissen werden, war im nächsten Jahr wieder da und zwar gleich in doppelter Ausführung. Neuerliche eingehende Erhebungen wurden angeordnet, wobei die Leute vermutlich auf entsprechende Befragung versicherten, sie würden nicht den Fagerstein, sondern Gott dort oben anbeten, Antworten, aus denen sich schon deutliche Rückschlüsse auf einen Steinkult ziehen lassen. Es kam noch heidnischer: einer gab an, in seiner Jugend vor siebzig Jahren seien dort zwei Zettel vorhanden gewesen. Auf dem einen stand zu lesen: „Unsere liebe Frau hat sich versprochen, in dem grünen Wald zu wohnen", ein neuerlicher Hinweis auf die Verehrung eines unbestimmten weiblichen Wesens, das offenbar die Gestalt der Gottesmutter angenommen hatte, auf dem anderen: „Drink aus und gieß ihm einen schönen Bart an, ein rätselhafter Satz, der vielleicht auf alte Trankopfer oder rituelles Zutrinken hindeutet. Das Spiel mit Abbruch und Wiedererrichtung des missliebigen Bauwerkes ging munter weiter, allerdings fehlen uns für die nächsten Jahrzehnte dokumentarische Unterlagen.

Gegen Ende des 18. Jahrhunderts befassten sich die kirchlichen Stellen wiederum mit dem nicht umzubringenden Kultort. Die damals mehr und mehr der Aufklärung zuneigenden Hofleute mögen sich die Haare gerauft haben, als ihnen die Leute erzählten, das Heiligenbild der Kapelle habe sich bei einer der früheren Niederbrennaktionen von selber aus dem Feuer geschwungen und der Gerichtsdiener, der es zurückstieß, sei *erkrummt*. Der Vikar von St. Koloman berichtete, es gebe viel Zulauf zu diesem Ort, machte aber darauf aufmerksam, dass es sich um Leute verschiedenen Geschlechtes handle. Es liege daher nahe, „Unzucht" zu befürchten. Der Dechant von Hallein hielt dagegen solche Angst für übertrieben und meinte, die Burschen und Dirnen würden doch nicht ausgerechnet in dem hölzernen Hüttl ihre Gelüste befriedigen, wo sie ständig von anderen Leuten überrascht werden könnten. Es wurde über seinen Rat die hölzerne Anlage toleriert, da sie ohnehin langsam vermodere, aber ein Neubau verboten. 1851 wurde aber dann doch eine neue Kapelle aufgerichtet, allmählich etablierte sich auch der sonst ziemlich unbekannte Einsiedler Wilhelm als Patron und langsam freundete sich auch die Geistlichkeit mit der volkstümlichen Andachtsstätte an. Zuvor aber war bei der Kluft am Fagerstein eine Sprengung vorgenommen worden, da es geheißen hätte, darin befände sich so viel Geld, dass man ein Kloster davon finanzieren könne. Es fand sich aber nicht allzu viel darin.

So ist die Spalte, die offenbar den Anlass dazu gab, diesen Ort aufzusuchen, heute nicht mehr vorhanden. Wohl aber findet man die Nordseite des Fagersteins und anderer dort liegender Felsen immer noch mit *Creuzl, Jesus und andere Namb auch Jahreszahlen* bedeckt, sogar ein schönes reliefiertes Kruzifix ist darunter, eine der interessantesten Felsbilderstätten des Landes. Auch das Gelände um die Kirche weist eine Besonderheit auf, wie die verdienstvolle Forscherin Nora Wattek feststellte, der wir die Aufdeckung der Historie von St. Wilhelm verdanken: Auf eine Fläche von ungefähr vierhundertfünfzig Quadratmeter wurde der Waldboden eingeebnet und von Steintrümmern befreit. Der Eindruck eines Versammlungsplatzes drängt sich auf. Die Kapelle selbst ist einfach gebaut und einfach eingerichtet, das Altarbild zeigt den Patron in der üblichen Eremitentracht, Votivbilder gibt es auch, dazu eine Glocke, bei deren Läuten ein Wunsch in Erfüllung geht. Auf sie konzentrierte sich noch im 19. Jahrhundert das Misstrauen der erzbischöflichen Amtsstellen. Erst 1858 wurde ihre Anschaffung erlaubt, allerdings mit dem ausdrücklichen Auftrag, es dürfe kein Missbrauch damit getrieben werden.

Heute zieht unbehelligt jeder, der sich etwas wünschen will, an dem Strang. Die Wilhelmskapelle ist nach wie vor ein beliebter Andachtsort für die Bauern und Almleute der Umgebung. Wie sehr die Obrigkeit ihren Frieden mit dem Heiligtum geschlossen hat, beweist der Umstand, dass Hans Lechner, der gleichsam als Nachfolger der Fürsterzbischöfe dem Land Salzburg als Landeshauptmann vorstand, eine besondere Vorliebe für die Örtlichkeit hatte, sodass man die winzige Kirche von St. Wilhelm sogar als den „Lechner-Dom" apostrophierte.

Die Felszeichnungen am Fagerstein: „Creuzl, Jesus und andere Namb auch Jahreszahlen", darunter dieses Kruzifix

i Von Vigaun oder Kuchl im Salzachtal nach St. Koloman. In der Nähe des Ortes Abzweigung zum Seewaldsee. Unterwegs Hinweistafel zur St.-Wilhelm-Kirche. (Fußsteig, ca. 10 Minuten). Der Seewaldsee ist ein prachtvoller Alpensee (11 km von Kuchl, Almgasthaus). Pfarramt St. Koloman, Tel. 06241/214

26

Magische Zeichen

Maria Kirchenthal

Eine architektonisch anspruchsvolle Kirchenfassade auf Almboden: Fischer von Erlachs Kirche von Kirchenthal.

Es ist ein Gelände, wie es normalerweise mit Almhütten und grasendem Vieh bestückt ist, eine nahezu rundum abgeschlossene, schwer zugängliche Hochweide, umgeben von steilen Berglehnen und felsigen Gipfeln. Diese aber trägt ein Gebäude von erlesener Architektur, eine Kirche „in einem majestätischen Styl und ganz im Italienischen Geschmack erbauet", wie ein Reiseschriftsteller 1800 anmerkt. Die Rede ist von der mitten im einsamen Hochgebirge vom berühmten Barockarchitekten Johann Bernhard Fischer von Erlach angelegten Wallfahrtskirche Maria Kirchenthal im Pinzgau.

Die üblichen Erklärungen berichten mit frommem Augenaufschlag, der Ort gehe darauf zurück, dass gegen Ende des 17. Jahrhunderts ein Bauer namens Rupert Schmuck zur andächtigen Erbauung der oben arbeitenden Holzknechte und Sennerinnen eine Kapelle errichtet habe. 1689 brachte man dorthin eine damals schon zweihundert Jahre alte Marienfigur, die als unmodern aus der Pfarrkirche des Talortes St. Martin ausrangiert worden war. Diese Madonna, die das Volk ihres mütterlichen Ausdrucks und ihres niedlichen Kindes wegen offenbar besonders ansprach, soll nun in der einsamen Almkapelle begonnen haben, die Augen zu bewegen, Tränen zu vergießen, ihre Position zu ändern und andere Zeichen von sich zu geben, was sich rasch herumsprach. Die Kunde davon kam bis zum erzbischöflichen Konsistorium. Dieses ersuchte in Rom um eine gutachtliche Äußerung. Die Stellungnahme von dort fiel ziemlich vage aus, sie war jedenfalls nicht negativ, sodass der einsetzende Wallfahrerstrom keine Einbuße erlitt und am 13. Oktober 1691 kam Erzbischof Johann Ernst Graf Thun persönlich mit Gefolge in das Hochtal. Er feierte hier das Messopfer, schmückte die Häupter der Gnadenmutter und ihres Kindes mit Kronen und ordnete den Bau eines großen Hauses für die Geistlichkeit an. Es handelt sich um das heute noch bestehende so genannte Regenshaus, ein gewaltiges viergeschossiges Gebäude, 1694 wurde dann mit der Errichtung der Kirche begonnen.

Ehrlich gesagt, die Entwicklung verläuft viel zu rasant, um in dieser Form glaubhaft zu wirken. Zwei Jahre lang war das Marienbild in der Holzkapelle gestanden, da erschien schon der Landesfürst persönlich, brachte Kronen mit und befahl die Anlage eines geräumigen Wohngebäudes für Priester. Schwer glaublich, dass da nicht mehr dahinter stand, als das gelegentlich beobachtete Mienenspiel einer Marienfigur sowie ähnliche, wohl nur von einzelnen wahrgenommene Phänomene.

Ingrid Loimer-Rumersdorfer hat in ihrer Darstellung der Kirchenthaler Wallfahrt versucht, die Verhältnisse zu schildern, die um 1700 im Land Salzburg herrschten. Sie berichtet von Not und Elend, da viele die Wirtschaft bestimmende Bergwerke unrentabel geworden waren, andererseits aber die Steuern und Abgaben erhöht wurden. Die evangelische Lehre hatte immer noch eine Menge Anhänger und Sympathisanten, was natürlich im Staat eines katholischen Kirchenfürsten als ein untragbarer Zustand empfunden wurde. Noch lange vor der großen Zwangsemigration verließen jährlich wertvolle Arbeitskräfte ihres Glaubens willen die Heimat. Der Erzbischof, der ziemlich unduldsame Graf Thun, erließ dagegen Verbote und Verordnungen, er schickte Missionare aus und ließ die Leute schwören, im katholischen Glauben zu bleiben. Es lag nahe, diesen Bestrebungen durch einen neuen Wallfahrtsort Nachdruck zu verleihen, und so dürften ihm die Wunderberichte von der weinenden Madonna ein willkommener Anlass gewesen sein, um hier einen Stützpunkt des Glaubens und in dem Priesterhaus eine Art Missionszentrum zu schaffen. Das alles vertrug keine lange Entwicklung, sondern erforderte rasches Handeln.

Dazu kommt noch etwas anderes, was der Erzbischof vermutlich gar nicht wusste: Die Gegend um Lofer, also auch um Kirchenthal, ist besonders reich an Felsritzbildern. Es handelt sich um die von der heutigen Forschung immer noch als höchst rätselhaft empfundene Sitte, in Steine und Felsen Zeichnungen, Linien oder Inschriften zu gravieren. Während früher die Meinung vertreten wurde, die Darstellungen gingen auf die Urzeit zurück und seien wichtige Hinweise auf die prähistorische Kultur, neigt man heute zu der Ansicht, die Felsbilder unserer Region seien erst in den letzten fünf oder sechs Jahrhunderten entstanden, also auch in der Zeit um 1700. Die ganze Materie ist trotz intensiver Forschungen mehrerer engagierter Gruppen immer noch sehr umstritten, doch ist man sich weitgehend darüber einig, dass es sich zumeist um magische Zeichen handelt. Der Kirche war die Graviererei sowieso nicht recht, obwohl ausgerechnet in St. Martin bei Lofer die Kirchenbesucher sogar in die Stühle der Empore solche Zeichen eingeschnitten haben. Vielleicht war also schon die Holzkapelle des Rupert Schmuck eine Reaktion auf die Praktiken, die in diesem Hochtal an den umliegenden Felsen ausgeübt wurde.

Eine alte Ansicht von Kirchenthal. Nichts hat sich bis heute verändert!

Übrigens hatte dieser erste Betraum seinen Standort nicht dort, wo sich heute die Kirchenthaler Kirche erhebt, sondern am Beginn der Hochfläche an einem höchst bemerkenswerten Platz. Es gibt dort unter anderem zwei Felsen, die so nahe aneinander liegen, dass eine Art Durchkrieche entsteht, und einen immensen Steinbrocken, der so markant dem Hochtal vorgelagert ist, dass er wie dessen Wächter wirkt. Man kann sich vorstellen, dass diese Szenerie die Bewohner der Gegend seit jeher faszinierte und zu allerlei Naturkulten animierte. Der Erzbischof wollte seine Andachtsstätte nicht dort haben, sondern verlegte sie weiter zurück. Der neue Standort wurde dem Volk offenbar mit der Erzählung schmackhaft gemacht, dort seien im Winter drei Ähren aus dem Boden gewachsen, wodurch der Himmel den Kirchenbauplatz angezeigt habe. Eine dieser Ähren wird noch heute in einer Art Monstranz in der Schatzkammer verwahrt.

Es kann freilich keinen Zweifel daran geben, dass das explosionsartige Aufblühen des Wallfahrtsortes Maria Kirchenthal hauptsächlich durch die Wunder bewirkt wurde, die man von Anfang an von diesem Ort berichtete. Dabei ging es nicht um die verdrehten oder tränenden Augen der Marienfigur, sondern um wirksame Hilfe, die

Links von der Kirche das Regenshaus oder Regentiegebäude, rechts die Mesnerwohnung. Beide Gebäude werden heute als „Häuser der Besinnung" genutzt.

den Menschen in allen Lebenslagen von dieser Gnadenmadonna gewährt wurde. Schon 1690, also im ersten Jahr, sind zehn wunderbare Ereignisse im Mirakelbuch verzeichnet, beginnend mit einem Kind, das die Nacht durchschrie, sodass die Mutter keinen Schlaf finden konnte. Als sie eine Kirchfahrt gelobte, ist das Baby „ordentlich schlaffend geworden". In diesem Jahr wurden auch drei Frauenspersonen geheilt, die von einem bösen Geist besessen waren, zwei davon gelobten auch einen Gang nach Kirchenthal, worauf der Teufel in ihnen schauerlich wütete, bis er endlich ausfahren musste. Im folgenden Jahr wurden neunundzwanzig Gebetserhörungen propagiert.

Die vielen Mirakel fanden ihren Niederschlag in Votivtafeln, an denen der Ort reich ist wie kaum ein anderer in Österreich. Mehr als tausend solcher Bilder werden hier aufbewahrt, dazu kommen noch etliche in den Kirchen und Museen des Umlandes. Fritz Efferdinger, der 1985 die Bestände genau durchgesehen und aufgearbeitet hat, sagt, er habe sich bei seiner Untersuchung manchmal beinahe in die damalige Zeit versetzt gefühlt. Er habe mit den dargestellten Personen gelebt und empfunden. In der Tat bieten die Tafeln unzählige kulturhistorische Hinweise. Man sieht, wie sich die Leute damals kleideten, wie sie ihre Wohnräume einrichteten, welche Farbe ihre Bettwäsche und deren Inlett hatten, man sieht Pferde- und Ochsengespanne, Mühlen, Bergwerke und Holzrutschen. Bedeutsamer ist allerdings das folgende Resümee Efferdingers: „Viel menschliches Leid, aber auch reichlich zuteil werdende Gnade erfüllen die Darstellungen".

Da sieht man auf einem Bild den damaligen Besitzer des heute noch bestehenden Vögeihofes in Bruck im Pinzgau, der dankbar der Muttergottes sein von einem Gletscherbruch errettetes Vieh präsentiert. Ein Mann, der illegal die Grenze überschreiten will, versteigt sich im umwegsamen Gelände und findet nach Anrufung Mariens unverhofft den richtigen Weg. Am Zellersee sind vier Personen im Eis eingebrochen und alle ertrunken bis auf Maria Grieberin. die sich *in dieser Tods gefahr* der *gnadenMutter Maria* erinnerte und infolgdessen am Leben blieb. Eine Saalfeldnerin wird von einem *Pößen Menschen* so zugerichtet, „dass sie lebendig verfaullen sollte", auch hat er ihr neun Löcher in den Kopf geschlagen, doch nach gelobter Kirchfahrt erlangt sie ihre körperliche Unversehrtheit wieder. Überhaupt sind die Kranken, die Gesundheit finden, in der Mehrheit. Da gibt es einen Jüngling *in grossen aussatz*, eine Frau mit *argen Schmertzen in hendt und fiess*, einen Mann mit einem *geferlichen Stich in ein aug* und ein Kind mit einem *brichl*. Es dankt aber auch ein Zimmermann aus Lofer, der 1995 dreizehn Meter vom Schulhaus auf den Asphalt fiel, ebenso wie ein paar Familien aus Norddeutschland, die 1945 im Saalachtal den Bombenkrieg, der in ihrer Heimat wütete, heil überstanden. Fritz Efferdinger schließt seine Arbeit mit einem Satz, dem sich jeder Betrachter dieser Szenen mit ihrer Fülle von Vertrauen und Dankbarkeit anschließen wird: Allen diesen Tafeln „ist eines gemeinsam, sie berühren zutiefst".

i **Steile Mautstraße ab St. Martin bei Lofer (3 km). Schöne Fußwege von St. Martin (1 Stunde) oder Lofer (1½ Stunden). In einem alten Gebäude in der Nähe der Kirche befindet sich eine traditionsreiche Gastwirtschaft. Wallfahrtseelsorge, Tel. 06588/8528-0**

27

Wer waren die Drei Waller?

Die Kapelle zu den Drei Wallern in Gastein

Ein Prachtblick ins vordere Gasteinertal bietet sich von der Drei-Waller-Kapelle.

Aus Urkunden und Bodendenkmälern wissen wir, dass die Menschen früherer Zeiten ihre Wege lieber auf den Höhen suchten als in den Talböden, wo Schluchten und Sümpfe das Weiterkommen erschwerten. Zwar gab es auch oben mannigfache Hindernisse, aber wenn einmal ein Pfad gefunden und ausgetreten war, ging es verhältnismäßig leicht und weniger gefährdet voran.

Der Zugang nach Gastein führt über eine Talstufe von extremer Unwegsamkeit, die so genannte Klamm. Die alten Reisenden schilderten das Entsetzen, das sie dort befiel, und sprachen von der „abschreckenden Pforte des freundlichen Tales", der „schrecklichsten Passage, welche Deutschland aufzuweisen hat", und von einer „fürchterlichen Kluft", die „von der Sonne stiefmütterlich behandelt und in fortwährende Dämmerung getaucht ist". Die Klamm ist mittlerweile durch enorme Kunstbauten, Brücken und Tunnels ein normales Stück Straße geworden, sodass der Autofahrer von heute keine Ahnung hat, welch bemerkenswerte Gegend er passiert.

Die frühesten Siedler des Tales mieden die Klamm und zogen einen Umweg über die westlichen Höhen vor. Dort findet sich ein Sattel, der ungefähr sechshundert Meter über dem Talboden liegt. Wer nach langem Anstieg den Pass erreicht hatte, dem war nach einer Rast, nach einem Innehalten, nach einem Nachdenken zumute, und so entstand an diesem markanten Punkt, wie an vielen anderen vergleichbaren Stellen, eine Kultstätte. Diese hier heißt „Zu den Drei Wallern" und bietet sich heute als eine ganz einfache hölzerne Hütte mit winzigen Türmchen dar, die malerisch auf einer Waldblöße liegt mit Blick ins vordere Gasteinertal. Sie hat ihren Namen von drei sagenhaften Männern, die an dem Ort bestattet sein sollen. 1616 wird von drei Gräbern berichtet, über welchen sich drei Holzbauten mit Dach erhoben, daneben stand eine Kapelle. Es wird gemeldet, dies sei damals der bekannteste Wallfahrtsort des Pinzgaus gewesen.

Ob sich in jener Zeit jemand Gedanken gemacht hat über das Wesen dieser drei Waller, die auch Waldner, das heißt Waldmenschen, genannt wurden? Es heißt einfach, sie seien in diesem „wilden und umbrausten Gebirg" gestorben und unter den drei Hütten nahe beieinander begraben worden, heilige verehrungswürdige Männer, die man um ihre Hilfe anrief und denen man auch Opfer darbrachte. Erst das 19. und 20. Jahrhundert empfand es als unschicklich, solche Gestalten sozusagen im luftleeren Raum zu belassen und es entstanden verschiedene Sagen, die zum Teil einander widersprachen. Die einen besagten, es seien die ersten Siedler des Tales gewesen, andere berichteten, Gastein sei damals wohl schon bewohnt gewesen, doch hätten die drei Waller erst die Grundlager der materiellen und geistigen Kultur gebracht, die Pflugschar für die Bauern, den Bergschlögel für die Knappen und das christliche Kreuz für das Heil der Seelen. Eine besonders sentimentale Version erzählt, es habe sich um drei Gasteiner gehandelt, die auf einer Pilgerfahrt zum Heiligen Land von den Türken gefangengesetzt wurden und nach langem Schmachten endlich wieder in die Heimat zurückkehrten. Als sie ihr Tal von der Höhe aus erblickten, sei ihnen das Herz stillgestanden, eine Geschichte so recht im Geist des Biedermeier, und ein Dichter von damals griff schwungvoll in die Saiten, um das Publikum mit einem langen Gedicht zu rühren, dessen Finale zunächst die Wallungen der Waller beim Talblick schildert und dann schließt:

Das sahen froh die Dreie
und blickten auf zu Gott,
umarmten sich und sanken
erbleichend in den Tod.

Am Berge steh'n drei Kreuze.
Dort grub man sie hinein,
das waren die drei Waller,
die waren aus Gastein.

Ehedem ging es aber nicht um drei herzkranke Heimkehrer, sondern um urtümliche Gestalten, denen urtümliche Verehrung gewidmet war. Es heißt, bei den Hütteln, unter denen man die Heiligengräber vermutete, seien hölzerne Kreuzl, Stäbe und anderes niedergelegt worden. Auch fand sich ein ausgeschnittenes Brett, in das die Andächtigen ihre Häupter legten. Die Opfer bestanden hauptsächlich aus Haarzöpfen und geschnitzten Köpfen, die ein 1739 zur Kontrolle hinaufgeschickter Pater als abscheulich und grausenerregend kritisierte. Auch zeigte man im anstehenden Gestein die Fußspuren der „drei Väter", von denen „man sich das Merkwürdige erzählte, dass jedweder Fuß in solche einpasse". Der erwähnte Missionar vermerkte weiters die bedenkliche Tatsache, dass gewisse Leute hier heroben ihre Andacht verrichteten, anstatt die Sonntagsmesse in der Kirche zu besuchen. Es wurde ferner berichtet von großen Wallfahrten am Bartholomäustag, von Wundern und davon, dass hier Tänze und das so genannte „Hosenrecken" geübt wurde, worunter Kampfspiele zu verstehen sind.

Wir haben also das Bild einer volkstümlichen Wallfahrtsstätte vor uns, die so gar nicht vom christlichen Geist erfüllt scheint und die mit Recht das Misstrauen der Obrigkeit erweckte. Man muss wissen, dass das Gasteinertal mit seinen selbstbewussten, von ihrer Unentbehrlichkeit überzeugten Bergleuten sowieso ein Hort des Protestantismus war und dass die einsame Bergkapelle mit ihren eigenartigen Heiligen daher recht verdächtig erschien. Wiederholt erfolgten Untersuchungen. Es erging der Befehl, den Kultort zu zerstören, dann wieder versuchte man es mit Verchristlichung und Überzeugungsarbeit. 1621 bis 1622 wurde unter der Leitung von zwei Kapuzinern und des Landrichters nach den Gebeinen der drei Männer gesucht, aber nichts gefunden, obwohl man die Erde 6 Klafter tief aufsschaufelte. Da Manches, etwa die Art der Opfer oder das Brett zum Auflegen der Köpfe, darauf hindeutete, dass die Leute den Ort aufsuchten, wenn sie unter Kopfweh litten, hängte man das Bild einer sonst völlig unbekannten Jungfrau Solangia in die Kapelle und erklärte, sie sei eine bewährte Helferin gegen solche Schmerzen. Sie war eine französische Heilige gewesen, die im 8. Jahrhundert gelebt hatte und der von einem verschmähten Liebhaber der Kopf abgeschlagen wurde. Nachher nahm sie, ähnlich wie andere Heilige des ehedem keltischen Kulturkreises, ihr Haupt in die Hand und trug es zur Begräbnisstätte.

Die Volkstümlichkeit der heiligen Solangia dürfte sich in Grenzen gehalten haben. Immerhin zeigt sich, dass die Kapelle allmählich mit christlichem Bildwerk aufgefüllt wurde, wie es 1617 das fürsterzbischöfliche Konsistorium angeordnet hatte. Damals war der Pfarrer aufgefordert worden, die Leute darauf hinzuweisen, dass die Wallfahrt *nit zu Ehren der drey Waller* stattfinde, von denen man ohnehin nicht viel wisse, sondern *zu Ehren des Allmächtigen und seiner Heiligen nach Gebrauch und Ordnung der christlichen Kirche.* Hier wird eindrucksvoll dokumentiert, wie die kirchliche Obrigkeit anordnete. ein naturhaftes Heiligtum solle in eine ordentliche katholische Gebetsstätte umgeformt werden.

Aber der Erfolg war eher bescheiden. Die schlichte Kapelle war so abgelegen, dass man sie nicht immer im Auge behalten konnte. 1740 wurde einmal ihr Abbruch angeordnet, ohne dass wir genau wissen, welches Ärgernis diesmal den Unwillen des Konsistoriums erregte. Die Erinnerung an das Heiligtum hielt sich aber. 1800 suchten die Bauern an, sie von Neuem errichten zu dürfen. Sie wurde bald wieder die Hauptwallfahrtsstätte des Tales und um 1830 wird vom „Hosenlupfen" berichtet.

Solche bäuerliche Kampfspiele bezeugen weniger ein besonders hohes Alter einer Kultstätte, wohl aber deren Urtümlichkeit. Man kann sich nicht gut vorstellen, dass sich an einem Marienwallfahrtsort des 19. Jahrhunderts, an einer Lourdesgrotte etwa, mit ihrer von Altarblumen, Weihrauch und frommen Liedern geschwängerten Luft, vor der Kirchtüre zeremonielle Raufhändel abspielten. Wohl aber ist dies von kleinen Heiligtümern, besonders von solchen in abseitiger Lage, die der klerikale Einfluss nicht so leicht erfassen konnte, etwa auf der Hohen Salve oder der einschichtigen Filzenkapelle bei Hintertal überliefert, wo zu Bartlmä die Pongauer und die Pinzgauer den Stärksten von ihnen ermittelten. Sicher klingt hier noch die Erinnerung nach an die alten Zusammenkünfte der Völker, an die Götterfeste, an die „Kämpfe der Wagen und Gesänge", in denen ja schließlich auch die Olympischen Spiele ihren Ursprung haben. Die Erinnerung an sie hielt sich auch über Generationen, längere Pausen, Kriege und Eroberungen hinweg; wieder und wieder kamen die Leute zusammen, um die alten Bräuche zu üben, wie sie es im Pinzgau immer noch jährlich zu Jakobi am Hundsstein bei Zell am See tun.

Bei den Drei Wallern wird zwar nicht mehr gerauft, wohl aber ist die Stätte ein schönes Beispiel dafür, wie solche Kultorte im Gedächtnis bleiben, auch wenn es scheint, sie seien untergegangen. 1967 war die Kapelle verfallen und verwahrlost, das Holz durchgefault und die Einrichtung drohte verbracht zu werden. Da war es der Rotaryklub von Gastein unter dem Präsidenten Heinrich Thaler, einem Kurarzt verdienten Angedenkens, der sich um die Stätte annahm. Kein Geringerer als der berühmte Architekt Clemens Holzmeister gestaltete das Bild der Kapellenhütte neu, Landeshauptmann und Erzbischof kamen zur Einweihung auf die Höhe, und heute freut sich der Wanderer, der nach Embach hinübergeht oder zum aussichtsreichen Rauchkögerl, über den malerischen Anblick, über die Wunschglocke am Turm und über die volkstümlichen Bilder und Figuren, ein einsames Denkmal der Vorzeit am Eingang in das moderne und mondäne Tal von Gastein.

i **Bester Zugang von Unterberg am Beginn des Gasteinertales (etwa 2 Stunden). In einer nahe gelegenen Alm Jausenstation. Lohnender Aufstieg zum Rauchkögerl (1810 m, 1 Stunde).**
Pfarramt Dorfgastein,
Tel. 06433/7202

Die bescheidene Kapelle wurde, nachdem sie fast verfallen war, von dem berühmten Architekten Clemens Holzmeister neu gestaltet.

28

„Erzbischöfe und Viehdirnen gleichermaßen …"

St. Leonhard

bei Tamsweg

Über hundert Kirchen sind in Österreich dem hl. Leonhard geweiht. Die schönste davon steht bei Tamsweg.

St. Leonhard gilt als der bayrische Herrgott, sein schönstes Heiligtum steht in St. Leonhard bei Tamsweg, einem Ort voll geballter Mystik.

Da ist zunächst die Frage angebracht: wer war St. Leonhard? Er lebte im 6. Jahrhundert in Westfrankreich und tat sich als Stifter der Abtei von Noblat in der Nähe der Stadt Limoges hervor. Vielleicht war er tatsächlich jene schwarzgekleidete Mönchsgestalt, die auf den Bildwerken in seiner Tamsweger Kirche und anderswo in Erscheinung tritt, ansonsten aber haben seine Funktionen als wichtigster Patron des Bauernstandes und seines Viehs mit seinem Leben rein gar nichts zu tun. In den Biographien, die allerdings erst fünfhundert Jahre nach seinem Tod zu datieren sind, wird er zunächst nach Art der Zeit als Spross einer hochadeligen Familie für Heiligkeit und Wunderkraft legitimiert. Anstatt die standesgemäßen Würden anzustreben, ließ er sich im Wald als Einsiedler nieder. Als sich das Königspaar in einem nahegelegenen Schloss aufhielt, hörte er das Jammern der Königin, begab sich zu ihr und fand sie in Kindsnöten. Er war ihr behilflich und erhielt dafür den Wald geschenkt, in dem er lebte. So konnte er sein Kloster gründen, wobei er das für die Bauführung notwendige Wasser wunderbarerweise beschaffte. Mit Wundern ging sein Leben weiter, bis er *selig zum Herrn fuhr, strahlend vor Tugenden.*

Sein Hauptmetier war von Jugend auf die Betreuung von Leuten, die in Kerkern saßen. Es heißt, der König habe ihn so geschätzt, dass er jeden Gefangenen amnestierte, um den Leonhard bat. Dies spricht zwar nicht für die Seriosität der damaligen Rechtspflege, wohl aber für die Durchschlagskraft des Heiligen, um dessen Hilfe sich seither die Eingekerkerten bemühten. Er wurde zu ihrem großen Nothelfer und man erzählte sich unbegreifliche Dinge von seinem kräftigen Beistand. Als „ein Tyrann" einen Unschuldigen festsetzte, fürchtete er, „dieser Leonhard, der alle, die gebunden sind, erlöst", werde alsbald da sein und den Mann befreien. Er inhaftierte ihn daher in einer tiefen Grube im Inneren eines Turms, setzte eine Mauer darauf und postierte bewaffnete Wächter. Auch das war für den Gefangenenbefreier kein Problem, er stieß in der Nacht die Mauer um, sodass die Wächter zugrunde gingen, und holte den Gefangenen aus seinem Loch.

Derartige Geschichten gibt es mehrere, meistens geht es dabei natürlich nicht um eingesperrte Bösewichte und Übeltäter, und wenn, dann wird ihre Reue hervorgehoben. Zumeist waren es unschuldig Gefangene, und am meisten in ihrer Freiheit gefährdet waren die Leute, die mit den „Ungläubigen" zu tun hatten. So wurde Leonhard zum Schutzherrn der Kreuzfahrer und Türkenkämpfer; die schöne Kirche von San Leonardo di Siponte in Apulien beweist heute noch die Anrufung des Heiligen in der Gegend, wo sie sich in den Osten einschifften.

Himmlischer Helfer und bayrischer Herrgott: gotische Leonhardstatue am Pfeiler der Empore,

Zum Zeichen, dass Leonhard für die in Gefangenschaft Schmachtenden zuständig ist, hält er auf den Abbildungen eine Kette in der Hand. Dieses Attribut soll nun als Kuhkette missverstanden worden sein und den Heiligen zum Schirmherrn des bäuerlichen Viehstandes gemacht haben. Das Vieh begründete damals die Existenzgrundlage der ländlichen Bevölkerung. Durch Seuchen und Unglück ständig gefährdet, bedurfte es wie kein anderes Gut des himmlischen Schutzes. Das Denken kreiste um Rind und Pferd, und so führen unzählige Votivbilder in den Wallfahrtsorten die Bauern mit Weib und Kind und Herden vor, ein Ausdruck der geordneten Verhältnisse und des Wohlstandes. Wenn aber Gefahr drohte, suchte sich die drängende Not immer wirksamere himmlische Helfer, daher gibt es in Österreich jede Menge von Viehpatronen, die heute zum Teil kaum mehr dem Namen nach bekannt sind wie Silvester, Cornelius, Patrizius und andere, bis sich schließlich Leonhard zum allgemein approbierten und angesehensten von ihnen entwickelte, dessen Bild allenthalben über Stalltüren hing und auf Bäumen im Almbereich zu Anrufung und Verehrung einlud.

So ist seine Karriere zwar etwas kurios, aber nachvollziehbar verlaufen. Sein Kult hat aber darüber hinaus einen dunklen, schwer ausdeutbaren Aspekt, den des Eisens. Im 15. Jahrhundert gelobte ein arrestierter Junker dem Leonhard ein eisernes Haus, wenn er ihn befreie, es koste, was es wolle. Er brachte damit zum Ausdruck, dass der Gefangenenbefreier besonderen Wert auf metallene Opfer legte. Solche wurden ihm dann auch an seinen Verehrungsstätten dargebracht, und zwar in einem Ausmaß, wie es keinem anderen Heiligen zuteil wurde. In vielen Leonhardi-Kirchen liegen heute noch Eisenklötze herum, die so genannten Würdinger – schon ihr Name ist ein Rätsel. Sie zu heben, war dort Brauch, wobei auch Mädchen sich darin erprobten, wenn sie einen Mann suchten. Diese Figuren waren so grob gearbeitet, dass ein Autor des frühen 19. Jahrhunderts von einem davon irrtümlich meinte, es handle sich um einen „Vindelizischen Haus-Götzen aus dem rohesten Zeitalter". In Bayern gibt es in manchen Kirchen so genannte Leonhardsnägel, zentnerschwere Eisentrümmer, deren Herkunft und Verwendung im Dunklen liegt.

Am bemerkenswertesten ist freilich die Sitte, die Kirchen des Heiligen mit Ketten zu umspannen; man sieht das heute noch in Oberinn am Ritten bei Bozen, in Bad St. Leonhard im Lavanttal, in Leogang im Pinzgau und anderswo. Der österreichische Volkskundler Kretzenbacher hat darüber eine grundlegende Arbeit verfasst, das Umgürten des Sakralobjektes als einen Ausdruck der Hingabe und Verehrung gedeutet und aufgezeigt, dass es dergleichen auch im christlichen Osten gibt, wo man Kirchen mit Wachsfäden umschloss. Trotzdem ist es verwunderlich, dass in unserem Gebiet nur die Leonhardi-Kirchen mit Ketten umgeben werden, die Kirchen, die dem Heiligen der Eisenopfer geweiht sind. Eine solche Kette umgab einst auch St. Leonhard bei Tamsweg. Sie ist verschwunden und ist wohl nur eine unter vielen Besonderheiten dieses einzigartigen Gotteshauses gewesen.

Diese Besonderheiten beginnen mit dem Ursprung der Kirche. 1421 wurde in der Pfarrkirche von Tamsweg eine Figur des heiligen Leonhard aufgestellt, eine ungeschlachte Schnitzerei. Sie war plötzlich verschwunden und fand sich auf dem südseitigen Talhang an einem Platz, der heute den Namen Ursprung trägt. Man brachte den hölzernen Heiligen zurück und sperrte ihn in eine eisenbeschlagene Truhe, die noch dazu versiegelt wurde, doch entwich sie auch von dort und wiederholte das nach der abermaligen Rückführung. Damit wussten die Leute, dass sich Leonhard dort eine Kirche wünschte. 1424 und 1425 wurde der Grund beschafft, nach sieben Jahren schon war der kunstvolle Bau, wie wir ihn heute kennen, vollendet. Er stand aber nicht am Ursprung, einem Ort, in dem man seiner ganzen Lage nach einen alten Kultplatz vermuten kann, sondern etwas höher. Dass der Bau so unglaublich schnell vonstatten ging, schrieb man einem Ochsenpaar zu, das jeden Tag aus einem dort befindlichen Stollenloch herauskam und Zugdienste leistete. Nach getaner Arbeit verschwanden die Tiere. So ist die Entstehung von St. Leonhard in Geheimnisse gehüllt, und niemand weiß, wie es damals wirklich zuging und was die Leute bewogen hat, solche Geschichten zu erfinden.

Die Kirche ist jedenfalls ein Juwel geworden. In perfekten Proportionen passt sie sich hervorragend der Landschaft an. So wurde es dem Baumeister, Peter Harperger hieß er, ausnahmsweise gestattet, sein Bild an der Mauer anbringen zu lassen. Es zeigt ihn aber nicht als stolzen und selbstbewussten Meister. Demütig mit dem Hut in der Hand geht er hinter dem Bischof nach, der dem Bau die Weihe gibt.

Noch mehr als das Gebäude fasziniert in St. Leonhard aber die Ausstattung. Nahezu bis in den letzten Winkel ist die Kirche vollgeräumt mit Kunstgegenständen aller Art, die meisten von großer Qualität und hohem Wert. Nicht nur Altäre und Heiligenfiguren sind da zu nennen, sondern auch Türbeschläge, ein spätgotischer Türklopfer in Form eines Löwenkopfes, ein Betstuhl mit wunderbar feiner Schnitzarbeit und die Behänge der Altartische, die so genannten Antependien, die aus gepresstem Leder verfertigt sind. Und dann natürlich die färbigen Fenster! Neunzehn Stück sind es, weitgehend im originalen Bestand der spätgotischen Zeit. Das Goldfenster ist in Gold und Dunkelblau gehalten, es schildert unter anderem die Legende des Kirchenpatrons, doch reicht seine Thematik bis zur Dreifaltigkeit. Zu ihr wird der regierende Salzburger Erzbischof von den Landespatronen Rupert und Virgil hingeführt. Andere Berühmtheiten unter diesen Glasgemälden sind das Fenster mit der Hostienmühle und jenes mit dem Lebensbaum. Die Hostienmühle ist ein technisch exakt wiedergegebener Mechanismus mit Gestängen, Übersetzungen und Zahnrädern, bei dem die Apostel die Kurbeln drehen. Oben schütten die Evangelisten Säcke mit Getreide hinein, unten kommt die Nahrung für die Seele heraus, vermittelt von den Kirchenvätern. Im Geäst des Lebensbaumes sitzt Gottvater, Maria ist mit einer Kette an ihn gebunden, eine ins Hoch-Theologische übertragene Deutung des Leonhard-Attributes.

In St. Leonhard bei Tamsweg gibt es überall Kunstwerke zu entdecken: Türklopfer in Form eines Löwenkopfes.

Den Patron sieht man auf den Bildwerken der Kirche immer wieder, vor allem auf dem üppig ausgestatteten Hochaltar, aber auch auf den Votivtafeln, welche streifenweise die Wände bedecken. Sein eindrucksvollstes Bild ist aber jene ungeschlachte Schnitzerei, welche 1421 von der Pfarrkiche von Tamsweg dreimal auf den Berg hinaufwanderte und dort in den Zweigen eines Wacholder-oder Holunderbaumes gefunden wurde. Sie steht noch immer auf demselben Ast, aber eingefasst in einen prächtigen Altar und hochverehrt von den Pilgern und den Mitgliedern der angesehen St. Leonhardsbruderschaft, in die sich Erzbischöfe und Viehdirnen gleichermaßen zu Ehren des Heiligen einschreiben ließen. Hinter dem Altar aber findet man jene Truhe, in die man die Statue vergebens sperrte. Eiserne Beschläge sollten sie sichern, aber Eisen war für Leonhard niemals ein Problem gewesen, auch nicht in Tamsweg.

i **Nach Tamsweg gelangt man über die Tauernautobahn (Ausfahrt „St. Michael"). Die Leonhardkirche am Hang über der Stadt ist nicht zu übersehen. Auffahrt ist nicht zu empfehlen.**
Pfarramt Tamsweg 06474/2291-0
pfarre-tamsweg@sbg.at

29

„Nit ohne grosse Verwunderung" zu erleben

St. Wolfgang

Traumhaftes Paradies am See: St. Wolfgang hat auch als Wallfahrtsort eine große Tradition.

„Der Pilger", sagt Pater Johannes, „empfängt unseren Segen. Aber genauso ist er es, der den Segen in unser Kloster bringt". Pater Johannes Pausch ist der Vorsteher der jüngsten Niederlassung des Benediktinerordens in Österreich, des Europaklosters Gut Aich in der Nähe von St. Gilgen. Als er zusammen mit zwei Mitbrüdern an die Gründung schritt und daran ging, die Gebäude zu sanieren, kamen in den ersten Tagen ein paar Theologiestudenten aus Linz vorbei, die ihm erzählten, sie seien auf einer Wallfahrt zum heiligen Wolfgang. Dadurch erfuhren die Klostergründer erstmals, dass ihr neues Haus unmittelbar an einer der bedeutendsten Pilgerrouten Mitteleuropas liegt, dem Weg nach St. Wolfgang, und seither ließ ihr Interesse daran und ihr Bemühen darum nicht mehr nach.

Die Wallfahrt führt zu den Schauplätzen einer ganz abenteuerlichen Legende, und ihr Hauptakteur ist eine höchst unrealistische Persönlichkeit, die jahrelang in feuchten Höhlen genächtigt, mit dem Teufel gekämpft und schließlich ein Beil mit solcher Wucht von einem Berg geschleudert haben soll, dass es mehr als vier Kilometer weit flog. Aber eigenartigerweise gehört dieser Wolfgang bis heute zu den populärsten Heiligen, und der Strom der Wallfahrer, die zu ihm kommen, bricht auch in unserer Zeit, für die solche Geschichten angeblich unzumutbar sind, nicht ab. Dabei gibt es einen historischen Wolfgang, der im 10. Jahrhundert als Bischof von Regensburg tätig war und große Taten für die damalige Kirche lieferte. Aber die Jahre, die er in selbstgewähltem Exil in der Wildnis zugebracht haben soll, waren für das Volk von ungleich größerem Interesse. Sie verschafften ihm Erinnerung und Verehrung.

Pater Johannes und seine Mönche sind überzeugt, dass der Pilgerweg, der über den Falkenstein zu seinem Heiligtum am See führt, einer Kraftlinie folgt. Er ist angereichert vom Glauben, den Gebeten und den Erlebnissen ungezählter Pilger, die ihn im Lauf vieler Jahrhunderte gegangen sind. Der Pater erzählt, dass er schon manche Patienten, die zu seiner psychotherapeutischen Behandlung kamen, auf diese Strecke schickte und dass sie befreit von Übeln des Körpers, des Gemütes und der Seele zurückkamen.

Das Europakloster mit seiner anschaulichen Symbolik ist für den Normalwanderer der passende Anfang des Weges, der bald in einer steilen Schlucht hinabführt zum See, in ein traumhaftes Paradies. Die malerischen Uferwiesen sind ein reichlich genutzter Badestrand. Es gibt einen gut geführten Gasthof mit einem prachtvollen Gastgarten. Es ist der Moment der Versuchung für den Pilger, die Annehmlichkeiten des Ortes zu genießen, anstatt sich die Mühe des steilen Aufstieges anzutun, zumal ja von dort auch ein Schiff nach St. Wolfgang abgeht.

Wer aber den heiligen Wolfgang besuchen will, der wird nicht zögern, den Weg zum Falkenstein in Angriff zu nehmen. Früher trugen die Wallfahrer zur Buße sogar einen Stein mit, den sie oben bei der Kreuzigungskapelle abluden und einem großen Haufen zuwarfen. Sie entledigten sich dadurch ihrer Sünden und hofften außerdem, ein gottgefälliges Werk zu tun. In einem einst an dieser Stelle gesungenen Lied heißt es:

Gott zu Ehren und St. Wolfgang wurde
die Kapell' gemacht,
wo so mancher fromme Pilgram Steine
hat heraufgebracht.
Jesus, der am Kreuz hier hanget, wird
ihm geben einst den Lohn,
der mit seinen Wunden pranget dort auf
seines Vaters Thron.

In Wahrheit ist die Deposition von Steinen an heiliger Stätte eine uralte Kulthandlung, die sich in Südtirol ebenso findet wie in Tibet und anderswo. Die Pilger führten sie im Lauf der Zeit sinnentleert aus. Sie dachten nicht mehr an Dämonen, die getroffen und gesteinigt werden sollten. Sie taten es einfach so, weil es der Brauch war. Die Kirche fügte schließlich eine recht und schlecht angepasste christliche Sinngebung dazu. An mehreren Stellen findet man hier solche Gebräuche, die in Zeiten zurückreichen, als die Menschen die Natur von Geistern bevölkert dachten. Wenn sie den geheimnisvollen Falkenstein bestiegen und seine Kräfte auf sich einwirken ließen, fühlten sie sich ihnen besonders nahe.

Ein kurzes Stück hinter der Kapelle mit den Steinhaufen gelangt man zu einer Waldwiese, die an einer Seite von einer düsteren schwarzen Felswand abgeschlossen ist. An ihrem Fuß tun sich – heute von der Kapelle überbaut – drei runde Löcher auf, von denen zwei miteinander so in Verbindung stehen, dass sich ein Durchschlupf ergibt. Wer sich da durchzwängt, wird aller seiner Tage von Rückenschmerzen frei sein, heißt es. Ein Stück weiter ist der Felsen ausgewaschen, sodass der Eindruck entsteht, er bilde ein Bett. Wer weiß, was die ersten Menschen, die diese merkwürdigen Gebilde erlebten, dabei empfunden haben. Wer weiß, welche Gottheiten und überirdischen Gestalten hier schon verehrt wurden. Später dachte

Im Schatten der Felsen mit den geheimnisvollen Höhlen: die Kirche am Falkenstein

man, vermutlich unter Anleitung des nahen Klosters Mondsee, an den heiligen Wolfgang, der hier gehaust, geschlafen und gebetet habe. Aber die Stelle blieb immer noch unheimlich. Die Pilger wurden tunlichst per Schiff um den Falkenstein herumgeführt. Erst 1626 wurde hier ein Gotteshaus erbaut, die heutige Felsenkirche zum heiligen Wolfgang, und damit ist der alte Dämonenort endlich ganz christlich geworden.

Die Pilger können in der Folge *nit ohne große Verwunderung* eine gehäufte Folge von Erinnerungsstätten an den heiligen Einsiedler betrachten. Zunächst kommen sie zu der Stelle, an welcher der *Inwohner der rauhen Steinklippen* – so wird er in einer Litanei aus dem 18. Jahrhundert angerufen – eine Quelle aus dem Erdreich entspringen ließ. Sie soll den Augen gut tun und alle Wünschelrutengänger schwören, dass es sich um rechtsdrehendes, also um besonderes Wasser handelt. Ganz oben am Falkenstein trifft man auf den in den alten Büchern so genannten „Fallenden Berg", das ist die Stelle, an welcher der Teufel den heiligen Wolfgang bedrängt und bedroht hat, indem er die Felsen zusammenschob, um den frommen Mann zu zermalmen. Dieser aber breitete die Arme aus, stand also da wie ein Kreuz und konnte so die Attacke des Bösen abwehren. Dabei drückte er seinen Kopf und die Hände in den Stein, was heute noch zu sehen ist. Es handelt sich wiederum um einen Ort voller Magie, eng und düster, und ein Lied aus dem späten Mittelalter schreibt diese Geländeformation dem heiligen Wolfgang zu: *die perg thet er zerklieben unnd von ainander schieben.* Man sieht, wie sich die Legende erst allmählich ausbildete und wie dem verehrten Heiligen früher noch weit größere Kräfte über die Natur zugeschrieben wurden. Dabei ist der Ausdruck „zerklieben" besonders interessant. Er bedeutet soviel wie „zerhacken". Man verwendet ihn in dieser Gegend immer noch, wenn man Holz mit einer Axt spaltet, und die Axt spielt ja in der folgenden Station die ganz große Rolle. Sie wird zum Attribut des Heiligen. Es ist die Örtlichkeit, von der Wolfgang sein „Handbeil" ins Tal warf mit dem Gelöbnis, dort wo er es finde, eine Kirche zu bauen. Der beilschwingende heilige Wolfgang, Bischof von Regensburg, die beilschwingende Sagengestalt, die beilschwingende Gottheit, wer kann das so genau unterscheiden? Tatsache ist, dass man sich an diesem markanten Punkt, der eine weite Aussicht über den See und einen ersten Anblick des weit entfernten Kirchturms von St. Wolfgang bietet, eine Gestalt mit einer Hacke vorstellte, einem Werkzeug, das sei jeher als Kultgerät in Ansehen stand.

Im Weitergehen kommt man am „Raststein" vorüber, einem Block, auf dem der Heilige gesessen ist und die Spur seines Körpers abdrückte. Dann verlässt man den Wald und tritt hinaus in das offene Gelände. Nach dem Erlebnis konzentrierter Mystik folgt nun sozusagen eine lange profane Strecke des Weges, die über bäuerliche Wiesen, an Bauerngütern und Pensionsbetrieben vorbei allmählich in das dichter verbaute Gebiet des Ortes St. Wolfgang hineinführt.

Wenn der Pilger dort am Ziel seiner Reise angelangt ist, stößt er wiederum auf ein markantes Naturdenkmal. Es ist ein in einem Nebenraum des Gotteshauses gelegener Stein mit tiefen Einbuchtungen und Klüften. Auch dies sollen Spuren des Heiligen sein, der sich auf dieses Gebilde gelegt hat, und die Wallfahrer taten es ihm gleich. Daneben erhebt sich das Wahrzeichen des Ortes, die Zelle, das Häuschen, welches der Bischof gebaut und bewohnt hat, nachdem er sein Beil an dieser Stelle gefunden hatte. Ringsum erzählen Gemälde die Wunderlegenden, die sich an diesem Ort abgespielt haben sollen, wie der Heilige den *laidigen Teufel* um seinen Lohn betrog, nachdem ihm dieser beim Kirchenbau Hilfsarbeiterdienste geleistet hatte, wie schließlich ein Jäger den Einsiedler entdeckte und wie er bewogen wurde, nach Regensburg zurückzukehren. Dabei soll die Zelle Anstalten gemacht haben, ihm nachzufolgen. Er aber wendete sich zu ihr und gebot ihr, stille zu stehen, wobei er prophezeite, dass ihn die Pilger hier verehren würden und nicht in Regensburg, hier würden viele Wunder geschehen, nicht aber an seinem Grabe.

Obwohl solche Geschichten der Frequenz des Wallfahrtsortes förderlich waren und den Finanzen des Klosters Mondsee, dem der Ort früher unterstand, nützten, obwohl sie also nicht unterdrückt werden durften, hielten die Klosterleute deutlich Distanz zu ihnen. Sie beauftragten 1471 den Bildschnitzer und Maler Michael Pacher aus Bruneck, einen Hochaltar für die Kirche anzufertigen. Er durfte aber nicht die Legenden von Satan und weich gewordenen Steinen abbilden, ja dem Patron nicht einmal eine Hacke in die Hand geben, sondern er erhielt den Auftrag, das segensreiche Wirken des Bischofs in Regensburg zu schildern, wie er die Armen versorgte, wie er predigte und wie er den Kranken half. Nur der eigenhändige Kirchenbau am See wurde dargestellt, doch ohne Teufel und ohne Handbeil. Aber jene Heiligengestalt, die uns die Kunst Michael Pachers vorführt, hebt alle Gegensätze zwischen Legende und Geschichte, zwischen Irdischem und Überirdischem auf mit ihrer kraftvollen Persönlichkeit und ihrer Ausstrahlung, die das Menschliche übersteigt. Bei ihm sind wir nun am Ziel angekommen. Wenn wir auf den Weg, den wir bis hieher gegangen sind blicken und uns fragen, welche Bedeutung er in unserer Zeit noch haben kann, dann sollten wir uns an den österreichischen Schriftsteller Alexander Lernet-Holenia halten, der im Zusammenhang mit dem heiligen Weg zum Falkenstein gemeint hat: „Unheilig sind längst schon die Wege geworden, welche die Welt nun geht. Sie hat die Ehrfurcht vor dem Hohen und Heiligen verloren und geht ihrer Wege, die Wege der Welt, als sei es so seit jeher. Wird sie wieder zurückfinden auf die Wege von einst?"

i **Der eindrucksvolle Pilgerweg beginnt beim Kloster Aich (zwischen St. Gilgen und Mondsee, Hinweistafel „Fürberg") und fällt bald steil zum See ab. Noch viel steiler geht es zum Falkenstein hinauf, dann hinab zur Ortschaft Ried und von dort nach St. Wolfgang (insgesamt ca. 2 Stunden).**
Zurück mit dem Schiff.
Pfarramt, Tel. 06138/2321
pfarre.st.wolfgang@dioezese-linz.at

30

Der Märtyrerabt ein Bauernschinder?

St. Konrad

Ein ungeklärter Kriminalfall steht am Beginn der Wallfahrt zum Abt Konrad.

In der Stiftskirche von Mondsee sitzt am Hochaltar ein Skelett. Mit schweren Gewändern umgeben und reich ausgestattet mit Edelsteinen thront es in einem Glaskasten und hält ein kostbares Buch in der Hand. Es heißt Konrad und stellt angeblich die sterblichen Überreste eines Mannes dar, der vor fast neunhundert Jahren dem Kloster als Abt vorstand und der bei Auseinandersetzungen über kirchliches Vermögen am 15. Jänner 1145 einem Mordanschlag zum Opfer fiel.

Diese Übeltat hatte damals erhebliches Aufsehen erregt. Diverse Klöster vermerkten sie in ihren Annalen, und ein Mondseer Mönch verfasste vier Lobgedichte auf den getöteten Klostervorsteher. Immer wird nur der bedauerliche Mord erwähnt, nirgends werden nähere Umstände angegeben oder gar die Täter genannt. Da ist nur ganz allgemein von der Verschwörung böser Knechte die Rede oder von Verbrechen und Wut. Es scheint fast, als habe man die Mörder decken wollen. So handelt es sich um einen ungeklärten Kriminalfall, wir wissen nur, dass die Tatwaffe ein Schwert war, was jedenfalls nicht darauf hindeutet, dass Bauern am Komplott beteiligt waren.

Das Opfer hingegen wurde von Anfang an glorifiziert. Folgen wir den erwähnten Gedichten, so können wir annehmen, dass es sich um einen tüchtigen und tadellosen Abt handelte, dessen Ableben seine Mitbrüder zutiefst bedauerten. Es wurde ihm ein würdiger Grabstein gesetzt, der zumindest in einer um 1350 hergestellten Kopie heute noch vorhanden ist, und bald begann man von Wundern an seinem Grab zu sprechen. Ob die Stiftskirche von Mondsee wegen dieser Grabstätte zeitweise als Wallfahrtsort galt, muss offen bleiben. Seit etwa 1500, als die Berichte dichter zu fließen begannen, war sie es sicher nicht mehr .

Es gibt aber eine Wallfahrt zum Abt Konrad in dem rund zehn Kilometer entfernten

Ort Oberwang. Dieser liegt in einem sanften Voralpental, das zwar heute durch die Autobahn etwas beeinträchtigt ist, im Großen und Ganzen jedoch das Bild einer ruhigen Erholungs-Landgemeinde bietet. Dort steht, etwas abseits des Dorfes am Waldrand die Kirche St. Konrad, ein schöner gotischer Bau. Seine Ursprünge geben der Forschung viele Rätsel auf, man hat schon phantasievoll vermutet, dass er auf eine vorchristliche Kultstätte oder auf eine iroschottische Taufkapelle zurückgeht oder unmittelbar mit der Legende um den Mord Konrads zusammenhängt.

Diese Legende tauchte im 15. Jahrhundert auf, also ungefähr während der Bauzeit der 1453 geweihten Konradskirche, und wurde im Lauf der Zeit immer mehr ausgeschmückt, sie blieb aber doch spärlich und teilweise ungenau. Im Wesentlichen heißt es, Konrad sei im Jänner 1145 nach Oberwang geritten, um dort für die Bauern eine Messe zu lesen. Auf dem Heimweg sei er überfallen und erschlagen worden. Am Ort, wo man ihn umbrachte, sei eine Quelle entsprungen. Die Mörder hätten die Spuren ihrer Untat beseitigen und die Leiche verbrennen wollen. Sie hätten sie in eine Hütte gebracht und dort angezündet. Während das Gebäude niederbrannte, sei der Leichnam mitsamt dem Brett, auf dem er lag, unversehrt geblieben. Dieses *Brött und Bett des heiligen Konradus* wird in der Konradskirche hinter einem eisernen Gitter verwahrt und *noch heitiges Tags alhier verehret,* wie eine barocke Inschrift vermeldet. Es wurde nun vermutet, dass die Kirche an der Stelle der Hütte steht, aber auch dafür gibt es keine Beweise.

Verlassen wir also St. Konrad und begeben wir uns an die Stelle, wo der Legende nach das Attentat auf den Abt ausgeführt wurde. Sie liegt ungefähr zwanzig Minuten weiter oben im Wald und heißt Konradsbrunnen. Dies ist nun eine volkstümliche Wallfahrtsstätte von einer Ursprünglichkeit, wie man sie selten findet, eine Kapelle mit laubenartigem hölzernem Vorbau, ausgestattet mit drei großen Gemälden, welche die Ermordung Konrads, die Überführung seiner Leiche ins Kloster und seine Glorie sowie seine wirkkräftige Hilfe für Kranke und Schwache schildern. Mitten im Raum erhebt sich die Statue des verehrten Abtes, darunter tritt die Quelle mit dem Heilwasser zutage. Es wird erzählt, sie fließe seit dem Tag des Verbrechens, der Sterbende habe darin seine Wunden gewaschen, aber

Bild und Statue am Konradbrunnen hoch im Wald über Oberwang.

andere berichten, sie habe die verscharrte Leiche des Ermordeten aus der Erde gespült, worauf die Täter sie verbrennen wollten. Aus dem Jahre 1599 ist ein Brief erhalten, aus dem hervorgeht, dass damals nur eine *Marderseillen,* also ein Bildstöckl (Martersäule) beim *Haylsamb Prun* vorhanden war.

Trotzdem ist dieser Ort wohl die ursprüngliche Stätte des Oberwanger Konradkultes, nur scheint es sich hier um eine andere Gestalt zu handeln, als um jenen Mann, der 1145 durch das Schwert umgebracht wurde, als er verloren gegangene Kirchengüter einziehen wollte. Hier wird uns ein Abt vorgeführt, der mutterseelenallein durch den Wald reitet, nachdem er für die Bauern eines abgelegenen Dorfes eine Messe gelesen hatte. Schwer vorstellbar im 12. Jahrhundert, als die Äbte große Herren waren, die den hohen Fürsten gleich standen.

In der Barockzeit wusste man nun plötzlich, wer die Missetäter waren, es handelte sich um den *wütteten Bofl,* also um einfache Leute, Bauern oder sonstige Untertanen, die man in den alten Hymnen ruhig hätte benennen können, wenn sie tatsächlich die Mordtat ausgeführt hätten. Ein Bericht über eine Bestrafung solcher Aufrührer, die es wagten, einen Klostervorstand umzubringen, hätte der kirchlichen Autorität nur genützt. Es gibt aber andere Legenden, welche die Tat den „gottlosen Pfullingern" oder „Punlingern" in die Schuhe schieben, ohne dass es irgendeinen Hinweis gab, was das für Typen waren, Raubritter, Christenverfolger oder was immer.

Der Schluss liegt nahe, dass die bei der Quelle verehrte Figur mit dem historischen Abt Konrad von Mondsee nichts zu tun hat. Auf Grund von Analogien mit anderen derartigen Figuren wie Wolfgang, Florian und ganz besonders Sebald am Heiligenstein könnte man annehmen, dass auch hier eine sagenhafte Figur den Brunnen besetzt hielt, ein Wassergeist oder ein sonstiges unheimliches Wesen. Da sie nicht recht ins christliche Weltbild passte, kam irgendeiner der Mondseer Mönche auf die Idee, sie durch den angesehenen Abt Konrad zu ersetzen und die Legenden in ordentlichem katholischem Sinn umzuformen. Gleichzeitig wollte man die Leute von der ominösen Quelle wegbringen und erbaute deshalb in geziemender Entfernung die Kirche St. Konrad, welche der eigentliche Zielpunkt der Pilger werden sollte. Eine Taverne wurde errichtet und dem Wirt eingeschärft, die Gäste redlich zu bedienen, damit die Wallfahrt ja nicht beeinträchtigt würde. Außerdem erbat man vom Papst für die damals noch gar nicht fertige Kirche die Erlaubnis, einen Tragaltar zu benutzen, wenn bei großem Andrang die Messe im Freien gelesen werden müsse.

Immerhin erhielt sich die Verehrung Konrads in Oberwang bis zum heutigen Tag, ja der Kult übt sogar eine große Faszination aus. Neben der gotischen Kirche ließ sich im Jahre 1918 eine religiöse Gemeinschaft nieder, der vor allem die bedeutende Künstlerin Lydia Roppolt angehörte. Die Glasfenster und Wandbilder, die sie für St. Konrad schuf, sind tief inspiriert vom Geheimnis dieses Ortes und seiner Legende, und die vielen Besucher, die zum jährlichen Konradfest hier zusammenkommen, lassen sich nicht davon beirren, dass der hier Verehrte gelegentlich als „etwas zwiespältige Figur" bezeichnet wird und die Bauern davon reden, dass es sich vielleicht um einen „Bauernschinder" handelte, der von erbosten Landleuten wegen der hohen Zinsabgaben umgebracht wurde.

Denn wenn man vom Abt Konrad spricht, muss unbedingt auch diese Fassette zur Sprache gebracht werden, einzigartig bei einem Patron, der vom Volk verehrt wurde, und unfassbar für die frommen Autoren, die sich im 19. und 20. Jahrhundert mit dieser Gestalt befassten. Sie erfuhren von den Bauern sogar, der Abt habe sich deswegen verhasst gemacht, weil er mitten durch ein Getreidefeld geritten sei, und hielten das für eine böswillige Erfindung der kirchenfeindlichen Protestanten. Und doch würde das in das Bild eines unchristlichen Naturdämons passen, den der historische Mönch beim Brunnen ersetzen musste, denn diese Gestalten waren ja oft ambivalent. Sie hatten übernatürliche Kräfte, halfen ihren Anhängern und wurden deswegen verehrt, sie konnten aber auch schaden wie die wilde Jagd oder andere Phänomene und wurden deswegen gefürchtet. Vielleicht kennen wir sogar den Namen dieser Gestalt, denn Konrad wurde in den Quellen des 18. Jahrhunderts plötzlich mit dem Zunamen *Bosinlother* belegt, der vorher völlig unbekannt gewesen war und der wohl auch kein üblicher Name für einen Abt des 12. Jahrhunderts gewesen wäre. Analysiert man diese Bezeichnung, so kommt man auf *Lother* oder *Löder,* was im alpenländischen Dialekt soviel wie „Kerl" heißt, und auf *Bosin,* was eine verschliffene Form von „Wasen", „Wiesen", „Flur" sein könnte. Der *Bosinlother* wäre ein Kerl, der über die Fluren zieht, der sie einerseits beschützt und ihnen Fruchtbarkeit bringt, der andererseits aber vernichten und schaden kann, auf jeden Fall ein Wesen, mit dem man sich gut zu stellen hat.

Geheimnisumwitterter Gnadenort: Blick von der Konradkirche gegen Oberwang.

i Oberwang erreicht man von St. Georgen im Attergau oder vom Nordufer des Mondsees.
Die Konradkirche liegt westlich des Ortes, der Konradbrunnen 20–30 Minuten weiter oberhalb im Wald. Von dort schöner Weg nach Mondsee (3 Stunden).
Pfarramt Oberwang,
Tel. 06233/8262

31

Demolierung und Wiedererrichtung einer Andachtsstätte

Maria Schmolln

Die Autoren des 1987 erschienenen Buches *Wallfahrt und Volksfrömmigkeit in Bayern,* Dietrich Höllhuber und Wolfgang Kaul, haben beobachtet, dass auffällig oft die Wallfahrtsorte in den Krisengebieten des katholischen Glaubens, also beispielsweise in den Grenzzonen zu protestantisch dominierten Gegenden angelegt wurden. Wenn dies richtig ist, dann wird man auch das Aufblühen und die Förderung von Maria Schmolln in Oberösterreich auf ähnliche Beweggründe zurückführen können, denn das Innviertel, in dem dieser Ort liegt, galt in der ersten Hälfte des 19. Jahrhunderts als das Sorgenkind der Linzer Bischöfe, ebenso wie das nahe Hausruckviertel. Der östlich des Innflusses gelegene Teil von Bayern war 1779 an Joseph II. abgetreten worden, ziemlich willkürlich, wie man feststellen muss. Es war die magere Entschädigung dafür, dass der österreichische Kaiser nicht ganz Bayern hatte einstecken können, wie er es erhofft hatte. Für die Bewohner muss der Herrschaftswechsel einen Schock bedeutet haben. Einerseits war ihnen eine gewisse Antipathie gegen Österreich sowieso anerzogen worden, andererseits brachte die neue Grenze eine wirtschaftliche Umstellung, die sich vor allem in den Anfangsjahren katastrophal auswirkte, schließlich gerieten die eigenwilligen Neubürger unter ein Regime, das entschlossen war, besonders in religiöser und verwaltungstechnischer Hinsicht keinen Stein auf dem anderen zu lassen.

Beliebtestes Wallfahrtsziel im Innviertel: die einfache, neugotische Kirche von Maria Schmolln

Dazu kam, dass das Land 1810 den Österreichern wieder abgenommen und zunächst unter französische, dann erneut unter bayerische Verwaltung gestellt wurde, bis es der Kaiser 1816 endgültig erwarb. Durch alle diese Ereignisse dürfte sich in den selbstbewussten Innviertlern der angeborene Drang, sich nichts gefallen zu lassen, verstärkt haben. Dies hatte unter den gegenläufigen Strömungen des josephinischen Staatskirchentums und der folgenden katholischen Restauration seine Auswirkungen. Wie der Kirchenhistoriker Rudolf Zinnhobler berichtet, klagte der Linzer Bischof Hohenwart, welcher der Aufklärung ziemlich ergeben war, darüber, dass im Innviertel zahlreiche Nebenandachten wie Wallfahrten und dergleichen stattfänden, während sein ganz gegenteilig eingestellter Nachfolger Gregor Thomas Ziegler schimpfte, die Volksmoral in diesem Landesteil sei äußerst schlecht. Er machte hiefür neben den napoleonischen Kriegen auch die freizügigen Theaterstücke und den weit verbreiteten Brauch des Wirtshausgehens – „sogar während des Gottesdienstes“ – verantwortlich. Damals hatte sich in der Gegend unter dem Priester Thomas Pöschl eine regelrechte Sekte gebildet, die überzeugt war vom bevorstehenden Ende der Welt und von der Notwendigkeit, die Menschheit von unreinen Elementen zu säubern. 1817 erschlug ein Mitglied dieser Gruppe, ein Bauer aus Ottnang am Hausruck, seine einunddreißigjährige Patentochter mit einer Axt, um sie dem Herrn als Opfer darzubringen. Bis 1870 gab es Anhänger Pöschls, etliche wanderten später zum Protestantismus ab. Der Gedanke, die unbotmäßigen Bewohner dieser Region durch die Förderung eines Wallfahrtsortes und einer Ordensniederlassung in den Griff zu bekommen, lag nahe.

Die Ursprungsgeschichte von Maria Schmolln spielt sich aber noch fern von solchen Überlegungen ab. Um 1735 war der zwölfjährige Sohn des Madlbauern, der sich mit seiner Stiefmutter nicht verstand, von zu Hause „abgehauen“ und nie wieder aufgetaucht. Der besorgte Vater Michael Priewasser nagelte an einer Wegkreuzung im Wald ein Maria-Hilf-Bild an eine Fichte und ersuchte Holzknechte und sonstige Passanten, dort ein Gebet für seinen vermissten Sohn zu verrichten.

Bildtafeln dieser Art findet der Wanderer heute noch gelegentlich auf Waldbäumen. Manche sind verwittert, ihre Darstellung ist kaum mehr auszumachen, andere wirken gepflegt, sind mit Blumen geschmückt und offenbar immer noch Gegenstand bescheidender Verehrung. In früheren Zeiten hatten sie oft solchen Zulauf, dass sie zu kleineren oder größeren Wallfahrtsorten wurden, besonders dann, wenn irgendwelche wunderbaren Ereignisse beobachtet oder einfach nur erzählt wurden. So hörte etwa ein Klosterbruder bei einem solchen Baum in der Nähe von Ried im Traunkreis himmlische Musik, worauf man dort eine Kapelle Maria im Haslach erbaute. In Maria Feichten hing ein derartiges Bild an einer Fichte. Einer bemerkte daran Tränen, brachte es in die Kirche, musste jedoch feststellen, dass es von selber wieder an den Baum zurückkehrte. Am Richtberg bei Altmünster soll sich ein Mann verirrt und gelobt haben, ein Bild auf einen Baum zu hängen, wenn er sich wieder zurechtfände. Andere solche Stätten wurden ohne außerordentliche Ereignisse populär.

Das Bild an der Fichte im Schmollner Wald dürfte zu jenen Stätten gehört haben, bei denen Zeichen und Wunder erlebt wurden. 1747 hängte jemand eine Votivtafel dazu, weil sein Gebet Erhörung gefunden hatte. Es folgten weitere, sodass der Baum mit der Zeit „über und über mit Andachtsbildern bedeckt war“. Man baute daher eine hölzerne Kapelle, und so entstand eine Andachtsstätte, die von den Leuten der Umgebung rege besucht wurde. Da diese Winkelandacht im Wald nicht im Sinn der aufgeklärten Regierung lag und die dem Zeitgeist ergebene Geistlichkeit zu beobachten meinte, die Bevölkerung würde sich lieber bei der hölzernen Kapelle statt in der Pfarrkirche zum Gebet einfinden, wurde sie 1810 über obrigkeitlichen Befehl demoliert. Dass man sie in der Nähe wieder errichtet habe, wie erzählt wird, erscheint verwunderlich, hätte man damit doch das anstößige Hüttlein nur von einer Ortschaft in die andere verlegt.

Über diese Phase der Geschichte von Maria Schmolln ist überhaupt Skepsis angebracht. Schriftliche Dokumente existieren nicht mehr, seit 1846 das zuständige Pfarrarchiv abgebrannt ist. So kann auch nur mit Vorsicht die Angabe des Schneiderbauern Georg Hinterberger aufgenommen werden, er und seine Frau hätten das beim Abbruch achtlos weggeworfene Bild beim Streurechen in zerbrochenem Zustand gefunden, notdürftig zusammengeflickt und es wieder an der Fichte befestigt. Der Fund eines sakralen Gegenstandes beim Streurechen kommt an mehreren derartigen Orten vor, so auch in Hart bei Pischelsdorf, das nicht weit von Schmolln entfernt liegt und den Schneiderbauersleuten bekannt gewesen sein dürfte. Es liegt daher nahe, anzunehmen, dass sie das Gnadenbild verbotenerweise geborgen und dann die Geschichte vom Streurechen sozusagen als wunderbare Fügung aufgetischt haben. Es hatte sich ja sogar die eine oder andere Votivtafel aus dem 18. Jahrhundert erhalten. Warum sollte man es zugelassen haben, dass ausgerechnet das verehrte Bild auf dem Feld landete?

In den folgenden vierzig Jahren war nun in Schmolln nicht viel los. So lange hing das wieder aufgefundene Marienbild am Baum, zwar nicht vergessen, aber wohl auch nicht sonderlich berühmt. Nicht einmal eine Kapelle gab es mehr, erst 1850 wurde wiederum eine solche in bescheidenen Formen errichtet. Um diese Zeit kam dann Bewegung in die Ortsgeschichte. Dies geschah nicht etwa deshalb, weil man unbedingt einen großen Wallfahrtsort begründen wollte, sondern weil die Leute, die weitab von ihren Pfarrdörfern siedelten, eine Kirche haben wollten. Die Wege zum Gottesdienst, zur Schule und zu den Friedhöfen waren unendlich lang, und so bildete sich eine Art Komitee für den Bau. Der Obmann, der Urzbauer Ferdinand Bodenhofer, ritt dreimal nach Linz, um deswegen beim Bischof Rudigier vorzusprechen. Dieser, ein geschickter und heute noch von den Katholiken hochverehrter Organisator der kirchlichen Restauration, biss an. „Dieses Schmolln hat Zukunft“, stellte er fest und förderte den Bau seither nach Kräften. Auch der zuständige Bezirkshauptmann und der Dechant stellten sich in den Dienst der Sache. Es wurde eine landesweite Sammlung in ganz Oberösterreich durchgeführt. Und es wurde klar, dass mit dem neuen Gotteshaus eine Wallfahrtskirche entstehen sollte. Die Baugeschichte wurde dann auch mit allerlei Erzählungen garniert, wie sie bei früheren derartigen Stätten gelegentlich im Schwange gewesen waren. So wurde berichtet, man habe auf dem Berg kein Wasser gehabt, sodass es mit viel Mühe von weither herangeschafft werden musste. Dann sei „ein altes Mütterlein" gekommen, das den Bauleuten eine Stelle ganz in der Nähe der Baustelle zeigte und sagte: „Da müsste ihr graben, da findet ihr Wasser genug".

Mit ihren zweiundvierzig Metern Länge war die Kirche für den winzigen Ort mit seinen rund tausend Einwohnern ziemlich groß. Dass alles auf eine Pilgerstätte ausgerichtet war, beweist auch, dass nebenan eine Franziskaner-Niederlassung begründet wurde, die 1871 zu einem richtigen Kloster aufgestockt wurde. Da damit weitere Baulasten verbunden waren, ging damals selbst den „braven Schmollnern", wie sie in den Jubelschriften immer wieder rühmend genannt werden, der Hut hoch. Sie waren nur mit Mühe dazu zu bewegen, neuerliche Leistungen für ihre Gnadenstätte zu erbringen.

Heute ist Maria Schmolln ein freundlicher Ort mit bäuerlicher und touristischer Struktur, der nach wie vor von der Wallfahrt beherrscht wird, ist doch schon der Ortsname eine Einladung zu einer Gebetsfahrt. Die neugotische Kirche wurde mit beachtenswerten modernen Kunstwerken ausgestattet, die nebenan liegende Gnadenkapelle vermittelt jene Intimität, die an solchen Orten gewünscht wird.

Ist nun Maria Schmolln nach all dem, was hier aufgezeigt wurde, ein künstlicher Wallfahrtsort? Sicher nicht, denn volkstümliche Andachtsstätten lassen sich, wie viele Beispiele beweisen, nicht durch Anordnung der Obrigkeit, auch nicht bischöflichen, ins Leben rufen. Es bestand offenbar dort der Bedarf nach einer solchen Stätte, und es war 1850 die Erinnerung an den früheren Zulauf noch vorhanden. Auch ist der Platz ansprechend, denn Schmolln liegt auf dem „schmalen" Kamm eines Hügelzuges in einer hübschen Gegend. Und was die entscheidende Förderung durch die kirchlichen Stellen betrifft: Früher hatte in unserem Land jedes der vielen Klöster „seinen" Wallfahrtsort und die Förderung durch die Ordensgemeinschaften war maßgeblich für das Aufblühen der meisten dieser Stätten. Aber immer war etwas im Hintergrund, was selbst die Mönche nicht schaffen, sondern nur nutzen konnten, die Kraft des Ortes, die Legenden und die Überlieferungen, die Tradition und der Gedanke, dass schon die lange Reihe der Vorfahren hier Gott und seine Heiligen verehrt und den Segen empfangen hatte.

Die Votivkapelle ist voll gehängt mit volkstümlichen Bildern, die als Bitte und Dank hierher gebracht wurden.

i **Von der Straße zwischen Braunau und Strasswalchen zweigt man in Schalchen nach Maria Schmolln ab (5 km). Waldreiche Gegend.**
Franziskanerkloster,
Tel. 07743/2209-12
mariaschmolln@dioezese-linz.at

32

Die Hostie in der Grube

Hart bei Pischelsdorf und Heiligenstatt

Nirgends sind die Wirtshäuser in der Mitte der Dörfer mächtiger als im Innviertel, kaum irgendwo gibt es auch so formenreiche Kirchtürme wie hier. In Pischelsdorf am Engelbach in der Nähe von Mattighofen sind es gleich deren zwei. Der eine gehört zur Pfarrkiche Maria Himmelfahrt und erhebt sich zwischen dem Gasthaus Bleierer und Bachleitners Gaststätte. Der andere scheint hoch und schlank mitten aus dem Wald aufzusteigen. Nähert man sich ihm, dann bemerkt man, dass er samt der angeschlossenen Kirche tatsächlich mitten in der Einschicht liegt, rings von Wäldern und Feldern und von den nur ganz wenigen Häusern des Weilers Hart umgeben. Warum dort ein so aufwändiger gottesdienstlicher Bau errichtet wurde, erklärt sich aus folgender Geschichte: Im Jahr 1493 kam ein Einbrecher über die Kirche des nahen Dorfes Auerbach. Er holte aus dem Tabernakel den Kelch mit den geweihten Hostien und versteckte seine Beute im Wald von Hart. Dort wurde sie vom Dunstbauern beim Streurechen gefunden. Der erstattete sogleich im Pfarrhof Meldung. Von dort ging die Nachricht zum Bischof von Passau und zu den Behörden im nahen Burghausen. Es kamen hohe geistliche und weltliche Würdenträger, sie hoben das hochwürdigste Gut auf und brachten es in die Pfarrkirche von Pischelsdorf. Über der Fundstätte wurde 1515 begonnen, eine Kirche aufzuführen.

Man kann diese Erzählung als logisch und glaubwürdig hinnehmen. Die Leute hatten um diese Zeit eben eine eingewurzelt tiefe Verehrung zum Sakrament in der Hostie

Heiligenstadt ist die zweite Hostienwallfahrt im Gebiet des Mattigtales. Solche Hostiendenkstätten gibt es bis weit nach Norddeutschland hinauf.

und waren imstande, aus Abscheu über den frevelhaften Umgang damit den Sühnebau einer großen Kirche zu leisten. So einfach scheint die Sache aber doch nicht zu sein.

Befasst man sich nämlich mit den Quellen, welche das Geschehen schildern, so stößt man auf etliche Widersprüche. Man müsste meinen, die Untat, welche eine solche Genugtuung erforderte, habe sich den Menschen in allen Einzelheiten eingeprägt. 1519 berichtete aber der damalige Ortspfarrer dem bayerischen Herzog von den Geschehnissen, die sich sechzehn Jahre vorher zugetragen hatten. Er kannte die Details offenbar nicht mehr so genau und sprach von drei Dieben, welche ihr Raubgut in einer Trage versteckt hätten. Er weicht auch in anderen Einzelheiten von der Überlieferung ab. Anlass seines Briefes war die Bitte, im Wald von Hart eine Kapelle errichten zu dürfen. Nun war aber damals der Kirchenbau bereits in vollem Gang, im selben Jahr war sogar schon der Turm vollendet worden. Mit dem Weiterbau ließ man sich übrigens Zeit, erst 1582 wurde das Gotteshaus geweiht, obwohl anscheinend während der ganzen Zwischenzeit Wallfahrer gekommen waren.

Der Zulauf zur Fundstätte hatte schon gleich nach der Entdeckung der Untat eingesetzt, es wurde auch bald von Wundern berichtet. Die Pilger hatten das Bedürfnis, Opfer und Gaben dort niederzulegen. Der zuständige „Jägermeister“, das war offenbar der Mann, der die Aufsicht über den Forst innehatte, hob sie auf, „ohne dafür Rechnung zu legen, da sich die Geistlichkeit um den Hart nicht kümmerte“ (Maria Gann). Ein paar Jahre später wurde dann ein Opferstock mit einem kunstvollen Schloss aufgestellt, und es ging so viel Geld ein, dass man es sogar gegen Zinsen verleihen konnte. 1515 schritt man dann an den Bau des Gotteshauses.

Weit interessanter als diese lokalen Ungereimtheiten ist die Tatsache, dass es allein in Österreich mindestens acht Wallfahrtsorte gibt, deren Entstehungsgeschichte analog zu jener von Hart verläuft. In Bayern sind es noch viel mehr, ja sie finden sich bis hoch hinauf nach Norddeutschland. Allen diesen Legenden sind folgende Elemente gemeinsam: Das heilige Sakrament wird ohne Sorgfalt oder Ehrfurcht behandelt, es landet an einem unpassenden Ort. Dort wird es von einfachen Leuten gefunden, die es aber nicht aufheben können oder wollen. Dazu sind nur höhere Geistliche befähigt, die es dann in feierlicher Prozession in die Kirche bringen. Die größte Rolle spielt dabei der Ort, an dem die Hostie gefunden wurde. In Hart ist dies eine Nische an der Rückseite des Hochaltares. in der eine Stufe zum gewachsenen Boden hinunterführt. Von dort entnahmen die Leute heilsame Erde, Fußkranke hielten ihre Beine hinein und Zahnwehleidende lehnten ihre Backen an die Wand.

Um die Analogie festzustellen, braucht man sich nicht weit von Hart wegzubemühen. In Heiligenstatt, das ungefähr zwanzig Kilometer südöstlich liegt, hat sich folgendes abgespielt: Im Jahr 1400 entdeckte ein *unbekanntes weibsbild* unter einem Baum eine Hostie. Wie diese dort hingekommen war, ist nicht überliefert. Sie deckte den Fund mit ihrem Hut zu. Von der sofort herbeigerufenen *Ehrwürdigen Priesterschaft* konnte die aufgefundene Brotscheibe so lange *nicht erhebet werden, bis man verlobet alda eine Kirche zu erbauen, so auch geschehen und dieser ort benamset worden Die Heilige Stadt,* so berichtet eine Inschrift an der Kirchenwand.

Auch hier geht es offenbar ausschließlich um den Fundort. Über die Herkunft der Hostie hat man sich keine Gedanken gemacht. Dass sie konsekriert, also nach katholischem Ritus in den Leib Christi ver-

Die Deckengemälde in der Kirche von Heiligenstatt schildern die Geschichte einer einst hier verehrten Kreuzreliquie (links) und die Auffindung der wunderbaren Hostie.

wandelt war, schloss man nur aus den nachfolgenden Wundern. Sie ist auch nicht mehr vorhanden, obwohl extra wegen ihr der Bau aufgeführt wurde. Im Bodenpflaster aber ist hinter dem Hochaltar eine viereckige Stelle freigeblieben, wo der natürliche Boden zutage tritt. Dies ist die Örtlichkeit, an der das Himmelsbrot lag, und auch hier stellten die Leute ihre kranken Füße hinein. Heute ist die Bedeutung des Flecks fast vergessen. Die im übrigen prächtig ausgestattete Kirche von Heiligenstatt scheint eher eine Verehrungsstätte der heiligen Maria und des heiligen Leonhard geworden zu sein.

Der Münchner Kirchenhistoriker Romuald Bauerreiß, der um 1930 derartige Wallfahrtsstätten aufsuchte, stellte fest, die Gruben oder Vertiefungen, die für solche Kirchen charakteristisch sind, würden von der Kunstgeschichte als Nebensächlichkeit übergangen, ja sie waren seiner Beobachtung zufolge vielfach selbst den Einheimischen unbekannt. Es muss sich dabei nicht immer um eine Grube handeln, manchmal wurde die Hostie auch auf einem Stein gefunden, einmal handelte es sich sogar um einen Schalenstein. Dann wiederum wurde der heilige Gegenstand in einen Brunnen geworfen oder in einen Ofen geschoben, einmal wurde er unter einem Galgen vergraben, einmal von einer Wirtin unter ein Bierfass gelegt, weil sie damit den Getränkekonsum zu heben hoffte, und einmal sollte die Hostie gar in einem Abort landen.

Was soll das alles bedeuten? Es dürften mehrere Aspekte zusammengespielt haben. Vordergründig handelte es sich aber wohl um einen Nachvollzug der tiefsten Geheimnisse der christlichen Religion, des Todes und der Auferstehung Christi, die man mit dem Altarsakrament in Verbindung brachte. Christus, dessen Platz in der Herrlichkeit des Himmels war, wurde Mensch und unterzog sich der Demütigung und dem Leid. Die Mystik konnte sich in die Gestalt des leidenden Erlösers nicht genug vertiefen, es wurde gezeigt, wie er erbärmlich zugerichtet und nackt dasteht, als Mann der Schmerzen. Auch die Hostie, der Leib Christi, wurde in den Legenden missachtet und verunehrt, bis schließlich einfache Menschen sie in ihrer Erniedrigung entdecken und die Geistlichen, die Nachfolger der Apostel, ihr wiederum die gebührende Ehre erweisen und verschaffen. Ähnlich wurde im Evangelium das leere Grab von den Frauen am Ostermorgen entdeckt, sie berichteten dies den Aposteln und diese verbreiteten die Kunde von der Auferstehung. In dieser Form wurde das Ostergeschehen den Gläubigen in der Kirche auch in Spielen und Zeremonien vorgeführt. Wie es freilich geschah, dass solches biblisches und zeremonielles Geschehen in Legenden um heilige Orte gegossen wurde, muss uns verborgen bleiben.

Gemälde an der Außenseite der Kirche: Das „Weibsbild" findet die Hostie.

Es ist jedoch in diesem Zusammenhang ein äußerst betrüblicher Aspekt zu erwähnen. Wenn es darum ging, das Leiden Christi deutlich zu machen, stieß man auch auf jene, denen man die Bosheit zuschrieb, den Erlöser gepeinigt und getötet zu haben, die Juden, und so verstand man unter den Frevlern, welche die Hostie misshandelten, vornehmlich diese. Es wurden wilde Geschichten erfunden, wie sie das hochheilige Brot auf einen Stein legten, mit Messern darauf einstachen, es ins Feuer warfen, in einen Kessel siedenden Wassers tauchten, bis es zu bluten begann und sich schließlich in ein Kindlein verwandelte. Dies veranlasste die Übeltäter, den unheimlich gewordenen Gegenstand irgendwo zu deponieren, wo er von den einfachen Leuten gefunden wurde, und so weiter. Am Ende vieler solcher Legenden ist dann zu lesen: „Und es wurden hierauf alle Juden aus der Stadt vertrieben". Die Hostienkirchen gerieten dadurch generell in einen schlechten Ruf als Ausgangsstätten der Pogrome.

Nicht überall freilich verliefen die Sakramentslegenden blutrünstig und grausam. In Burgwindheim in der Nähe von Bamberg entstand beispielsweise eine bis heute blühende Wallfahrt bloß dadurch, dass bei der Fronleichnamsprozession die Monstranz umfiel und die Hostie auf die Erde kollerte. Auch die hier beschriebenen Innviertler Stätten weisen harmlose Entstehungsgeschichten auf. Hart ist übrigens eine der am spätesten entstandene Wallfahrt dieser Art. Die Zeit der Gegenreformation und des Barocks hatte keinen Sinn mehr für solche Legenden, wenn auch einzelne Votivbilder davon berichten, dass immer noch Hilfesuchende zum *Sanct Salvator in hardt* kamen. Wir stehen heute sowieso ziemlich verständnislos vor einer Kirche, die ihre Entstehung der simplen Tatsache verdankt, dass hier vor Zeiten einmal eine Hostie am Boden lag. Und doch ist gerade dieses Gotteshaus mit seinen frommen Tafelbilden und Fresken, mit vielen volkstümlichen Kunstwerken und populären Heiligenfiguren ein Denkmal der Frömmigkeit des Mittelalters, in dem der empfindsame Besucher direkt und unmittelbar vom Geist der damaligen Zeit angesprochen wird.

i Hart bei Pischelsdorf: Pischelsdorf liegt westlich von Mattighofen. Die hoch aufragende Kirche von Hart ist von dort nicht zu verfehlen. Den Schlüssel erhält man im ersten Haus rechts.
Heiligenstatt: direkt an der Straße von Braunau nach Strasswalchen
Pfarramt Pischelsdorf,
Tel. 07742/7207,
pfarre.pischelsdorf@dioezese-linz.at
Pfarramt Friedburg,
Tel. 07746/20030,
pfarre.friedburg@dioezese-linz.at

33

Ist das heilsame Wasser ein Placebo?

Brunnenthal

bei Schärding

Der Pfarrer von Brunnenthal bei Schärding ist ein milder, älterer Herr, in dessen umgänglicher Art Fanatismus offenbar keinen Platz hat. Das soll gleich hervorgehoben werden, auch wenn von seinen spirituellen Aktivitäten erst später die Rede sein wird. Fast taub geworden, hat er doch das Gelände und seine Kirche wieder einmal in eine Baustelle verwandelt. Was schon fertig ist, kann sich sehen lassen. Die Heiligen in ihren Nischen glänzen in frisch lackierter Farbigkeit, vom Kirchturm funkelt eine vergoldete Madonna über die Gegend. Als der Pfarrer in den Siebzigerjahren hieher kam, war noch viel mehr zu tun. Die Gebäude waren verfallen und verrottet, sie mussten unter gewaltigem Einsatz auf Glanz gebracht werden.

Der Wallfahrtsort war vergessen worden und abgekommen. Seine große Zeit hatte nur kurz gedauert, exakt hundertfünfzig Jahre. 1635 soll entdeckt worden sein, dass die hier entspringende Quelle heilende Kräfte besitzt. 1785 schränkte die aufklärerische Regierung den Besuch des Ortes so ein, dass er nie mehr richtig florierte.

Schon der Ortsname Brunnenthal weist auf das Wasser hin, ebenso auf einen Geländeeinschnitt. Das sonst sanft gewellte Land, ein trockenes Gebiet mit granitenem Untergrund, öffnet sich hier in einen Graben, einen Tobel oder Dobel, wie so etwas im Innviertel genannt wird. In diesem kleinen Tal können die Wässer zutage treten,

Vom Turm der Wallfahrtskirche Brunnenthal funkelt eine vergoldete Madonna über das Land.

eine Quelle nach der anderen. Um 1640 gehörte das Gelände einem gewissen Georg Auer, dem aufgefallen sein soll, dass einer der Brunnen seinem von Gicht und Auszehrung geplagten Körper gut tat. Können wir annehmen, dass ihn nicht nur die physische Heilung erfreute, sondern auch die Aussicht auf gewinnbringende Nutzung seines Eigentums und der darauf befindlichen Quellen? Er wusste jedenfalls, dass er dem Publikum auch etwas Mystik bieten musste, und erzählte von Traumgesichten, die ihm geboten hatten, in der Quelle zu baden und im Fall der Heilung eine Kreuzsäule zu errichten. Bald schon kamen die Leute in Prozessionen her und um 1650 begann man die erforderlichen Baulichkeiten für einen Wallfahrts- und Badebetrieb zu schaffen. Eine geschickte Propaganda tat ein Übriges, um den neuen Kurort bekannt zu machen. Sie berichtete beispielsweise von einer einundzwanzigjährigen Frau aus der Gegend von Vilsbiburg, die so krumm war, dass sie *ganz und gar nicht gehen konnte, sondern immer auf den Knieen herumrucken und von Haus zu Haus mit einer Tragen gebracht werden musste.* Sie hörte Anno 1644 von einer anderen Person, die bei dem hiesigen Brunnen wieder gerade Glieder bekommen hatte, und begab sich ebenfalls hieher. *Da fienge sie nun an mit vollem Erfolg, die Kniee zu waschen, und das erste Mal empfand sie schon Besserung. Nachdem aber das zweyte und dritte Mal gewaschen, wurde sie also gerad, dass sie gleich ganz alleinig frey von dem Brunnen hinweg gegangen und auch die Tragen alldort gelassen.* Die Prozedur hatte, wie der Bericht beteuert, nur einen halben Tag gedauert.

Solche Meldungen müssen die Menschen im 17. Jahrhundert von den Stühlen gerissen haben. Aber auch wir wundern uns, was denn das für ein Wunderbrunnen sei, der so sensationelle Gesundung bewirken konnte. Auf die Frage, ob das Wasser schon einmal analysiert wurde, reagiert der Pfarrer belustigt: Ja, vor kurzem sei eine Untersuchung erfolgt. Dabei habe sich herausgestellt, dass es für den menschlichen Genuss ebenso ungeeignet sei wie das der übrigen Tiefbrunnen der Umgebung. Das mag vielleicht auf

„Die Engel griffen zur Säge und schnitten die Bausteine auseinander." (Darstellung in einer Kapelle in Brunnenthal)

momentane Verschmutzung durch allzu viel Dünger zurückgehen, aber mehr als eine leichte Eisenhältigkeit konnte bei dem Wasser von Brunnenthal nie festgestellt werden.

Wir stoßen auf ein bemerkenswertes Phänomen: Unendlich viele Wallfahrtsorte haben mit dem Wasser zu tun. Sie entstanden bei Quellaustritten und führten ihr Renommee auf Heilungen zurück, die beim Waschen kranker Körperteile oder beim Baden erfolgten. Die wenigsten dieser Gesundbrunnen halten aber einer chemischen Analyse stand. Sie sind ohne besondere Substanzen, ziemlich normales H_2O eben. Die wahren Heilquellen aber, die von den Medizinern mit Grund empfohlen werden, zogen keine Wallfahrer an, auch wenn man ihre Wirkung schon im Mittelalter oder noch früher schätzte, auch wenn man sie seit jeher verwendete. Badgastein, ein Thermenort von europäischem Rang, wurde, wie die alten Chroniken versichern, vom heiligen Rupertus selber erschlossen. Zwei Einsiedler, Primus und Felizian, die später in Rom als Martyrer ihr Leben ließen, haben den Ort „mit andächtigem Gebet, brünstigen Betrachtungen und strengem Fasten" geheiligt. Schon von den wilden Tieren ist er zu Badezwecken aufgesucht worden, wenn sie sich verletzt hatten. 1692 sprach man vom *weitberühmbt, auch haylsam und warmen Gasteiner-Wild-Bad*, zu dem die Heilungsuchenden sogar aus fremden Ländern kamen. Ein Wallfahrtsort ist aber nie daraus geworden. Dasselbe gilt von der Jodquelle in Bad Hall, die schon in der Gründungsurkunde des Stiftes Kremsmünster vorkommt, dasselbe von Baden bei Wien oder von den Badeorten Gleichenberg und Villach, in denen schon die Römer als Kurgäste weilten.

Statt dessen strömten die Pilger in Masse zu den Wässerlein, die mit Namen wie Maria Brunn, Fieberbründl oder Heilige Quelle für sich warben und verkündeten auf Votivbildern und in Mirakelbüchern vom Segen dieser in Wahrheit ziemlich wirkungslosen Gewässer. *Grum und lam kam ich hieher, frisch und gesund ging ich hinweg*, so drückte

Gnadenstatue in einer Nebenkapelle der Brunnenthaler Kirche

es ein glücklicher Pilger aus. Was bewirkte diese Erfolge? War reines Placebo im Spiel? Oder hatten die Wasser Eigenschaften, die wir heute nicht mehr kennen, etwa dass sie sich nach rechts drehen? Was der bayrische Wallfahrtsforscher Rudolf Kriss aus Altötting meldet, vermag auch die Meinung von geheimnisvollen Kräften zu widerlegen. Dort hatte man an einer Straßenecke eine Statue des lokalen Heiligen Konrad aufgestellt. Er hält eine Kanne, aus der Wasser in ein Brunnenbecken rinnt. Obwohl es von der örtlichen Versorgungsleitung kommt, wird dieses Wasser von den Gläubigen in Flaschen abgefüllt und als Heilmittel nach Hause gebracht.

Es scheint eben der Glaube zu sein, der dem Wasser Kraft verleiht, der Glaube, dass es prominente himmlische Patrone waren, welche sich gerade um diesen Brunnen angenommen haben. Dort hat Maria ihr Kind gebadet, da hat Wolfgangus mit seinem Stab an den Felsen gestoßen und es kam Wasser heraus. Immer aber hatte der Quellaustritt besonderen Segen, und wenn das Leitungswasser durch die Kanne des Bruders Konrad fließt, dann erhält es die Weihe des Heiligen und kann wohl auch einmal einem Kranken zur Gesundheit verhelfen.

Am Gemälde des Hochaltares von Brunnenthal wird vorgeführt, wie Maria in den Wolken über dem Heilbrunnen schwebt und ihre Hand segnend darüber hält, sodass unten die Pilger mit Vertrauen heranrücken können, ein veritables Reklamebild als Mittelpunkt der Kirche! Und auch der Quellaustritt ist mit heiligen Personen bestückt, nämlich mit Maria und ihrer Verwandtschaft. Das Rohr mit dem heilenden Nass kam früher aus der Brust einer Madonnenstatue und befindet sich heute in einer grottenartigen Kapelle. Mehrere Heiligtümer umgeben die Kirche, darunter eines, in dem den staunenden Pilgern vorgeführt wird, wie die Engel so voller Eifer den Bau dieser Marienkirche verfolgten, dass sie selbst zur Säge griffen und die Bausteine auseinander schnitten.

Der Pfarrer, der zweihundert Jahre, nachdem die Aufklärung der Wallfahrt den Garaus und den Badebetrieb unmöglich gemacht hatte, hierher kam. renovierte zwar mit Eifer alle Anlagen, wollte aber dem Ort einen neuen Sinn geben. „Das Wasser", sagt er, „ist nur eine Zutat, ein Symbol". Er wollte auch nicht unbedingt einen Wallfahrtsbetrieb. Dafür organisierte er Glaubensseminare, in denen der alte Herr mit Nüchternheit und Weitsicht seine Anschauungen verbreitet. „Zufriedene, Brave bewegen nichts", meint er und wirft auch seiner Kirche vor, sich mehr um „zufriedene Kunden" bemüht zu haben als um das Feuer, das ihr Meister auf die Erde zu bringen versprach. Er ruft die Leute auf, Eigenständigkeit und Eigenverantwortung zu entwickeln und sich aktiv um die Sorgen der Welt zu kümmern, statt die Hände in Unschuld zu waschen und nicht mehr als „die Pflicht zu tun".

Das sind neue Gedanken und neue Herausforderungen für eine alte Wallfahrtsstätte. Sie sollte wiederum eine Quelle des Heils und des Heilens werden, und tatsächlich berichtet der Pfarrer von Leuten, die auch körperliche Gesundung erlebten, von einer Trigeminusneuralgie, einer Stillpsychose oder einer Alkoholabhängigkeit, die hier verschwanden. Nicht mehr der Kraft des Wassers wurde die Rückbildung der Krankheitssymptome zugeschrieben, sondern dem gemeinsamen Gebet und der Handauflegung. Und der Pfarrer ist nüchtern genug, zu betonen, er wisse nicht, wie weit die Heilungen angehalten haben. Keine Hysterie also am Wallfahrtsort! Man kann durchaus die Meinung vertreten, es handle sich um Placebo. Dieses liegt aber auf einer anderen Ebene, als man gemeiniglich annimmt.

i **Der kleine Ort findet sich ein paar Kilometer außerhalb von Schärding etwa in Richtung Passau. Neben der Kirche das Gasthaus zur „Schnitzenden Wirtin" (ehedem ein Badhaus).**
Pfarramt, Tel. 07712/3801

Errichtet aus düsterem grauem Granit: die burgartige Fatimakirche von Schardenberg.

34

Der Ursprung liegt in der NS-Zeit

Schardenberg

Es war dies die Lebenslandschaft des Alfred Kubin, die Gegend zwischen Schärding und Passau, scheinbar ein offenes, fruchtbares Bauernland. In seinem Untergrund aber steht der Granit an, das graue Gestein, das Wasser nicht durchlässt und geheimnisvolle Strahlen aussendet. Gelegentlich tritt er zutage und bildet absonderliche Figurationen. Sie haben die Menschen immer schon fasziniert. Auf der Höhe über dem Ort Schardenberg findet sich im Wald eine Gruppe solcher Gebilde. Sie wurden Heidensteine benannt und man erzählte sich, hier habe St. Severin gepredigt. Kein Wunder, daß sich an diesem mythischen Platz eine Kultstätte entwickelte, allerdings weniger zur Zeit der „Heiden“ und des heiligen Severin, sondern nach dem Zweiten Weltkrieg.

Es ist nämlich keineswegs so, dass alle Wallfahrtsorte auf graue Vorzeit zurückzuführen sind. Im 19. und 20. Jahrhundert entstand eine Menge von ihnen. Und am Beispiel Schardenberg lässt sich erkennen, dass die Strickmuster für eine solche Gründung auch heutzutage die nämlichen sind wie früher. Der Kultort wird an einem eindrucksvollen Punkt der Landschaft angelegt, er wird durch Wunder legitimiert. Aufgebaut wird er durch spontanen Idealismus. Er bietet monumentalen Triumphalismus ebenso wie die Intimität einer kleinen Gebetsstätte. All dies findet sich in den klassischen alten Wallfahrtsorten genauso wie in den neuen, zumindest in solchen, die Erfolg hatten und sozusagen Karriere machten.

Jener von Schardenberg liegt auf einer dicht bewaldeten Kuppe, die hinter dem Ortszentrum ansteigt. Dort bestand eine alte hölzerne Kapelle, eine lokale Gebetsstätte. Dieser Berg, der so genannte Fronwald, war für einen Wallfahrtsbetrieb wie geschaffen. Man berief sich allerdings auf Wunder, durch welche die Örtlichkeit erst die richtige Legitimation erhielt, um ein religiöser Magnet zu werden. Das *Wunder von Schardenberg* wird sogar auf einer Gedenktafel am Hauptplatz dargeboten. Anlässlich einer Priesterweihe, die am 18. Mai 1939 stattfinden sollte, war der Ort geschmückt und beflaggt, doch in der Nacht machte sich ein Trupp Nationalsozialisten über Blumen und Fahnen her, verwüstete alles und warf die zerschlissenen Fahnen samt ihren Masten unter eine Fichte im Fronwald. Die bestürzte Bevölkerung versammelte sich am nächsten Tag in großer Zahl zu den religiösen Feiern und konnte überrascht beobachten, wie nachher ein heftiges Gewitter losbrach. Der erste Blitz schlug in den Maibaum ein und schleuderte die Hakenkreuze und anderen Sinnzeichen des Regimes herab, ein zweiter fuhr fast gleichzeitig in die Fichte im Wald, unter der die Kirchenfahnen lagen. Die weiteren Ereignisse sind eigentlich nicht besonders bemerkenswert, doch werden sie den Pilgern schriftlich und mündlich in breiter Form dargeboten, um zu zeigen, wie die Vorsehung die Gründung beeinflusste. Über den Pfarrer von Schardenberg hatte die Gestapo Ortsverbot verhängt, sodass er in Enns Dienst machen musste. Der Ort wurde währenddessen von einem Pater aus einem nahen Kloster betreut. Alles hat in der simplen Erzählung seine Wichtigkeit. Wenn es in der offiziellen Geschichte des Heiligtums heißt, der erwähnte Aushilfspriester habe in Passau zufällig von einer Schweizer Kapelle gelesen, in der um Priester gebetet wurde, dann wird das Wort zufällig" bedeutungsschwer unter Anführungszeichen gesetzt. Dem Pater kam dabei der Gedanke, so etwas auch in Schardenberg zu begründen. Er teilte die Idee dem exilierten Pfarrer per Telegramm mit. Dieser, so heißt es, habe sich mit dem Plan gar nicht anfreunden können. Er habe die Realisierbarkeit bezweifelt und in Gedanken seinen Vertreter für etwas versponnen erachtet. Er sei dann in die Kirche gegangen, habe einen oder zwei Rosenkränze gebetet und sei mit einem Mal, ohne dass er recht wusste, wie, von der Idee überzeugt gewesen.

In dieser Zeit, im Jahr 1944, war nicht daran zu denken, eine Kapelle zu bauen. Wohl aber gab es Gelöbnisse und Planungen. Gleich nach dem Einmarsch der Amerikaner wurde die alte Holzkapelle abgetragen und eine neue Betanlage errichtet. Es gab damals genug Heimkehrer, Flüchtlinge und sonstige Leute, die sich gedrängt fühlen, ihren Dank dafür abzustatten, dass sie den Krieg einigermaßen heil überstanden hatten. Sie waren bereit zur Errichtung eines neuen Heiligtums beizutragen. Es wurde eine Verbindung nach Fatima hergestellt, dem portugiesischen Ort, der durch Marienerscheinungen bekannt geworden war, und allmählich entstand auf dem höchsten Punkt des Fronwaldes durch Spenden und massive freiwillige Arbeitsschichten eine richtige Kirche.

Wer sich ihr nähert, meint, zu einer düsteren Festung geraten zu sein. Er fragt sich verwundert, warum denn eine Wallfahrtsstätte in einem so unfreundlichen Stil konzipiert wurde. Aber die katholische Kirche war damals gepeinigt von dem Gedanken, die ganze Welt stehe gegen sie und sie müsse ihren Anhängern eine Trutzburg bieten, die gleichzeitig, wie es im Liede heißt, ein Haus voll Glorie sein solle. Der Gedanke zieht sich bis ins Innere hinein, wo man mit einem markigen Kruzifix konfrontiert wird und mit Heiligenfiguren, die es wie die Heroen umgeben. Und doch entbehrt der pathetische Raum nicht der Intimität. Die zentrale Statue, die Madonna von Fatima, ist in den untersten Bereich gerückt, *herunten am Gnadenaltar, ganz nahe dem Volk*, wie es die offizielle Beschreibung des Gotteshauses ausdrückt.

Der Eindruck, den die neuen Wallfahrtsorte hinterlassen, ist durchaus zwiespältig. Es gibt welche, die ihren Ursprung in echtem religiösem Bedürfnis haben. Andere erhielten eine liebenswerte Note durch das naive Gefühl und das schlichte Empfinden seiner Erbauer. Oft veranlasste Geschäftssinn und Geltungssucht die Gründung solcher Pilgerorte, etwa in der so genannten Mörre im Passeiertal. Dort wollte ein Bauerndoktor seinen Heilkünsten Nachdruck verleihen, indem er von Wundern sprach, die ein Marienbild gewirkt habe. Er hatte es von einem Hausierer erworben, den er, um den Ort interessant zu machen, zu einem Engel stilisierte. In Maria Seesal bei Ybbsitz in Niederösterreich endete der heilige Betrieb einer neu angelegten Wallfahrt mit einem veritablen Konkurs.

Auch der Fundamentalismus darf in diesem Zusammenhang nicht unerwähnt bleiben. Eine ganze Reihe von neuen Gnadenorten entstand an den Stätten dubioser Marienerscheinungen. Heroldsbach in Franken sei als das berühmteste Beispiel genannt. Ein religiöser Disney-Park tut sich dort auf, wo zu Beginn der Fünfzigerjahre Schulmädchen vor Tausenden Gläubigen ihre Visionen zelebrierten. In Hellblau-weiß-gold blickt heute eine wunderschön prächtige Madonna in einem Glashaus auf ihre Anhänger und ein respektloser Autor hat sich an eine Barbie-Puppe erinnert gefühlt. Wem die Würdelosigkeit solcher Inszenierungen nicht genügt, der möge sich die Banalität der Botschaften der vom Himmel geschwebten heiligen Personen zu Gemüte führen. Bei einem so bedeutsamen Ereignis müsste man eigentlich Tiefsinnigeres erwarten als: *Allen, die wegfahren, geben wir den Reisesegen* oder *Liebe Kinder, wenn ihr nicht betet, dann werden die Russen kommen und euch erschlagen!*.

Schardenberg gehört ohne Zweifel zur ersten Gruppe, zu den ernst zu nehmenden Gründungen. Es entstand aus dem Bedürfnis, nach der Herrschaft des Terrors und den Schrecken des Krieges eine Stätte zu schaffen, an der um eine bessere Welt gebetet wird. Jeden Monat kommen heute noch tausend bis dreitausend Menschen zusammen. Sie ziehen in die Kirche ein, die ihre Väter und Großväter gebaut haben und sie fühlen sich trotz der Kargheit des Gebäudes darin geborgen im Schutz ihrer Patronin. Und die weihevolle Stimmung, die auf dieser ehrwürdigen Granitkuppe liegt, tut ein Übriges, um ihre Empfindung in die richtige Bahn zu lenken.

i Schardenberg zwischen Schärding und Passau: Der Fronwald ist von der Ortsmitte in 10 Minuten zu erreichen. Aussichtsturm mit weitem Rundblick. Pfarramt, Tel. 07713/7050-4 pfarre.schardenberg@ dioezese-linz.at

Die Kirche am Pöstlingberg mit der halbrunden Panoramaterrasse. Darunter verläuft die Trasse der allen Einheimischen vertrauten „Bergbahn“.

35

Die Hintergrundkulisse der Stadt Linz

Pöstlingberg

Schade – da nahm sich ein hoch gerühmter Poet, ein gewisser Gilm, vor, den Pöstlingberg in einem Hymnus von bleibendem Wert zu besingen, und heraus kam nur ein recht blümerantes Gedicht mit starkem Einschlag in die Sparte der unfreiwilligen Komik. Er singt den Berg an als „Landeshort“; wer weiß, was er sich darunter vorstellte, und beging dann den Fauxpas, Linz auf Provinz zu reimen („Du Perle der Provinz“ – „Akropolis von Linz“), was die Bewohner der oberösterreichischen Metropole absolut nicht schätzen. Auch die Einladung an die Freundin zu einem Trip auf die Höhe wird heutzutage sicher anders formuliert als von Gilm im 19. Jahrhundert: „Es trocknet der Schönwetterwind schon wieder Feld und Steg, nimm Hut und Shawl mein liebes Kind, und mach dich auf den Weg!“

Aber im Grund genommen braucht der Pöstlingberg ohnehin keine Hymne. Wer von seiner Panoramaterrasse auf Linz schaut, der wird den Anblick auch so genießen, zumal die landschaftliche Situation den einprägsamen, wenn auch nicht ganz richtigen Slogan von „der Donaustadt am Alpenrand“ glaubwürdig machen könnte.

Den Abschluss des Aussichtsplateaus, gern genützt für Hochzeits- und Gruppenfotos, bildet kulissenartig die Fassade der Wallfahrtskirche mit ihren hohen Türmen. Sie ist das Zentrum der ganzen Anlage, wenngleich bei weitem nicht alle Besucher die steilen Stufen zu ihr hinaufsteigen, sondern die anderen Attraktionen des Berges, die Gaststätten von hervorragendem Ruf und die Grottenbahn, vorziehen.

Schwer vorstellbar, dass dieses Hochglanzexemplar einer touristischen Stätte einst nichts anderes war als ein *orth ohne deme ganz oedt und ein bur lautberer stainfelsen*, aber auch kaum glaublich, dass diese Beschreibung aus dem Jahre 1747 stammt und dass man vor dem Beginn der Wallfahrt dort wirklich nichts anderes vorfand als eine Öde und einen Haufen Felsbrocken. Immerhin steht der Pöstlingberg wie der naturgegebene Hintergrund über der Stadt Linz. Ernst Fietz, einer der Erforscher der oberösterreichischen Kultstätten, ist sich völlig sicher, dass da oben schon lange Götzendiener und Naturverehrer ihr Wesen trieben, wenn er schreibt: „Es ist wohl nicht zu zweifeln, dass es auf einem so markanten Berg wie dem Pöstlingberg eine heidnische Kultstätte gegeben hat, die wegen ihrer Anziehungskraft unbedingt unter Kirchenpatronanz gebracht werden musste“. Er führt zum Beweis eine Heimatkundlerin an, die nahe dem Gipfel auf Näpfchensteine stieß.

Mit solcher Sicherheit lassen sich diese unbewiesenen Vermutungen freilich nicht äußern, aber es liegt doch nahe, dass die Begründung des Wallfahrtsortes in den Schriften der Barockzeit bewusst so geschildert wurde, als sei von Grund auf etwas völlig Neues geschaffen worden und durch die augenscheinliche Gnade Gottes sei aus Ödnis und Felswüste eine Segensstätte erblüht für Stadt und Land.

Es wird berichtet, Franz Obermayr, ein schlichter Mann, Bediensteter des Linzer Kapuzinerklosters, habe sich so sehr in die Passionsgeschichte vertieft, dass er beschloss, an einer geeigneten Stelle ein Bildnis der Schmerzhaften Muttergottes anzubringen. Er fand einen passenden Ort am Gipfel des Pöstlingberges und befestigte 1716 am Wetterkreuz – ein Wetterkreuz stand also immerhin dort! – eine solche Figur, die ihm ein örtlicher Bildschnitzer auf Bestellung geliefert hatte. Nachdem Obermayr durch intensive Propaganda die neue Andachtsstätte bekanntgemacht hatte, meldete sich alsbald eine Frau, die dort Gesundheit erlangt hatte, und es trat schließlich der Graf von Starhemberg auf, dem die Gegend gehörte. Was ihn bewog, zum eifrigsten Betreiber eines Kirchenbaues zu werden, wissen wir nicht. Später wurde erzählt, dass auch er von einer Krankheit geheilt worden sei.

Die gewaltigen Aufbauten wurden erst 1892 auf die Barocktürme aufgesetzt.

Die fromme Geschichte vom Klosterdiener Obermayr mag schon stimmen, es gibt aber noch eine andere Überlieferung von der Entstehung der Wallfahrt. Demnach hätten Holzknechte einen Baum umgeschlagen, auf dem eine Marienfigur hing. Diese sei in der Nacht von selbst auf den nächsten Baum gewechselt, was sich dann noch einmal wiederholte. Auf Grund dessen habe man die Kirche begründet. Diese Rückkehrsage könnte, wie so oft bei derartigen Orten, andeuten, dass eine heilige Stätte vorhanden war, an der unbedingt ein christliches Bild etabliert werden sollte, und wenn es sein musste, dann eben mit göttlicher Nachhilfe.

So gibt es auch hier leise Hinweise darauf, dass schon vor den Aktivitäten des Franz Obermayr Kultbetrieb herrschte und dass die Begründung eines christlichen Wallfahrtsortes vielleicht doch nicht so idyllisch vor sich ging, wie es geschildert wurde. Eines darf jedenfalls nicht verschwiegen werden: Der Stadtpfarrer von Linz wehrte sich mit Händen und Füßen gegen den Neubau. Dabei ging es aber nicht um Kult, sondern um Kommerz, er fürchtete nämlich um seine Einnahmen. Es nützte nichts, schon 1747 war die Kirche fertig und geradezu tapeziert *mit villen 100 wundervoll verschidenen Opfer-Tafeln* und Obermayr, der als *Urhöber* den Linzern diesen wunderbaren Segensort verschafft hatte, wurde wohl wie ein Guru respektiert und verehrt. Noch heute hängt sein Porträt an der Kirchenwand, es zeigt einen knorrigen ernsten Mann, der von der historischen Dimension seiner Tat offenbar voll überzeugt ist.

Zur Biedermeierzeit stach der Pöstlingberg jemandem ins Auge, der ihn gleichfalls dazu benützten wollte, sich den Ruhm eines Gründers zu verschaffen. Erzherzog Maximilian d'Este war ein wenig ausgelasteter habsburgischer Prinz, der viel Zeit hatte, strategische Pläne zu entwerfen und über den Schutz des Hauses Österreich nachzudenken. Er fasste den Vorsatz, die Stadt Linz mit einem Ring von Befestigungstürmen nach neuesten militärtechnischen Erkenntnissen zu umgeben, sodass jeder Feind die Finger davon lassen würde. Ungeheure Mengen von Geld und Material wurden in Bewegung gesetzt, doch als das stolze Werk vollendet war, hatten sich die militärtechnischen Erkenntnisse gewandelt. Die gewaltigen Türme stehen seither etwas verloren in der Gegend, nur am Pöstlingberg, dem Herzeigestück der Anlage, sind sie geeignet, dem Gipfel Monumentalität und einen Schuß Romantik zu geben. In einem von ihnen rotiert allen Kindern zur Freude ein feuriger Drache, der zur Grottenbahn, einer Attraktion von Linz, gehört. Auch die Gastronomie rühmt sich inzwischen ihres gepflegten Ambientes und ihrer hervorragenden Küche, die Bergbahn nennt sich die steilste ihrer Art und die schönen Anlagen, zu denen sogar ein Wildgehege gehört, laden zu Spaziergängen ein. Da sollte wohl auch die Kirche nicht bloß die Fassade für ein Disneyland des Wohlseins bilden, sondern als der Kern der Anlage genützt werden zur seelischen Erholung und Entspannung, wie es wohl von Anfang an geplant war.

i Erreichbar von Urfahr (nördlicher Stadtteil von Linz) auf der Straße oder mit einer originellen Bahn. Am Berg gibt es allerlei Attraktionen, am berühmtesten ist die bei den Kindern beliebte Grottenbahn, aber auch die Gastronomie entspricht dem Ansehen des Berges.
Pfarramt Linz, Tel. 0732/31228-81
pfarre.poestlingberg@
dioezese-linz.at

Nächst der tschechischen Grenze liegt im tiefen Wald des Granitlandes die Waldkreuzkapelle.

36

Ein heilsamer Stein wird trockengelegt

Waldkreuzkapelle

bei Helfenberg

Dass Maria und Josef mit dem Kind vor dem König Herodes nach Ägypten geflohen sind, wissen wir aus dem Evangelium. Dass sie auf dem Weg, der sie von Bethlehem in Judäa ins Nilland führte, in die Gegend von Helfenberg im Mühlviertel kamen, dürfte weniger geläufig sein. Auf einer Bergkuppe der Umgebung dieses Ortes schaut ein großer, flacher Granitstein aus dem Boden, der ausgedehnte muldenförmige Vertiefungen zeigt. Früher stand in diesen Gruben immer Wasser, ein geheimnisvoller Vorgang, denn selbst in Dürreperioden des Sommers war es dort feucht. Die Leute erzählten sich daher, es sei dies ein heiliger Stein. Auf ihm habe die heilige Familie auf ihrer Flucht gerastet und Maria habe in dem Wasser ihr Kind gebadet. Daher heißt die Örtlichkeit Maria Rast bei Helfenberg.

Das Mühlviertel ist eine ganz eigene Landschaft. Auch der unsensible Reisende wird merken, dass er in eine andere Welt geraten ist, wenn er von den dicht besiedelten und industrialisierten Weiten des Alpenvorlandes hinüberwechselt in das kleinräumige, naturbelassene Land nördlich der Donau. Wer aber sensibel ist, der wird überall Rätsel und Geheimnisse wittern, und er wird nicht enttäuscht werden, wenn er Felder und Wiesen, Flussläufe und Berge näher inspiziert. Etwas vom Merkwürdigsten, das er dabei findet, sind die Schalensteine. Meist handelt es sich um Felsformationen, die sich auftürmen zu dunklen Gebilden mit Namen wie Teufelsmauer, Predigtstuhl oder dergleichen. Auf ihrer Oberfläche tragen sie Näpfchen, Gruben, steinerne Wannen oder Mulden. Sie können auch flach am Boden

Der „trockengelegte“ Stein mit den muldenförmigen Vertiefungen, in denen sich einst das Wasser sammelte

liegen wie der Stein in Maria Rast. Für den Heimatforscher Otto Milfait, der sie mit unendlichem Fleiß alle aufgesucht, aufgelistet und beschrieben hat, sind die meisten von ihnen Opferstätten. Er hält sie für Kultplätze und er weiß manche Beobachtungen anzuführen, mit denen er seine Ansicht bekräftigt. So spricht er davon, dass zwar die Anhöhen, welche die Gebilde tragen, stets in ungerodetem Waldgebiet liegen. Sie scheinen oft künstlich eingeebnet, sodass sie „einer gläubigen Schar von Menschen Platz bieten würden“. Er stellt dort auch eine starke Erdstrahlung fest, die sich nicht nur im Ausschlagen der Wünschelrute äußert, sondern auch in missgebildeten Bäumen und häufigen Blitzeinschlägen. Meist bietet sich, wie er meint, eine weite Fernsicht nach Süden oder Westen. Es finden sich mitunter auch altertümliche Stufen, die auf die Oberfläche der Blöcke führen, manchmal aber enden diese mühsam in den Granit gehauenen Treppen im Nichts. Schließlich wird ein Großteil dieser Steingebilde von Sagen umwoben, sie künden von heiligen Personen oder aber vom Teufel, der auf ihnen die Spuren seiner Krallen oder seines Schwanzes hinterließ. Er saß darauf und nutzte die Gruben zum Geld zählen und sortieren. So nahe liegt die Zeit der Sagenbildung unserer Gegenwart, dass man beispielsweise von der Teufelskirche bei Neumarkt erzählt, der Böse habe von dieser Warte aus den Bau der Eisenbahn gestört, ja er habe noch nach der Inbetriebnahme die Reisenden verschreckt.

Ein besonders interessantes Phänomen sind die Wasseransammlungen in den Schalen. „Die Steine“, schreibt Milfait, „behalten ihre konstante Wassermenge auch über längere Dürrezeiten hinaus. Das Phänomen ist bisher ungeklärt, obwohl man mehrmals versucht hat, es mit hydraulischen Vorgängen zu erklären“. Der Forscher tüftelte selber herum, konnte aber das Rätsel nicht lösen, denn auch wenn er die Mulden ausschöpfte und abdeckte, war das Wasser bald wieder da.

Ein Großteil der Vertiefungen geht auf natürliche Ursachen zurück. Hermann Kohl erklärt sie damit, dass der Granit Einschübe aufweist, die leichter verwittern als das Umfeld, und dass Temperaturgegensätze, Frost und Winde die Löcher dann weiter ausarbeiteten. Es lässt sich jedoch auch für ihn nicht ausschließen, dass zumindest einzelne davon von Menschenhand geschaffen wurden. Sicher ist jedenfalls ihre kultische Bedeutung, und dafür gibt es ein eindrucksvolles Zeugnis, den Schalenstein am Berglitzl nahe der Einmündung des Gusenbaches in die Donau. Dort ragt ein niedriger Hügel aus dem Flachland auf, dessen Untersuchung sich für die Archäologen als Volltreffer erwies, denn er wurde von der Altsteinzeit bis hinein in die Bronzezeit von den Menschen aufgesucht und bot reichliches Fundmaterial. Er diente lange Zeiträume als Kultplatz. Es fanden sich kreisrunde Opfergruben, *Bothroi* genannt, mit zerschlagenen Menschenknochen. „Damals stellte der Schalenstein am Hangfuß des Südosthanges den Zentralpunkt der Anlage dar“ (Christine Schwanzar). Dieser Schalenstein, der im dritten oder gar vierten Jahrhundert vor Christus Bedeutung hatte, beweist, dass die Menschen damals schon über solche Phänomene den Zugang zur Überwelt suchten.

Bei der christlichen Kirche fand der Steinkult weniger Anklang. Sie musste sich mit ihm abfinden, suchte aber soweit als möglich, ihn zu unterdrücken oder umzudeuten. Man kann daraus den Schluss ziehen, dass das Denken und Tun, das um diese Schalen kreiste, auf heidnische Anschauungen zurückging, mag es auch nicht bis in heidnische Zeiten zurückreichen. Die Leute, magischen Praktiken zugetan und magischen Deutungen immer aufgeschlossen, lebten vielfach in einer Gedankenwelt, mit der die Geistlichkeit nicht einverstanden sein konnte. Wir wissen, dass heilige Steine verschwanden wie jener, welcher dem Wallfahrtsort St. Wolfgang am Stein bei Schlägl den Namen gab. Eine lateinische Urkunde von 1446 spricht dort von der „Kapelle beim Heiligen Stein". In Allerheiligen wurde eine Kapelle derart auffällig auf den „Heiligen Stein" gebaut, dass man vermuten kann, sie sollte die Wallfahrer von dem verehrten Felsen ablenken und zur nahen Kirche hinführen. Es ist durchaus denkbar, dass sich unter ihr eine Schale verbirgt. Ähnliches kann man von Kaltenberg vermuten, wo in der Nähe der Marienkirche ein solches kleines Heiligtum auf einen Steinblock aufgesetzt wurde. Zudem berichtet die dortige Legende von Buben, welche mit Johlen und Peitschenknallen das Gnadenbild verärgerten, sodass es auswich. Das wilde Gehaben kann man auch durchaus als kultische Tänze und Kampfspiele deuten. Als Musterbeispiel für die Umwandlung eines solcherart verehrten Schalensteins in ein unbedenkliches christliches Heiligtum wird aber meist der Raststein bei Helfenberg angeführt.

Man befindet sich im nördlichsten Teil des Mühlviertels. Die tschechische Grenze ist in der Luftlinie kaum vier Kilometer entfernt. Einsam liegt dort ein Gemeindeamt mit dem Namen Schönegg-Afiesl. Bei ihm beginnt der durch schönen Nadelwald führende Weg zur Wallfahrtskapelle. Burgstaller berichtet, sie liege auf einer „lichtüberfluteten ebenen Hochfläche", aber das ist weit übertrieben. Die dunklen Bäume wachsen bis dicht an sie heran. Sie ist in „Steinbloß"-Bauweise errichtet, das heißt, die Mauern sind aus unverputzten Granitsteinen mit weißem Mörtel geschichtet, und zeigt im Inneren einen Altar mit einem Gnadenbild und einer Reihe von Heiligenfiguren. All das ist aber lange nicht so interessant wie der kleine Anbau am Chor, der außer einigen frommen Bildern nichts anderes enthält, als den Steinblock mit den Mulden, in denen Maria ihr Kind gebadet haben soll. Es scheint aus Pietät geschehen zu sein, dass man das verehrungswürdige Relikt mit einer eigenen Kapelle überdachte. Wenn man aber weiß, dass früher die Pilger das Wasser aus den Vertiefungen schöpften und es als heilkräftig nach Hause trugen, und wenn man sieht, dass sich seit dem Überbau dort kein Tropfen mehr sammeln kann und die Schalen staubtrocken daliegen, dann wird man inne, warum dies geschah, nämlich um dem Stein seine Heilkraft zu nehmen. Nur noch Totenbilder werden auf ihm deponiert, und ab und zu legt sich wohl jemand darauf, um Heilung zu finden.

In der Zeit der Aufklärung war das Kultobjekt besonders suspekt. Die Obrigkeit klagte, dass sich das Jungvolk nach den Prozessionen im Wald *in unzukömmlicher Weise erlustiget* und ordnete an, die dortige Privatkapelle *ist daher zu sperren.* Sie wurde alsbald demoliert, doch zogen die Leute nach wie vor an den Platz, verrichteten ihre Andachten und hielten vielleicht auch fröhliche Feste ab, bis man illegal sogar das Gebäude wieder aufführte. Neuerlich ergingen Relationen, es wurde vorgeschlagen, den Stein, „worauf nach leichtgläubiger alter Meinung Maria soll geruht haben", wegzuschaffen, dann würde sich die Wallfahrt von selber aufhören. 1836 wurde aber eine neue Kirche, diesmal aus Stein, errichtet, es ist das heutige Gebäude. Vermutlich erfolgte damals die Trockenlegung des Steingebildes, wobei wohl auch getrachtet wurde, durch eine neue Sage die unzeitgemäße Meinung vom Babybad auf der Flucht abzubringen. Es wurde von einer Gräfin erzählt, der Maria Heilung von einer Krankheit versprach, wenn sie die Quelle bei Helfenberg aufsuche, wobei ein Hirsch als Wegweiser gedient haben soll.

Diese Quelle darf auch nicht unerwähnt bleiben. Sie tritt in der Nähe der Rastkirche in einer urtümlichen hölzernen Hütte zutage und heißt das Heilige Wasser. Am Weg dorthin findet sich der so genannte Einsiedlerstein, der wiederum tiefe Einbuchtungen aufweist und in dem wie in so vielen anderen gleichnamigen und gleichartigen Gebilden ein Einsiedler gesessen und so lange Gebete verrichtet haben soll, dass sich sein Gesäß allmählich abdrückte. Einsiedler gab es dort tatsächlich bis ins 18. Jahrhundert, zumindest der letzte von ihnen zeichnete sich aber weniger durch lange Gebetsübungen aus als dadurch, dass er das unzukömmliche Treiben von Mädchen und Burschen, über das früher geklagt wurde, nach Kräften förderte.

Unter den unendlich vielen Kultstätten des Mühlviertels ist Maria Rast bei Helfenberg eine Besonderheit durch die Dichte seiner Überlieferung, die handfesten Zeugnisse seiner seltsamen Geschichte und die Tatsache, dass heute noch eine rege besuchte Wallfahrt dorthin stattfindet. Stimmung ist dem Ort nicht abzusprechen. Vielleicht aber sind die vielen völlig naturbelassenen Steinmale noch viel stimmungsvoller, die man oft lange suchen muss, zu denen man sich durch Gestrüpp und über steile Leiten durchzukämpfen hat und auf denen man in einsamer, weitschauender Höhe jene Schalen findet, die bis jetzt niemand recht zu deuten vermochte.

i **Helfenberg, bekannt durch Webereien, liegt an der Straße zwischen Bad Leonfelden und Rohrbach. Ca. 1 ½ km östlich des Ortes zweigt gegen Norden die Straße zum Waldkreuz ab. Bei Gemeindeamt Afiesl Fahrzeug abstellen. Schöner Waldweg zur Wallfahrtskirche (10 Minuten). Auf der anderen Seite fällt das Gelände ab zur Brunnenkapelle und zum Einsiedlerstein.**
Pfarramt, Tel. 07216/6230
pfarre.helfenberg@dioezese-linz.at

37

Versündigt euch nicht an dem Kinde!

Christkindl

Die Christkindl-Kirche. Links ist der Pfarrhof angeschlossen, in dem die berühmten Krippen untergebracht sind.

Ein Mann geht durch den Wald. Der Weg führt ihn entlang des Steilabfalles, wo das Gelände jäh zum Fluss abbricht. Sein Ziel ist ein hohler Baum, den er vor einiger Zeit im Gehölz ausgemacht hat. Der Mann wirkt bekümmert, er ist krank. In seiner Tasche trägt er ein winziges Wachspüppchen mit, ein Jesuskind, das ihm eine Klosterfrau geschenkt hat. Vorsichtig stellt er die Figur in die Höhlung des Baumes, kniet nieder und betet, er möge von seinem Leiden erlöst werden. Immer wieder geht er fortan hinaus, und nach drei Jahren voll Vertrauens und innigen Gebetes fühlt er sich geheilt.

Diese anheimelnde Lesebuchgeschichte soll den Ursprung des Wallfahrtsortes Christkindl bei Steyr wiedergeben, der durch seinen Namen, durch sein Postamt und seine Weihnachtsstimmung selber einen anheimelnden Ruf hat, weit über die Grenzen des Landes hinaus. Ferdinand Sertl hat der Gründer geheißen, er war *Thurnermeister*, was damals nicht einen Sportlehrer bezeichnete, sondern den Leiter der Städtischen Feuerwache, der zugleich Chef der Spielleute war. Er bemerkte, dass er zu epileptischen Anfällen neigte, was für sein Amt eine Katastrophe bedeutete, und so nahm er seine Zuflucht zu dem wächsernen Christkindl im hohlen Baum, merkte, dass seine Fallsucht nachließ, und machte die Heilung publik. Innerhalb kürzester Zeit fanden sich Hilfesuchende in großer Zahl ein, sodass der Baum schon im Jahr nach der Heilung des Sertl mit hunderten Votiven und Opfergaben behängt war. Ein Soldat ließ sich dort als Einsiedler nieder, nachdem ihm mehrmals im Traum das Christkind erschienen war.

Die Geschichte ist geglättet wie das meiste, was von den Anfängen unserer Wall-

Die kunstvolle Fassade der Kirche wurde von Jakob Prandtauer, dem Architekten des Stiftes Melk, entworfen.

fahrtsorte erzählt wird. Denn manches Indiz spricht dafür, dass die Stätte, an welcher der städtische *Thurnermeister* seine Figur aufstellte, keine unberührte Waldeinsamkeit war, sondern dass man schon zuvor dort Segen und Hilfe suchte. Direkt neben dem Christkindlbaum entspringt ein heilsamer Brunnen. Schon um 1620, also rund achtzig Jahre vor der Aufstellung der Wachsfigur, soll dieser von Wallfahrern besucht worden sein. Die Örtlichkeit spricht das Gemüt zudem durch eindrucksvolle Romantik an. Abenteuerliche Konglomeratfelsen mit tiefen Nischen, Höhlen und Überhängen stürzen ins Steyrtal ab, sie bilden eine dunkle, geheimnisvolle Wand. Unten entspringt eine Quelle nach der anderen. Neben einer von ihnen steht eine Kapelle mit einer Statue der Herzogin Hedwig, einer ausgefallenen, sagenumwobenen Heiligen. Und der Name Unterhimmel, mit dem die Gegend bezeichnet wird, ist schließlich auch etwas Besonderes, mag er sich vielleicht auch von recht nüchternen und banalen Ursprüngen herleiten.

Unterhimmel, und zwar genau der Bereich unterhalb der späteren Wallfahrtskirche, war bereits im 16. Jahrhundert ein Gewerbegebiet der Stadt Steyr. Ein Seitenarm des Flusses mit idealem Gefälle und ausreichendem Wasserdurchfluss regte an, dort eisenverarbeitende Betriebe zu begründen, vor allem Drahtzüge, also Drahterzeugungswerke. Mehrere alte Häuser beweisen mit ihren verspielten Formen, mit schwungvollen Fensterumrahmungen und hübschen Dächern, wie gefällig man damals auch gewerbliche Bauten zu gestalten verstand. Eine solche Werksanlage gehörte dem Kloster Garsten, das darin 1636 eine Papiermühle einrichtete. Wenn also Ferdinand Sertl oberhalb dieser Außenstelle der Eisenstadt Steyr seinen Gebetsübungen oblag, dann tat er es sozusagen vor den Augen der Öffentlichkeit.

Das Kloster Garsten, dem der dortige Grund gehörte, interessierte sich von Anfang an für den neuen Wallfahrsort. Vorsteher war dort Anselm Angerer, einer der baufreudigen Äbte des österreichischen Barockzeitalters. Schon 1699, also unmittelbar, nachdem Sertl von seiner wundersamen Heilung berichtete, teilte der Abt dies dem Bischof von Passau unter Hinweis auf weitere Gebetserhörungen mit und ersuchte um die Erlaubnis, dort ein Gotteshaus errichten zu dürfen. Als das bischöfliche Ordinariat zögerte, begann er eigenmächtig mit dem Bau. Das aufsteigende Mauerwerk war schon acht Meter hoch, da langte das Verbot ein, weiterzubauen. Der Kultgegenstand sollte wo anders hin verbracht werden. Fünf Jahre lang machte der Abt eine Eingabe nach der anderen und verwies darauf, dass immer mehr Pilger dort hinkämen. Endlich wurde die Erlaubnis erteilt. Damals starb der Stiftsbaumeister Carlo Antonio Carlone. Weiterzubauen wurde die Aufgabe eines der größten Architekten des heimischen Barock, Jakob Prandtauer, der sich, wie es ihm häufig passierte, an die von einem Vorgänger begonnen Strukturen halten musste, aber es doch fertig brachte, den Bau nach seinem eigenen Geschmack zu gestalten.

Ziemlich große Probleme dürfte ihm dabei der Bauplatz bereitet haben, denn der Baum mit dem Bildnis stand knapp neben dem Steilabfall zum Steyrtal. Er sollte als Mittelpunkt der Kirche erhalten bleiben, und so musste sich der Künstler allerhand einfallen lassen. Es entstand ein gedrängter, steil aufragender Komplex, dessen Grundriss aus einer geistvollen Verschränkung von Kreisen gebildet wurde. Im Äußeren wurde er durch Ausbauten des 19. Jahrhunderts leicht verschandelt – die Türme stehen seither seltsam unorganisch vor der Fassade – das Innere aber ist geprägt von der Harmonie einer großartigen Architektur. Die Wände sind sparsam gegliedert, auch das Kuppelfresko kennt keinen Überschwang, sondern wirkt zart und verhalten. Der eigentliche Schmuck ist der Hochaltar, eine freie Komposition ohne Rahmen und Aufbau. Wolken steigen empor, voll besetzt mit Engeln und Engelsköpfen, in der Mitte die Taube des Heiligen Geistes, darüber Gottvater in schwungvoller Bewegung. Das Besondere an diesem Kunstwerk ist es, dass es einerseits die Ostwand der Kirche, ja den Raum selber beherrscht und ausfüllt, andererseits aber zurücktritt vor dem eigentlichen Mittelpunkt der Kirche. Das Jesuskind aus Wachs ist nicht mehr als zwölf Zentimeter hoch und überdies ein etwas steif und grob geratenes Gebilde. Es wurde aber in einem goldgerahmten Glasschrein untergebracht und umrahmt von mächtigen Strahlen, sodass es trotz seiner geringen Größe eindrucksvoll zur Geltung kommt.

Die Verehrung des Christkindes war um diese Zeit weit verbreitet, am meisten bei Klosterfrauen, die damit ihre unterdrückten Kinderwünsche kompensieren konnten. Da gab es das „Jesulein von Prag", das „Nonnberger Reiterlein" oder das „Gnadenreiche Loreto Kindlein bei den regulierten Tertiarkapuzinerinnen" in Salzburg, das sich heute noch einiger Verehrung erfreut. Eine Kopie davon bekamen 1684 die Klosterfrauen in der Berggasse zu Steyr, die gleich die Heilung einer der Ihren, die lahm gewesen war, vermelden konnten. Ferdinand Sertl erwarb eine Kopie dieses Kindls, und um diese nicht einmal sehr geglückte Kopie einer Kopie entwickelte sich unser Wallfahrtsort.

Wenn dieser so stark einschlug, hängt das sicher auch damit zusammen, dass die Bewohner von Steyr und seiner Umgebung als besondere Weihnachtsfans gelten. Seit dem 18. Jahrhundert gibt es dort das *Steyrer Kripperl*, eine Art Puppentheater, in dem die Geburt Christi den Vorwand bildet, um eine reiche Szenerie des damaligen städtischen Lebens vorzustellen. Die Figuren sind beweglich und werden an den Sonntagen zwischen Allerheiligen und Lichtmess in Positur gebracht. Auch in Christkindl zeigt man eine solche mechanische Weihnachtsdarstellung, die mittels Fahrradketten und Zahnrädern in Gang gesetzt wird. Daneben findet sich eine der größten Krippen der Welt mit nicht weniger als 778 geschnitzten und bekleideten Figuren. Achtundfünfzig Quadratmeter groß erreicht sie die Ausmaße einer kleineren Wohnung. Daneben arbeitet das berühmte Weihnachtspostamt. Das nahe gelegene Garsten bei Steyr gestaltet sein Ortszentrum in der Adventzeit in eine Weihnachtslandschaft um, dasselbe tut der kleine Ort Steinbach, wo auch eine Sammlung von Krippen aus aller Welt vorgestellt wird. Allenthalben wird der Besucher zu den Düften und Lichtern der Weihnachtsmärkte geführt, und es ergeht die Einladung, sich an Glühwein und Kunstgewerbe gütlich zu tun – Entzücken und Stimmung überall. Dazwischen vergönnt man sich einen Huscher ins Religiöse, wenn man die Kirche von Christkindl aufsucht und sich dort die Geschichte von *Thurnermeister* Sertl und seinem Jesulein erzählen lässt.

Ein Spruch sollte einen ernsten Zug in diese gerührte Hochstimmung bringen. Er steht oberhalb des Kirchenportals und lautet: *Nolite peccare in puerum!* – „Versündigt euch nicht an dem Kinde!". Man wird das nach einigem Nachdenken so auslegen, dass man sich nicht mokieren soll über die winzige Wachspuppe am Hochaltar. Aber der Spruch scheint in Wirklichkeit eine Mahnung zu sein, ganz allgemein mit den Kindern behutsam umzugehen, eine Mahnung, die gerade unsere Zeit nötig hat, denn verfehlte Erziehung und Misshandlungen sind an der Tagesordnung, Traumatisierung der Kinder bei leichtfertigen Scheidungen oder gar Missbrauch und Schändung. Es wäre ein guter Sinn für diese Wallfahrt der Rührseligkeit, würden sich die Besucher den Aufruf zu Herzen nehmen. Es ist ein Anliegen, das Christus im Evangelium noch viel drastischer formuliert hat: „Wenn jemand einem dieser Kleinen Ärgernis gibt, dann wäre es für ihn besser, wenn er mit einem Mühlstein um den Hals ins Meer geworfen wird."

i Die Straße nach Christkindl zweigt in der Nähe der Stadtpfarrkirche von der Durchzugsstraße durch die Stadt Steyr ab. Man versäume nicht einen Besuch der sehenswerten Altstadt und des Stiftes Garsten.
Pfarramt, Tel. 07252/54622

Die Basilika auf dem Sonntagberg ist in ihrer vollendeten Harmonie eine der schönsten Kirchen Österreichs.

38

„Der beständig-fruchtbare Gnadenberg"

Sonntagberg

Es ware diser Ort eine lautere Wüste, Einöde und Waldung: in diser hat sich ein Hirt sein in diser Einöde verlohrnes Vieh zu suchen bis auf den höchsten Felsen dises Bergs verstigen, alwo er von Sorgen wegen seines verlohrnen Viehs gantz betrübet durch Abmattung völlig erhungert, Hochheiligste Dreyfaltigkeit um Hülfe angeruffen, so dann eingeschlaffen und nach genossener Ruhe erwachend ein wohlgeschmackt-weißes Brod auf dem Stein (so eben darum der Wunderstein benamset worden) ersehen und darauf alsbald und leichtlich sein verlohrnes und vorher umsonst gesuchtes Vieh in diser Wüsten gefunden hat.

So steht es zu lesen in einer mit viel barockem Geschnörksel ausgezierten Schrift namens *Beständig Fruchtbarer Gnaden-Berg*, die 1752 erschienen ist und die *Gutthaten der Allerheiligsten Dreyfaltigkeit auf dem weit-berühmten Sonntagberg* wiedergibt. Bis heute ist die Geschichte lebendig geblieben, denn in der dortigen Kirche wird sie plastisch dargeboten: Der schlafende Hirte, vor ihm das *wohlgeschmackte Brod* auf dem Steinblock mit der Inschrift, dies sei *die WahreWurtzel, der so genannte Wunder oder Heiligen Stain.*

Noch um 1900 konnte diese Erzählung eine Heimatschriftstellerin in Begeisterung versetzen: „Als der Hirte seine wunderbare Gebetserhörung und Labung durch das gefundene Brot voller Jubel und Dankbarkeit unter dem Volk erzählte, wurde diese staunenswerte Begebenheit sofort als deutliches Zeichen erkannt, dass der liebe Gott auf diesem Berg besonders verehrt und angebetet werden wolle." Uns kommt der „Jubel" und die ganze Story eher etwas komisch vor: Ein eingedöster Schäfer und ein von wem immer auf einem Stein deponiertes Brot, das soll ein so erstaunliches Mirakel gewesen sein, dass sich daraus der großartige Wallfahrtsort Sonntagberg entwickelte? Es scheint, als sei der Hauptakteur nicht der Hirte, sondern der Stein, und tatsächlich ist die frühe Historie dieser Stätte bis in das Barockzeitalter eine Folge von geistlichen Inszenierungen, mit denen das verdächtige Naturdenkmal verkleidet, unterdrückt, verstümmelt und im Ganzen gesehen verchristlicht wurde.

Stellen wir uns vor, wie es auf dem Berg ausgesehen hat, als er noch im Urzustand dalag. Es handelt sich um einen fruchtbaren, nicht allzu hohen Hügelzug. Von einer Wüstenei oder der Gefahr des Verirrens oder Verhungerns kann keine Rede sein Er ist den Kalkalpen vorgelagert und bietet einen exzellenten Ausblick auf das Flachland gegen die Donau zu bietet. Gerade am Kamm im Auslauf der Kette ragte ein massiver Felsblock aus der Erde, dem offenbar seiner Auffälligkeit wegen vom Volk magische Bedeutung zugeschrieben wurde. Wir wissen nichts Genaues darüber, wie er aussah und was sich bei ihm abspielte, ob man ihn für abergläubische Zwecke benutzte, ob sich hier die Leute trafen zu Tänzen oder sonstigen Festen, oder ob sie hier einen Naturgeist angesiedelt glaubten. Jedenfalls nahm sich im 15. Jahrhundert das Stift Seitenstetten, der Grundherr, der unheimlichen Stätte an und setzte eine dem Erlöser Jesus Christus geweihte Kapelle daneben hin. Anscheinend wurde auch verordnet, dass der Berg, der bisher *Raudnitz* oder so ähnlich hieß, fortan den Namen *Salvatorberg* führen solle, doch wurde diese Bezeichnung nicht angenommen, und gegen Ende des 15. Jahrhunderts durch „Sonntagberg" ersetzt. Damit war ein Bezug zur Dreifaltigkeitsverehrung hergestellt, die auf der Höhe allmählich einsetzte, denn der Sonntag ist der Tag des dreieinigen Gottes. Die Kapelle wird in Urkunden dieser Zeit auch Dreifaltigkeitskirche genannt, und die Historiker rätseln, ob damals ein weiteres, der Trinität geweihtes Heiligtum errichtet wurde, oder ob es identisch war mit der zuvor erwähnten Salvatorkapelle. Dies ist aber für uns nicht so wichtig. Der Wunderstein lag jedenfalls immer noch im Freien und wurde von den Wallfahrern, die zu dieser Kapelle kamen, eifrig aufgesucht und verehrt.

Dann kam die Zeit des Protestantismus. Die Herren von Gleiß, die in diesem Raum eine maßgebliche Rolle spielten, waren rabiate Anhänger der neuen Lehre. Der Abt von Seitenstetten wurde von ihnen als „tumultierender, hitziger und kupfersüchtiger Bruder" tituliert, die Priester am Sonntagberg als „Sakramentspfaffen, Schelmen und Diebe" beschimpft, und die Wallfahrt, wo es nur ging, behindert. Die Bauern bekamen mit, dass eine neue Zeit angebrochen war, sie forderten ihre Rechte ein und veranstalteten einen Aufstand, in dessen Verlauf Schlösser geplündert und Standesherren wie der Abt attackiert wurden. Auch in dieser Zeit der religiösen und sozialen Umwälzungen suchte das Volk aber den Zeichenstein auf. Man kann dies aus einer einzigartigen Quelle schließen, die wie keine andere die Geschichte eines österreichischen Wallfahrtsortes aus der Sicht der damaligen Zeit dokumentiert. 1610 wurde ein gewisser Kaspar Plautz zum Abt von Seitenstetten ernannt, der sich nach Kräften bemühte, das Land wieder katholisch zu machen und der sich besonders um die Pilgerstätte auf dem Sonntagberg kümmerte. Er ließ in der dortigen Kirche eine Schrift aushängen, betitelt *Kurtze Summarische Antiquitet,* in der den Leuten eingebleut wurde, was es mit einem christlichen Wallfahrtsort auf sich hat. Er befasste sich dabei ausgiebig mit dem *Wunder-Zaichenstein* und berichtete, er habe bei diesem eine Kupfertafel mit einem Gemälde der heiligen Dreifaltigkeit anbringen lassen. Einstimmig führte die spätere Literatur aus, er habe dies getan, weil die Protestanten den katholischen Besuchern des Berges vorwarfen, sie würden einen Stein anbeten. Liest man aber die „Antiquitet" genauer, so wird man feststellen, dass die Lutheraner, die Plautz mit Ausdrücken wie *verlogne, verstockte Blauderer und Praedicantische schwetzer* bedachte, offenbar so unrecht nicht hatten, denn das Bild sollte die *einfeltigen Christen* unterweisen, wen sie auf diesem heiligen Berg anbeten sollten, damit sie nicht eine *unglaubige, abscheuliche, verdambte Abgotterey* üben, damit sie also nicht den Stein selber verehren. Dann hätten nämlich, so entnimmt man der Schrift, die *falschen Propheten und betrognen Apostel* recht.

Der glaubenseifrige Abt belehrte seine Schäflein auch darüber, wieso dieser Felsen so hoch in Ehren stand, und bot dazu eine treuherzige, kirchenfromme Erklärung: Die erste Kapelle auf dem Sonntagberg habe die vielen Andächtigen nicht fassen können, sodass viele ihre Andacht bei dem Felsen hätten verrichten müssen. Aus diesem Grund hätten sie sich angewohnt, dort bei ihrer Ankunft niederzuknien und das erste Gebet zu verrichten. Damit konnte er freilich nicht klarmachen, warum das Steingebilde Wunderstein hieß und warum die Allerheiligste Dreifaltigkeit ausgerechnet *an disem orth und Felsenstain* so viele Wunder wirke an *blinden, krumpen, Lamen und mit andern Triebsall* behafteten Christen.

Vielleicht war der nächste Schritt die Erfindung der Legende vom Hirten, die in der Historie des Abtes Plautz noch mit keinem Wort vorkommt. Den Andächtigen wurde damit eine neue Geschichte präsentiert, um darzutun, warum das Naturgebilde so verehrungswürdig sei. Ein Hirte habe hier ähnlich wie der Patriarch Jakob oder der Prophet Elias im Schlaf die Gnade Gottes erfahren. Üblicherweise entdeckten die Viehhirten in solchen Fällen wunderbarerweise die Gnadenbilder. Hier war das nicht möglich, denn dieses stammte ja, wie jedermann wusste, vom Abt Kaspar Plautz, daher wurde das Brot als der Fundgegenstand angegeben.

1706 wurde der Grundstein zu einem zeitgemäßen großen Gotteshaus gelegt. Damit ergab sich eine neue Chance, dem alten Kultmal zu Leibe zu rücken. Es sollte in den Bau einbezogen werden. Wie aus einer Planzeichnung des Architekten Jakob Prandtauer zu schließen ist, war ursprünglich vorgesehen, den Stein an seiner Stelle zu belassen. Er wäre im hinteren Teil des Kirchenschiffes zu liegen gekommen. Man entschloss sich aber dann, ihn an die Wand zu rücken, so ziemlich an die entlegenste Stelle, ganz hinten links, und ihn überdies so zu behauen, dass nur mehr ein würfelförmiges Stück, ähnlich einem Altar, übrig blieb, das zudem mit einem Gitter versehen wurde. Ein zweites Stück kam auf den Hochaltar und war damit gleichfalls dem Zugriff entzogen. Es war nämlich üblich geworden, Stückchen von dem mirakulösen Felsen abzubrechen und als heilsames Pulver oder Amulett nach Hause mitzunehmen. Diese Bruchstücke galten als bewährtes Mittel gegen alle möglichen Gebrechen, und die mittlerweile im Stil von Reklameschriften gehaltenen Pilgerbücher verkündeten:

Verwirrten Verstand erheiteret Heiligste Dreyfaltigkeit oder *Aussatz / Dippel / Geschwär und Suchten heilet Heiligste Dreyfaltigkeit.* Als Beispiel sei die Geschichte der Jungfrau Theresia Reisinger aus Wien angeführt, der 1739 von gottlosen Leuten mittels eines „Hexen-Schusses" Geschwüre ins Gesicht gezaubert worden waren. Als ein Stück des Ursprungsteins auf die Gewächse gelegt wurde, brachen diese auf und so ist Theresia *den gewissen Tod entrissen und von der Heiligsten Dreyfaltigkeit alle Macht teuflischer Bosheit zernichtet worden.* Den gewinnbringenden Verkauf dieser heilsamen Medizin wollte sich aber die Geistlichkeit selber sichern, und so wurde der Stein vergittert mit dem Vorwand, es solle das „Getös" vermieden werden, das in der Kirche entstand, wenn sich hinten jemand ein Stück von dem Wunderding abschlug.

In der grandiosen Kirche vom Sonntagberg, einem der vollkommensten Bauwerke des Landes, ist in der linken hinteren Ecke der Zeuge des urtümlichen, an dieser Stätte betriebenen Kultes erhalten geblieben, der Felsblock mit dem schlafenden Hirten. Es ist eine reizvolle barocke Inszenierung, die ihre Wirkung auf die Besucher nicht verfehlt. Aber es ist eben eine Inszenierung, die Verkleidung eines Denkmals aus der Vorzeit, das man nicht restlos zu entfernen wagte, aber dafür anmutig verhüllte, so wie ehrwürdige mittelalterliche Kirchen mitunter verkleidet wurden durch eine glanzvolle Barockisierung.

i Man erblickt den Berg schon von der Autobahn aus (Abfahrt „Amstetten-West"). Die sehr gut ausgebaute Straße zweigt knapp vor Waidhofen an der Ybbs ab (Ortschaft Rosenau). In der Nähe der Wallfahrtskirche liegt im Wald der „Türkenbrunnen". Pfarramt, Tel. 07488/2585

Im Land um den Sonntagberg wird an unzähligen Häusern und Bildstöcken das dortige Gnadenbild wiedergegeben

Engelsprozessionen werben für den Wallfahrtsort

Maria Taferl

Gab Maria Taferl den Namen: der Stein aus Granit, dessen kultische Bedeutung weit in die Zeit vor der Entstehung der Wallfahrt zurückreicht.

„Bußweg" heißt der Aufstieg von Marbach an der Donau auf den Taferlberg. Wenn auch viele Wallfahrtsorte auf weit elendigeren und längeren Steigen zu erreichen sind als Maria Taferl, so ging doch auch dieser dreiviertelstündige Pfad über die freien Wiesen, welche einst dem Weinbau dienten und auf welche die Sonne niederbrennt, dass Gott erbarm, manchem Pilger gehörig in die Beine. Aber zu einer richtigen Wallfahrt gehörte es sich früher nun einmal, Mühsal auf sich zu nehmen. Wer Erlösung suchte, musste Plagen ertragen, so auch am Weg zur Schmerzhaften Mutter von Maria Taferl. „Die Welt hat wollen in Schmerzen erlöst sein", das ist der Schlusssatz und das Resümee aus den Geschehnissen, die nach dem Roman einer österreichischen Schriftstellerin zur Entstehung des Wallfahrtsortes geführt haben. Ob die Welt allerdings in Schmerzen erlöst sein „will", das ist die Frage, oder ob nicht das Wort „muss" besser angebracht wäre. Aber das ist schließlich der Gedankengang der Dichterin, und wenn der Wallfahrer mit einer gewissen Erschöpfung oben angelangt war vor der breiten Kirchenfront und eintrat in das kostbar ausgestattete Innere, dachte er wohl, es solle so sein, dass man sich alles Gute und Rechte mit Mühen zu erwerben hat. Nur so gewinnt man dafür die richtige Einstellung.

Auch die erwähnte Dichterin Enrica von Handel-Mazzetti hat die Geschichte der Gnadenstätte als eine Verkettung von menschlichen Tragödien, Verirrungen und Schicksalen geschildert, aus der nicht einmal das Ende des Buches herausführt. Es wäre interessant zu erfahren, was sich die Männer, die in barocken Bildern als die Urheber des Heiligtums vorgestellt werden, wirklich gedacht haben, welche Gesinnung sie hatten und was sie angetrieben hat, ob es tatsächlich Frömmigkeit war oder fremde Beeinflussung, Devotion, Ehrgeiz oder Täuschung. Wir wissen es nicht, denn es gibt nur die offiziellen und approbierten Darstellungen der Geschichte. Alles andere wurde unterdrückt, und es ist unwahrscheinlich, dass jemals noch eine andere Version ans Licht kommt. Und doch gibt es etliche Punkte, die darauf schließen lassen, dass es sich nicht ganz so zugetragen hat, wie es die frommen Traktate weismachen wollen.

Der allererste Ursprung des Ortes ist der Taferlstein. Es handelt sich um eine Platte aus Granit, die für den Ort eine merkwürdige Bedeutung hatte. Nicht nur dass er von ihr den Namen erhielt, sie wird auch auf allen älteren Darstellungen exakt abgebildet und mitunter sogar mit der Aufschrift „Tafferl" oder „Täferl" versehen, so als ob die Leute nicht gewusst hätten, worum es sich handelt. Dies ist aber ganz unwahrscheinlich, denn es wird berichtet, dass im 16. Jahrhundert die Pfarre Kleinpöchlarn jährlich am Ostermontag einen Bittgang dorthin unternahm. Beim Taferl genossen die Teilnehmer ihre Speisen und den mitgebrachten Wein. Daraus haben nun verschiedene Forscher geschlossen, es müsse sich ganz bestimmt um einen keltischen Opferstein gehandelt haben, an dem in der Vorzeit Sippenmähler stattfanden. Freilich gibt es nicht den geringsten Beweis für so alte Bräuche und auch keine Funde aus der Vorzeit. Es bleibt also nur die Tatsache, dass dem Ort schon vor den mirakulösen Ereignissen, mit denen die Wallfahrt begründet wurde, kultische Bedeutung zukam. Der Stein wurde 1736 an den heutigen Platz neben der Kirche gebracht, wobei eine merkwürdige steinerne Balustrade um ihn herum gelegt wurde. Sie verhindert, dass man den Stein intensiv be-

Malerisch thront Maria Taferl über dem großen Strom und dem Uferort Marbach.

rühren kann. Sie kann auch nicht zum Sitzen verwendet werden, sie hat offenbar nur den Zweck, die Pilger von der Verehrung des alten Kultgegenstandes abzuhalten.

Denn ob der Stein keltisch ist oder nicht – ein heiliger Platz war die Stelle beim Taferlstein allemal, und alles was in der Folge geschah, sollte die Stätte zu einem christlichen Wallfahrtsort umformen, und zwar zu einem berühmten und besuchten, was auch bestens gelungen ist. Vermutlich war es ein erster Schritt dazu, dass an einem neben der Granitplatte stehenden Eichenbaum ein Kruzifix angebracht wurde. Und dann passierte die höchst merkwürdige Geschichte des Holzfällers Thomas Pachmann aus Krummnußbaum.

Der Mann war seit etwas mehr als zwei Monaten als Viehhüter der Gemeinde angestellt, als er am 14. Jänner 1633 die Fluren durchstreifte, um sich Brennholz zu verschaffen. Er kam zu der Eiche, setzte die Axt an, und sofort ging sie abgleitend in sein Bein. Er versuchte es noch einmal und hackte sich dabei in den zweiten Fuß, und zwar so arg, dass ihm die Sehnen heraushingen und das Blut fingerdick aus der Wunde quoll. Verzagt blickte er nach oben und bemerkte das Kruzifix, worauf er Gott um Verzeihung bat. Sogleich hörte die Blutung auf, er konnte heimgehen und spürte nach drei Wochen keinen Schmerz mehr.

Bei der Pachmann-Episode müssten eigentlich auch die wundersüchtigsten Hörer die Stirn gerunzelt haben. Ein armer Hirte darf den mächtigen Baum so ohne weiteres umhacken? Ein Einheimischer kannte die Kultstätte nicht? Er kommt zur Eiche und beginnt einfach zuzuhacken, als ob es sich um eine dünne Esche handeln würde. Er gab zwar an, er habe sich von der Ostseite genähert und das Bild habe nach Westen geblickt, doch bevor man an ein so aufwendiges Werk geht, wird man sich doch den Baum erst einmal gründlich anschauen. Er hatte zuvor ja doch auch festgestellt, dass es daran nur noch zwei grüne Äste gab.

Hat also jemand den Pachmann angestiftet, den Kreuzbaum zu fällen? Die Fall ereignete sich immerhin in einer Zeit der religiösen Auseinandersetzungen. Oder wollte jemand alte Bräuche bei der Eiche und beim Taferl abschaffen? Oder wurde die wunderbare Geschichte erst später erfunden, um den neuen Gnadenort in Schwung zu bringen?

Manches spricht für die letzte Version, denn nach dieser doch recht auffälligen Wundergeschichte passierte zunächst gar nichts. Im Gegenteil, das Kreuzbild verfiel und im Jahr 1642 ersetzte es Herr Alexander Schinagl aus Krummnußbaum durch eine Marienfigur. Damit tritt jener Mann auf, der als Urheber des Gnadenortes angesehen werden sollte. Schinagl war erstens eine lokale Respektsperson, er amtierte als Forstaufseher und Richter. Zweitens war er psychisch auffällig. Er litt an Depressionen mit Suizidtendenzen. Er konnte die Donau nicht ansehen, ohne versucht zu werden, sich zu ertränken, und der Anblick von Messern löste ähnliche Gedanken aus. Nachdem er die Figur im Baum postiert hatte, fühlte er sich wohler und wendete von da an *unverdrossenen Vleiß, Bemuehung und Eyfer* auf, um den Ort als Wallfahrt zu propagieren. Ob er dies aus eigenem Antrieb tat oder ob kirchliche oder weltliche Autoritäten hinter seinen Bestrebungen standen, wissen wir nicht.

Ab 1658 wurden wunderbare Heilungen und Lichterscheinungen gemeldet, auch

Fresken in der Wallfahrtskirche: Links stellt Alexander Schinagl das Gnadenbild in den Baum, rechts wird der Unfall des Thomas Pachmann gezeigt.

auffällige Sterne erglänzten über der Eiche. Drei Jahre lang, von 1659 bis 1661 wurden geheimnisvolle Gestalten beobachtet, welche zum Taferlberg flogen oder zogen, weißgekleidet, glänzend, mit Fahnen, geleitet von Ministranten und Priestern. Sie wurden später als die „Engelsprozessionen" eine Spezialität des Gnadenortes und auf mehreren Deckengemälden dargestellt, auch am Hochaltar. Sogar auf dem Ortswappen wird an sie erinnert. Selbst moderne Berichte betonen „das Grandiose der Erscheinungen" und reflektieren über die Gründlichkeit und die Objektivität, mit der die Zeugen dieser Phänomene einvernommen wurden. In Wirklichkeit war Alexander Schinagl persönlich unter den Kommissären, welche die Vorkommnisse untersuchten. Er drängte ebenso wie der Vorsitzende darauf, dass an einem so ausgesuchten heiligen Ort eine Kirche gebaut würde. Fast alle aufgebotenen Zeugen für die Visionen kamen aus dem regionalen Einflussbereich dieser Leute. Schinagl befestigte eine *Pixen* für Spenden an den Baum, errichtete zunächst eine hölzerne Kapelle, berichtete von Besuchern, die öfters kommen würden, wenn es nur eine anständige Kirche gäbe, und richtete eine Relation nach der anderen an die kirchliche Obrigkeit. Nachdem 1660 der Grundstein für den Bau des Gotteshauses gelegt worden war, hörten die Engel allmählich auf, zum Taferl zu pilgern. Vielleicht hing dies auch damit zusammen, dass gerade zu dieser Zeit der Motor des Ganzen, Alexander Schinagl, das Zeitliche segnete.

So ist vieles an der Geschichte des Gnadenortes Maria Taferl recht durchsichtig und wenig glaubhaft. Und doch hat der Ort eine Anziehungskraft sondergleichen, die bis heute anhält, auch wenn kaum mehr jemand auf die grobgestrickten Mirakel aus der Zeit des Alexander Schinagl anspricht. Es ist wie mit dem berühmtesten Wallfahrtsort der Christenheit, dem des Apostels Jakobus von Compostella. Nicht leicht wird dort jemand die Ursprungslegenden ernst nehmen, die Geschichte von dem Boot, das ohne Ruder, Steuer und Segel über die ganze Länge des Mittelmeers von Palästina nach Spanien durchschiffte, die Sage von dem Stein, der sich von selbst auftat und den Leichnam des Heiligen aufnahm, und die Erzählung von der wunderbaren Auffindung der Gebeine. Und doch zieht es jährlich viele Tausende dort hin, die mit tiefer Befriedigung wieder heimkehren aus einem Ort, der den Sinn und das Gemüt anspricht. So scheint es auch in Maria Taferl zu sein. Vielleicht ist es die Aura des Ortes, zu dem schon vor vielen Jahrhunderten die Menschen betend zogen und sich am Taferlstein stärkten, vielleicht die verdichtete religiöse Stimmung, die hier herrscht, vielleicht kann man hier wirklich leichter Zugang zu Himmel und Heiligen finden. Die Mühen gehören dazu, um den Ort recht zu erleben. Vielleicht darf auch das Menschliche, das allzu Menschliche nicht fehlen.

i **Von der Autobahn kann man entweder beim Kraftwerk Persenbeug (Ausfahrt „Ybbs") oder über die Pöchlarner Brücke (Ausfahrt „Pöchlarn") die Donau überqueren. Dort ist dann die Auffahrt beschildert. Maria Taferl ist auch ein Tourismusort mit beachtlicher Gastronomie. Pfarramt, Tel. 07413/278**

Der charakteristische Turm der Kirche von Hoheneich

40

„Stehet still und sehet das große Wunder!"

Hoheneich

In Hoheneich nahe Gmünd dreht sich die Wallfahrt um eine alte Tür. Abgewetzt und mit verschlissenem Holz hängt sie ohne praktische Verwendung in einer Ecke der Kirche, aber ihre Bezeichnung als Mirakeltüre weist auf Besonderes hin. Dreimal wird das Wunder, das sich an ihr ereignet hat, in altertümlicher Sprache und Schrift im Gotteshaus geschildert, „dem dreieinigen Gott zu ewigem Lob und Dank für solche Gnad, die den Menschen zuteil geworden".

Das im Nordosten des Waldviertels gelegene Dorf hat offenbar schon im späten Mittelalter als Wallfahrt gegolten, ohne dass genau bekannt ist, worauf dies zurückgeht. Vielleicht war es ein altes Baumheiligtum, zumindest lässt dies der Ortsname vermuten. Zu Anfang des 17. Jahrhunderts stand die Gegend unter der Herrschaft des Grafen Ernst von Kollonitsch, eines kämpferischen Protestanten. Er ließ die Kirche absperren, der Pfarrer wurde abgesetzt, und doch kamen nach wie vor Pilger, holten sich den Schlüssel und verrichteten im Gotteshaus ihre Andacht. Für den 8. September 1621, dem Geburtstag der heiligen Maria, war wiederum eine große Prozession angesagt, Wallfahrer aus Naglitz, einem heute in Tschechien gelegenen Ort. An diesem Tag

Die „vermauert gewesene Kirchenthüre, welche sich am Feste Maria Geburt 1621 bey Ankommen der Wahlfahrter von selbst geöffnet hat" ...

wollte, wie es in dem erwähnten Mirakelbericht heißt, *der Herr Himels und der Erde durch ein auffallendes Wunder* zeigen, *wie angenehm und wohlgefällig Ihm dergleichen Wallfahrten sind.* Der Graf, „ein abgesagter Feind dieser Andachten", entschloss sich, die katholische Veranstaltung zu hindern. Er begnügte sich nicht damit, die Herausgabe des Schlüssels zu verweigern, sondern ordnete an, die Kirchentüre von innen durch eine Mauer zu verrammeln, was so gründlich geschah, dass *die Arbeiter genöthiget waren, bei denen Kirchenfenstern heraus zu steigen.* Er selbst versteckte sich „mit seinen Pastoren" hinter einer Kapelle, die neben der Kirche lag, um sich an der Verlegenheit der ausgesperrten Katholiken zu ergötzen. Diese kamen *in der schönsten Ordnung u. mit der größten Andacht*, der *Knab, der das Fähnlein trug*, berührte nach alter Sitte damit die Tür und – „Stehet still und sehet das große Wunder, das der Herr heute wirken wird. Exod 14" – sogleich sprang das Tor auf und die dahinter befindliche Mauer fiel zusammen. Der Herrschaftsbesitzer kam zum Nachdenken, die unbelehrbaren Pastoren vertraten freilich die Ansicht, der Teufel habe seine Hand im Spiel gehabt. Sie wurden aber „augenblicklich verabschiedet" und der Graf „ging in Kürze danach samt seinen sämtlichen Unterthanen von dem lutherischen, zu dem wahren und allein seligmachenden Glauben über".

Die Geschichte ist ganz im Stil eines wehrhaften katholischen Triumphalismus gehalten. Die Anhänger des siegreichen Glaubens malten sie in eindrucksvoller Farbtönung aus. Dass es dem wohlgeborenen Grafen nicht zu blöde war, sich zu verstecken, um die langen Gesichter der Wallfahrer zu sehen, dürfte beispielsweise eine Zutat sein, um die Niederlage der Lutheraner komplett zu machen. Auffällig ist vor allem die Tatsache, dass das Ereignis nicht zu einer Zeit stattfand, als der Protestantismus das Land Niederösterreich fest im Griff hatte, sondern 1621, als er sich infolge eindrucksvoller kaiserlicher Siege schon schwer in der Krise befand. Exakt zehn Monate vor dem Hoheneicher Mirakel waren die aufständischen Protestanten am Weißen Berg bei Prag geschlagen, am 21. Juni 1621 waren ihre Anführer hingerichtet worden. Die Gegenreformation setzte auch in Niederösterreich ein, und in dieser Phase verlief sie ungemein brutal. Die Katholiken hatten also damals bereits Oberwasser, und der kecke Graf Kollonitsch, der es in dieser kritischen Situation noch wagte, sie zu ärgern, hatte allen Grund, eiligst seine Konfession zu wechseln, sonst hätte ihm Enteignung und Ausweisung, wenn nicht Schlimmeres gedroht. So aber wurden er und seine Nachkommen ein besonders frommes Geschlecht. Ein Sohn brachte es zum Kardinal, berühmt als einer der Helden der Wiener Türkenbelagerung von 1683, berüchtigt als scharfer Gegner der Juden und Protestanten. Ein Enkel wurde der erste Fürsterzbischof von Wien.

Nun scheint es, als würden solche erstaunlichen Vorkommnisse wie die von der Hoheneicher Mirakeltür nirgendwohin besser passen, als in das Waldviertel. Es ist das alte Land der Wunderheiler, Wünschelrutengänger und Spurensucher. „Mystisches Waldviertel", das ist heute schon genauso ein Markenbegriff wie das „Heilige Land Tirol". Ein populärer Werbeprospekt der Tourismusregion fordert zum Besuch von zweiundfünfzig Opfersteinen, Druidentreffpunkten, geheimen Orten und unerklärlichen Anlagen auf. „Das Land zwischen Wahrheit und Traum", so beschreibt der Autor eines einschlägigen Werkes seinen Eindruck vom kühlen Norden Österreichs.

Wer von Wien kommend auf der Schnellstraße nach Gmünd fährt, wird die Gegend eher als nüchtern, offen und ein wenig eintönig empfinden. Wenn er sich aber näher mit ihr befasst und da und dort auf Steine stößt, die Wasserschalen und sonstige Vertiefungen tragen, und wenn er die volkstümlichen Erklärungen dafür vernimmt, kann er leicht der Romantik des Mystischen verfallen. Dann kann es passieren, dass einem poetisch veranlagten Autor Sätze in die Feder fließen, wie sie einem Kultstättenbuch zu entnehmen sind: „Es heißt, dass hier nachts die Natur zu leben beginnt, dass Unsichtbares sichtbar wird, Nebelfrauen, Zwerge und Nymphen Gestalt annehmen. Auch von alten Steinkulten an geheimnisvollen Orten ist die Rede, wo gelegentlich gespenstige Lichterscheinungen beobachtet worden sind". In Wahrheit ging es darum, dass an diesen die Phantasie anregenden Orten auch das Volk um Erklärungen rang, wenn es etwa auf den Feldern, die das Dort Eisgarn umgeben, vor einem gewaltigen flachen Granitblock stand, der oben ein zweieinhalb Meter langes und einen halben Meter tiefes Becken aufweist. Man einigte sich schließlich darauf, dass ein überirdisches Wesen da gesessen sei und seine Abdrücke hinterlassen habe. Dieses wurde dann mit dem heiligen Koloman identifiziert, der am Weg zum Heiligen Land bekanntlich verschiedene Gegenden durchstreift hat. Warum sollte er nicht auch in Eisgarn vorbeigekommen sein? Man baute eine barocke Kapelle auf das Steinbild, setzte eine Figur des Heiligen hinein und so kam es zur Bildung eines Wallfahrtsortes, der nicht zuletzt bei den Mädchen in Ansehen stand. Es ging das Gerede, sie würden recht sauber, wenn sie sich des Nachts hier ihr Gesicht waschen. Noch wirksamer war der Besuch beim heiligen Koloman, wenn sie einen Besen opferten. Dazu galt das Wasser in der Schale auch als heilsam für kranke Füße und Augen. Fasziniert vernahmen die ersten Forscher, die sich mit solchen Gebräuchen befassten, diese Erzählungen, und da sie sich gleichzeitig auch in die germanische Vergangenheit ihrer Volksstämme vertieft hatten, wussten sie es gleich: Das war in Wahrheit nicht Koloman gewesen, sondern Wodan, der ewige Wanderer, der auch des Heilens kundig war, besonders was Augen und Füße betrifft. Mit dem Germanengott bekam das Ganze schließlich sogar einen ideologischen Anstrich.

Es soll hier aber nicht den Rätselfreunden der Appetit auf das Waldviertel verdorben werden. Es ist da immer noch genug zu entdecken. Die Liste des Tourismusverbandes mit ihren zweiundfünfzig mystisch anmutenden Örtlichkeiten ist bei weitem nicht vollständig, nicht einmal der bedeutsame Kolomanistein wird darin angeführt. Es gibt tatsächlich ein Reihe von Plätzen, die nicht gedeutet sind, oder soll man sagen: die noch nicht gedeutet sind. Bei Marbach im Wald, einem Ortsteil von Zwettl, findet sich eine Baulichkeit, die schlicht als Ruinenanlage bezeichnet wird. Sie passt in kein gängiges Schema, weder in das eines Wachtturmes noch in das einer Wehranlage, obwohl sie von einer Mauer und von einem gangartigen Hohlweg umschlossen ist. Außenrampen führen auf ein Plateau, was für einen Befestigungsbau höchst ungewöhnlich wäre. Im Inneren gibt es ein schönes Rundbogengewölbe. Die auffällige Steinmasse wird in keiner einzigen Urkunde genannt, als hätte man sie gemieden. Wenn sie heute gelegentlich als „Kultstätte, vermutlich keltisch" bezeichnet wird, so lautet der Kommentar: kann sein, wahrscheinlich wird es aber nicht so sein. Ein ähnliches Gebilde steht im nahen Neustift, ein in Stufen aufgebauter Rundturm von sechs Meter Höhe, dessen Sinn und Zweck sich heute ebenso wenig erschließt wie sein Alter. Oder die steinerne Stube und das Frauhaus in Großschönau: Hier sollen drei Frauen gehaust haben. Handelt es sich um die drei Matres, keltische Muttergöttinnen, und geht die Anlage mit ihren Sagen weit auf die keltische Zeit zurück? Die mächtigen Granitblöcke zeigen jedenfalls Spuren der Bearbeitung durch Menschenhand.

Hoheneich wirkt nicht so geheimnisvoll. Die Dorfkirche ist in lebensfrohem Barockstil gehalten und ausgeziert, und zwar in einem Barock der späteren Sorte, das sich schon dem nüchternen Klassizismus nähert. Die Deckengemälde, wenngleich aus dem 19. Jahrhundert stammend, lösen den Raum auf und machen ihn noch weiter, als er schon ist. Mystisch ist nur die Mirakeltür in ihrer Ecke, und noch etwas: Auf einem der Seitenaltäre unter einer Statue der Schmerzhaften Muttergottes findet sich ein kleiner Glaskasten, darin steckt, überreich mit filigranen Verzierungen geschmückt, ein eiserner Nagel, offenbar ein verehrter Gegenstand. Daunter liest man: „Dieser Nagel ist an dem heiligen Nagel angerührt". Wieder ein Fragezeichen im Waldviertel. Die rechte Antwort dürfte lauten: Die Verehrer des heiligen Nagels wissen Bescheid, und den anderen kann die Sache im Prinzip gleichgültig sein!

i Hoheneich liegt nahe bei Gmünd, dem nordwestlichen Grenzort Niederösterreichs gegen Tschechien. Dort findet man die sehenswerte Blockheide.
Pfarramt, Tel. 02852/52395

41

Die Blutkirche und ihre Geschichte

Pulkau

Das eindrucksvolle Bild der Stadt Pulkau: vorne die Blutkirche, dahinter die Pfarrkirche St. Michael, rechts der mittelalterliche Karner

Es gibt im niederösterreichischen Weinviertel einen Ort namens Pulkau, der mit zwei geräumigen Gotteshäusern aufwartet, der würdigen romanischen Pfarrkirche St. Michael, die zusammen mit einem großen Karner auf einem Hügelzug liegt und das Bild der Siedlung beherrscht, und dem eigenartige Bau, der aus der Kernzone des Ortes aufragt und den düsteren Namen Blutkirche führt. Hinter dem Rathausplatz mit seinen heiteren, wie in Weinlaune geschaffenen Fassaden ragt kantig und nüchtern ihr viereckiger Turm auf, und wer in der engen Kirchengasse vor ihrer Westseite steht, dem fällt etwas Grobes, Ungefügtes auf. Wenn er aber eintritt, umfängt ihn die kristallene Klarheit eines schönen gotischen Raumes. Hoch und schlank steigt er auf, wie es sich für diesen Stil gehört, große Fenster machen ihn licht und ganz vorne erstrahlt ein mächtiger Flügelaltar mit goldgefassten Schnitzereien und farbenfrohen Bildern. Da wird das Herz des Besuchers weit, er sehnt sich nach der Denkart einer Zeit, die so innige und perfekte Kunstwerke hervorbrachte und die eine Ära der reinen frommen Gesinnung gewesen sein muss.

Wer so denkt, fällt einer gewaltigen Mystifikation zum Opfer. Die Blutkirche ist das Denkmal eines Verbrechens und wurde erbaut zur Glorifizierung dieses Verbrechens. Der düstere Name und die düsteren Motive decken sich. Was herauskam ist allerdings eine Spitzenleistung christlicher Kunst von nennenswerter Qualität.

Im 14. Jahrhundert war Pulkau ein aufstrebender Ort. Die günstige Lage in einer offenen, fruchtbaren Landschaft, durch welche die wichtigen Straßen nach Böhmen führten, brachten ihm Wohlstand, wenn auch nicht Sicherheit, da er sich bei jeder kriegerischen Auseinandersetzung mitten im Aufmarschgebiet befand. Immerhin ist es nur einem unglücklichen Zufall zuzuschreiben, dass Pulkau nicht schon damals zur Stadt erhoben war. Retz wurde ihm vorgezogen und entwickelte sich zum Zentrum der Region.

In dieser Zeit der Konjunktur ließen sich auch etliche Juden in Pulkau nieder, sie betrieben in dem wohlhabenden Markt Handel und Geldgeschäfte. Jüdische Kaufleute genossen damals den Schutz des österreichischen Herzogs und galten in einem labilen und im Grunde recht unfairen System als seine „Kammerknechte", das heißt, er durfte sie mit der „Judensteuer" und anderen Abgaben belasten. Sie wieder, die außerhalb der christlichen Rechtsordnung standen, waren befugt, Zinsen für verliehene Gelder zu verlangen und Pfänder zu nehmen. Sie schröpften dabei ihre christliche Kundschaft, teils zum eigenen Nutzen, teils um die hohen Forderungen des Landesherrn erfüllen zu können. Der Herzog war am Bestand dieser Einnahmequelle interessiert und verbot in einem 1244 erlassenen Gesetz alle Attacken auf seine Schützlinge, doch wie der Schutz gedacht war, ersieht man etwa aus Punkt neun dieser Verordnung: Ein Christ, der einem Juden eine Wunde zufügt, hat an den Betroffenen 12 Mark Silber zu zahlen und ihm die Behandlungskosten zu ersetzen. An die herzogliche Kammer hat er aber 12 Mark Gold zu entrichten, sozusagen weil er Kammereigentum beschädigt hat. Die Position der Juden war in diesem System deswegen labil, weil sich die Wut der Schuldner und der Geschröpften nicht gegen den Herrscher richtete, der sich auf seine von Gott gegebene Autorität und auch auf die wirksame Staatsgewalt berufen konnte, sondern gegen die Geldverleiher. Mit denen taten sie sich relativ leicht, denn die Kirche hatte sie zu Feinden und Mördern des Erlösers erklärt. Dass sie im christlichen Abendland als einzige einer fremden Religion oblagen, bedeutete ein Ärgernis. Sie wurden außerhalb des Sozialgefüges angesiedelt und diskriminierenden Vorschriften unterworfen. So waren die Juden in doppelter Weise verhaßt, als Gläubiger und als Ungläubige; immer wieder entlud sich dieser Widerwille, und wenn es ganz arg wurde, entschloss sich der Herzog zu so genannten *Tödtbriefen,* das heißt, dass die Schulden, welche die Christen bei Juden hatten, annulliert wurden. Wenn es noch schlimmer kam, gab es Pogrome und grausame Verfolgungen.

Die „kristallene Klarheit eines schönen gotischen Raumes" – im Inneren der Blutkirche

Massiv gefördert wurde der Judenhass, als die Lehre von der Gegenwart Christi in der Hostie ein zentraler Punkt der Theologie wurde. Allzuviel konnten sich die einfachen Leute darunter nicht vorstellen, das Thema bedurfte der Konkretisierung. So erzählte man sich von Erscheinungen des Christkindes, das plötzlich statt des Sakramentes auf dem Altartisch lag, von geweihten Broten, die so schwer wurden, dass man sie nicht mehr aufheben konnte, und von Hostien, aus denen wahrhaftig das Blut des Erlösers floss. Hier waren vor allem die Juden dran, denen solche erregende Untaten zugeschrieben wurden. Ein Motiv, das wesentlich bequemer zu handhaben war als die auch immer wieder behauptete Ermordung unschuldiger christlicher Kinder zu rituellen Zwecken.

1294 kam das erstemal in Österreich ein derartiges Gerücht auf und zwar in Laa an der Thaya. 1305 folgte der weit größere und folgenreichere Skandal von Korneuburg. Der Jude Zerklin soll einem „einfältigen Christen" eine Hostie abgeluchst und allen möglichen Unfug mit ihr getrieben haben, bis sie schließlich zu bluten begann. Da warf er sie auf den Boden und trat sie mit Füßen. Das so malträtierte Opferbrot wurde von einem Bäckerburschen gefunden, worauf über die Juden ein fürchterliches Strafgericht hereinbrach. Für den Vorfall interessierte sich auch der Herzog, denn es ging schließlich um die Einnahmsquelle seiner Kammer. Er ließ eine Untersuchung einleiten und prompt stellte sich heraus, dass ein Priester eine ungeweihte Hostie auf die Schwelle des Judenhauses gelegt hatte. Ungeachtet dessen pilgerten die Leute weiterhin zu der wunderbaren Oblate, und heute erhebt sich dort die Gottesleichnamkirche, die wegen der wertvollen Fresken von Franz Anton Maulpertsch eine Sehenswürdigkeit in der Nähe von Wien darstellt.

Der Schauplatz der nächsten derartigen „Untat" war Pulkau. 1338 fiel das christliche Osterfest mit dem jüdischen Passah zusammen und ausgerechnet an diesem heiklen Termin tauchte bei einem Juden eine blutige Hostie auf. Sie wurde in einer feierlichen Prozession in die Pfarrkirche übertragen und inbrünstig verehrt. Außerdem wurden in ganz Böhmen, Mähren und in Österreich die Juden samt ihren Frauen und selbst den Wickelkindern aufgegriffen, niedergemetzelt, ja ausgerottet.

Was war geschehen? Hundertprozentig wissen wir es nicht, aber den zeitgenössischen Quellen ist zu entnehmen, dass mit hoher Wahrscheinlichkeit ebenso ein Betrug vorlag, wie damals in Korneuburg. Die Annalen des Stiftes Zwettl, das relativ nahe beim Ort des Geschehens lag, sprechen nur davon, dass im Haus eines Juden eine blutige Hostie gefunden wurde. Vermerke in entfernteren Klöstern wissen, dass die Ungläubigen den Leib des Herrn entehrt hätten. Ein Rapport des Herzogs an den Papst berichtet hingegen nur davon, dass die Hostie vor dem betreffenden Haus aufgefunden wurde und dass das Volk verlangt habe, sie in der Kirche zur Verehrung auszustellen. Dazu gibt es eine weitere Urkunde mit Andeutungen, ein in Not geratener Priester habe sie mit Blut besprengt und den Juden unterschoben. Außerdem tauchten erhebliche Zweifel auf, ob die Hostie überhaupt konsekriert war, also tatsächlich den Leib Christi verkörperte.

Je mehr die Zeit verging, umso erschröcklicher wurde der Frevel der Gottesfeinde ausgemalt. Das Heilige Brot, das ihnen der leichtfertige Mesner von Retz verschafft hatte, sei von Hand zu Hand verschachert worden. Sie hätten es dann auf einen Tisch gelegt und mit Messern darauf eingestochen. Da habe es zu bluten begonnen und über ihnen sei ein schwebendes kleines Kind erschienen. Sie warfen die blutende Hostie in einen Brunnen, doch färbte sich das Wasser rot, worauf sie es den Schweinen zum Fressen gaben. Diese aber fielen auf die Knie nieder, und da endlich gewahrten die Christen, was für ungeheure Lästerung vor sich ging. Sie holten die Geistlichen, welche das misshandelte Sakrament in die Kirche brachten. Diese Geschehnisse wurden in Bildern vorgeführt, auch am Flügelaltar gab es zwei künstlerisch wertvolle derartige Darstellungen, die erst in allerjüngster Zeit entfernt wurden. In der Blutkirche, die voller Eifer um 1380 zu bauen begonnen wurde, aber aus nicht ganz geklärten Gründen unvollendet blieb, verehrte man den Brunnen, in dem das hochwürdigste Gut geschwommen war, Pilger kamen und von Wundern wurde berichtet. Alle gingen weg voller Devotion, aber wohl auch voll Unwillen auf die Juden, welche so unglaubliche Missetaten vollbracht hatten.

Ist das alles ein Argument gegen die Religionen und gegen die christliche Religion im Speziellen, welche die Gruppen gegeneinander aufhetzen und Zwietracht unter den Menschen säen? Die Antwort gibt die Christusfigur des Hochaltars, die dem Meister hervorragend gelungen ist, eine Gestalt voller Güte und Offenheit, die nicht das Sein des Christentums wiedergibt, sondern seinen Anspruch. Sie stellt den Stifter der Religion vor, der Toleranz und Barmherzigkeit verkündete und selbst in den Qualen des Todes noch um Vergebung für seine Verfolger betete. Er leidet nicht nur selber, sondern sein Ausdruck zeigt, dass er das Leid der Welt auf sich nimmt, auch die Irrungen und Unduldsamkeiten seiner Anhänger, die heraufreichen bis in unsere Zeit, wo noch 1963 ein Priester über die Pulkauer Geschehnisse das folgende Resümee zog: „Gott ließ aber diese Schmach, die man seinem Sohn im heiligsten Sakrament zufügte, nicht ungestraft geschehen“, während Chaim Eisenberg, der Oberrabbiner von Wien, mit Recht feststellte: „Das einzige Blut, das 1338 in Pulkau floß, war das Blut der Juden“

i Der auch durch seinen Wein bekannte Ort liegt mitten im nördlichen Niederösterreich, etwa zwischen Horn und Eggenburg einerseits und Retz andererseits. Pfarramt, Tel. 02946/2232-0

Die zentrale Christusfigur am Hochaltar (um 1520) zeigt Größe und wahre Menschlichkeit.

Der Ort, an dem heute die Wallfahrtskirche steht, war immer ein markanter Punkt an einer wichtigen Straße.

42

Wie ein Rastplatz zum Wallfahrtsort wurde

Maria Dreieichen

Dem Kürschnermeister Matthias Weinberger aus Horn ging es gesundheitlich schlecht und er rief alle Heiligen um Hilfe an. Tatsächlich kam ihm vor, es sei ihm im Traum aufgetragen worden, dass er an einem bestimmten Ort eine in seinem Haus verwahrte wächserne Marienstatue zur öffentlichen Verehrung aufstellen solle. Wenn er das täte, werde er gesund. Natürlich versprach er es und fühlte sich gleich besser. Wie es schon so geht, hielt er das Ganze hinterher für eine Einbildung und vergaß sein Gelübde. Da kam er mit Handelsware an den angezeigten Ort, rastete und erhielt im Schlaf eine neuerliche Mahnung. Daraufhin trug er das Bild dorthin und es entwickelte sich in der Folge eine der bedeutsamsten und besuchtesten Gebetsstätten des Landes, Maria Dreieichen.

Die Örtlichkeit, die ihm angesagt war, befindet sich an einem markanten Punkt der Landschaft, nämlich an der Stelle, wo die von Horn nach Eggenburg führende Straße die Höhe des Molder Berges erreicht. Dort wuchsen dicht nebeneinander drei Eichen. Ein paar hundert Meter weiter geht es in ein schattiges Waldtal hinab, in dem ein heilsames Brünndl fließt und eine Höhle im Löß sich auftut.

Will man die Hintergründe der Entstehungsgeschichte dieser Wallfahrt ergründen, so hat man das Umfeld der Geschehnisse zu berücksichtigen. Horn, die Heimat des kranken Pelzmachers, etwa fünf Kilometer von Dreieichen entfernt, war eine Hochburg des Protestantismus gewesen. Die kämpferischen Puechheimer hatte dort das Regiment inne, sie versammelten immer wieder ihre evangelischen Gesinnungsgenossen und legten natürlich Wert darauf, einer Stadt vorzustehen, die der neuen Lehre ergeben war. Der Zeitgeist machte ihnen das nicht schwer. 1593 wurde mitten auf dem Hauptplatz eine ansehnliche protestantische Kirche erbaut, welche symbolträchtig die alten deutschen Architekturformen mit neuen Elementen vereinte. 1608 schlossen die Adeligen den Horner Bund, in dem sie ihre Selbständigkeit gegenüber den streitenden habsburgischen Brüdern Rudolf II. und Matthias nachdrücklich betonten und Ansätze machten zur Gründung einer evangelischen Landeskirche in Niederösterreich. Es war dies eine gar nicht so unbedeutende Etappe auf dem Weg zum Dreißigjährigen Krieg, denn die Stände von Niederösterreich und Böhmen schlossen sich in der Folge eng zusammen, die Böhmen erklärten den regulären Herrscher Ferdinand II. für abgesetzt und wählten einen eigenen Regenten. Sie erlitten aber am Weißen Berg bei Prag 1620 eine derartig schlimme Niederlage, dass der Habsburger in der Folge schalten und walten konnte, wie er wollte, und die Gegenreformation mit aller Härte durchzog.

Mit den protestantischen Adelsgeschlechtern wurde er leicht fertig, er hat sie enteignet, verurteilt und vertrieben. Die eingewurzelte Denkart einer eifrig neugläubigen Stadtbevölkerung auszurotten, war weit schwieriger. Zunächst ging man auch hier mit Gewalt gegen die „schädliche Ketzerei“ vor, aber nach dem Ende des Krieges verlegte man sich auf Überzeugungsarbeit, wobei es nicht ohne Gesinnungsdruck abging. Der neue Grundherr Graf Ferdinand Sigismund von Kurz ließ sich dazu allerhand einfallen. Der Orden der Piaristen wurde berufen, er bekam das alte Palais der Puechheimer zugewiesen. In der zugehörigen Kirche wurde ein mirakuloses Kreuz zur Verehrung aufgestellt, das aus Hildesheim kam, wo es die Protestanten schandbar misshandelt hatten. In der Raabser Vorstadt gründete er eine Tuchmachersiedlung, durchaus nicht nur aus sozialen oder merkantilen Motiven, sondern auch, um katholische Arbeiter ansiedeln zu können. Am Ende ihrer Gasse ließ er 1656 eine Kopie der Gnadenkapelle von

Mächtig erhebt sich die Kirche von Dreieichen über der Landschaft, die hier in die weiten Ebenen des Ostens übergeht.

Altötting erbauen. Es geschah dies in demselben Jahr, als dem Kürschner Weinberger seine Traumgesichte widerfuhren und man wird nicht viel raten müssen, von woher in Wahrheit die Anregung kam, an der frequentiertesten Stelle der Eggenburger Straße, offenbar an einem beliebten Rastplatz, eine wundertätige Madonna anzubringen.

Irgendwem war die neue Andachtsstätte ein Dorn im Auge, vielleicht den Protestanten, gegen die sich der pointierte Marienkult sowieso richtete, vielleicht Leuten, welche die drei Eichen und das Brünndl noch immer als Naturheiligtum aufsuchten. Jedenfalls wurden die Bäume, die schon von Anfang an viel Zulauf hatten, um 1675 angezündet, zumindest bestand starker Verdacht auf Brandstiftung, wenngleich in den Chroniken auch ein Blitzschlag nicht ausgeschlossen wurde. Nun nahm sich der Bürgermeister von Horn selber der Sache an, ließ anstelle der geschmolzenen Wachsarbeit eine neue Figur der Schmerzhaften Muttergottes anfertigen und stellte sie eigenhändig auf den Baum.

Hinter der Wallfahrtskirche führt eine Allee zu der Höhle, die den Namen des legendären Räubers Grasel trägt.

1700 stiftete der neue Grundherr Graf Hoyos eine Einsiedelei. Die Brüder sollten unter anderem wohl als Aufpasser fungieren, um neuerliche Schadensstiftung zu verhindern, und 1744 legte der Abt von Altenburg, Placidus Much, ein Mann von unverwüstlicher Baulust, im Einvernehmen mit dem Grafen den Grundstein zu jenem prächtigen Heiligtum, einem Schmuckstück in dem an hervorragender Barockarchitektur so reichen Land Niederösterreich.

Da es sich also sozusagen um eine von oben her verordnete Wallfahrt handelte, ist der Erfolg von Maria Dreieichen erstaunlich. Die gnadenreiche Altöttinger Kapelle in der Vorstadt von Horn fand überhaupt keinen Zulauf. Auch eine Brünndlkirche, die der Graf Kurz in Kamegg am Kamp begründete, war nicht gerade ein großer Renner. Zum Heiligtum am Molder Berg aber kamen schon bald die Pilger *en masse.* 1733, also noch vor dem Bau der Barockkirche, als noch eine schlichte Steinkapelle bestand, wird von fünfzigtausend Pilgern jährlich berichtet, fünfhundertfünfunddreißig Messen wurden im Jahr 1737 gelesen, nach dem Ersten Weltkrieg zählte man sechshundert Prozessionen. Die Leute kamen nicht nur aus der nächsten Umgebung, sondern vor allem auch aus Südmähren, das zwar nicht sonderlich weit entfernt ist, aber doch keine unmittelbaren Bindungen an dieses Gebiet hatte. Vielleicht mag dem Wallfahrtsort zugute gekommen sein, dass er sich als erste Station einer Wallfahrt nach Mariazell anbot, die man dann auch extra aufzusuchen begann. Ein Gemälde aus dem 19. Jahrhundert zeigt die südmährischen Wallfahrer in ihren farbenprächtigen Trachten, wie sie vor der Fassade der Kirche auf die Knie gefallen sind, ein fast fremdartiger Anblick. Die unseligen politischen Verwicklungen haben diese Verbindungen zerstört. Maria Dreieichen wurde zum Pilgerort der Heimatvertriebenen aus Südmähren, welche es als ihre „heimatliche Pfarrkirche" betrachteten. In sympathischer Weise meint dazu die Kirchenbroschüre aus dem Jahr 2000, hier könnten „Haß und Verbitterung über das angetane Leid der Vertreibung abgelegt werden, Wunden vernarben und die Verwurzelung in der neuen Heimat kann eine neue Motivation zur Begegnung und Versöhnung mit jenen sein, die jetzt ihre angestammte alte Heimat seit über fünfundfünfzig Jahren bewohnen". Damit könnte eine Stätte wie diese eine ganz neue Bedeutung erlangen, die hoffentlich auch angestrebt wird.

Maria Dreieichen ist aber von der Lage her tatsächlich ein besonders ansprechender Ort. Es liegt direkt an einer Bundesstraße, aber doch relativ einsam im Wald auf einer Anhöhe des Manhartsberges, an dem bekanntlich die großen Ebenen des Weinviertels beginnen, die sich fortsetzen in Mähren, in der Slowakei und in Ungarn. Gegen Westen schweift der Blick über das fruchtbare Land von Horn zur Rosenburg und nach Stift Altenburg, kulturellen Highlights von Österreich, das hier eine seiner Keimzellen hat. Das Kircheninnere hält sich harmonisch und hell, ein Bau aus der Endzeit des Hochbarock, als die finanziellen Mittel schon spärlicher flossen, der Wille, eine hochwertige Raumschöpfung zu hinterlassen, aber ungebrochen war. Er wirkt schlichter als die prunkvollen Stiftskirchen von Melk und Dürnstein, aber transparenter und erhält unvergleichliche Würde durch die Deckenfresken Paul Trogers und seiner Schüler. Ein apartes Werk ist der Hochaltar, der kein Bild enthält, sondern in dem sich über dem die Gnadenstatue umschließenden Kasten eine stilisierte Eiche mit einer Fülle von grünen Blättern aufbaut, entsprechend dem Motto, das über der Kirchentüre steht: „Grüne und blühe, liebe Eiche, zu Ehren der Schmerzhaften Mutter". Diese zeigt sich darunter, sie hebt den Kopf ihres toten Sohnes hoch und schmiegt ihre Wange an die seine, das schönste aller barocken Wallfahrtsbilder Österreichs, ein erlesenes Kunstwerk. Die Pilger umschreiten den Altar, sie finden dahinter die Reste der drei namengebenden Eichen, die demnach ziemlich dürftige Bäume waren, und eine voll geräumte Schatzkammer. Sie finden ferner in der Kirche Hinweise auf die slawischen Besucher von einst und an die Patrone ihrer Länder, sie finden auch das Brünndl mit dem Heilwasser und daneben die Höhle, die den Namen des Räuberhauptmanns Grasl trägt. Sie finden Stärkung in den Gasthäusern und sie finden hoffentlich Vertrauen und die richtige Einstellung für ihren Alltag.

i Die doppeltürmige Wallfahrtskirche beherrscht als Blickfang das Land westlich der Stadt Horn.
Pfarramt, Tel. 02982/8253
pfr-madreieichen@utanet.at

43

Der Heilige, der Romantiker und sein Wallfahrtsort

Maria Enzersdorf

Als romantisch gilt ein Ort dann, wenn er malerisch angelegt, unregelmäßig gebaut oder in eine dramatische Landschaft gebettet ist. Das Kerngebiet des Marktfleckens Maria Enzersdorf südlich von Wien fällt sicher nicht unter diese Kategorien. Brausender Verkehr in relativ engen Gassen, ein Agglomerat ansehnlicher und unansehnlicher Gebäude machen die Örtlichkeit kaum recht anziehend. Dazu kommt die in Reichweite liegende Südstadt mit ihren in Reih und Glied aufgestellten Wohnblöcken und Anlagen, die in den Sechzigerjahren ein niederösterreichischer Landespolitiker wie ein Barockfürst aus dem Boden stampfen ließ. In der Mitte des älteren Ortsteils liegt das Franziskanerkloster mit der Pfarr- und Wallfahrtskirche, ein für die Größe der Siedlung eher dürftiger Bau. Aber was soll's; leben wir doch in einem Zeitalter, in dem ein Großteil der Bevölkerung weniger an stattlichen Gotteshäusern interessiert ist als vielmehr an megamäßigen Einkaufszentren.

Wenn Maria Enzersdorf trotzdem mit Romantik zu tun hat, dann hängt das weniger mit der im Gemeindegebiet gelegenen Burg Liechtenstein zusammen, sondern mit der gleichnamigen geistigen Strömung, die zu

Eine Wiedergabe des Gnadenbildes schmückt die einfache Fassade der Kirche von Maria Enzersdorf.

Anfang des 19. Jahrhunderts auch in Österreich um sich griff. Man findet hier ein Romantikerhaus und sogar einen Romantikerfriedhof. Das ist zwar ein Gottesacker wie jeder andere, doch sind in einem eigenen Bereich ungewöhnlich viele Größen der damaligen Zeit bestattet, Maler, Schriftsteller und Politiker. Sie alle ließen sich um das Grab ihres Idols beisetzen, des 1820 verstorbenen Paters Klemens Maria Hofbauer, einer der interessantesten Figuren der österreichischen Geistesgeschichte.

Die damaligen Zeitumstände waren so turbulent, wie man es sich nur vorstellen kann, auch im religiösen Bereich. Kaiser Joseph II., ein Anhänger der Aufklärung, hatte der Kirche verordnet, sich den Interessen des Staates unterzuordnen. Nur was für diesen von Nutzen war, etwa Unterricht, Krankenpflege, Seelsorge, hatte Gewicht. Auf anderes wie auf Andachten Prozessionen, Wallfahrten traf es nicht zu, daher hatte dies zu unterbleiben. Die Priester galten sozusagen als Vollzugsbehörden des Staates. Die hehren Gedanken vom Guten und Edlen, die für Obrigkeit und Klerus Richtschnur sein sollten, erstickten bald im täglichen Kleinkram von Reglementierung, Zensur und finanziellen Querelen. Am radikalsten wurden die Ideen der Aufklärung in Frankreich realisiert, doch mussten die darob begeisterten Intellektuellen schnell erkennen, dass die abrupte Art, mit den Idealen der Vergangenheit zu brechen, in eine Sackgasse führte, an deren Ende die Schreckensherrschaft der Jakobiner und die Militärdiktatur Napolen Bonapartes standen. Dieser wollte ganz Europa mit der neuen Freiheit beglücken. Er warf vieles, was unrettbar überholt und ungerecht erschien, über den Haufen, brachte aber letztlich doch wieder Unterdrückung, Krieg und Unheil.

Die Schwierigkeit, in der neuen Zeit Orientierung zu finden, bewirkte eine Reaktion, eben die Romantik. Sie wendete sich besonders gegen die aufklärerische Gedankenwelt. Plötzlich wurde es modern, Patriot zu sein, statt Weltbürger wie zuvor. Man schätzte nicht mehr die Vollkommenheit klassischer Werke, sondern interessierte sich für das Dunkle, Unheimliche und Mysteriöse. Anstelle der Antike, welche die Natur des Menschen für „edel, hilfreich und gut" erklärt hatte, traten mit einem Mal wiederum die Erlösungsreligionen, vornehmlich der Katholizismus. „Die Bilder und katholischen Gesänge haben mich recht gerührt, dass ich mir vorgenommen habe, wenn ich eine Christin werde, so muss es durchaus katholisch sein", schreibt beispielsweise Dorothea Schlegel, die Tochter des jüdischen Philosophen Moses Mendelssohn. Sie und ihr Gatte, der gefeierte Geisteswissenschafter Friedrich Schlegel, gelten als die Protagonisten der neuen Bewegung, und der Ort ihrer Wirksamkeit war Wien, wo sie unter den Einfluss des erwähnten Klemens Maria Hofbauer gerieten.

Wie dieser, ein Mann von eher bescheidener Bildung, der nicht einmal ein ordentliches Theologiestudium absolviert hatte, es schaffte, die intellektuelle Elite der Kaiserstadt zu beeindrucken, bleibt ein Rätsel. Er war der Sohn eines Fleischhauermeisters und stammte aus einem südmährischen Dorf. In seiner Jugend hatte er das Bäckerhandwerk gelernt und war nach manchen eigenartigen Lebensstationen – er hatte eine Zeitlang als Eremit in Italien gelebt und dann wieder in Wien als Bäcker gearbeitet – in den neu gegründeten Orden des süditalienischen Bischofs Alfons von Liguori eingetreten. Er baute dann in Warschau eine Niederlassung dieser Kongregation auf und betreute dort vornehmlich arme Jugendliche und sonstige Bedürftige. 1806 besetzten die Franzosen Polen. Hofbauer wurde samt seinen Mitbrüdern als verkappter Angehöriger des verbotenen Jesuitenordens angesehen, sein Institut wurde geschlossen. Er selbst musste das Land verlassen und zog in seine Heimat Österreich. Dort kam er als achtundfünfzigjähriger unbekannter Priester an, für den nicht einmal der Bischof eine richtige Verwendung hatte. Zehn Lebensjahre blieben ihm noch, und in ihnen entfaltete er eine geradezu mirakulose Aktivität. Um vier Uhr früh tauchte er, wie Zeitgenossen berichten, im Marktgebiet auf und verteilte Nahrungsmittel an arme Leute, oder er saß um diese Zeit bereits im Beichtstuhl. Der Tag war angefüllt mit Gottesdiensten, Krankenbesuchen, Kontaktpflege und caritativer Tätigkeit, und wenn er abends nach Hause kam, war seine Stube gerammelt voll mit jungen Leuten, die mit ihm diskutieren wollten. Er beeinflusste die geistig führenden Kreise Wiens und förderte, ja begründete eine Religiosität, die zum Josephinismus in Gegensatz stand und bis in die zweite Hälfte des 20. Jahrhunderts für Österreich typisch war, geprägt von konservativer Gläubigkeit, Papsttreue und Patriotismus, dabei nicht ohne sozialem Engagement, aber auch nicht frei von Bestrebungen, der Gesellschaft und den Staat den Stempel aufzudrücken, was häufig genug zu Intoleranz gegenüber anders gearteten Gruppen führte.

In Maria Enzersdorf hatte eine befreundete Familie Besitzungen, und so kam Hofbauer oft hieher. Seit dem Mittelalter bestand hier ein Franziskanerkloster, das er ebenfalls gerne aufsuchte. 1729 hatten Wiener Bürger eine Kopie der Mariazeller Muttergottes darin aufgestellt, und seither genoss die Kirche Ansehen als Wallfahrtsstätte. Der Ort galt als wichtige Station auf dem Weg nach Mariazell. Vom so genannten Urlauberkreuz warfen die Pilger aus Wien einen letzten Blick auf ihre Heimatstadt. So erlebte Maria Enzersdorf besonders im 18. Jahrhundert eine bedeutende Konjunktur, manchmal kamen „bis zu achttausend Wallfahrer, damit zehn Mal so viel Personen als Enzersdorf Einwohner hatte" (Ferdinand Opll). Der Nachklang ist heute noch zu merken. Die relativ unscheinbare und schlichte Kirche, die mitten in einer von lebhafter Wirtschaft und Industrie geprägten Gegend liegt, hat immer noch viel Zulauf, ein seltsamer Kontrast zu den hektischen Einkaufparks in der Nähe.

Wer die vorhin charakterisierte Religiosität des 19. Jahrhunderts erleben will, soll sich in den so genannten Votivgang im ersten Stock des Klosters begeben. Er gerät in eine Welt der Gläubigkeit und des Vertrauens, zu der es auch gehört, dass man anständigerweise den himmlischen Mächten den gebührenden Dank für geleistete Hilfe abstattete. Die Bilder, die gespendet und hier aufgehängt wurden, unterscheiden sich von den üblichen Votiven dadurch,

dass viele von ihnen aus dem städtischen und halbstädtischen Bereich stammen und damit auch seltene kulturgeschichtliche Denkmäler sind, etwa aus der Frühzeit des Automobils. Die Verkehrsunfälle, die hier anschaulich geschildert werden, gehörten sicherlich zu den ersten Vorkommnissen dieser Art. Bei Heilungen wird nicht nur die Hilfe von oben erwähnt, sondern auch die Kunst der Ärzte, wie es Maria Gabriel tat, die sich „für zwei glücklich überstandene Operationen, welche ausgeführt wurden von Professor Peham in der Poliklinik" bedankte. Es kamen Anliegen zur Sprache, wie man sie in anderen Wallfahrtsorten selten findet. Eine Frau berichtet, sie sei „aus Schwachsinn unter Kuratel gestellt worden, ohne es zu sein". Sie lernte durch Zufall und wohl über Veranlassung der Muttergottes von Maria Enzersdorf Josef Blachout kennen, „welcher als Kurator nach 2 1/2 Monaten die Aufhebung durchsetzte". Ganz vaterländisch wurden die Votanten im Ersten Weltkrieg: „Führe, o heilige Maria, unseren teuren Sohn und Bruder Franz heil und siegreich heim!". Auf einem anderen Bild, in dem um „Sieg und Frieden" gebetet wird, kommt neben dem österreichischen und deutschen Kaiser sowie dem König von Rumänien auch der mit ihnen verbündete türkische Sultan zu der Ehre, im Votivgang eines katholischen Pilgerortes dargestellt zu werden. Von einer als heil empfundenen Welt künden auch das von den Wiener Seidenfabrikanten gewidmete Gemälde wie auch die von ihnen gelobte alljährliche Prozession „für die Aufrechterhaltung des österreichischen Herrscherhauses und des damit verbundenen Fabriks-Betriebes". Das war 1836; die Wiener Schneiderinnung zieht aber immer noch jährlich mit ihren Mitgliedern hieher.

Pater Hofbauer hätte sicherlich seine Freude mit diesen Formen der Frömmigkeit. Wir bezweifeln heute eher ihre Gültigkeit. Aber wäre es nicht vielleicht angebracht, sich auch ein wenig ernsthaft an diese Zeit zu besinnen, in der sich die Menschen geborgen wussten im Schutz des Himmels, zumal die vielen Bilder ja schlagende Beweise dafür bildeten, dass es immer wieder Hilfe in der Not gab.

Der Romantikerfriedhof in Maria Enzersdorf. Die Gebeine des Paters Hofbauer wurden später exhumiert und in die Kirche Maria am Gestade in Wien übertragen.

i Im dicht bebauten Gebiet nördlich von Mödling bei Wien liegt Maria Enzersdorf, das von den Autobahnausfahrten „Brunn am Gebirge" und „Wiener Neudorf" erreichbar ist. Der Gang mit den Votivbildern befindet sich im 1. Stock des an die Kirche angebauten Klosters. (Man wende sich an die im gleichen Stockwerk liegende Pfarrkanzlei.) Im Westen von Maria Enzersdorf beginnt der zentrale Abschnitt des Wienerwaldes mit vielen Sehenswürdigkeiten (Schloss Liechtenstein, Hinterbrühl usw.). Pfarre, Tel. 02236/22531 pfarre.ma.enzersdorf@netway.at

Unweit der berühmten Orte Mayerling und Heiligenkreuz erhebt sich die Barockkirche von Hafnerberg.

44

Allerlei von der Via Sacra

Hafnerberg

Die Straße führt so nahe an der Kirche vorbei, dass die Fassade jederzeit durch unvorsichtige Autofahrer beschädigt werden könnte. Die Fahrbahn wird von einem Schutzweg gequert, an ihn schließt sich ein gehsteigbreiter Streifen an, dann folgen schon die Stufen, die zum barocken Portal emporführen. Die Straße ist das Schicksal der Wallfahrtskirche Hafnerberg im Wienerwald. Es handelt sich um die Strecke von Wien nach Mariazell, sie wird auch Via Sacra genannt und ist Österreichs Pilgerpfad schlechthin.

Nachdem sie zuletzt durch die Hügelwelt des Voralpenlandes gezogen ist, beginnt sie gerade bei dem erwähnten Schutzweg sich zu neigen und in einem starken Gefälle mit einer weit ausholenden Serpentine steil in das Tal der Triesting hinunter zu leiten. Die Landschaft nimmt ab hier alpine Züge an.

An diesem einprägsamen Punkt hatte 1653 ein Müller aus Fischamend an der Donau zusammen mit seiner zweiten Gemahlin eine Steinsäule aufstellen lassen. Sie taten dies laut Inschrift, weil die erste Frau gestorben war. Was recht verfänglich klingt, dürfte in Wahrheit eine Familientragödie gewesen sein, denn genau gesagt wird dafür

gedankt, dass sie „von ihrer großen Kranckheit erlediget" wurde und „darüber in Gott seeliklich entschlafen ist", ein für sie und ihre Angehörigen schwer erträgliches Leiden also. Warum die Müllermeistersgatten ihren Dank an einem so weit von der Heimat entfernten Ort abstatteten, bleibt freilich offen. Es heißt, sie seien hier auf dem abschüssigen Straßenstück in Schwierigkeiten geraten, die Pferde hätten gescheut und in der Not hätten sie sich an ein früheres Gelübde erinnert, wegen der Erlösung der ersten Frau eine Gebetsäule aufzustellen. Dies taten sie dann an Ort und Stelle. Auf einem Bild, das an einer Linde neben der Kirche hängt, wird der Unfall als „Ursprung von Hafnerberg" wiedergegeben. Höchstwahrscheinlich hat der Müller eine ältere Gebetsstätte an der Straße durch etwas Besseres ersetzt.

Die weitere Entwicklung verlief unspektakulär, will sagen, ohne die sonst üblichen Mirakel. 1716 baute ein Kaufmann aus Wien eine Kapelle über die Säule und 1729 beschloss die Klostergemeinschaft von Kleinmariazell, der die Örtlichkeit unterstand, eine richtige Kirche anzulegen. Der Vater eines der Mönche, der reiche Wiener Sattlermeister Petras, finanzierte das Werk weitgehend und es entstand sozusagen eine barocke Norm-Wallfahrtskirche: Zweitürmige Fassade, kuppelartiges Gewölbe, eine Verbindung zwischen Längs- und Zentralbau. Da aber die barocken Norm-Wallfahrtskirchen in Niederösterreich auf höchstem künstlerischem Niveau stehen, trifft man auch hier auf ein wahres Juwel, und es lohnt sich durchaus, von der Wienerwald-Autobahn einmal einen Abstecher hieher zu machen, um sich einen ausgesuchten Kunstgenuß zu gönnen. Man erlebt einen Raum, in dem Farben und Formen raffiniert aufeinander abgestimmt sind, sodass jeder Teil zur Harmonie des Ganzen beiträgt. Wenn irgendetwas wegfiele, und sei es nur der grüne Hintergrund der Kanzlei oder der Strahlenschein über dem Hochaltar, geriete

Das Deckenfresko des Tiroler Malers Mildorfer (1743) schildert die Auffahrt der Gottesmutter in den Himmel.

alles aus dem Lot. Ausgeglichene Harmonie ging den damaligen Künstlern über alles.

Freilich gäbe es diese Kirche nicht ohne die Via Sacra. Hafnerberg war zwar mitunter selbst Ziel örtlicher Wallfahrer, aber der Großteil von ihnen betrachtete sie als bloße Station auf dem Weg nach Mariazell. Sie kehrten bei ihr zu, verehrten das Marienbild und zogen dann weiter zur nächsten frommen Stätte, zum „Leidenden Heiland auf der Rast in der Dornau". Man darf sich nicht vorstellen, dass sie besonders intensiven Gebetsübungen obliegen konnten, sie mussten den einhundertfünfzig Kilometer langen Weg zum steirischen Heiligtum meist in nicht weniger als drei Tagen zurücklegen. In Hafnerberg waren sie von Wien her bereits circa vierzig Kilometer gewandert. Sie waren entsprechend müde und drängten zum Nachtlager, das traditionellerweise in Kaumberg oder Hainfeld abgehalten wurde. Der Weg war weitgehend ihr Ziel, auf ihm sammelten sie mehr oder weniger flüchtige Eindrücke von prächtigen Kirchen und ehrwürdigen Reliquien, von ernsten und heiteren Erlebnissen.

Alle Begriffsbestimmungen der Wallfahrt sind sich darüber einig, dass zu ihr wesentlich die Ortsveränderung gehört. Wer „seine" Kirche an „seinem" Ort besucht, macht keine Wallfahrt und wäre es noch so ein berühmtes Heiligtum. Und so haben die frommen Leute von Altötting das Bedürfnis, einmal im Jahr ihre Pilgerhochburg zu verlassen und nach St. Wolfgang zu ziehen und die St. Wolfganger wiederum begeben sich nach Lauffen, obwohl es in den Mirakelbüchern, die für ihren Ort Propaganda machen, heißt, der heilige Wolfgang sei ein Nothelfer für alle Lebenslagen, und wer zu ihm an der Stätte seiner Einsiedelei, in welchen Anliegen immer, bete, finde bestimmt Erhörung.

Mit rationalen Gründen ist das alles nicht zu fassen, und so konnten sich die Aufklärer am Ende des 18. Jahrhunderts nicht genug über diese traditionsbestimmten Ortswechsel ereifern, wobei sie geflissentlich übersahen, dass es den Gläubigen dabei nicht nur um die frommen Übungen ging, sondern auch darum, einmal aus dem Alltag herauszukommen, etwas von der Welt zu sehen und Erlebnisse zu sammeln, die selben Motive, die heute die Menschen veranlassen, eine Urlaubsreise zu unternehmen. Dazu kam, dass die armen Bauern und Taglöhner an einzelnen Stationen ihres Zuges mit Glockengeläut und sonstigen Ehrungen empfangen und außerdem von Geschäftemachern aller Art hofiert wurden, und dass es mannigfache Gebräuche gab, die sie lustvoll nachvollzogen. Beim Siebenbründl bespritzten sie sich etwa mit dem heiligen Wasser, beim Anstieg zum Annaberg durfte sich niemand umsehen, weil das eine arme Seele aus dem Fegefeuer erlöste. Der Höhepunkt war es, wenn sie an jenen Punkt gelangten, von dem aus sie erstmals das Heiligtum erblickten, zu dem ihr langer Weg geführt hatte. Da wurden die Fahnen geschwenkt und Lieder angestimmt. Die Pilger fielen auf die Knie, und nicht wenige werden vor Glück geweint haben. An allen größeren Wallfahrtsorten unseres Landes findet man die Kapellen, die jenen ersten Blick auf's Ziel markieren. Sie stehen oft unbeachtet in der Landschaft, weil sich die Aussicht inzwischen geändert hat, etwa durch Bewaldung oder Verbauung, sie sind aber bemerkenswerte Denkmäler des Wallfahrtsbrauchtums. Überall sind die alten Pilgerwege gesäumt von frommen Zeichen, manche davon sind von Sagen umwoben, auch erinnern sie oft an Unfälle, die den Dahinziehenden zustießen.

Die Gefahr solcher Unglücksfälle zählte sicherlich zu den negativen Seiten der Pilgerei, die von den Aufklärern entsprechend hervorgehoben wurden. Diese klagten auch darüber, dass die Pilgersleute von nützlicher Arbeit abgehalten würden, dass dem Müssiggang Vorschub geleistet werde und die Gefahr sonstiger Laster bestehe. Dabei berührten sie einen Punkt, der auch den geistlichen Herren arg zu schaffen machte, dass nämlich eine Ortsveränderung auch eine gewisse Freizügigkeit mit sich brachte. „Ich weiß Frauen", giftete der Schriftsteller Castelli „welche nach Mariazell wallfahrteten, um mit ihrem Geliebten eine Reise unternehmen zu können". Er berichtete auch, wohl mit Absicht übertreibend, von den Massenquartieren, in denen die Geschlechter abends sauber getrennt wurden – „aber ich habe einen solchen Schlafsaal des Morgens, als die Wallfahrer aufstanden, gesehen, da lag alles durcheinander". Auch über Gesundheit und Hygiene machten sich Leute seines Schlages Sorgen, sie schimpften über den Mangel an öffentlichen Abtritten am Gnadenort, und Castelli urteilte über die Sitte, zur Buße Steine auf den Sigmundsberg zu schleppen: „Oh ihr Verblendeten! Ihr ladet mit den Steinen eine neue Sünde auf euch, da ihr eure Gesundheit dadurch in Gefahr setzet!".

Derart zu lamentieren, ist heute nicht mehr gefragt. Bei den modernen Weitwallfahrern sind Härte und Sportsgeist gefragt, ja bei vielen sind sie das beherrschende Motiv. Es werden aber nicht mehr Bußsteine auf die Höhe getragen. Überhaupt hat sich vieles geändert bei der modernen Wallfahrt. Wer zu Fuß aus der Wiener Gegend nach Mariazell zieht, geht jetzt nicht mehr auf der alten Via Sacra, diese ist nämlich eine Autoroute geworden. Er weicht auf eine andere Strecke aus, die über den waldreichen Rohrer Sattel und die so genannte Kalte Kuchl führt, wo inzwischen eine neue Kapelle extra als Einkehr und Gedenkstätte für die Wallfahrer gebaut wurde. Es werden immer mehr, die sich so auf den Weg machen, und auch wer es nicht so sehr aus religiösen Motiven tut, wird vom Erlebnis des Gehens beeindruckt sein. Er sieht die Natur mit anderen Augen und empfindet, wie wenig der Mensch eigentlich braucht, wenn er auf sich allein angewiesen ist. Auch die Zeit hat auf einmal einen anderen Stellenwert, und der Weg wird plötzlich zum Sinnbild des menschlichen Lebens. Und da wird der eine oder andere sicher auch ein Gefühl dafür bekommen, was eigentlich unser aller Ziel ist.

i Von der Ausfahrt „Alland" der Wienerwald-Autobahn ist die Strecke nach Hafnerberg beschildert. Neben der Kirche liegen ein paar gute Gasthäuser.
Kloster, Tel. 02673/2271
pfarre.hafnerberg@utanet.at

45

Zurück zu den Ursprüngen

Klein-Mariazell

Klassische Romanik im tiefen Wienerwald: das Westportal der Kirche von Klein-Mariazell

Zwei Brüder, die Ritter von Schwarzenburg-Nöstach, lagen wegen einer Erbschaft miteinander in Streit. Unvermutet trafen sie sich während einer Jagd mitten in einem tiefen Wald und waren wegen dieser überraschenden Zusammenkunft so gerührt, dass sie sich versöhnten und auf der Stelle ein Kloster gründeten, Klein-Mariazell im Wienerwald.

Es gibt verschiedene Möglichkeiten, mit dieser freundlichen Lesebucherzählung umzugehen. Die Wissenschaft schüttelt sowieso den Kopf und meint, ein derartiges Geschehen sei weder beweisbar noch überhaupt wahrscheinlich. Höchstens ein wahrer Kern sei der Erzählung zuzubilligen, nämlich das Faktum, dass die genannten Edlen bei den Anfängen des Klosters eine Rolle spielten haben. Man kann auch die Legende für bare Münze nehmen, oder zumindest so tun, als würde man sie glauben. Man kann dann ein romantisches Tableau entwerfen mit zwei einander in den Armen liegenden Rittern, mit verwundert auf diese Gruppe blickenden Edelknaben, mit Jagdhornbläsern und allgemeiner Rührung, die bis hinunter zu den Hunden reicht.

Im Kloster Klein-Mariazell hat man einen anderen Weg gewählt. Man hat sich keineswegs von der Gründungssage distanziert, man hat sie aber auch nicht allzu wörtlich genommen, sondern als Paradigma für den Sinn einer sakralen Stätte betrachtet, der darin liegen soll, Frieden und Versöhnung in die Welt zu tragen. So hat man unter der Kirche einen Raum geschaffen, der dies mit den Mitteln einer ungegenständlichen Kunst eindrucksvoll aufzeigt, einen einzigartigen Raum der Besinnung.

Bei Ausgrabungen unter der Kirche wurde festgestellt, dass das Gebäude keineswegs an einem beliebigen Platz mitten in der Wildnis angelegt wurde, wo zufällig zwei Jagdgesellschaften aufeinander stießen, sondern dort, wo ein altes Naturheiligtum lag, eine Quelle mit Wasser, das als heilsam empfunden wurde. Sie tritt heute in diesem runden, Krypta genannten Raum unterhalb der Kirchenmitte aus. Dort sind alle Elemente der Klostergründung versammelt und in unsere Zeit transponiert. Wenn es heißt, es handle sich um einen Ort der Kraft, dann mögen es die einen in esoterischem Sinn empfinden,

Der „Heilige Brunnen" von St. Corona am Schöpfl soll „rechtsdrehendes" Wasser spenden.

die anderen aber der ausdrucksstarken Örtlichkeit zuschreiben.

Das Quellwasser fließt über einen Marmorblock, der Zwillingsstein heißt. Zwei Quader sind so zueinander angeordnet, als würde der eine in dem anderen aufgehen. Sie sind das Symbol der Versöhnung, die mit den Herren von Schwarzenburg ihren Anfang nahm. Obwohl das Wasser schon geraume Jahre über den Stein rieselt, ist an diesem weder eine Ablagerung noch eine Auflösung zu bemerken. Man schreibt das dem Umstand zu, dass es sich um rechtsdrehendes Wasser handeln soll, und meint, genau deswegen hätten die Menschen diese Stelle und diesen Brunnen seit der Zeit vor der Klostergründung aufgesucht.

Auch die organische Natur ist in dem Arrangement der Krypta vertreten. In einer Nische hängt ein Wurzelstock, dem ein Alter von tausend Jahren zugeschrieben wird. Es ist reizvoll, sich vorzustellen, dass es sich um einen Teil eines alten, neben der Quelle stehenden Kultbaumes handelt. Sein Platz in dem unterirdischen Raum ist gut gewählt. Aus den Wurzeln, die normalerweise nicht sichtbar sind, erwächst aller oberirdischer Glanz, und so kann man durch eine Öffnung der Decke in die Kirche hinaufschauen, mitten hinein in das prächtige Kuppelfresko, das den Aufstieg der heiligen Maria in die Überwelt, in den Himmel schildert, ein Blick von den unscheinbaren Wurzelkanälen durch den Erdboden in die höchste Imagination, die der Mensch sich vorzustellen imstande war, in das Reich des Himmels.

Da aber alles Lebende zur Erde zurückkehrt, gehört zu einem solchen Gruftraum auch eine Begräbnisstätte. Es ist jene der Stiftsgründer Heinrich und Rapoto von Schwarzenburg und Nöstach, von der eine Tonplatte 1609 aufgefunden wurde. Der Grabstein ist aber nur mit seinem oberen Teil erhalten, und so verfielen die Gestalter der Gruft auf die Idee, die andere Hälfte nachzubilden, und zwar derart, dass die Bruchstellen sich ergänzen, sie nicht aber aneinanderzufügen, sondern den neuen Teil etwas höher zu legen. Dadurch ergibt dieser zerbrochene Grabstein ganz von selber ein packendes Bild der Auferstehung, wozu wiederum der Blick hinauf in die Kuppel zum Himmelfahrtsfresko vortrefflich passt.

Dieser friedliche Meditationsraum ist die letzte Zutat zu einer Kirche, die im 13. Jahrhundert gebaut, mehrmals devastiert wurde und lange Zeit verkommen war, aber auch eine glanzvolle Barockisierung mit hochwertigen Bildwerken erlebte. Sie spiegelt das Auf und Ab der Zeiten. Immer wieder wurde auch dieses abgelegene Waldheiligtum durch Gewalttätigkeit an seiner gedeihlichen Entwicklung gehemmt. Das beginnt erstaunlicherweise mit dem Zeitgenossen der Gründer, dem heiligen Leopold, Markgrafen von Österreich, der mit einer großen Fahne und einem wohlwollenden Lächeln auf dem Hochaltar steht und sich als der eigentliche Gründer feiern lässt. Heinrich und Rapoto waren mit ihm nahe verwandt. Da sie keine Kinder hatten, rechnete er damit, dass ihm ihre Güter zufallen würden. Es lag daher gar nicht in seinem Sinn, sie für einen Klosterbau zu verwenden. „Er scheute sich nicht, Gewalt anzuwenden" (Karl Lechner), zog die Besitztümer einfach an sich und nahm die Stiftung, der er sich offenbar nicht grundsätzlich entziehen konnte, selber in die Hand. Dabei knauserte er mit der Ausstattung, sie blieb ausgesprochen „kümmerlich". Die eigentlichen Initiatoren wurden so weit ausgebootet, dass sie nicht einmal beim Gründungsakt, der in Gegenwart „einer unzählbaren Menge von Zeugen" in Klosterneuburg stattfand, dabei waren. Erst unter den Nachfolgern des Heiligen kam es zu einer allgemeinen Versöhnung.

Es folgten längere Zeiten, in denen das Kloster florierte. Von damals stammen zwei wunderbare romanische Portale, die in ihrer perfekten Harmonie zu den Spitzenwerken dieses Stils in Österreich gehören. Dann folgte ein allgemeiner Niedergang, es kamen die Türken, die alles kaputt machten und es folgte die Krisenzeit der Reformation, in der mitunter der Abt als der einzige Geistliche im Kloster lebte. In der Spätzeit des 18. Jahrhunderts stand dem Stift ein gewisser Jakob Pach vor, ein interessanter Mann, investitionsfreudig, den Künsten aufgeschlossen, der Bildung weniger, bei seinen Mönchen aber außerordentlich unbeliebt. Mit seinem Konvent konnte er auch tatsächlich keinen Staat machen. Zwei seiner Leute waren Trinker, drei geisteskrank. Es müssen also bemerkenswerte Zustände geherrscht haben. Er ist deswegen zu erwähnen, weil ihm die Kirche ihre Ausstattung verdankt. Er berief Johann Wenzel Bergl, einen der allerletzten

Die Kirche und das ehemalige Kloster von Klein-Mariazell wurden in den letzten Jahrzehnten unter vielen Opfern renoviert.

Vertreter der ruhmvollen österreichischen Barockmalerei, und der malte schwungvolle Szenen in nicht immer korrekter, aber ausdrucksstarker Zeichnung und flackernder Farbgebung an Wand und Decke, die bis heute den Ruhm des Ortes ausmachen. Unmittelbar darauf wurde das Kloster aufgehoben und erhielt in unserer Zeit eine neue Bedeutung durch die Bemühungen um ein Wiederaufleben der Wallfahrt.

Diese bestand, wie wir gesehen haben, schon vor der Stiftung durch die Schwarzenburger. Klein-Mariazell lag überdies in nächster Nähe zur Via Sacra nach Mariazell und bot schon durch seinen Namen eine Attraktion für die Pilger, die dort hingingen. Die Quelle spielte aber keine Rolle mehr, sie war vielleicht versiegt, jedenfalls mit der Kirche überbaut und vergessen.

Dafür gab es ein anderes, vom Kloster betreutes heilsames Wasser, noch tiefer im Wald, noch abgelegener, am Fuß des höchsten Wienerwaldberges, des Schöpfl in St. Corona. Dort steht mitten im Dorf ein hohes, schmales, viereckiges Gebilde, des von einer üppigen goldglänzenden Dreifaltigkeitsgruppe bekrönt ist, der „Heilige Brunnen", der schon 1444 wegen seiner Heilkraft gerühmt, wahrscheinlich aber schon früher aufgesucht wurde. Es war damals wirklich ein Gang in die Wildnis. Die Gegend gehörte zum kaiserlichen Bannwald und wurde erst um 1700 zivilisiert. Die Türken aber fanden trotzdem hin. Sie verfolgten einen Mönch des Klosters Klein-Mariazell, der die Monstranz mit der heiligen Hostie hieher in Sicherheit bringen wollte. In seiner Not warf er sie in den Brunnen, worauf die türkischen Pferde dort auf die Vorderläufe niederfielen, als ob sie vor dem Brunnen beten wollten. Das hob das Ansehen des Brunnens gewaltig. 1707 kam ein gelähmter Bursch auf allen Vieren und wurde tatsächlich durch das Quellwasser geheilt. Seine Krücken liegen noch heute im Hochaltar.

Im Volk trat allmählich ein anderer Aspekt in den Vordergrund: An Corona, der Jungfrau, die hier verehrt wurde, einer aufgespannt auf Baumästen gehängten Märtyrin, faszinierte weniger ihre Tugendhaftigkeit, sondern der Name. *Corona* heißt „Krone", und das war die Währungseinheit der späten Monarchie. Weil man wie bei allen Währungen stets zu wenig davon hatte, nahm man seine Zuflucht zur Kronenheiligen im Wienerwald, die dadurch einen speziellen Zulauf bekam, nicht zuletzt von den Lotteriespielern. Da es später Schilling, Reichsmark und Euro gab, flaute die Wallfahrt ab. Schade ist ja nicht darum. Heute finden vernünftigerweise Anlagen wie der Meditationsraum in Klein-Mariazell mehr Anklang als dubiose Heilige, die nur deswegen angerufen werden, weil ihr Name an ein Zahlungsmittel erinnert.

i **Fährt man von Hafnerberg weiter, so erreicht man am Ende des Ortes Altenmarkt die Abzweigung nach Klein-Mariazell. Man wende sich dort an das Wallfahrerbüro, um die interessanten Anlagen des ehemaligen Klosters, die Kirche und die Unterkirche besichtigen zu können. St. Corona befindet sich 6 km weiter in einsamer, waldreicher Lage.**
Wallfahrtsbüro, Tel. 02673/7010
office@kleinmariazell.at

Die weit ausladende Fassade der Kirche am Mariahilfberg wurde 1710 von einem Wiener Baumeister entworfen.

46

Barockgeist im Biedermeiertal

Mariahilf

bei Gutenstein

Es muss in der Barockzeit schon einen Bedarf nach Wallfahrtsorten gegeben haben, sonst wäre der Mariahilfberg bei Gutenstein in Niederösterreich mit seiner simplen Gründungsgeschichte nicht so populär geworden, noch dazu wo die dortige Gegend nahe dem Mariazellerweg ohnehin gespickt ist mit Andachtsstätten. Die Wallfahrt wurde hier genauso von oben her begründet wie in Maria Taferl und Dreieichen. Geschicktes geistliches Management stattete den Ort mit einer Anzahl von Attraktionen aus, sodass er einst sozusagen eine Sehenswürdigkeit mit zwei Sternen bildete, ein Muss für jeden, der sich rühmte, etwas von der Welt gesehen zu haben. Für uns gibt es selten eine Örtlichkeit, an der man sich so eingehend in das Denken und die Illusionen der Barockzeit hineinfühlen kann wie an diesem.

Dabei hat es das Piestingtal, in dem dieser heilige Berg liegt, gar nicht so sehr mit dem Barock, es gilt vielmehr als die klassische Landschaft des Biedermeier, jener beschaulichen Zeit der Stagnation vor dem Revolutionsjahr 1848, und die Landschaft ist auch danach. Sie hat nicht allzuviel Schwung. Sanfte niedrige Berge führen ab Gutenstein zur wenig aufregenden Passhöhe des Rohrer Sattels, eine Gegend für den stillen Naturfreund. Es ist kein Wunder, dass sie für Ferdinand Raimund zur Lebenslandschaft wurde: „Hier will ich oft des Beifalls Rauschen mit der bescheid'nen Stille tauschen", reimte er. Leider war der Dichter ein sensibler Hysteriker, der sich schließlich erschoss, aus Angst, ein Hundebiss würde seinen Tod durch Tollwut bewirken.

Er war gern auf dem Mariahilfberg, und es gibt dort im Wald sogar einen Raimundsitz. Dennoch überwiegt bei den hiesigen Baulichkeiten nicht der Eindruck des melancholischen, ängstlichen Biedermeiers, sondern jener des selbstbewussten Barock, der Zeit Abrahams a Sancta Clara. Die, wie man sagte, „schädliche Ketzerei" war besiegt, die Türken waren besiegt, die gottgewollte Ordnung war wieder hergestellt, was konnte da noch passieren? Im lokalen Bereich war ein ähnliches Mirakel geschehen, indem aus der kleinen Stiftung eines Pilgers auf einem Buchenbaum die machtvolle Wallfahrt von Mariahilfberg erblüht war mit einer kunstvollen Kirche voller schöner Bilder und Stätten, ja mit einem Kloster an seiner Seite.

Die Gründung der Stätte wird dem Marktrichter von Gutenstein, Sebastian Schlager, zugeschrieben. Er wurde 1661 beauftragt, ein Marienbild malen zu lassen und es auf einem Baum am Buchschachen, wie der Berg damals hieß, aufzuhängen. Der Auftrag kam, wie er sagte, von der Gottesmutter selbst, die ihm achtmal im Traum erschienen war. Man schrieb das Jahr 1661. Fünf Jahre zuvor war dem Gärbermeister Weinberger dasselbe widerfahren, was zur Gründung von Maria Dreieichen geführt hatte. 1663 erschien Maria einem Soldaten und trug ihm auf, beim Bründl in Schöngrabern eine Figur aufzustellen, es entstand das dortige Maria Bründl. 1679 ging es bei der Gründung von Karnabrunn im Rohrerwald ähnlich zu, und 1658 bis 1661 wurden die Engelsvisionen beobachtet, die den Wallfahrtsort Maria Taferl erst so richtig bekannt machten.

Will man nicht annehmen, dass der Himmel in diesen wenigen Jahrzehnten besondere Aktivitäten setzte, um Gnadenstätten zu schaffen, so wird man es wohl der Tatsache zuschreiben, dass in jener Zeit die Rekatholisierung soweit abgeschlossen war, dass nicht mehr Gewalt und Druck erforderlich waren, dass aber der Glaube durch Einrichtungen und Anlagen, die sich anderswo bewährt hatten, gefestigt werden musste. Wie bei den Anfängen von Maria Taferl und von Dreieichen die lokale Obrigkeit die entscheidende Rolle spielte, so war es auch in Gutenstein der Marktrichter, dem die Aufgabe zugedacht war. Seine Tat dürfte allerdings zunächst nicht besonders eingeschlagen haben, denn fünf Jahre später bedurfte es eines weiteren auffälligen Ereignisses, um die Leute auf das einsam im Wald hängende Bild aufmerksam zu machen. 1664 rasteten Jäger unter dem Baum und beobachteten eine weiße Taube, die dreimal diesen umflog. Sie konnten das Tier nicht schießen, bemerkten plötzlich einen Schein und entdeckten auf diese Weise die Bildtafel. Sie brachten sie zum Pfarrer, der trug sie wieder auf den Berg hinauf, wo sie aber neuerlich unbeachtet blieb, sodass sie erst wieder entdeckt werden musste, diesmal von einer Bauernmagd. Sie brachte das Bild ihrem Dienstgeber, der wiederum gab es einem Verwandten und dieser wurde von einer Krankheit geheilt. Nach dieser komplizierten, aber nicht sonderlich eindrucksvollen Ursprungsgeschichte setzte allmählich die Wallfahrt ein, besonders nachdem der Geheilte eine Kapelle gestiftet hatte. 1666 erklärte der Grundherr Johann Balthasar II. von Hoyos, er plane, dort eine Kirche zu bauen, und ließ alle Vorkommnisse einer kirchlichen Prüfung unterziehen. Diese fiel positiv aus, 1668 wurde mit dem Bau begonnen und vier Jahre später das Kloster der Serviten beigesellt. So wurde der Mariahilfberg innerhalb der kurzen Zeit von elf Jahren ein approbierter Wallfahrtsort mit allem, was dazugehört. Man kann sich denken, wie dem Herrn von Hoyos daran gelegen war, auch für einen eifrigen Besuch der Stätte zu sorgen.

Eine der vielen Andachtsstätten, mit denen der Servitenorden die Bergwege um Mariahilf schmückte.

Auf den Anfang müsste eigentlich das Gnadenbild zurückgehen. Das scheint aber überraschenderweise nicht so sicher. Es handelt sich um das merkwürdigste unter allen österreichischen Gnadenbildern, es stellt nämlich nicht einfach Maria mit dem Kind dar, sondern zeigt den Baum, an dem die Tafel hängt. Die Mariendarstellung ist also im Miniformat als Bild im Bild wiedergegeben und aus der Ferne fast nicht auszunehmen. Kaum erscheint es glaublich, dass Sebastian Schlager auf dem Baum eine Abbildung des Baumes anbrachte. Wie und wann diese eigenartige Darstellung also zum Zielpunkt der Wallfahrt wurde, bleibt ungeklärt.

Nachdem 1708 die Kirche abgebrannt und – neuerliches Mirakel! – außer einer Reliquie nur das Gnadenbild unversehrt geblieben war, errichtete der damalige Graf Hoyos den heutigen Bau. Dieser ist ein wohlgelungenes barockes Kunstwerk mit einer ausladenden Fassade, einem harmonischen Innenraum und einer Einrichtung von gediegener Eleganz. Besonders stechen die beiden hinteren Altäre hervor. Auf dem rechten ist eine Pietà zu sehen von seltener Theatralik. Die Pose, in der Maria sich händeringend zum Himmel wendet, könnte eine Schauspielerin vor dem Spiegel nicht

Einige der Devotionalienstände, in denen die Pilger einkaufen konnten, stehen heute noch.

effektvoller einstudieren. Auch der Armenseelenaltar gibt das religiöse Theater der Barockzeit wieder. Engel fahren im Sturzflug herab, Flammen kräuseln sich hinter bläulichen Steinen, Totenköpfe, Grabschaufeln und ähnliche Instrumente umgeben den Gekreuzigten, den ruhenden Punkt inmitten der hochdramatischen Szenerie.

Wer noch mehr Barockgeist inhalieren will, muss ins nebenan gelegene Kloster gehen. Da findet er fromme Bilder in Menge, die unbegreifliche Ereignisse schildern, die den Servitenmönchen widerfuhren, etwa der heiligen Juliana, die in ihrer Todeskrankheit zu schwach war, um die Hostie zu schlucken. Der Priester legte sie ihr auf die Brust und sie verschwand auf unerklärliche Weise. Oder es wird Bruder Thomas von Frankfurt vorgestellt, der Vater, Mutter und Bruder ermordete, dann als Räuber die Leute schreckte, aber schließlich durch einen gottseligen Servitenpater nicht nur auf den rechten Weg, sondern sogar ins Kloster geleitet wurde, wo er, wie auf dem Bild dokumentiert, mit gerungenen Händen seine Sünden beweinte.

Ansprechender ist die barocke Konzeption dort, wo der Wallfahrtsort in die Natur hinaus erweitert wird. Da merkt der Besucher plötzlich, mit wie viel Romantik die Gutensteiner Gegend aufwartet. Zwar hat Ferdinand Raimund etwas übertrieben, als er schwärmerisch behauptete:

Die Felsen, deren Haupt geweiht
den Sternen
und Aussicht bieten in die weit'sten
Fernen,
wo Täler um Bewunderung zu erringen
in reizender Verwirrung sich
verschlingen,

doch wandert man, dem Wegweiser „Kalvarienberg" folgend, auf ebenem Pfad dahin, bis der Berg immer schmäler wird und sich schließlich verengt zu einem Grat, von dem sich ein berühmter Blick auf den Schneeberg bietet. Dieser reizende Wanderweg wurde von den Serviten mit Andachtsstätten ausstaffiert, mit einem Kreuzweg sowieso, der ist schließlich nichts Besonders, sondern darüber hinaus mit allerhand sonstigen Kapellen und Grotten. Die Sieben-Väter-Kapelle zum Beispiel erinnert an die Gründer des Servitenordens. Sie ist aus Natursteinen in Trockenbauweise aufgemauert und steht, umgeben von Föhren auf einer Felskuppe, die wirkt, als wäre man in den Apenninen. Am sensationellsten empfand man früher die Magdalenengrotte, die mit Spiegeln wunderliche Effekte bewirkte. Daneben war ein Einsiedler etabliert, der die Aufgabe hatte, die Besucher zu unterhalten und zu frommen Gedanken anzuregen.

So wandert man durch den Klosterwald wie durch einen heiligen Hain, der immer neue Überraschungen bietet. Maria Magdalena, die Gründerväter, die Armen Seelen, die Baummuttergottes auf dem Hochaltar bilden ein eigenartiges Ensemble. Dazu kommt der Berg selbst und die herrliche Natur, welche sich auf die Sinne wohltuend und anregend auswirken sollten, und selbst heute, wo die meisten Besucher einem minimalistischen Christentum obliegen, fördert die Atmosphäre des Ortes manchen erhebenden Gedanken, wie ein Ausspruch beweist, den gerade vor uns eine Gruppe gut gelaunter Touristen in das Gedenkbuch bei der Kreuzigungsgruppe geschrieben hatte: „Heute waren wir Schnitzel essen beim Moser, nachher gingen wir den Kreuzweg in der schönen Natur. Gruß an unseren Herrgott!"

i **Die relativ steile, 2 km lange Straße zum Berg zweigt im Zentrum von Gutenstein nach Süden ab (gleich am Beginn Friedhof mit Raimundgrab). Die landschaftlich schönen Wege zu den einzelnen Kapellen sollte man sich nicht entgehen lassen (Blick zum Schneeberg!).**
Servitenkloster, Tel. 02634/7263

47

Maria Pötsch und andere importierte Gnadenbilder

Stephansdom

Das Jahr 1683 ist es, welches mit blutiger Feder der Nachwelt zu verzeichnen ist: Sintemahlen die erschröckliche Einäscherung des Edlen Oesterreich, die grausame Hinschleppung in die Viehische Dienstbarkeit der Türcken, womit der Ottomanische Wüterich die Kayserl. Residenz-stadt Wien hart bestürmet und die Victori der Christlichen Waffen und gäntzliche Vernichtung deß Türckischen Hochmuts annoch in frischer Gedächtnus ligen. Diese Eintragung im Mirakelbuch der Wallfahrtskirche Maria Plain bei Salzburg spiegelt die Nervosität und Angst wider, welche die Völker erfasst hatte, als die Türken ihren letzten und gefährlichsten Vorstoß nach Westen unternahmen, ebenso wie die Freude darüber, dass es gleich nach dem Scheitern der Belagerung Wiens den alliierten Truppen gelang, ihnen nachzurücken und weite Landstriche ins christliche Lager zurückzuholen. Je näher man sich dem Kriegsschauplatz befand, umso weniger lustig war freilich auch die Befreiung. Dort dauerten Angst und Unruhe an, und in dieser Atmosphäre ereignete sich das Wunder von Pötsch.

Das Dorf heißt eigentlich Pócs und liegt im Nordosten Ungarns in einer armen Gegend, in der sich die verschiedenen westlichen Konfessionen bereits stark mit den östlichen mischen, die aber nie von den Türken besetzt war. In der dortigen griechisch-katholischen Kirche gab es eine Ikone, die der

Ein Abbild des himmlischen Jerusalems, errichtet zur höheren Ehre Gottes: der Stephansdom

Bruder des Pfarrers auf Bestellung eines aus türkischer Gefangenschaft erlösten Bauern gemalt hatte. Der Stifter war aber zu arm, um die hiefür geforderten sechs Gulden zu bezahlen, weshalb ein etwas reicherer Dorfbewohner einsprang. Es handelt sich um eine geradezu erschreckend primitive Malerei in ostkirchlicher Manier, die kunstlose Wiedergabe einer byzantinischen Mariendarstellung. Am vierten November 1696 bemerkten Besucher des Sonntagsgottesdienstes, dass diesem Bild Tränen über die Wangen liefen. Nach ausführlichen Untersuchungen, die vom Bischof und dem militärischen Oberbefehlshaber durchgeführt und zu denen auch Angehörige des evangelischen und kalvinistischen Glaubens zugezogen wurden, erklärte man den Vorfall zu einem wahrhaftigen Wunder. Der General wischte persönlich die Tränen ab. Das dabei verwendete Taschentuch wird heute noch in der erzbischöflichen Kathedrale von Eger gezeigt.

Dass sich das Ereignis allenthalben herumsprach, lässt sich denken. Und da geschah etwas, was man eigentlich als empörend empfinden muss. Die Kaiserin Eleonore, Gemahlin Leopold I., eine ziemlich bigotte Person, bildete sich ein, für ein so gottgesegnetes Bild gebe es nur einen einzigen würdigen Platz, nämlich an ihrem Hof in Wien. Sie nahm den Leuten, die sich erbittert dagegen zu wehren suchten, das heilige Palladium aus der Dorfkirche einfach weg. Am ersten März 1697 wurde es unter starkem militärischem Beistand abmontiert und in die Residenzstadt gebracht, wo ihm ein glorreicher Empfang bereitet wurde. Es wurden prunkvolle Prozessionen veranstaltet mit großartigen Predigten, etwa eines Abraham a Santa Clara, der emphatisch ausrief: „Die weinende Madonna von Pötsch ist Ursach geworden, dass wir jetzo lachen. Nun ist die Türkengefahr gebannt", und ein etwas überschwenglicher Skribent schrieb gar von dem „blutweinenden Madonnenbild". Der berühmte Kanzelredner bezog sich übrigens darauf, dass 1697 der alles entscheidende Sieg über die Türken bei Zenta zustandekam, der, wie bald verlautet wurde, der Fürsprache der Pötscher Muttergottes zu verdanken war. Am ersten Dezember 1697 wurde ihre gnadenreiche Darstellung auf dem Hochaltar des Stephansdoms zur allgemeinen Verehrung ausgesetzt.

In der Kirche des armen Dorfes an der weit entfernten Nordostgrenze klaffte seitdem ein betrübliches Loch. Erst 1707 entschloss sich der Kaiser, anstandshalber wenigstens eine Kopie dorthin zu stiften. Allein die Wertschätzung, die sie genoss, war, wie der Bischof schrieb, nicht besonders groß. Bis zum ersten August 1715. An diesem Tag bemerkte der Kaplan an der Kopie ähnliche Tränen wie seinerzeit am Original. Neuerlich gab es Untersuchungen, Zeugenaussagen und Proklamationen. Die Dorfbewohner waren glücklich, nannten ihren Ort fortan Máriapócs und hatten die Genugtuung, dass am ursprünglichen Bild in der Kaiserstadt niemals jemand ir-

Das wundertätige Gnadenbild aus dem Nordosten Ungarn: Maria Pötsch

gendeinen Tränenfluss beobachten konnte. Die Kopie in ihrem Ort weinte hingegen noch einmal, nämlich am dritten Dezember 1905. Der Ort liegt heute nahe der Grenze zur Urkaine, ist interessant durch seine nach wie vor dem griechisch-katholischen Ritus dienende Kirche und im Übrigen der bedeutendste Pilgerort Ungarns.

Wir wollen uns aber dem echten Bild im Stephansdom zuwenden. Es ist im Grund genommen kein Wallfahrtsziel, denn zu einem solchen gehört unbedingt der Weg, den der Pilger auf sich nehmen muss. Die Muttergottes von Maria Pötsch besuchen aber die Menschen sozusagen im Vorübergehen, wenn sie gerade in der Nähe zu tun haben. Kaum einer wird eine weite Anfahrt auf sich nehmen, um sie zu verehren. Aber abgesehen davon, dass sie im 18. Jahrhundert durchaus „Zuzug aus allen Ländern der österreichisch-ungarischen Monarchie" hatte (Gugitz), ist doch auch die Geschichte von den vertragenen Wallfahrtsbildern interessant. Die Herrscher in Wien hatten offenbar Routine im Einsammeln solcher Devotionalien, denn Maria Pötsch ist nicht das einzige solche Bild, das sie in ihre Stadt holten.

Schon Herzog Rudolf IV. hatte es sich nicht nehmen lassen, 1361 jenen Stein, auf dem die schlimmen Leute von Stockerau dem heiligen Koloman die Beine abgesägt hatten, nach St. Stefan transferieren, denn der arme gemarterte Pilger sollte damals zum Schutzpatron von Österreich stilisiert werden. Es handelte sich um eine Platte von geringen Ausmaßen, höchst unpraktisch für eine solche Operation, aber nichtsdestoweniger so verehrt, dass sie schon im 17. Jahrhundert ganz poliert und glatt war. „Denn so oft jemand zur Türe hereinschaut, so rührt er dieselbe mit den Fingern an", berichtet ein damaliger Reiseschriftsteller. Heute ist der Andachtsgegenstand nur den Insidern bekannt. Er ist unterhalb der Statue des Herzogs Rudolf im Bischofstor eingemauert, exakt dort, wo es Informationsschriften und Videos über Wien und St. Stefan zu kaufen gibt.

In der Franziskanerkirche steht auf dem Hochaltar in einer grandiosen Triumpharchitektur eine große Madonna von beachtlicher künstlerischer Qualität. Sie wird genannt „Maria mit dem Beil" und befand sich einst als hoch angesehene Kultstatue auf einem Schloss in Grünberg in Schlesien. Die Eltern des heiligen Johannes Nepomuk sollen zu ihm gekommen sein, als sie sich ein Kind wünschten, und später noch einmal, als dieses Kind in eine schwere Krankheit fiel. In der Reformationszeit wurde der Besitzer des Schlosses protestantisch und ging mit der Hacke auf die Madonna los. Er konnte sie jedoch nur seitlich treffen, dann verließen ihn die Kräfte und er erlitt einen Schlaganfall. Das Beil steckt heute noch in der Figur und davon hat sie auch ihren Namen. Es nützte auch nichts, als er sie ins Feuer warf, sie sprang heraus, der Mann aber wurde darüber wahnsinnig und erstach, offenbar aus Wut darüber, dass er der Gottesmutter nichts anhaben konnte, seine eigene Mutter. Trotz solcher eindrucksvoller Mirakel und obwohl die Beil-Muttergottes sogar zu einem Sieg über die Türken verholfen hatte, setzte sie ein späterer Besitzer im Spiel ein und verlor. So kam sie nach Wien, wo der fromme Kaiser Ferdinand II. sie in festlichen Umzügen ehrte. Sie wurde dort sozusagen das Andachtsbild der besseren Kreise. Hof und Adel sowie die vornehme Bürgerschaft pilgerten zu ihr. Entsprechend viele Kostbarkeiten lagen in ihrem Opferdepot. Als die Schatzkammer unter Kaiser Joseph II. aufgelöst wurde, zählte man nicht weniger als elftausendneunhundertsechundsechzig Stücke an Gold, Silber, Edelstein und Perlen, sowie zweiundzwanzig edle Kleider für die Statue.

Ein anderes frommes Bild, das in der Michaelerkirche bei der Hofburg landete, stammt aus Kreta und wurde von dort weggebracht, um es vor den Türken zu schützen. Wieder ein anderes fand angeblich ein Karmeliterpater in einer Rumpelkammer in Rom. Er reinigte es von Staub und Schmutz, was die Madonna mit einem dankbaren Senken des Kopfes quittierte. Als „Maria mit dem geneigten Haupt" steht sie in der St. Josefskirche im zweiten Bezirk zur Verehrung.

Es gibt darüber hinaus eine Menge von Andachtsbildern in diversen Wiener Kirchen, bei denen es sich um Kopien von Wallfahrtszielen in einzelnen habsburgischen Ländern oder in deren Nachbarschaft handelte. Statuen der Mariazeller Muttergottes oder Abbilder des Maria-Hilf-Gemäldes sind ja nichts Besonderes, aber dass in der Ursulinenkirche in der Johannesgasse die Madonna von Foja in Belgien, in der Seminarkirche in der Boltzmanngasse die Schwarze Gottesmutter von Montserrat in Spanien und in der Jesuitenkirche gar eine Maria aus Lima in Peru aufgestellt wurden, ist doch bemerkenswert.

Dem *wunderthätigen Zäher-trieffenden Bildnus der gnadenreichen Gottesgebährerin so zu Pötsch geweinet*, tat jedenfalls die Übersiedlung nach Wien ausgesprochen gut. In der Barockzeit, aus der obige weitschweifige Titulierung stammt, wurde sie mit vielen wertvollen Votivgaben bedacht, Mirakelbücher bekundeten ihre Wunderkraft und im Fall von Türkenkriegen wurde sie sowieso als besondere Schutzfrau angerufen. Weit wichtiger ist es aber, dass sie heute noch starken Zulauf hat. Die Ikone, die seinerzeit durch ihre Tränen Aufsehen erregt hatte, steht unter einem zierlichen gotischen Baldachin in der Nähe des Eingangstores zum Stephansdom. Von den vielen Menschen, die im Lauf des Tages durch das Tor treten, sind es nicht wenige, die gleich nach rechts abbiegen, sich in die Bänke vor der Muttergottes setzen und dort in stillem Gedenken oder im Gebet verweilen. Sie täten es nicht, wenn sie nicht empfunden hätten, dass das grob gemalte Bild aus dem Dorf an der Grenze immer noch reichlich Trost und Segen spendet.

i **Das Maria-Pötsch-Bild findet man gleich links neben dem Westeingang (Riesentor) des Domes. Der Kolomanstein ruht ganz unscheinbar in der rechten Laibung des gegenüberliegenden (ehemaligen) Eingangstores (Herzogstor), wo heute der Souvenirverkauf stattfindet.**
Dompfarre St. Stephan,
Tel. 01/51552-3767
kirchenmeisteramt@utanet.at

Die Türme von Frauenkirchen mit den Engeln des Kalvarienberges im Vordergrund

48

Die Marotten eines Barockfürsten

Frauenkirchen

„Sobald man Wien in dieser Richtung verlässt, fühlt man sich an der Grenze des Abendlandes", stellte der deutsche Dichter Reinhold Schneider fest, als er zu jener Gegend fuhr, die Burgenland heißt. Den angrenzenden Ungarn wird diese Feststellung nicht so sehr schmecken. Sie hegen keinen Zweifel daran, dass sie trotz mancher Eigenheiten ein fester Bestandteil des Abendlandes sind. Die Landschaft aber wird schon wenige Dutzend Kilometer hinter der Hauptstadt fremdartig. Das steigert sich zur Exotik in jenem Gebiet, das zwischen dem Neusiedler See und der Staatsgrenze liegt, dem Seewinkel. „Hier ist nichts als grandiose Einsamkeit", schwermütig und leidensvoll, empfand Reinhold Schneider. Eine Landschaft voller Gehalt und Stimmung, auch wenn sie flach wie eine Tischplatte ist. Landwirtschaftlich geprägte Ebenen, Einöden und Steppen gelten normalerweise nicht als die topographischen Formen, die den Fremden in Begeisterung versetzen, der Seewinkel aber wird heiß geliebt und gern besucht. Vielleicht liegt es am Wein, der schon „ein bissel ungarisch spricht", vielleicht am Charme der entlegenen Dörfer, vielleicht an den Besonderheiten, die von der Natur geboten werden.

Aus diesem brettelebenen Land ragt eine blockhafte, zweitürmige Kirche auf und vermag es so zu beherrschen, dass sie sogar von jenseits der ungarischen Grenze noch gut auszunehmen ist. Ihre Namen belegen die Bedeutung, die sie für die in der Gegend ansässigen Volksgruppen hat: Die Deutschen nennen sie Frauenkirchen, die Kroaten *Svetica za Jezerom* – „die Heilige hinter dem See" und die Ungarn *Boldogasszony* – „Selige Frau".

Die Geschichte des Ortes wird, wie die der ganzen Region, geprägt durch die Türken und durch die Esterházy. Für die Türken bildete die pannonische Ebene das große Aufmarschgebiet, als sie 1529 auszogen, um dem römisch-deutschen Kaiser die Haupt- und Residenzstadt Wien wegzunehmen. In Frauenkirchen bestand ein Wallfahrtsort zumindest seit dem späten Mittelalter. Von einem Einsiedler wird berichtet und von der Stiftung eines blauen Samtrockes, den eine hiesige Adelige dem *goczhaus unserer lieben fraw auf der hayd* für die Anfertigung eines Meßgewandes widmete. Die Osmanen aber brannten alles nieder, sodass eine Wüstung ohne Bäume und ohne Häuser zurückblieb, eine absolute Nullgegend. Dabei hatte das Land noch Glück, denn die Feinde zogen immerhin wieder ab. Den ungarischen Zentralraum aber behielten sie rund hundertfünfzig Jahre lang im Griff und machten einen Verwaltungsbezirk ihres Reiches daraus mit einem System der Ausbeutung und der Plünderung. Nur der Landstreifen im Westen und Norden blieb dem Kaiser, der seine Rechte daran aus alten Verträgen herleitete, die noch unter Kaiser Maximilian I. mit den ungarischen Königen abgeschlossen worden waren. Seine Herrschaft war indes bei dem freiheitsliebenden Volk beinahe ebenso unbeliebt wie jene der Türken, und so wandte es sich, wohl weitgehend aus Opposition, dem Kalvinismus zu, einer besonders radikalen Form des Protestantismus. „Wer sich als Ungar fühlte, wurde Kalvinist. Nationalität und religiöses Bekenntnis deckten sich, und so entstand ein Bollwerk gegen den Islam, also die Türken, gegen den Katholizismus, also die Habsburger, und gegen die Orthodoxie“ (Paul Lendvai). Im Jahr 1600 scherte aus dieser Religionsformation ein ehrgeiziger Schlaukopf aus, der sich entschloss, katholisch zu werden und bedingungslos zu den Habsburgern zu stehen, Nikolaus Esterházy von Galántha. Da er es auch verstand, ausgesucht reiche Frauen zu ehelichen, wuchs sein Vermögen, er machte Karriere und starb 1645 als hoch angesehener Magnat und als Paladin des Kaisers.

Die plakative Frömmigkeit, die für Konvertiten typisch ist, war offenbar weniger die Sache dieses scharf kalkulierenden Newcomers – wenngleich seine Frau berichtete, die heilige Maria habe persönlich mit ihr Konversation gepflegt – wohl aber beherrscht sie das Bild, das von seinem Sohn und Nachfolger Paul I. in Erinnerung blieb. Auch er war ein kluger Politiker, auch er pflegte seine Verehelichungen nach dem bestmöglichen Profit anzulegen. Dazu kamen allerhand Kriegsleistungen, und außerdem verewigte er sich durch die Verbreitung pompöser barocker Bau- und Musikkultur.

Wenn der Fürst Paul Esterházy seinen katholischen Andachtsübungen oblag, war höchster Aufwand angesagt. 1692 veranstaltete er beispielsweise eine Prozession nach Mariazell. Es wurden 11200 Personen aus den ihm untergeordneten Landen abkommandiert, ihn zu begleiten. 3860 Knaben aus allen Dominien, 2360 erwachsene Männer und 1235 Jungfrauen mit aufgelösten und bekränzten Haaren. Dazwischen marschierten Musikanten, Paukenschläger und Trompeter, ferner die höchsten Chargen des ihm unterstellten Adels, dann Kutschen und andere Wagen, Kamele und Pferde. Wie sehr er dem Wallfahren zugetan war, beweist auch der voluminöse Band *Mennyei korona*, der von ihm selber verfasst war und sich den wundertätigen Marienbildern widmet.

Es kann nicht überraschen, dass dieser Fan des Wallfahrtswesens sein Augenmerk auf die einschlägigen Orte seines Herrschaftsbereiches warf und dass er mit Interesse hörte, man habe auch in Frauenkirchen einstmals die Gottesmutter aufgesucht und verehrt. Schon 1659 hatte er die seit dem ersten Türkeneinfall verödete Gegend wieder besiedelt und eine Niederlassung der Franziskaner begründet. 1683 bei der zweiten Belagerung Wiens wurde alles zerstört. Esterházy schritt nachher gleich zum Wiederaufbau. Als er 1687 vom Kaiser, der ihm einiges zu verdanken hatte, in den Fürstenstand erhoben wurde, gelobte er, Frauenkirchen erneut zu einer Stätte der Marienverehrung zu machen. Er zauberte dazu eine Urkunde aus den Archiven seines Schlosses Forchtenstein – oder vielleicht hat er sie wirklich dort gefunden – in der zu lesen stand, schon 1335 habe hier eine rege Wallfahrt geblüht. Die Skepsis gegenüber dem nicht mehr vorhandenen Dokument ist angebracht, der Fürst fabrizierte auch einen Stammbaum seines Geschlechtes, in dem er nachwies, der Hunnenkönig Attila sei sein Stammvater.

Er errichtete die heute noch bestehende Kirche mit einer prunkvollen Ausstattung

Ein künstlicher Hügel für Meditation und Gebet: der Kalvarienberg von Frauenkirchen

Obwohl die Kirche nur 23 Meter hoch ist, beherrscht Frauenkirchen mit seinen Türmen weitum das Land.

und berief dazu in exquisitem Geschmack italienische Künstler in die Heide des Seewinkels, souveräne Meister des frühen Barockstils, die offensichtlich dem staunenden Volk vorführen sollten, was ein zeitgemäßer Bau ist. Besonders das Innere zeigt harmonischen Glanz, reiche Stukkaturen überziehen die Decke, in prächtigen Bildern wird das Leben des Erlösers vorgeführt. Die Kanzel ist das Kabinettstück eines aufwendig gestalteten Kirchenmöbels und der Hochaltar schließt effektvoll wie eine Bühne den Raum vorne ab. Das Gnadenbild wurde ebenfalls vom Fürsten Esterházy beigesteuert, eine kleine Figur, die früher in seinen Privatgemächern gestanden hatte. Es war dieselbe, die sich angeblich mit seiner Mutter, der Gemahlin des Grafen Nikolaus, unterhalten hatte.

Es gibt noch ein anderes Bild, das von den Wallfahrern verehrt wurde und das älter sein soll als die Madonna vom Hochaltar. Es bildet den Mittelpunkt des linken vorderen Seitenaltares und zeigt eine eigenartige Darstellung der stillenden Maria. Das Kind säugt nicht, sondern wird von der Milch bespritzt. Als Meisterwerk kann man es nicht ansprechen, doch soll es die erste Einäscherung der Kirche unbeschadet überstanden haben. Votivtafeln und Blumen bezeugen die Verehrung dieses Bildes. Überhaupt schlug die Wallfahrt in Frauenkirchen ein. Da es nach den türkischen Verwüstungen keine älteren Kultstätten mehr gab, nahm das Volk seine Zuflucht zu dem vom Fürsten begründeten Wallfahrtsort, der noch dazu, wie wir gehört haben, vielleicht doch schon in älterer Zeit bestanden hatte. Außerdem hatte der Stifter ein Kloster des Franziskanerordens daneben gebaut und einen künstlichen Berg angelegt, auf dem man auf einem spiralförmig gewundenen Weg an den diversen Stationen der Passion vorbei die Stätte des Kreuzes Christi erreichte.

Aber Paul Esterházy wollte immer sensationellere Bauten schaffen. Fasziniert von der Idee des Kalvarienberges errichtete er einen viel schöneren und größeren in der Nähe seiner Residenz in Eisenstadt, ein höchst originelles Bauwerk, zu dem ebenfalls eine Gnadenkapelle mit einer wundertätigen Muttergottesstatue gehörte. Da gibt es eine künstliche Grotte neben der anderen, Durchgänge, illusionistische Szenen, eine Fülle von barocker Theatralik, wie man sie kaum anderswo findet. Der Fürst aber, allmählich wohl etwas wunderlich geworden, hatte damit noch immer nicht genug. Im Anschluss an den Berg Kalvari plante er eine Kirche „wie sie auf dem ganzen Erdkreis ihresgleichen nicht haben sollte". Schon seine Nachfolger stoppten den unmäßigen Bau, so steht die so genannte Bergkirche in Eisenstadt unvollendet da als ein Stück Unarchitektur, und kein Mensch würde sie als besonders sehenswert erachten, zumal sie auch im Inneren nur mit einem dünn gewordenen Barock aufwartet. Sie hat aber eine Kapelle, die zwar in einem noch dünneren Aufguß der Barockkunst gehalten ist, aber das Grab eines Bediensteten der Fürsten Esterházy enthält, dessen Ruhm jenen seiner Arbeitgeber, der großartigen Kirchenbauer und Klöstergründer, weit überstrahlt, des Komponisten Joseph Haydn.

i Mitten im Seewinkel gelegen (Ausfahrt „Mönchhof" der Autobahn Wien–Budapest). In der Nähe das sehenswerte Schloß Halbthurn Pfarramt, Tel. 02172/2224

Eingangstor zum Kirchenbezirk von Loretto. Über dem Bogen eine Kopie der Gnadenstatue.

49

Nachtwache beim Heiligen Haus

Loretto

Loretto, das klingt italienisch, doch das Dorf, das so heißt, war früher in Ungarn gelegen und gehört heute zu Österreich. Alljährlich kommen in dieser deutschsprachigen Gemeinde Tausende burgenländische Kroaten zusammen. Es ist das größte Treffen dieser Volksgruppe. Ein multikultureller Ort also, diese bescheidene Siedlung im Norden des Burgenlandes, die sich mit ihren 365 Einwohnern die kleinste Marktgemeinde Österreichs nennt.

Das Ortsbild besteht aus einigen geraden Straßenzügen, die von niedrigen Häusern zeilenartig eingefasst sind. Vorgelagert ist eine ausgedehnte, mit Nussbäumen bestandene Wiese, fast parkähnlich – Anger genannt, eine Eigenart osteuropäischer Dörfer, und das ganze Ensemble wirkt überhaupt östlich. Das gilt auch für die zweitürmige Kirche mit ihrer flachen Fassade, die einige Versatzstücke aus dem architektonischen Fundus der Barockzeit aufweist wie Dreiecksgiebel, Rundfenster oder Pilaster. Links schließt der schmucklose Kasten eines Klosterbaues an, rechts folgen auf eine lange Mauer die unvermeidlichen Wirtschaftsgebäude. Es herrscht eine eigenartige ländliche Stille, die sich durch die Weite der Anlagen und der Landschaft eindrucksvoll verstärkt wird.

Ein Garten, erfüllt von Ruhe und Stimmung: der Hof um das Heilige Haus.

Dann und wann taucht jemand auf und strebt dem Kirchenportal zu, eine fromme Frau oder ein paar Ausflügler. Innen zeigt sich der nüchterne Bau recht schmuck ausgeziert. Wer will, kann auf den Fresken der seitlichen Kapellen diverse Heiligenlegenden studieren, etwa wie dem König Stephan die ungarische Krone angetragen wird, wie der heilige Rochus die Pestbeulen an seinen Beinen bemerkt oder wie der heilige Philipp Benizi verdientermaßen gen Himmel fährt. Diese Bilder interessieren aber die Wenigsten, sie gehen vielmehr gleich rechts durch eine Türe wieder hinaus und kommen in einen kleinen Arkadenhof, um dort das Heilige Haus von Loreto aufzusuchen.

Wenn man dieses Wort mit einem „t" schreibt, dann ist der Urtyp gemeint, die mittelitalienische Stadt Loreto, die sich in der Provinz Ancona unweit der Küste des adriatischen Meeres befindet. In der Mitte der dortigen, üppigst mit Kunstwerken ausgestatteten Basilika steht unter einer mächtigen Kuppel die so genannte *Casa Santa,* das Einfamilienhaus aus Nazareth, das dem Josef und der Maria gehört hat. Es handelt sich um das hochheilige Gebäude, in dem sich die Szene der Verkündigung abspielte und in dem Christus seine Jugend und seine frühen Jahre verbracht hat.

Wer die Legende nicht kennt, wird höchst überrascht sein, denn er wird ja nicht annehmen können, dass es damals bereits zerlegbare Häuser gab, die man von einem Ort zum anderen befördern konnte. Es war auch keine Transportfirma am Werk, sondern Engel brachten den Bau als Ganzes durch die Luft vom Heiligen Land, das gerade von den Ungläubigen eingenommen worden war, nach Europa, und zwar zunächst nach Trsat bei Rijeka in Kroatien. Die dortigen Einwohner verpassten ihre Chance und ästimierten das Gemäuer nicht in angemessener Weise, weshalb es die Engel weitertrugen bis zu jenem Ort, an dem man es heute findet.

Die Frage, was von dieser merkwürdigen Geschichte zu halten ist, hat schon viele Schriftsteller beschäftigt. Diejenigen, die für volle Glaubwürdigkeit eintreten, führten ins Treffen, dass sich unter den Mauern der Santa Casa angeblich keine Fundamente befinden. Auch seien Expeditionen nach Nazareth geschickt worden und seien dort auf Grundmauern mit exakt passenden Abmessungen gestoßen. Schließlich sollen in den Fünfziger Jahren Steine des Baudenkmals untersucht worden sein; dabei hätte sich ergeben, dass das Material in Italien nicht vorkommt, wohl aber in Palästina. Heute sehen auch die Autoren, die der Legende wohlwollend gegenüberstehen, des Rätsels Lösung darin, dass wohl Kreuzfahrer oder christliche Flüchtlinge Steine aus Nazareth mitnahmen, von denen es dann hieß, sie würden vom Haus der Familie Josef stammen. Da im Abendland ohnehin die Tendenz herrschte, biblische Schauplätze, wie das Grab Christi in Jerusalem, nachzubauen, hätte man auch diese Mauerteile zu einem kompletten Haus ergänzt, von dem sich allmählich die Kunde verbreitete, es handle sich um den Originalbau.

Da Loreto von Rom nicht allzu weit entfernt liegt und überdies zum Gebiet des Kirchenstaates gehörte, wurde es von den Päpsten emsig gefördert. So richtig los ging es allerdings mit der Verbreitung des Kultes, als die Jesuiten die Betreuung des Wallfahrtsortes übernahmen. Die adeligen Zöglinge dieses Ordens machten es sich zur Pflicht, auf ihren Romfahrten auch das Heilige Haus aufzusuchen, unter anderem Herzog Maximilian von Bayern und Kaiser Ferdinand II., der hierher pilgerte, bevor er das Werk der Gegenreformation in der Steiermark anging.

So wurde Loreto ein Wallfahrtsziel mit päpstlich approbiertem Mirakel, ein Werkzeug der Gegenreformation und ein wirksames Mittel, um volkstümliche Wundergeschichten zurückzudrängen. An vielen Orten entstanden Nachbildungen des Wohnhauses, fast immer begründet von der kirchlichen Obrigkeit oder vom Adel.

1644 reiste der Freiherr Hans Rudolf von Stotzing zu dem Gnadenort des Heiligen

Hauses und beschloss, sich so etwas auch auf seinen Ländereien im heutigen Burgenland zuzulegen. Die Wahl fiel auf einen Platz, an dem früher eine von den Türken zugrundegerichtete Kapelle gestanden war, im Bereich des heutigen Loretto. Er übernahm sich zwar mit der Stiftung, da auch noch ein Kloster der Serviten zu gründen war, doch setzte der schwerreiche Graf Franz von Nadasdy, der seine Besitzungen übernahm, das Werk fort, und so entstand eine genaue Kopie des italienischen Hauses von Nazareth, bei dem man sich bemühte, sogar die Maße – 4,10 x 9,50 Meter lichte Weite – exakt beizubehalten. Auch die Ziegelwände mit eingelassenen Holzbalken wurden nachgeformt. Der Altarteil ist wie im Urbild durch ein Gitter abgetrennt, dort befindet sich eine Küche, die sowohl in Loreto als auch in den Nachbildungen als die Küche Mariens bezeichnet und verehrt wurde. Eine Andeutung weiterer Räume gibt es nicht, alles hatte in einem heiligen Bereich eben schicklich zu bleiben und zur Andacht zu stimmen, was bei Schlafzimmern und anderen .Gemächern nicht immer garantiert gewesen wäre

Der interessanteste Wallfahrtstag und einer der größten von ihnen ist der Kroatische Sonntag, der Mitte September gefeiert wird. Tausende Angehörige dieser Volksgruppe strömen dann hieher und die Geschichte dieses Feiertages ist durchaus erwähnenswert.

Das kroatische Sprachgebiet reichte früher bis in die niederösterreichischen Nachbarorte, dort gab es aber bereits im 18. und noch mehr im 19. Jahrhundert Widerwillen gegen die anderssprachige Minderheit und einen heftigen Sprachenkampf, bei dem besonders der örtliche Klerus mitmischte. Da trotz dringender Ansuchen etwa in Hof am Leithagebirge nur deutsche Geistliche angestellt wurden, weigerten sich die Einwohner, Robotarbeit für die Renovierung des Pfarrhofes zu leisten. Daraufhin wurden etliche Männer in Ketten gelegt und zu Zwangsarbeit verhalten. Da eine Familie Dwornikovic aus Protest weder die deutschen Predigten noch die Christenlehren besuchte, wurden ihre Angehörigen mit Arrest bestraft. Wenn es bei der Litanei hieß: „Bitt für uns!“, sollen die Kroaten statt dessen gerufen haben: „Nix für uns!“. Liedertexte sangen sie in ihrer Sprache und übertönten damit die Deutschen. Als 1845 dem erzbischöflichen Konsistorium nahegelegt wurde, die kroatische Ausdrucksweise beim Singen und Beten in Au am Leithagebirge zuzulassen, da fast alle Leute sich dieser Sprache bedienten, wurden die Bittsteller belehrt, dass „die Unkenntnis der deutschen Sprache nur ein nichtiger Vorwand ist, um ihren Eigensinn und ihrer Unfolgsamkeit eine Stütze zu verschaffen.“ Die Anführer sind ohne weitere Amtshandlung mit Arrest bestraft worden.

Unter solchen Umständen begaben sich die Angehörigen der unterdrückten Volksgruppe mit Vorliebe nach Loretto, wo die Serviten Verständnis für ihre Probleme hatten. Diese Affinität behielten sie auch bei, nachdem das Kloster aufgelöst worden war, zumal es hier immer Priester gab, die sich zu ihnen zählten. Das „bewog einige Freunde des kroatischen Volkes dazu, für die zahlreichen und gewiss glaubenseifrigen Kroaten der Raaber Diözese einen eigenen Wallfahrtstag zu bestimmen. Dieses geschah beiläufig Anfang dieses Jahrhunderts“, berichtete Pfarrer Mohl in seiner 1894 erschienen Historie von Loretto. Der Kroatische Sonntag ist also gar nicht so sehr alt, doch zeichnete er sich bis vor kurzem durch einen ganz eigenartigen Brauch aus, die „Lange Nacht“. Die fromme Veranstaltung dauerte nämlich zwei Tage, und da blieb früher, als man noch nicht motorisiert anreiste, immer eine Menge Leute über, welche die Zeit bis zum Morgen am heiligen Ort mit Gebet und Gesang zubrachte. Zwischendurch stärkte man sich durch Schlaf in den Kirchenbänken. Karl Lukan hat die Lange Nacht erlebt und in einem stimmungsvollen Bericht beschrieben: „Die dunkle Silhouette der Kirche gegen den mit Regenwolken bedeckten Nachthimmel, davor die laut singenden Bäurinnen mit Kerzen in den Händen ... wir fühlten uns in eine romantische Oper versetzt.“

Ob es allerdings richtig ist, Bezüge zu antikem Tempelschlaf herzustellen, den man bekanntlich zu Heilzwecken praktizierte, sei dahingestellt. Auch die frühen Christen verbrachten die Nächte vor ihren großen Festen in den Gotteshäusern – Vigil, Wache, nannte man das, und heute sind Nachtwallfahrten wieder modern und besonders bei der Jugend beliebt. Die Stimmung macht es, die Stimmung der tiefen Nacht, sei es mit oder ohne Mondschein, mit oder ohne Sterne, und das Erlebnis des Morgengrauens, der Dämmerung und des anbrechenden Tages. Und die Wallfahrtsorte sind nun einmal Orte, an denen man solche Stimmungen noch einmal so intensiv erleben kann wie anderswo.

i Am einfachsten ist die Zufahrt von Eisenstadt über das Leithagebirge, aber auch von Ebreichsdorf (Ausfahrt „Ebreichsdorf-Nord“ der Autobahn Wien–Budapest, dann über Unterwaltersdorf und Leithaprodersdorf)
Pfarramt, Tel. 02255/8256
loretto@rk-pfarre.at

50

Beobachtungen am großen Wallfahrtsort

Mariazell

Unstreitig ist Mariazell der Spitzenreiter unter den Wallfahrtsorten Österreichs. Ohne Unterlass herrscht hier Hochbetrieb. Frauenwallfahrten, Friedenswallfahrten, Motorradwallfahrten wechseln ab mit habsburgischen Familienfesten und gelegentlichen Bischofskonferenzen. Früher waren die römisch-deutschen Kaiser und ihr Anhang Stammgäste ebenso wie die tschechischen und ungarischen Völker. Als deren Kardinal Mindszenty im österreichischen Exil starb, wusste man keinen besseren Platz für eine vorläufige Beisetzung als die Basilika der Gnadenstätte, und selbst eine sozialistische Staatssekretärin ließ sich nicht abhalten, nach einem politischen Erfolg hierher zu marschieren, um unter lebhafter Anteilnahme der Presse ein Versprechen einzulösen. Heutzutage empfängt der Zweitausend-Seelen-Ort jährlich eine Million Besucher, die meisten davon als Pilger.

Wenn ein Unkundiger raten sollte, wo dieses Zentrum religiöser Hochfrequenz zu suchen sei, würde er meinen, es liege in der Nähe der großen Verkehrsstrecken, sei es beim Donaustrom, sei es bei den Seitentälern, die zu ihm führen. In Wahrheit befindet es sich in einem völlig abgelegenen Gebiet. Der Weg zu ihm führt von Wien her durch den waldreichsten Bezirk Mitteleuropas, durch kümmerliche Ortschaften und einsame Bachschluchten, von Osten her durch ein Gebiet, in dem man viele Kilometer lang auf kein einziges Haus trifft, nur auf Bäume und Felsen. Mariazell selbst liegt in einem Talkessel, der gewiss nicht ohne Reiz ist, sich aber nicht messen kann mit den weit dramatischeren und romantischeren Szenerien in vielen sonstigen Tälern der Alpen.

Die einzigartige Fassade der Basilika Mariazell: Zwei frühbarocke Türme flankieren einen gotischen Turm.

Die Frage, warum sich ausgerechnet in diesem schwer zugänglichen Hinterland ein solcher Brennpunkt katholischer Frömmigkeit entwickelte, ist nicht leicht zu beantworten. Befasst man sich aber näher mit der Legende, die von den Anfängen des Ortes berichtet, dann gelingt es vielleicht, ein wenig klarer zu sehen. Es heißt, der Abt des Klosters St. Lambrecht, dem die Gegend damals unterstand, habe einen Mönch ausgeschickt, damit er dem noch heidnischen, oder wie es im 17. Jahrhundert hieß, *in blinder Heydenschafft* lebenden Volk das Evangelium verkünde. Der Geistliche nahm eine Marienstatue aus dem Kloster mit und stellte sie, nachdem er am 21. Dezember 1157 an seinem Ziel angekommen war, auf einem Baumstrunk ab, neben dem er seine Zelle errichtete. Dann begann er mit Gottesdienst und Predigt. Der erwähnte Baumstrunk befindet sich heute noch unter dem Gnadenaltar der Mariazeller Basilika.

Es fragt sich, warum wegen eines Baumstrunks soviel Aufhebens gemacht wurde, der offenbar nur kurzfristig, als Abstellplatz für eine kleine Holzfigur genutzt wurde, denn allzu lange konnte man sie im Dezember wohl nicht dort belassen. Der Verdacht liegt nahe, dass es sich um einen Kultbaum handelte, den die missionierenden Mönche, so wie es ihnen St. Bonifaz vorgemacht hatte, umhackten. Dass die Gegend nunmehr christlich ausgerichtet sein sollte, taten sie dadurch kund, dass sie auf den Resten des alten Kultmales ein Symbol des neuen Glaubens anbrachten.

Noch eine verdächtige Legende gibt es, die auf vorchristliche Kultübungen schließen lässt: Als der Pater mit der Madonnenfigur schon fast an seinem Ziel angekommen war, versperrte ihm plötzlich ein Felsen den Weg. Da er schon müde und verzagt war, kam er auf die Idee, das Marienbild auf den Stein zu stellen. Sogleich spaltete sich dieser und machte ihm den Durchgang frei. Die Stelle, wo dies geschah, findet man heute noch. Sie heißt, offenbar nicht ohne Grund und nicht ohne Bezug auf uralte Überlieferungen „Der Ursprung von Mariazell". Nur – wenn man die mirakulose Sperrmauer besichtigen will, findet man nichts anderes als ein etwas mehr als mannshohes Gestein, das sich mühelos im Gelände umgehen lässt. Mittendurch führt ein schmaler Spalt, der sofort den Gedanken an einen Durchschlupfstein aufkommen lässt, an dem die Leute ihre Sünden und sonstigen Übel abstreifen konnten. Man verchristlichte die Stelle, indem man Heiligenbilder anbrachte. Dazu tat man ein Übriges, indem man anderswo in der Gegend eine Kapelle mit einem Durchschlupf errichtete, sodass die Pilger dort den alten Brauch im Geist korrekter Frömmigkeit ausüben konnten. Dass die neue Engstelle hauptsächlich von Mädchen benutzt wurde, die um eine baldige Heirat besorgt waren, und dass die Örtlichkeit somit eine Belustigung der Wallfahrergruppen bedeutete, war allerdings nicht im Sinn der Erfinder.

Es wird noch von anderen Anstößen berichtet, die dem Wallfahrtsort Größe und Bedeutung brachten, Anstöße, die von hohen Potentaten kamen. So soll ein Markgraf Heinrich von Mähren um 1200 samt seiner Gemahlin von der Gicht befallen worden sein. Da soll ihm geträumt haben, wenn sie nach Mariazell ziehen, würden sie gesund werden. Da zu dieser Zeit, und schon gar in Mähren, kein Mensch über diesen Ort Bescheid wusste, soll der heilige König Wenzel persönlich vom Himmel gestiegen sein und als Wegweiser fungiert haben. 1365 kam die hiesige Gottesmutter dem König Ludwig von Ungarn zu Hilfe, als es gegen die Tür-

Auch die Kirchenportale datieren aus ganz verschiedenen Stilperioden.

Mariazell bemühte sich stets, auch als Touristikort zur Geltung zu kommen.

ken ging. In der Nacht vor einer Schlacht erschien sie ihm und legte ihm ein Bild auf die Brust, mit dessen Hilfe er den Sieg erkämpfte. Es ist das Schatzkammerbild, das inmitten der im Lauf der Zeit angehäuften Kostbarkeiten auf einem zeltartig geformten Altar steht und vor allem für geschichtskundige Magyaren eine denkwürdige Attraktion bedeutet. Auf diese beiden Herrscher sollen auch die ersten kunstvollen Baulichkeiten des Ortes zurückzuführen sein, und wenn auch ihre Legenden nicht so recht in einen historischen Rahmen passen, so trugen sie doch erheblich zum Ansehen der Stätte bei, besonders bei den Völkern von Ungarn und Mähren.

Andererseits hören wir aber auch, dass es schon um 1390, also fünfundzwanzig Jahre nach der König-Ludwig-Episode, hier nicht weniger als zwei Dutzend Verkaufsstände gegeben hat, an denen sich die Pilger mit Votivgaben und Souvenirs eindecken konnten. Das beweist doch, dass sich der Ort nicht nur wegen der Wunder, die an den hohen Herrschaften geschahen, als Pilgerziel entwickelte, sondern dass er schon damals im Volk tief verwurzelt war. Der Zuzug hatte zu Beginn des 15. Jahrhunderts bereits so gewaltige Formen angenommen, dass von „untugendlichen Leuten" , also von Spitzbuben oder gar Banden, die Rede ist, welche die frommen Pilger behinderten, beraubten oder gar angriffen. Ein anderes Bild auf die damaligen Zustände wirft eine Teufelsaustreibung, die im Jahr 1370 so spektakulär ausfiel, dass man sie sogar über dem Kirchenportal abbildete. Sie gilt als das erste große Wunder, das hier geschah. Die betreffende Frau hatte ihr Kind getötet und zerstückelt und als Draufgabe auch ihre Eltern umgebracht. Sie war offenbar geisteskrank, denn man hielt sie für besessen, brachte sie nach Mariazell und trieb gezählte 6.666 Teufel aus ihr aus.

Wir kennen die Frömmigkeitsformen von damals auch aus bildlichen Darstellungen, wie den beiden so genannten „Mariazeller Wunderaltären" aus der Zeit um 1520, sowie aus anderen zeitgenössischen Wiedergaben. Da liegen die Gläubigen mit flatternden Haaren und wild gerungenen Händen auf den Knien, oder sie haben sich gar hysterisch auf den Boden geworfen. Sie beschwören mit verzweifelten Gebärden das Wunder, das sich hier am berühmten Gnadenort, an dem schon so viel Hilfe vom Himmel geschah, einfach ereignen muss, schon gar wenn so leidenschaftlich darum gefleht wird. Man verfügte sich zu der *wunderthätigen Aertztin zu Zell, schreyete zu ihr* suchte Zuflucht bei ihren *Trost reichen Brüsten.* Den Epileptikern etwa bot ein Mirakelbuch die Zuversicht, bei keinem habe die gefährliche Krankheit so weit überhandgenommen, „dass sie von Maria nit könnte curiert werden".

Heute wird die Pilgerschaft nüchterner, realitätsbewusster vollzogen. Als ich das letzte Mal in Mariazell weilte, war gerade eine Schar Fußwallfahrer aus der Wiener Gegend eingetroffen. Müde, aber zufrieden saßen die Leute in den Bänken vor der Gnadenkapelle, ließen den Raum auf sich wirken und hörten der Ansprache ihres Pfarrers zu. Rund einhundertdreißigtausend Schritte hatte einer auf einem Schrittzähler gemessen, eine Leistung, auf die sie nicht ohne Befriedigung zurückblickten. Inbrünstiges Beten und händeringendes Flehen waren nicht zu beobachten. Sie waren einfach am Ziel angelangt, und ihre Gedanken schweiften zurück zu den vielen Erlebnissen auf dem weiten Weg, zur Gemeinschaft, die sich unter ihnen gebildet hatte, zum Erlebnis des Betens und der gemeinsamen Abende in den Quartieren. Sie dachten an die bevorstehende Heimkehr, und es fielen ihnen wohl wieder die Probleme ihres Alltags ein. Es kam ihnen wiederum in den Sinn, die große Mutter, vor der sie sich befanden, um Hilfe in ihren Anliegen, um Schutz für sich und ihre Familien zu bitten, und auch zu danken für manches, was sie als gut empfanden. Und da blitzte in dem einen oder anderen mitunter eine andere Sicht auf das Leben auf. Er sah es aus dem Blickwinkel der Mitmenschen, denen er sich auf dem Marsch genähert hatte, er nahm es wahr aus der Sicht der Ewigkeit, zu der er in seinem Denken und Empfinden hier am Gnadenort zumindest einen Moment lang Zugang gefunden hatte.

i **Der so genannte „Ursprung" findet sich an der nach Bruck an der Mur führenden Straße, ca. 2 km vom Ortszentrum. Dort ist auch auf einem Hügel über dem Salzafluss die alte Siegmundskapelle zu besuchen. Im Ort und seiner Umgebung finden sich noch weitere Andachtsstätten". Wallfahrtsbüro, Tel. 03882/2595 office@basilika –mariazell.at**

51

„Maria hilf, sonst gehen wir alle zugrunde!"

Frauenberg bei Admont

Kreuzgruppe in Frauenberg mit den Bergen des Gesäuses im Hintergrund

Schon sehr früh, nämlich 1172, ungefähr hundert Jahre nach seiner Gründung, wurde dem Benediktinerstift Admont der Kulm geschenkt, ein Hügel, der ziemlich unvermittelt und isoliert aus dem sonst flachen Talboden der Enns aufragt. Die stiftischen Chroniken nennen einen gewissen Otto von Kulm als den Spender. Sie berichten, er sei nachher ins Kloster eingetreten und habe als Mönch ein frommes Leben geführt. Wir können also davon ausgehen, dass auf dieser Kuppe einst eine Burg stand und dass es auf dem Höhenplateau auch einen Fest- und Feierplatz der bäuerlichen Hintersassen gab.

Im 15. Jahrhundert könnten dort noch immer solche Zusammenkünfte der Untertanen stattgefunden haben, vermutlich in der magischen Zeit, die auch für andere Wallfahrtsorte, etwa dem Magdalensberg, von Bedeutung ist, der zweiten Woche nach Ostern. Damals setzte sich der Admonter Abt Hartnid Gleusser das Ziel, aus dem Kulm einen der heiligen Maria geweihten Berg, einen Frauenberg, zu machen. Wie nachdrücklich der Ort gefördert wurde und auf welche Beziehungen sich das Kloster berufen konnte, beweist eine Urkunde, mit welcher 1410 Papst Johannes XXIII., ein Gegenpapst zwar, aber immerhin von einem großen Teil des Kirchenvolkes anerkannt, allen Personen, welche am zweiten Sonntag nach Ostern, dem späteren „Gnadensonntag", die Kapelle besuchen, einen Ablass gewährte. Das war zu einer Zeit, als dort noch nicht einmal eine Kirche geweiht war, doch wird in weiteren Ablassbriefen dieser Zeit von Wundern gesprochen und davon, dass die Kapelle „auf wunderbare Weise, nicht ohne Mitwirkung Gottes an

einem einsamen, schauerlichen Ort" begründet wurde.

Es soll nämlich im Jahre 1402 oder 1404, und zwar am zweiten Samstag nach Ostern, am Fuss des Hügels der Ennsfluss eine Marienfigur angeschwemmt haben. Wie es zum Standard derartiger Legenden gehört, wird berichtet, dass sich die einfachen Leute die Fundsache nicht anzufassen getrauten. Der Abt erschien in grosser Prozession vor Ort, hob sie und brachte sie in die Stiftskirche. Dort blieb sie nur eine Nacht, am nächsten Tag fand sie sich wieder am Ennsufer. Das wiederholte sich noch einmal, auch wieder nach rituellem Legendenschema („Aller guten Dinge sind drei"), sodass man beschloss, die Figur auf den Kulm zu bringen und dort eine Kapelle zu bauen.

Die Legende erscheint in schriftlicher Form erst im 17. Jahrhundert. Andere Überlieferungen gibt es auch, sie wollen wissen, dass die Wallfahrt eingesetzt habe, als auf dem Berg nächtliche Lichtzeichen erschienen oder nachdem ein gelähmter Mann geheilt wurde.

Der Frauenberg konnte sich der intensiven Fürsorge des Stiftes Admont sicher sein. Besonders für Abt Adalbert Häuffler (1675–1696) war die Stätte das Kleinod des Klosters, sie wurde sein Lieblingssitz und sein vorbestimmter Begräbnisort. Er fühlte sich von der hiesigen Gottesmutter aus schwerer Krankheit geheilt und wendete erhebliche Aktivitäten auf, um seinen Dank abzustatten. So wie die Anlage heute ausschaut, hat sie dieser Abt hinterlassen, ein enorm massiges Gebilde, bestehend aus der Kirche und dem daran angebauten Pfarrhaus. Dank einer geschickten Gliederung durch Türme, verschiedenartige Dächer und Variationen der Fassaden wirkt das Ganze aber nicht als kastenartiger Block, sondern baut sich eher wie ein zierliches Schlösschen vor der Kulisse der Bergwelt auf. Damals hatte die Barockkunst noch nicht ihren Höhepunkt erreicht, der Illusionismus hielt sich

In die Seitenstreifen der Türme ist schwarze Schlacke eingelegt, versetzt mit farbigen Glasstücken.

Das weite Rondeau des Kalvarienberges mit der Frauenbergkirche

zumindest im Äußeren in Grenzen, die gerade Frontpartie mutet geradezu fremdartig an, zumal die Künstler den Einfall hatten, Lisenen aus schwarzer Schlacke anzulegen und darin färbige Glasstücke einzufügen, ein interessanter Effekt, wenn die Sonne die Flächen zum Glitzern bringt.

Das Innere zeigt allerdings quellende Pracht. Der weiße Stuck überzieht üppig die ganze Decke und ist so dicht, als hätte man ihn aus der Tube herausgedrückt. Nur für die farbenfrohen Fresken sind größere Flächen ausgespart. Die Einrichtung der Kirche steht dem Bau an Reichtum nicht nach. Statuen, Reliefs und Gemälde von hervorragender Qualität, geschaffen von namhaften Künstlern schmücken sie, alles in allem ist Frauenberg ein bedeutendes Denkmal des frühbarocken Stils, angereichert mit hochwertigen späteren Zutaten. Die Mitte bildet das Gnadenbild der heiligen Maria im Zentrum des Hochaltares; aber ist es wirklich das Gnadenbild? An der linken Seite der Kirche steht eine lebensgrosse Statue der Muttergottes mit dem Kind, der sich augenscheinlich die grössere Verehrung zuwendet. Sie ist umgeben von Kerzen und Lichtern, ja von allen möglichen Arten von Wachsvotiven, die man nebenan kaufen kann, Beine, Hände, Augen, je nach Anliegen der Votanten. Besonders zahlreich sind wächserne Fahr- oder Motorräder, denn der Kulm gilt wohl auch als sportliches Ausflugsziel. Es soll dies die Statue sein, die von der Enns abgelagert wurde, auf den meisten Votivbildern erscheint jedoch die Hochaltar-Madonna in den Wolken über den Betenden. Es muss also offen bleiben, welchem Bild die Verehrung auf dem Frauenberg mehr galt, und dies ist wohl der Beweis dafür, dass den Gnadenbildern in alten Zeiten doch nicht jene Bedeutung zukam, die ihnen die Wallfahrtsforscher vielfach zuschreiben.

Wichtiger war das Gebet an der geweihten und seit jeher überlieferten Stätte. Mit welchem Vertrauen die Leute hier einst ihre Patronin verehrten, kann man aus einem im Jahre 1820 gemalten Bild ersehen, das eine Mutter stiftete, nachdem ihr Kind in den brennenden Ofen gefallen war. Sie verlobte sich nach Frauenberg, wenn die Muttergottes das Kind nicht so lange leiden lassen wolle und war offenbar voll gerührter Dankbarkeit, als es „durch augenscheinlichs Mirakl" schon am nächsten Tag den Geist aufgab. Oder gar die Forstleute aus dem oberösterreichischen Ennstal: Eine Lawine hatte eine Holzknechthütte verschüttet und „14 Ernärer ihrer Familien" getötet. Zur Abwehr solcher „erschreckender Trübsale" gelobten ihre Kollegen eine alljährliche Wallfahrt, die sie verstärkt fortsetzten, als hundert Jahre später eine „furchtbare Hungersnot" ausbrach. Dreimal in einem Jahrzehnt fiel die Ernte aus, sodass die Leute die Kartoffelsaat ausgruben und halbverwest verzehrten. Die Not stieg aufs Höchste, noch dazu, wo die örtlichen Honoratioren von aussen kommende Spenden unterschlugen oder zu Wucherpreisen verkauften. Als es dann noch einmal zu Sommerbeginn einen Kälteeinbruch gab, und die Prozession im pfadlosen, knietiefen Schnee dahinziehen musste, warf sich der Priester vor dem Altar nieder und rief: „Maria, hilf, sonst gehen wir alle zugrunde!" Im Herbst war dann „in auffallendster Weise die Ernte eine überreiche" und Weizen kostete nur mehr 5 fl. Solche Berichte muss man lesen, um zu erfassen, was den Menschen früher die Wallfahrt bedeutete, und was ihnen gab, wenn sie sich, wie so oft, ohne soziale Sicherung in Angst und Not befanden.

i Westlich von Admont führen zwei Straßen auf den nicht sehr hohen Frauenberg. Bemerkenswerter Kalvarienberg.
Kirchtaverne, Tel. 03612/7667
fischl@stiftskeller-admont.at

Die Kapelle von Schüsserlbrunn, die „eher an eine etwas aufwändige Jagdhütte erinnert“

52

Eigentlich nur ein Aufenthaltsort für Gämsen

Schüsserlbrunn

Kaum ein anderes Bundesland hat so viele heilsame Wässer aufzuweisen wie die Steiermark. Das merkwürdigste davon ist Schüsserlbrunn, das in 1400 Metern Höhe unter den Felsabstürzen des Hochlantsch gelegen ist.

Der Hochlantsch gehört weder zu den berühmteren noch zu den exponierteren Gipfeln der Alpen. Er liegt, weitab von den großen Bergsteigerrevieren, etwas nördlich von Graz, dort wo die Alpen allmählich in das östliche Hügelland abfallen und daher nicht mehr allzu viel Renommee haben. Trotzdem ist er ein besonderer Berg, denn abgesehen vom prachtvollen Panorama, das sein Gipfel bietet, den eindrucksvollen Tiefblicken über die schaurigen Felsabbrüche im Norden und der Schau über die unendlichen Hügel und Buckel in Osten und Süden hat er eine Reihe von Merkwürdigkeiten zu bieten.

Da gibt es die ausgedehnte Teichalm, ein wohl ausgestattetes Erholungs- und Schigebiet mit einem halbmondförmigen Stausee und ansehnlichen Gastbetrieben. Auf der anderen Seite des Massivs hat sich der Mixnitzbach tief in das Felsgelände eingegraben und zur Freude der Touristiker die Bärenschützklamm gebildet, eine abenteuerlich enge Schlucht, die von mehr als hundert Brücken, Leitern und Überführungen erschlossen ist. Die Anlagen führen zumeist in der Luft über den Bach dahin, über Strudel, Wasserfälle, an Höhlen und – ungelogen – Gämsen vorbei, die am Gegenhang, nur wenige Meter entfernt in aller Seelenruhe äsen. Ein besonderes Geheimnis des Hochlantsch aber ist die Wallfahrtsstätte Schüsserlbrunn.

Sie ist normalerweise nur zu Fuß erreichbar, am bequemsten von der Teichalm her,

aber rund eineinhalb Stunden sind auch auf diesem Weg zu investieren, um zu ihr zu gelangen. Man erreicht dann einen schmalen Grat, auf dem das Gasthaus Zum Steirischen Jokl aufsitzt und dem Wanderer die verdiente Labung anbietet. Auf einer Tafel liest man: *Do gehen 171 Stufen zum Felsenkirchlein hinab,* und man steigt hinein in die Felsenwelt auf einer abenteuerlichen Holzstiege, die nicht gerade einfach zu benützen ist. Unten, mitten in der Wildnis, steht auf einem winzigen Plateau, wie es eigentlich nur als Aufenthaltsort für Gämsen zu denken ist, die hölzerne Kapelle, die in ihrer Bauart eher an eine etwas aufwendige Jagdhütte erinnert, ein Gnadenort, bei dessen Betreten der Besucher auf einer Anzahl von Tafeln aufgefordert wird, sich ja ordentlich zu benehmen.

Das Innere des Blockgebäudes mit seinen vielen bunten Bildern und dem großen Deckenluster hat fast Anklänge an russische Kirchen und bringt so eine weitere Fassette in den kuriosen Wallfahrtsort. Die eigentliche Sensation für den Pilger aber ist die schmale, querliegende Felsritze hinter der Kirche. Sie ist mit einem Kreuz und mit einem Marienbild bezeichnet. Man muss sich tief hineinbeugen und entdeckt dann eine runde, mit Wasser gefüllte Schale und dann weiter im Inneren eine zweite. Es tropft von oben in sie hinein und so sammelt sich eine trübe Flüssigkeit, die für die Augen gut sein soll. Als wir das erste Mal dort waren, gab es irgendeinen Wallfahrtstermin, und die Pilger stellten sich vor dem Wunderloch an wie vor einem Bankschalter. Eine Frau machte uns darauf aufmerksam, dass wir das Wasser von der inneren Schale nehmen müssten, das von der vorderen sei wirkungslos. Trotzdem nahmen die Leute von beiden und netzten damit andächtig ihre Augen.

„Offen bleibt die Frage, warum ausgerechnet am Hochlantsch, an dem so viele andere und leicht erreichbare Quellen entspringen, dieses kümmerliche Gerinne so bedeutsam wurde“ fragt der Kultstättenforscher Karl Lukan und zitiert Peter Rosegger: „Einst soll der Wallfahrtsort so besucht gewesen sein wie heute etwa Lourdes in Frankreich“. Wenn das auch eine fromme Übertreibung scheint, zu Reklamezwecken oder warum immer erfunden, so ist der starke Zuzug doch ein Faktum. Der steingepflasterte Weg, den man streckenweise hieher beobachten und benützen kann, beweist, dass schon seit langem die Leute herpilgern und dass ihnen ordentliche Wege gebaut werden mussten. Die Erklärung liegt aber auf der Hand: Eine Ritze im Felsen mit wasserspendenden Vertiefungen, das bedeutet Mysterium, eine gute Gabe aus dem Schoß der Mutter Erde und, wenn man an Schoß denkt, so ergibt sich die Gedankenverbindung zwischen der Ritze und der Vulva, dem weiblichen Geschlechtsorgan. Die Spalte wird zum Sexualsymbol. Beim Hineinkriechen befindet man sich im Mutterleib und die Flüssigkeit aus der Tiefe wird zum heilsamen Wasser für den Körper. Bezeichnenderweise wurde ja hier besonders die Mutter der heiligen Maria, Anna, verehrt, die man so sinnfällig der Mutter Erde gleichsetzte, dass sie sogar als Patronin der Bergwerke fungierte, denn sie war „das edle Bergwerk, aus dem das kostbarste Gold herauskam, die Gottesgebärerin Maria“, wie es in einer alten Betrachtung heißt.

Schon am Weg nach Schüsserlbrunn bieten sich weite Blicke ins Land.

Wie „vor einem Bankschalter" stellen sich die Leute vor der Felsritze an, um an das heilsame Wasser zu kommen.

Vermutlich haben die Leute nicht so wörtlich an derartige Dinge gedacht, wenn sie in der Hoffnung auf Stärkung und Hilfe nach Schüsserlbrunn kamen, aber zumindest im Unterbewusstsein setzten sich solche Gedankengänge fest und bewirkten die große Anziehungskraft des Ortes. Dazu kamen natürlich Wunderberichte aller Art, etwa dass ein Bursche, dem ungelöschter Kalk ins Auge gespritzt war und es ihm so verätzt hatte, dass ihm kein Arzt helfen konnte, durch das Wasser aus dem Felsenloch geheilt wurde. Die bekanntesten Sagen, die über die Entstehung des Ortes erzählt wurden, berichten von Tieren, welche sich mit Erfolg der wirkkräftigen Flüssigkeit bedienten. Es heißt, ein blinder Ochse sei über die Steilwand abgestürzt und auf dem Felsenvorsprung gelandet, auf dem jetzt die Kapelle steht. Er kreiste dort verzweifelt herum und gelangte so zur wunderbaren Schale. Als er daraus Wasser schlürfte, spritzte ihm etwas in die Augen, und er konnte plötzlich sehen. Die Hirten, die ihn fanden, erkannten das Wunder, und da ihnen als weiteres Mirakel an der Steinwand ein Marienbild erschien, war der Ruhm der Örtlichkeit nicht mehr aufzuhalten.

Andere berichten, eine jener ungenannten Gräfinnen, die beim Entstehen von Wallfahrtsorten häufig eine tragende Rolle spielten – diesmal stammte sie übrigens aus Ungarn – habe geträumt, ihr blindes Kind würde geheilt, wenn sie es über die Nordabstürze des Hochlantsch abseile. Sie begab sich in die Steiermark und ließ sich mit dem Kind in die Tiefe hinab. Dort fand sie eine Darstellung der Muttergottes und die Wasserstelle, wusch die Augen des Blinden und erlebte dessen Heilung. Darauf erbaute sie die Kapelle.

Mögen andere Wallfahrtsorte ohne solche legendäre Gräfinnen als Gründerinnen vielleicht tatsächlich nicht denkbar sein, hier erübrigte sich die aristokratische Nachhilfe. Die geheimnisvolle Örtlichkeit sprach für sich, und es ist eigentlich völlig müßig zu fragen, wer sie gefunden hat. Tatsache ist, dass irgendwann die Kapelle gebaut wurde, um das Ganze doch nicht ganz so heidnisch erscheinen zu lassen und wunderbare Heilungen allenfalls der Muttergottes und nicht der Göttin der Berge zuschreiben zu können. Diese Kapelle wurde den Leuten mit der Zeit lieb und wert. Als sie 1951 durch einen Felssturz schwer beschädigt wurde und auch der darunter liegende Abgrund sich immer mehr ablöste, startete man eine einzigartige Aktion. Der so einsam und hoch gelegene Bau wurde auf Rollen um runde zehn Meter verschoben, sodass er sich seither in einer geschützteren Lage auf festem Grund befindet. Er ist heute blitzsauber und bestens gepflegt, keine halbverfallene Stätte des Aberglaubens für verschrobene Gemüter, sondern der Stolz der ganzen Talschaft und eine Attraktion der Steiermark. Wenngleich man lange wandern muss, um nach Schüsserlbrunn zu kommen, ist es ein lebendiger Kultort geblieben, an dem viele Besucher immer noch jene Geheimnisse und Kräfte verspüren, welche die Leute stets angezogen haben.

Schüsserlbrunn, bevor die Kapelle verschoben wurde

i Am besten erreichbar von der Teichalpe (Zufahrt von Passail, das an der Straße von Frohnleiten nach Weiz liegt). Von dort etwa 1 ½ Stunden Fußweg Richtung Gasthaus „Steirischer Jokl"). Lohnende Wanderung zum Hochlantsch (1720 m) und zur Bärenschützklamm. Gasthaus Steirischer Jokl, Tel. 03866/2815

53

Wallfahrtsgründung mit Hintergedanken

Graz

Maria Trost, von einem Beamten in Eigenregie begründeter Wallfahrtsort

Wer den Hof des Hauses Bürgergasse 2 in Graz betritt, sollte eigentlich verspüren, dass dies ein Platz von besonderer historischer Bedeutung ist, denn von hier aus wurde Österreich nach der Reformation wieder katholisch „gemacht". Hier begannen 1572 die von Erzherzog Karl II. in das beinahe ganz protestantisch gewordene Land gerufenen Jesuiten ihre Tätigkeit. Sie setzten zunächst Aktivitäten, die für die Andersgläubigen zwar lästig, aber halbwegs erträglich waren. Mit der Zeit nahmen jedoch die Repressalien zu, und unter dem Nachfolger Karls, dem Erzherzog Ferdinand, wurden schwere Druckmittel angewendet, sodass sich alles Evangelische in der Steiermark rasant aufhörte. Als dieser Fürst 1619 Kaiser wurde, tat er dasselbe in allen österreichischen Landen und versuchte es auch in Deutschland, wodurch er die dramatischsten und blutigsten Episoden des Dreißigjährigen Krieges auslöste.

Klarerweise musste man den so „gewendeten" Untertanen auch etwas bieten, daher gründete Ferdinand zusammen mit dem Grafen Eggenberg, seinem Vertrauten, 1607 am rechten Murufer ein neues Kloster für den Minoritenorden mit dem Hintergedanken, dort eine katholische Gnadenstätte für die Grazer entstehen zu lassen. Die Pläne entwarf der Hofkünstler Pietro de Pomis aus Lodi in Italien. Er war nicht nur ein treuer Diener seines Herrn, sondern darüberhinaus ein vielseitiger Mann, der auch das „Maria Hilf" genannte Hochaltargemälde anfertigte, eine farbenfrohe, wohlgelungene Komposition, welche die Muttergottes in den Wolken zeigt, umgeben von Engeln, Heiligen und einer Anzahl hilfsbedürftiger Menschen. Dieses Bild wurde durch allerlei Mysterien interessant gemacht. Es hieß, der Künstler habe den Preis für das Werk während der Arbeit so hoch angesetzt, dass er mit den Auftraggebern in Streit geriet. Zur Strafe verlor er sein Augenlicht, worauf er versprach, gratis weiter zu malen. Er wurde tatsächlich wieder sehend und stellte fest, dass inzwischen ohne sein Zutun das Gesicht der heiligen Maria fertiggemalt worden war, vermutlich von Engeln oder sonstigen himmlischen Wesen. Auch habe ein Mann in türkischer Gefangenschaft das Gemälde ganz deutlich vor sich gesehen, obwohl es Herr de Pomis noch gar nicht fertiggestellt hatte. Das alles verschaffte dem Bild enormen Ruf und Zulauf, zumal bereits 1611, dem Jahr der Kirchweihe, die Wunder einsetzten. „Maria Hilf" wurde tatsächlich zum Stadtheiligtum, es bildete das Ziel imposanter Prozessionen. 1680, zur Zeit einer Epidemie, kamen neunzehntausend Personen auf einmal, 1697, in einem Dürrejahr, zwanzigtausend. Als 1769 die Kirche nach einer Renovierung wieder eröffnet wurde, schilderte eine fromme Schrift *die freudenvolle Hauptstadt Grätz bey triumphirlichen Einzug ihres wunderströhmenden Schutzbildes.* Die Pilger kamen nicht nur aus der Stadt, sondern aus der ganzen Steiermark und den umliegenden Landen. Wenn auch diese emphatische Verehrung, wie sie in der Barockzeit üblich war, aufgehört hat, ist Mariahilf eine zentrale Andachtsstätte von Graz geblieben, seine Bedeutung steigerte sich in unserer Zeit durch das Kulturzentrum, das in den Siebzigerjahren im alten Minoritenkloster eingerichtet wurde, auch dies zum Nutzen für die Stadt Graz.

In einer Nebenkapelle der Minoritenkirche wird auf einem Deckengemälde die barocke Stadt vorgeführt. Über den Wolken erscheint das Maria-Hilf-Bild, dem eine die Steiermark symbolisierende Frauengestalt das brennende Herz der Liebe entgegenhält. Das Gemälde soll die Geborgenheit von Stadt und Land im Schutz der heiligen Maria ausdrücken. Alles scheint in barockem Frieden und in Wonne, die brutalen Zeiten der Gegenreformation, in der die Anfänge dieses Heiligtums liegen, sind wie weggeweht und verblasen.

Ganz ähnlich sind die Empfindungen des geschichtskundigen Besuchers im zweiten

Der Hochaltar der Maria-Hilf-Kirche mit dem Gemälde des Pietro de Pomis.

großen Heiligtum der Stadt Graz, in dem etwas außerhalb gelegenen Maria Trost. Auch hier ist aus recht eigenartigen Anfängen mit Gottes Hilfe eine Örtlichkeit entstanden, welche bis heute die Menschen anzieht. Am Beginn steht ein Regierungsbeamter mit dem pompösen Namen Franz Caspar Conduzzi von Heldtenfeldt, der Besitzer des hier situierten Purbergschlössls, der es sich in den Kopf gesetzt hatte, aus seinem Gut einen berühmten Wallfahrtsort zu machen. Was ihn zu solchem Ehrgeiz trieb, wissen wir nicht, vielleicht ließ er sich von dem Gedanken leiten, dass die Begründung einer frequentierten Gnadenstätte eine der wenigen Möglichkeiten bot, durch die es damals auch ein relativ einfacher Beamter zu unvergänglicher Ehre bringen konnte.

Wenn behauptet wird, bereits im Mittelalter habe sich hier eine Kirche erhoben, die den Namen „Heilig Kreuz zum Landestrost" führte und die später von den Türken dem Erdboden gleich gemacht wurde, so dürfte es sich um eine der Erfindungen Conduzzis handeln, wenngleich nicht ausgeschlossen ist, dass der Purberg, der seinen Namen von „Burg" ableitet, neben einer Verteidigungsanlage auch eine Kapelle getragen hat. Das „Schlössl", das im 17. Jahrhundert gebaut wurde, entstand als Sommersitz vornehmer Stadtbewohner und gehörte um 1670 einen Freiherrn von Wilfersdorf. Dieser stellte in der Schlosskapelle eine große gotische Marienfigur auf, die als Gnadenbild verehrt wurde, nachdem die Tochter des Schlossbesitzers Heilung aus einer schweren Erkrankung gefunden hatte.

Conduzzi erzählte 1695, er sei von der Schönheit dieser Statue so begeistert gewesen, dass er sie 1689 mit samt dem rundum befindlichen Purbergschlössl kaufte. Und nun begannen die Wunder zu sprießen wie die Schneerosen. 1680 sollen sich Reisende, die in einer Kutsche vorüberfuhren, über die Purbergkapelle mit ihrer wunderbaren Madonna lustig gemacht haben, obwohl ein alter Mann sie ernstlich verwarnte. Alsbald scheuten die Pferde, der Wagen stürzte um, und die ganze Gesellschaft lag verletzt am Boden. – Am 5. September 1693 erschien ein unbekannter Pilger, der offenbar von weither gekommen war, am Purberg und verkündete der Wirtschafterin und dem Schlossherrn, Maria wünsche sich hier eine Gnadenstätte. Man solle *fürhin alda unsre Lieb frau bösser VerEhren*; sie werde allen, die den Ort besuchen, *alsobaldten zu Hülff Komben.* Das war die himmlische Legitimation für Conduzzi, auf Grund der er seine Kapelle öffentlich zugänglich machte und die Figur „Maria Trost" nannte.

Leider genügten den hiesigen Stellvertretern der himmlischen Mächte diese überirdischen Beglaubigungen nicht. Die erste Komplikation ergab sich dadurch, dass der Name „Maria Trost" sozusagen patentiert, oder wie man damals sagte, „privilegiert" war und ohne Genehmigung des Generals der „Bruderschaft vom geweihten schwarzledernen Gürtel" nicht verwendet werden durfte. Irgendwie verstand es der Stifter, diese Klippe zu umschiffen. Dann kamen die in solchen Fällen üblichen Beschwerden der ansässigen Pfarrgeistlichkeit. Die Propaganda des Promotors bewirkte nämlich einen regen Zulauf zum neuen Gnadenbild, der zu Lasten der etablierten Opferstöcke ging. Der Bischof plante daher, die Kapelle zu schließen und die Statue in Beschlag zu nehmen. Conduzzi musste sie in seinem Haus in Graz verstecken. Er sah aber ein, dass er auf die Dauer eine private Pilgerstätte nicht betreiben könne, und übergab sie dem Orden der Pauliner, der vor allem in Ungarn und Polen tätig war. Die Mönche schritten mit demselben Elan wie der Gründer und gleichfalls ohne irgendwelche Genehmigung an die Betreuung der Pilger, sodass sie sogar exkommuniziert wurden. Nur langsam beruhigten sich die Gemüter, die Frequenz der Wallfahrt nahm aber ständig zu und ein Visitationsbefund wunderte sich über die Vielzahl von Silberopfern, „obzwar kein rechtes Miracul kann verifiziert werden". Conduzzi allerdings bemühte sich eifrig um solche. So wurde es der Muttergottes von Maria Trost zugeschrieben, als 1699 ein Bauernhaus abbrannte und ein darin wohnendes Kind unversehrt blieb, weil es unter eine umgestürzte Kiste gekrochen war.

Vom merkwürdigsten aller Wunder wissen wir allerdings nicht, wer es aufgebracht und erzählt hat. Es ist auf dem Aufgang zur Kanzel wiedergegeben. Ein Soldat wurde von einer Hexe zum Tanzen aufgefordert, gab ihr aber einen Korb, weil er um seine neuen Schuhe fürchtete. Das Weib entwendete ihm ein Taschentuch und konnte ihn dadurch verzaubern. Er musste von da an seine Schuhe jeden zweiten Tag wechseln, denn immer waren sie sogleich kaputt. Da er sich die fortwährende Anschaffung neuen Schuhwerks nicht leisten konnte, pilgerte er verzweifelt nach Maria Trost, worauf die Hexe auf einer Katze reitend auftauchte und ihm auf Geheiß der Madonna das verhängnisvolle Taschentuch zuwerfen musste.

Mehr Eindruck als solche Wundergeschichten macht auf den heutigen Besucher freilich der aufwendige Kirchenbau. Breit lagert er auf der Höhe des Berges, im Inneren imponiert die Farbenpracht der Fresken, welche die mit Hilfe der Muttergottes errungenen Siege der Christenheit über den Kaiser Julian Apostata und über die Türken schildern. Der Hochaltar, in Grau, Blau und Gold gehalten, strahlt harmonische Ruhe aus. Die Turbulenzen, die der Gnadenort in den frühen Jahren durchmachen musste, haben sich gelegt, auch wenn die Kirche später noch manche trübe Zeiten durchzumachen hatte, etwa die der Aufklärung oder der NS-Ära.

Idyll am Rande der Landeshauptstadt Graz: Maria Trost.

In der steirischen Hauptstadt gibt es aber neben Mariahilf und Maria Trost noch weitere Gnadenstätten. Es sind so viele, dass man sie in diesem Rahmen gar nicht aufzählen kann. Daher soll nur das besonders sympathische Maria Grün genannt werden, eine einfache kleine Kirche am Waldrand, die 1663 von einem wohlhabenden Gastwirt angelegt wurde, als seine Frau eine schwere Schwangerschaft durchmachte. Hier schloss Peter Rosegger seine erste Ehe, Louis Napoléon, der Bruder Kaiser Napoleons I. und der Vater Napoleons III., kam während seines freiwilligen Grazer Exils auf häufigen Spaziergängen hieher und erhielt ein Denkmal vor der Kirchenfassade, der liberale Dichter Anastasius Grün beschrieb in einem Gedicht die mit der Wallfahrt verbundenen Lustbarkeiten und kam zu dem Schluss, in einem heiligen Ort, der von einem Wirten begründet wurde, müsse es eben lustig zugehen.

Wir erkennen, welche kulturhistorischen Wirkungen von solchen Kultstätten ausgehen. Und so sei zum Abschluss auf die Grazer Leech-Kirche verwiesen, einem zierlichen gotischen Bau, der eingezwängt inmitten der Häuser des Universitätsviertels steht. Ein paar Stufen führen zu ihm hinauf. Er liegt erhöht über dem Straßenniveau. Und diese leichte Erhöhung – das haben Ausgrabungen im Jahr 1992 ergeben – geht darauf zurück, dass die Kirche auf einem Grabhügel der Hallstattzeit angelegt wurde.

i **Während Mariahilf im Zentrum zwischen Murinsel und Kunsthaus liegt, findet man Maria Trost nahe der nach Weiz führenden Straße.**
Pfarramt Maria Hilf,
Tel. 0316/713169-0
Pfarramt Maria Trost,
Tel. 0316/391146-0

54

Ein Pilgerpfad der modernen Art

Weizberg

Die mächtige Weizbergkirche wurde, wie überliefert ist, nur aus Opfergeldern der Gläubigen finanziert.

Wer nach Weiz fährt, hat gewöhnlich dort geschäftlich zu tun. Weiz in der Oststeiermark ist eine Industriestadt. Der Kern der Siedlung mit seinen Einkaufsstraßen, Schulen und Verwaltungsgebäuden wird im Norden und im Süden eingefasst von den groß dimensionierten Anlagen der Firma Elin. Auch der Magna-Konzern des in der Nähe geborenen Frank Stronach hat hier Produktionsstätten. Da aber in Österreich üblicherweise selbst die von Industrie geprägten Orte über touristische Attraktionen verfügen, lohnt es auch für Leute, die nicht geschäftlich unterwegs sind, in Weiz Station zu machen und sich umzusehen. Dehios *Handbuch der Kunstdenkmäler* hebt künstlerische Details einzelner Häuser hervor und vermerkt, dass das Bild der Gassen heute noch teilweise durch Renaissance- und Barockbauten geprägt ist. Dazu kommt verschiedentlich interessante Architektur der Jetztzeit, mit welcher die Stadt Aufgeschlossenheit und Verständnis für moderne Strukturen demonstriert.

Am oberen Ende des Hauptplatzes erhebt sich die alte Pfarrkirche des Ortes, Taborkirche genannt, die 1188 von einem Ritter Gutenberg gegründet wurde. Der Mann muß ein Vorkämpfer kirchlicher Ideen gewesen sein, denn in einer Ära, die geprägt war von den Auseinandersetzungen zwischen weltlicher und geistlicher Gewalt, weihte er provokativ seine Gründung dem Bischof Thomas von Canterbury, der einige Jahre zuvor über Auftrag des englischen Königs umgebracht und kurze Zeit später vom Papst heiliggesprochen worden war. Die Mauern des ersten Baues sind zum Großteil erhalten und an der einen Seite mit uralten Fresken geschmückt. Die Kirche ist burgartig umschlossen von den gedrängten Baulichkeiten einer Wehranlage aus der Türkenzeit.

Wer auf der Terrasse der Taborkirche steht und über den hübschen Hauptplatz schaut, bemerkt etwas außerhalb der Stadt ein mächtiges, zweitürmiges Gotteshaus, das künstlerische Juwel von Weiz, die Wallfahrtskirche auf dem Weizberg. Sie liegt etwa drei Kilometer vom Tabor entfernt, das ist an und für sich nicht weit. Hält man sich aber an die Empfehlung einer dort aufliegenden Broschüre, dann sollte man zwei bis drei Stunden für den Gang dorthin aufwenden. Es wurde nämlich ein sogenannter Spiritueller Weg geschaffen, ein Pilgerpfad der modernen Art, der mitten durch die Stadt führt und an sieben Stellen ebenso viele „Quellen zur Kraft" bieten soll.

Es wird damit jener Gedanke aufgegriffen, der allem Wallfahren zugrundeliegt. Die Pilger haben sich „auf den Weg zu machen, sie sind „auf dem Weg" oder „unterwegs". Der Eindruck des Weges ist bestimmend für das ganze Unternehmen. Am Ziel bildet natürlich die Ankunft das große Erlebnis. Was nachher kommt, ist die entspannende Ruhe. Das Abenteuer des Weges ist beendet. Die Reise zum heiligen Ort wird zum Gleichnis für das menschliche Leben, das alle Sinne erfasst. Die unterwegs auftretenden Mühsale werden zum Symbol für die vielfältigen Plagen des Daseins. Ihre Überwindung gibt die Kraft, sich auch im Alltag zu bewähren. Der Aufenthalt am Ziel ist hingegen etwas Statisches, in das sich überdies ein leises Gefühl des Unbefriedigendseins mischt. Wenn der Wallfahrer noch so hoch gestimmt am angestrebten Ort verweilt, fühlt er doch, dass er von da wieder fort muß. Schon allein deshalb versagt hier das Gleichnis vom Ziel des menschlichen Lebens, das die Zielkirche darstellen soll. Es deckt sich nicht mehr mit der Realität.

Frère John von Taizé schreibt dazu, Gott selber habe sein Volk stets neu aufgefordert, sich auf den Weg zu machen. Die religiöstheologische Sesshaftigkeit sei ihm genauso zuwider wie die behagliche Zufriedenheit und Selbstgenüsamkeit. „Der Mensch ist ständig gerufen, nach neuen Ufern Ausschau zu halten, aufzubrechen, auf dem Weg zu bleiben" (zitiert nach Iso Baumer). Auch da wird die Sinnhaftigkeit der Reise, des Ganges, der Veränderung und der Bewegung über alles andere gestellt. Solche Sätze dürften den Initiatoren des spirituellen Weges aus der Seele gesprochen sein.

Für sie bedeutet die alte Taborkirche den Aufbruch, aber auch den Punkt, wo man sich mit der Vergangenheit befassen sollte, vornehmlich mit der eigenen. Es gibt ja keinen Anfang, an dem sich alles, was vorher war, vollkommen auflösen würde. Allein den hier gestellten Fragen: „Woher kommen wir? Welche Rolle spielen wir? Welchen Sinn hat unser Sein?" wird sich der Mensch nie entziehen können. Der nächste Haltepunkt ist die Evangelische Kirche am Gustav-Adolf-Platz, wo man sich der Welt „mit ihren schattigeren Seiten" öffnen sollte. „Die Zeit, in der wir leben", heißt es in der Anleitung zum spirituellen Weg, „ist keine Zeit der Freiheit, dafür eine der Freiheiten. Und so sehr unsere Welt eine Welt der Denker geworden ist, eine der Andersdenkenden ist sie deshalb noch lange nicht."

In der Folge geht es hinauf auf die Anhöhe des Weizberges. Dort wurde ein bestimmter Punkt zum „Platz der Stille" erklärt, an dem ein „Meditationsstein" des österreichischen Bildhauers Karl Prantl steht. Er soll einladen, „auf den eigenen Atem zu hören" und „den Wurzeln nachzuspüren". In der „Alten Kegelbahn" und dem Heilkräutergarten soll die Natur sprechen. Der Garten zeigt ihre Vielfalt. Sie lehrt, „das Leben in der ursprünglichsten Form zu begreifen. Vieles was uns Menschen Probleme bereitet, gibt es in der Natur nicht. Entmutigung. Enttäuschung, Trotz und Selbstmitleid kommen da nicht vor. Eine Spinne, deren Netz zerstört wurde, baut unverzüglich ein neues. Die vom Sturmwind niedergepeitschte Wiese

Die Ankunft bei der Kirche und der letzte Aufstieg zu ihr bilden zweifellos den Höhepunkt eines Pilgerweges.

Die Weizbergkirche am Rande der Industriestadt Weiz ist ein spirituelles Zentrum geworden, wie man es gerade hier nicht vermuten würde.

bleibt nicht liegen, sondern richtet ihre Halme wieder auf. Blätter, die der Herbstwind von den Bäumen gefegt hat, kommen im Frühjahr mit neuem Grün zurück."

Dann ist der Wegwanderer bei der Weizbergkirche angelangt. Er wird belehrt, dass dies ein bekannter Wallfahrtsort war. „Auf dem Weg nach Mariazell machten viele Wallfahrer in Weiz Station. Im 17. Jahrhundert sind Jahre dokumentiert, in denen bis zu hunderttausend Wallfahrer pro Jahr in der Weizbergkirche die heilige Kommunion bekamen. Man pilgerte zur Schmerzhaften Mutter, um bei ihr das eigene Leid, die eigene Trauer in Trost verwandelt zu sehen. Diese Grundidee möchte der Spirituelle Weg wiederbeleben." Dies ist ein Gedanke, den der barocke Bau mit seiner prächtigen Ausstattung vortrefflich zum Ausdruck bringt. Denn das Zentrum des Gotteshauses ist eine mittelalterliche Statue der leidenden Muttergottes, der man den toten Sohn auf den Schoß gelegt hat. Was aber rund um dieses anrührende Bild des Kummers und des Schmerzes an frommer Inszenierung aufgebaut wurde, hat mit Leid nichts zu tun. Es ist, als ob ein Musiker den Auftrag erhalten hätte, die Umrahmung eines Trauergottesdienstes zu gestalten, und als hätte er eine Komposition in strahlendem A-Dur mit Pauken und Trompeten aufgeführt. Die Weizbergkirche ist ein helles, fröhliches Werk, in dem zwar einige Engel am Hochaltar um die Schmerzhafte Mutter herum anstandshalber ein paar Tränen wischen, in der aber ansonsten das frohe Pathos des Barock mit farbkräftigen Fresken und goldverzierten Kirchenmöbeln keine trüben Gedanken aufkommen läßt. Alles erstrahlt in befreiendem Glanz.

Vielleicht ist es kein Zufall, dass sich ausgerechnet hier eine Gruppe formierte, die den Gedanken einer Vision aufgriff. Sie lautete: „Wir haben einen Traum von Christen, die das Dunkel in der Welt licht machen und die Botschaft der Befreiung verwirklichen". Es entstand daraus das sogenannte „Weizer Pfingstereignis", ein jährliches Treffen, in dem Ansätze zu einem neuen Denken innerhalb und außerhalb der Kirche erarbeitet werden sollen. Von einem Aufbruch ist immer wieder die Rede, und schon allein dieses Wort zeigt die optimistische Grundstimmung dieser Bewegung. Es sollen nicht nur kirchliche Kreise davon erfasst werden, sondern auch solche, die ihr ferne stehen, darüber hinaus Führungskräfte oder Politiker. Es gibt nicht nur Gottesdienste und theologische Veranstaltungen, sondern auch Diskussionen über praktische Themen, ferner ein langjähriges Sozialprojekt mit Betreuung behinderter Menschen, Kontaktnahme mit Ländern der Dritten Welt und künstlerische Darbietungen. Die „Weizer Pfingstvision", wie das Ganze auch genannt wird, hat mittlerweile weit über die Grenzen Österreichs hinaus Beachtung gefunden. Eines der Projekte, das aus dieser Bewegung heraus entstand, ist der Spirituelle Weg.

Er findet sein Ende nicht am traditionellen Schlusspunkt der Wallfahrt, der glanzvollen Kirche. Wer ihn geht, wird noch weiter geführt zu der schlichten Emanuelkapelle und schließlich zum so genannten „Lichtkeller", einem gewölbten Raum, in dem eine Licht-Ton-Video-Installation gezeigt wird. Hier kommt wiederum die Aufforderung zum Aufbruch. Es wird der heilige Franziskus von Assisi zitiert: „Nachdem er in seinem Leben unendlich viel bewirkt hatte, soll er kurz vor seinem Tod zu den Freunden gesagt haben: Brüder, jetzt fangen wir an! Diese Einladung möchte ich", heißt es, „auch an Sie richten. Der Spirituelle Weg ist nicht zu Ende. Er beginnt. Ihr ganzes Leben ist ein Spiritueller Weg". Oder, wie es Papst Johannes II. in einem Bibelzitat knapp und prägnant ausgedrückt hat: „Auf, lasset uns gehen!"

i Ausfahrt „Gleisdorf-West" der Südautobahn. Die Wallfahrtskirche liegt im östlichen Stadtteil. Neben der Kirche das empfehlenswerte Hotel Ederer.
Weizer Pfingstvision,
Tel. 03172/42866

55

Erlebnisse am Zauberberg

Kulm bei Weiz

Es handelt sich, wie man sagt, um „den letzten Berg vor Budapest". Theoretisch müsste man also von seinem Gipfel den Bakonywald sehen, der sich vom Plattensee gegen die ungarische Hauptstadt hin erstreckt. Praktisch kann ihn jedoch nur jemand ausnehmen, der über gute Augen und vielleicht auch über ein wenig Einbildungskraft verfügt, und dann nur an besonders sichtigen Tagen. Aber auch ohne dem ist das Panorama von Kulm bei Weiz großartig. Die gesamte Südoststeiermark liegt dem Berg zu Füßen, und obwohl er nicht einmal ganz tausend Meter misst, blickt man bis hinunter zu den Randgebirgen Sloweniens.

Dass den prähistorischen Bewohnern der Gegend diese markante Kuppe auffiel, ist nicht weiter verwunderlich; dass sie dort oben ihre Siedlungsplätze anlegten, schon eher. Der Weg hinauf war doch auch damals mühsam und lang. Aber wir wissen von vielen anderen Fundplätzen, dass die damaligen Leute, speziell im ostnorischen Raum, richtige Bergfexen waren, die es immer wieder auf die Höhe zog. So konnte auch am Kulm eine steinzeitliche Siedlung festgestellt werden, ebenso eine aus der Bronzezeit. Die Kelten hinterließen dann so viele Spuren, daß die einheimischen Freunde der Vor- und Frühgeschichte ein ganzes Dorf rekonstruierten, das ein einprägsames Ausflugsziel für die nähere und weitere Umgebung bildet. Dabei wurde auf den Kultplatz nicht vergessen, denn es war anzunehmen, dass die Bergbewohner auch

Über die Kulmkapelle geht der Blick hinunter Menschen auf die Plantagen des Apfeldorfes Weiz.

über einen solchen verfügt hatten, wenngleich er archäologisch nicht nachzuweisen war. Als das neue Keltendorf noch am Berggipfel situiert war – mittlerweile wurde es weiter nach unten verlegt – gestaltete man den sogenannten Teufelstein als Opferstätte mit Pfählen, an denen Tierschädel befestigt werden. Um authentisch zu wirken, hätten es freilich menschliche Köpfe sein müssen, denn der Verfasser der recht empfehlenswerten Schrift über den Kulm berichtet, dass den drei obersten Himmelsgöttern zuliebe Menschen erdolcht, erhängt oder verbrannt wurden. „Die Schädel der Geopferten wurden in diesen Hainen aufgenagelt oder in Nischen zur Schau gestellt."

Auch ohne derlei schaurige Details denkt man gemeiniglich an Druiden, Mythen und obskure Kulte, wenn von den Kelten die Rede ist. Ein Berg, auf dem sie ihr Wesen trieben, scheint geheiligt bis in die heutige Zeit, und so trifft es sich gut, dass der Kulm auch ein Wallfahrtsort ist.

Freilich muß es einmal gesagt werden: Wenngleich sich auffällig oft die Pilgerstätten an alten Orten der Kelten und anderer Urvölker finden, geht nicht jede davon auf solche prähistorische Ursprünge zurück. Umgekehrt entwickelte sich nicht überall, wo ein Heiligtum der Vorzeit lag, ein Wallfahrtsort. Recht oft läßt sich zwar eine solche Verbindung herstellen, recht oft blieben solche Kultstätten und Festplätze in der Erinnerung der Menschen haften, mindestens genauso oft aber löschte die Zeit mit allen ihren Widrigkeiten die Erinnerung aus.

Dies kann man auch am Kulm beobachten: Schon in der Römerzeit ließ die Frequenz des Berges stark nach. Außer einigen Ziegelfragmenten und ein paar Münzen kamen keine Funde mehr zutage. In der Völkerwanderungszeit war dann rein gar nichts mehr los, und die Slawen, die im 6. oder 7. Jahrhundert in die Gegend eindrangen, ließen den Berg links liegen. Sie wandten sich den fruchtbaren Fluren an seinem Fuße zu, ebenso die Baiern, die um 800 nachrückten. Dann wurde das Land von den Ungarn überrannt. Wie es damals aussah, schildert die erwähnte Informationsschrift über den Kulm: „In der Oststeiermark schufen die

Eigenartige Figuren am Kalvarienberg des Kulm

Ungarn zwischen dem magyarischen Siedlungsraum und dem Territorium der deutschen Könige mit der Aussparung einer fast menschenleeren Wüstung einen ca. 50 km breiten Urwaldgürtel, der keine größere Ansiedlung zuließ. Unser Kulm lag also mitten in kaum begangenem Eichen-Waldland, das nun wiederum hundert Jahre lang dornröschenhaft die einstigen Siedlungen überwucherte." Erst ab dem 11. Jahrhundert erfolgte eine neue Erschließung und Kolonisierung.

Sechshundert Jahre später hören wir, dass Menschen den Kulm bestiegen, weil sie eine dort entspringende Heilquelle gegen ihre Krankheiten nutzen wollten. Ein fünfzehnjähriger Bursche badete seine lahme Hand darin und konnte sie schon beim Abstieg nach St. Johann wieder bewegen. Eine blinde Bettlerin soll ihr Augenlicht erhalten haben. Von weit her, selbst aus der Gegend des heutigen Burgenlandes und aus Niederösterreich, kamen die Leute, um das Wasser zu holen. Ob der Quellenzauber seinen Ursprung im Zeitalter der Kelten oder anderer vorgeschichtlicher Bewohner des Kulm hatte, ob also der Kult auf heidnische Zeiten zurückgreift, muß allerdings bezweifelt werden, obwohl es oft behauptet wurde. Neben dem Heilbrunnen stand weder eine Kirche noch ein sonstiges Heiligtum, sondern ein schlichtes Kreuz, an dem zwei Bilder befestigt waren. Wir hören nur von dem Brauch, dort ein Lämpchen zu brennen. Einmal nahm der Bauer, der das Licht betreute, wahr, dass dem Gottvater auf dem Dreifaltigkeitsbild Tränen aus den Augen liefen. Erst alle diese Wunder gaben um 1720 Anlass, neben der Quelle eine gemauerte Andachtsstätte zu errichten. Es ist die heute noch bestehende Kulmkapelle, die immer noch von den Leuten der Umgebung frequentiert wird, wenn auch der daneben gelegene Brunnen versiegt ist. Ein wenig später entstand ein Kalvarienberg mit einer Anzahl von frommen Gebetsstätten.

Die dürftigen Anfänge des Wallfahrtsortes am Berg lassen keine Schlüsse auf ehrwürdige Traditionen zu. doch kann es nicht unerwähnt bleiben, dass der Kulm offenbar eine große Anziehungskraft auf esoterisch und wundersüchtig veranlagte Menschen aller Art ausübte. Die Beobachtung des Bauern vom weinenden Herrgott, der übrigens mit seinen Tränen eine bevorstehende Viehseuche anzeigte, deutet das an. Man konnte eben hier Dinge erleben und bewirken, die unten in den Tälern undenkbar waren. Auf dem Berg brauten sich, wie immer wieder festzustellen war, die Unwetter zusammen, und so erzählten sich die Leute, dass sich auf dem kahlen Gipfelplateau die Hexen trafen, um ihre Feste mit dem Teufel zu feiern. Sie flogen mit Hilfe einer Salbe auf die Höhe, trieben dort Unzucht und Unflat und schadeten boshafterweise ihren Mitmenschen, indem sie mit Hagel ihre Fluren zerstörten. Einer der ersten Hexenprozesse der Steiermark richtete sich gegen eine als Wettermacherin angezeigte Frau, die gestand, mit ihrer Mutter nächtens auf den Kulm beim Sabbath dabei gewesen zu sein. Ein Schneider aus dem Dorf Puch am Fuß des Berges geriet mehrmals in den Verdacht, als Hexenmeister bei solchem Zauberwerk mitgetan zu haben.

Im 17. Jahrhundert sollen „religiöse Eiferer" den Gipfel „zu ihrem Himmelberg erkoren" und die Absicht gehabt haben, die umliegenden Bewohner dem Christentum abspenstig zu machen. Diese „Kulmpäpste“ wurden alsbald aus dem Verkehr gezogen und in Haft gelegt. Rund hundert Jahre später tauchte ein recht exzentrischer Mann auf dem Kulm auf, der „abgehauste Glaserer“ Jakob Dillinger, der behauptete, er sei blind gewesen und durch die Kraft des Kulmwassers sehend geworden. Er blieb, wie vom Himmel befohlen, auf der Höhe, erbaute dort eine Klause und stellte darin das Bild „Christus in der Press“ auf. Es zeigte den Heiland, wie er sich unter dem Druck einer symbolisch gemeinten Weinpresse seinem Erlösungsleiden unterzieht. Dillinger erzählte den Leuten, das Bild sei so wirkkräftig, dass jeder darauf gedrückte Kuss eine Seele aus dem Fegefeuer befreit. Eine Nachbildung davon hängt heute noch in der Kulmkapelle.

Am kahlen Gipfel des Kulm: Die gesamte Südoststeiermark liegt den Wanderer zu Füßen.

Um 1850 hatte es der berühmte Zauberberg dem Grazer Mystiker Jakob Lorber angetan. Er galt als der „Schreibknecht Gottes“, der in Trance viele tausend Seiten beschrieb und darin neben vielem anderen die Jugend Jesu Christi in allen, bis dahin unbekannten Einzelheiten darstellte, oder schilderte, wie es dem deutschen Revolutionär Robert Blum in der ewigen Seligkeit erging. Es waren offenbar Anhänger dieses seltsamen Propheten, die im Jahr 1900 in festlicher Prozession den Gipfel bestiegen, weil wieder einmal der Weltuntergang angesagt war.

Von den vielen Menschen, die heutzutage auf den Kulm kommen, empfinden wohl die wenigsten das Mystische, Geheimnisvolle, das Jakob Lorber fühlte, wenn er schrieb, die Atmosphäre hier heroben befreie den Menschen von den Fesseln seiner Erdenschwere. Sie sind mit dem Auto heraufgelangt, das zur raschen Abfahrt auf dem großen Parkplatz bereit steht. Sie haben die technischen Geräte in der Tasche, die sie mit ihrem Alltag, mit allen seinen Bedrückungen und Belanglosigkeiten in ständiger Verbindung halten. Da ist es schwer, sich zu vertiefen in die Weite und in die Unendlichkeit, auch wenn sie sich so überwältigend darbieten wie auf diesem Gipfel, wo man, wie es scheint, die halbe Welt überblicken kann, jedenfalls aber hoch über ihr steht. Dabei soll noch gar nicht die Rede sein von der subtilen Mystik, welche die vielen Kapellen und Grotten des Kalvarienberges ausstrahlen, und die vor allem in der anrührend schlichten Kulmkirche zu erleben wäre.

i Von Puch, Stubenberg und Pischelsdorf (alle östlich von Weiz) leiten Straßen zum Kulmgipfel (5–8 km, oben noch kurzer Anstieg). Zu Fuß geht man am besten von Puch weg (streckenweise steil, 1 ½ Stunden). Pfarre Puch bei Weiz, Tel. 03177/2242

56

Prachtkirchen in der Einschicht

Hochfeistritz

Die Frage, wo das Görtschitztal liegt, müsste bei Quizsendungen hoch bewertet werden, denn kaum ein Mensch außerhalb von Kärnten weiß es. Und falls es jemanden dorthin verschlägt, wird er die Gegend ohne sonderliche Emotionen durchfahren. Zwischen Hüttenberg und Brückl nordöstlich von Klagenfurt kommt er durch einen auf den ersten Blick nicht besonders aufregenden Landstrich, wenn man von der Talenge bei Eberstein mit ihrem Felsenschloss absieht. Wer das Tal aber näher inspiziert, wird eine ganze Menge hochinteressanter Objekte finden, das reicht von imponierenden Resten alter Hochöfen und von Schaubergwerken bis zu Heinrich Harrers Tibetschau. Ganz besonders kommt aber der Geschichtsfreund auf seine Rechnung.

Er kennt natürlich den Magdalensberg und ist darüber im Bilde, dass die dortige antike Siedlung ihre Bedeutung und ihren Wohlstand vornehmlich dem norischen Eisen verdankte. Dieses wurde dort verhandelt und teilweise auch verarbeitet, aber von woher der Rohstoff selber kam, ist selbst dem Kundigen weniger geläufig. Es war im Hinterland des Magdalensberges, vornehmlich eben im Görtschitztal, wo sich das Produkt fand, und zwar in so hervorragender Qualität, dass die Archäologen die daraus verfertigten Erzeugnisse begeistert mit dem heutigen Stahl verglichen. Ein Autor des 18. Jahrhunderts äußerte gar die Vermu-

Schlichte Malereien ersetzen teure Skulpturen: Kirchenportal in Hochfeistritz

tung, es könnten die bei der Kreuzigung Christi verwendeten Nägel aus den Kärntner Qualitätsprodukten gemacht worden sein. Reclams *Archäologieführer* vermeldet von dem winzigen Dorf Semlach: „Das ganze Gebiet um den hoch über dem Talgrund gelegenen Ort weist Spuren antiken Bergbaues auf", aber selbst seine genaue Auflistung vermag bei weitem nicht alle römischen Steine zu erfassen, die hier allenthalben in Kirchen und an Friedhofsmauern, ja selbst in die Wände von Privathäusern eingelassen sind, sodass die ganze Gegend wie ein riesiges Freilichtmuseum für antike Denkmäler wirkt. In Wieting ist sogar eine ganz Statue aus dem Altertum übrig geblieben, die lebensgroße Figur einer Göttin, vermutlich der Landesmutter Noreia. Sie hat zwar keinen Kopf mehr, dafür rutschten die Frauen bis in unsere Zeit über ihren Schoß, damit ihr Kinderwunsch erfüllt werde.

Das Görtschitztal hat aber noch eine Besonderheit, die sich dem eiligen Reisenden noch viel weniger aufdrängt als die unendliche Fülle von römischen Denkmalen, seine hoch gelegenen Bergkirchen. Zwischen St. Walburgen und Eberstein zweigt eine schmale Straße in Richtung Osten ab, sie vertieft sich rasch in einen Graben und kommt an dessen Ende gleichsam in einer anderen Welt heraus mit unendlich weit aufsteigenden Hängen und Bauernhäusern, die aus fast bedrohlichen Steillagen herunterblicken. In weiten Kurven führt der Weg empor und man meint, in der tiefsten Einsamkeit zu sein, als plötzlich in 1000 Meter Höhe eine gotische Kirche auftaucht von beträchtlichen Dimensionen, wie man sie hier auf gar keinen Fall erwartet hätte, Hochfeistritz.

Der Bau ist in sorgfältigster Steinmetzarbeit ausgeführt. Alle Portale sind geschmückt mit Türmchen und Ziergliedern, kleinen Wappen und reichen Profilen, als wenn es in einen Dom ginge. Bemerkenswert ist nur, dass das Geld offenbar nicht reichte, die vielen Nischen und Podeste mit Statuen zu füllen, sodass man die Heiligen in sie hineinmalte, was vermutlich als Provisorium gedacht war, aber dann so bleiben musste. An der Südwand wurde den Gläubigen außerdem in achtundzwanzig Bildern das Leben Christi vorgeführt, ein Zyklus, der leider stark verwitterte und 1975 in die Kirche hineinversetzt wurde.

Unverdientermaßen unbekannt: die Wehrkirche von Hochfeistritz

Innen setzt sich der aufwendige Baustil fort. Der verschiedenfarbige, meist honiggelbe Stein blüht aus in allen möglichen Verzierungen, am auffälligsten sind wiederum die Türmchen mit den gemalten Aposteln, doch auch die schlanken Fenster und die immer wieder durch Ornamente unterbrochenen Rippen beweisen, dass die Bauleute bestrebt waren, ein besonders kostbares Schmuckstück zu schaffen. Die Barockzeit wollte dem nicht nachstehen, sie stellte in den alten Bau einen perfekt eingepassten, schwungvollen Hochaltar und eine prunkvolle Kanzel, auf denen posaunenblasende Engel, ernste gotische Figuren, Vorhänge und spiralige Säulen in pompöser Weise von der Überlegenheit christlichen Glaubens zu überzeugen suchen.

Warum hat man in einer derartig verlassenen Gegend, in der es nichts anderes gibt, als ein paar weltentrückte Bauernhäuser, eine derartig grandiose Inszenierung veranstaltet? Warum wurde in dieser Einsamkeit eine so große Kirche gebaut und warum wurde sie so reich geschmückt? Es scheint, als wäre dies die Nachwirkung eines eigenartigen Ticks der alteingesessenen früheren Bevölkerung, die ihre Heiligtümer und Siedlungen lieber auf den Bergen anlegte, als unten im Tal. Die Noriker saßen hoch oben am Magdalensberg, und als sich die Römer bei ihnen anbiederten, blieb ihnen nichts übrig, als sich auch auf die Höhe zu bequemen und dort ihre Niederlassung zu errichten. Nachdem sie als Besatzer fest etabliert waren, gründeten sei eilends die Stadt Virunum in der Ebene, um sich die strapaziösen Bergtouren zu ersparen.

Speziell die heiligen Stätten der Einheimischen waren auf den Gipfeln situiert, am Ulrichsberg und am Hemmaberg, am Burgstallkogel bei St. Paul und am Ottilienkogel bei St. Veit. Die nachantike Bevölkerung folgte diesem Vorbild. Dabei mag das Gefühl, auf den Anhöhen Fluchtmöglichkeiten und Sicherheit zu finden, eine gewisse Rolle gespielt haben, erklärlich ist es aber damit nicht, dass gebietsweise fast auf jeder Kuppe ein weithin sichtbarer Kirchturm aufragt, wo es doch auch unten verteidigungsfähige Stellen gab. Vor allem die Fülle mächtiger Bergkirchen im altbesiedelten Görtschitztal lässt sich kaum anders erklären, als mit überkommenen Traditionen, denn außer in Hochfeistritz gibt es noch Maria Weitschach, ferner den Mariahilfberg bei Guttaring, St. Oswald und Maria Moos in Kirchberg, die als Wallfahrten Zuzug hatten oder noch haben.

In Hochfeistritz wurde zur Erklärung dafür, dass auf dieser Höhe eine Kirche entstand, eine Legende erzählt, wonach einem frommen Bauern an einem Septembermorgen des Jahres 1215 auf einer Fichte die Muttergottes erschienen sei. Daraus lässt sich schließen, dass der Ursprung vielleicht in einem Baumheiligtum lag, ähnlich wie im nahen Guttaring, wo die Leute zu den so genannten drei *Bethfarchen* (Gebetsföhren) pilgerten, die mit Heiligenbildern ausgestattet waren. Wie es heißt, haben „boshafte Menschen“ diese Andachtsstätte zerstört, in Wirklichkeit handelte es sich um den Propst von Wieting, dem die Örtlichkeit aus verschiedenen Gründen suspekt und zuwider war. Den Zulauf des Volkes konnte das nicht aufhalten, heute steht dort eine barocke Kirche.

Ein Platz der Geborgenheit und des Friedens: Hochfeistritz

Eine überdachte Nische an der Außenwand von Hochfeistritz zeigt den Standort der Erscheinungsfichte an, gegenüber steht in einer runden romanischen Kapelle die Gnadenstatue, die natürlich viel jünger ist, als die Legende berichtet. Die ganze Situation ist dort eng und wehrhaft, bei der Kapelle handelt es sich um einen Verteidigungsturm. Die Kirchenanlage ist von einer Mauer umgeben, Schießscharten und Wehrgänge sind zu erkennen. Wir erinnern uns, dass wir uns in einem Gebiet befinden, das den verheerendsten Angriffen der Türken ausgesetzt war. Keine Gegend Österreichs hatte im Mittelalter darunter so zu leiden wie das südliche und östliche Kärnten und so wurde die Kirche bewehrt und befestigt. Die Geschichtsbücher berichten davon, dass mindestens zweimal große türkische Scharen vom neu eroberten Balkan her im Land einfielen, sie berichten von fürchterlichen Massakern und von argen Plünderungen. Ganze Orte wurden ausgerottet und viele Leute in die Gefangenschaft weggeführt. „Alles nicht so schlimm“, meinen dazu die Legenden der Wallfahrtsorte. Sie wissen ungezählte Geschichten zu erzählen, in denen die Christenmenschen auf auffällige Hilfe Gottes und der Gottesmutter zählen konnten, und die Türken die Dummen waren. Es ist zu verwundern, dass sich diese in dem Land aufhielten, wo ihnen allenthalben unheimliche Abenteuer widerfuhren. Dass die Pferde scheuten, war noch das Harmloseste. Wenn sie aber auf eine Kirche zu ritten und diese plötzlich hinter einer Nebelwand verschwunden war, dann muss sie das schon recht bedenklich gestimmt haben. Kaum drehten sie sich um, war das Gotteshaus wieder sichtbar und, als sie neuerlich kehrtmachten, war der Nebel wieder da. Anderswo spannte die Muttergottes eine brennende Schnur über den Weg, die allen Heiden die Köpfe abschnitt. In St. Johann in der Nähe von Gurk wiederum nahmen die Türken eine Jause ein, dabei wurde dem Anführer der Bissen aus dem Mund geschossen, worauf alle in wilde Flucht ausbrachen. Auch die Anschläge der Feinde gingen meistens schief. Sie opferten etwa große Kerzen, die in Wirklichkeit mit Pulver gefüllt waren und die Kirche sprengen sollten, mit göttlicher Hilfe wurde aber alles rechtzeitig aufgedeckt.

In der weltfernen Einsamkeit von Hochfeistritz vor den Wehrgängen und Toren der Kirchenummauerung kann man noch etwas von der Drangsal dieser Zeit erahnen, denn der Blick reicht weit hinaus in das hügelige Land und in die Täler, aus denen die Gefahren auch diesem Bergraum drohten. Es ist aber auch die Geborgenheit zu spüren, die der Schutz Mariens ausstrahlte, denn man wusste es ganz genau: sie würde letztlich alle Feinde bezwingen.

i **Schmale, steile Straße, die zwischen Eberstein und Brückl von der Görtschitztalstraße abzweigt (ca. 5 km). Den Schlüssel zur Kirche erhält man in der Gaststätte. Eindrucksvolle, einsame Gegend. Pfarre, Tel. 04214/2205**

57

Eine Stadt zieht über die Berge

Waitschach

Die Wallfahrtskirche von Waitschach ist sogar älter, als die Sagen angeben.

Der Salzburger Erzbischof Leonhard von Keutschach war ein harter Knochen. Er führte ein brutales, unduldsames Regiment und war bei seinen Untertanen so unbeliebt, dass es nach seinem Tod schon wieder in Popularität umschlug und man allerhand Geschichten über ihn in Umlauf brachte. Die seltsamste davon berichtet von der Gründung des Wallfahrtsortes Maria Waitschach im nordöstlichen Kärnten: Als der Keutschacher noch Propst des Stiftes Eberndorf war, sah er erschüttert die Verwüstungen, die von Türken und Ungarn in seinen Landen angerichtet worden waren und nahm sich vor, zur Abwehr solcher Unbilden eine Kirche zu erbauen. Um den richtigen Platz zu finden, beschloss er, den Berg zu wählen, über dem am nächsten Tag die Sonne aufgehen werde. Der Test gelang nicht exakt – vielleicht war es kein sehr klarer Tag – und so ließ er auch noch Ochsen anspannen, damit sie ihm dort, wo sie stille stehen, die richtige Stelle anzeigen. Beide Orakel wiesen auf die Höhe des Waitschacher Berges und er baute dort die heute noch bestehende Wallfahrtskirche.

Diese Sage ist aus mehreren Gründen seltsam. Einmal wird die Bauplatzsuche mit ungelernten Ochsen hier nicht einem abgehobenen Heiligen oder einer realitätsfernen Edelfrau zugeschrieben, sondern einer historischen Gestalt aus Fleisch und Blut, von der wir auf Grund von Bildwerken sogar wissen, wie sie ausgesehen hat. Zum anderen aber hören wir mit Verwunderung, dass einer der Strebepfeiler der Waitschacher Kirchenmauern die Jahreszahl 1447 trägt. Leonhard von Keutschach wurde aber um 1442 geboren. Der Bau wuchs also schon empor, als der spätere Kirchenfürst noch im Vorschulalter stand. Und schließlich deutet manches, davon ein urtümliches steinernes

Becken, das vor der Südfassade in den Boden eingelassen ist, darauf hin, dass wir uns hier möglicherweise an einem seit prähistorischer Zeit aufgesuchten Platz befinden.

Was hat die Leute veranlasst, den grimmigen Erzbischof, der übrigens ein Finanzkünstler von beinhartem Realitätssinn war, zum Akteur einer derartig archaischen Sage zu machen? Es handelt sich um uralte Überlieferungen, von denen besonders jene mit den weisenden Tieren in unzähligen Orten referiert wird – sie begegnet uns in diesem Buch immer wieder. Wer weiß, wer es in Waitschach ursprünglich war, der die Ochsen auf Trab brachte, vielleicht irgendeine verwaschene Gestalt, die aus den Zeiten der Kelten oder anderer früher Völker über die Jahrhunderte transportiert worden war und unter der sich kein Mensch mehr etwas vorstellen konnte. Irgendjemand kam dann auf die Idee, zu erzählen, es sei Leonhard von Keutschach gewesen, von dem das Volk auch nicht viel mehr wußte, als dass es sich um einen ungestümen und gewalttätigen Mann gehandelt hatte, dem solche und andere Taten zuzutrauen waren.

Die Zuschreibung an den spätmittelalterlichen Herrscher hat uns in Waitschach den Blick auf die Tiefe der Jahrhunderte zusätzlich verbaut. Die klobige steinerne Wanne wirkt dadurch noch rätselhafter. Die überall aufliegende Beschreibung der Kirche hält sie für ein Taufbecken und der Mesner fügte noch hinzu: „Da haben sie's alser Ganze einiderwalkt!“, wobei er unter „Walken“ ein Zwingen, Rollen und Pressen verstand. Da die quadratische Vertiefung aber nur eine Seitenlänge von ungefähr 1,5 Meter hat, wäre das „Einiwalken“ nicht ohne Verrenkungen und Gliederbrüchen möglich gewesen. Eine Dame widersprach daher der Erklärung und meinte, sie habe in einem Vortrag gehört, dass es sich um einen Opferstein handle, darauf würde die Ablaufrinne zu beiden Seiten hindeuten. Ihre Interpretation hat sicherlich mehr für sich, denn wir kennen solche Rillen von gleichartigen Becken am Leibnitzer Frauenberg

Die rätselhafte Steinwanne vor dem Eingang zur Waitschacher Kirche

und am Ulrichsberg, wobei hier wie dort die Frage bleibt, wie man das tiefe Steinbecken vom angesammelten Wasser oder Blut auslöffelte oder ausschöpfte.

Dass Waitschach in frühen Zeiten ein Zentrum von überregionaler Bedeutung war, darauf könnten auch die vielen und auffälligen Weitwallfahrten hindeuten, die hierher ziehen. Die berühmteste davon ist die alle drei Jahre stattfindende Judenburger Prozession. Über 37 Kilometer und Höhen von insgesamt 1700 Metern marschieren die Teilnehmer, und das jedenfalls seit 1473, denn so meldet es eine Eintragung von 1718 in der Pfarrchronik der Stadt. Das weist auf eine Zeit im Spätmittelalter, als allenthalben Marienkirchen gebaut wurden, darunter auch das stattliche und in ziemlichem Ansehen stehende Gotteshaus von Maria Buch ganz in der Nähe von Judenburg. Warum hätten die Bürger ausgerechnet auf einen so weit entfernten Berg ziehen sollen, um Maria zu ehren? Wenn sie schon weite Märsche zurücklegen wollten, dann bot sich eher das damals schon in Blüte befindliche Mariazell an. Der Verdacht liegt nahe, dass sie schon früher herkamen, als der Waitschacher Berg noch eine kultische oder politische Mittelpunktfunktion für den Stamm, für das Land oder für die Herrschaft hatte, und dass sie an dem Zug festhielten, weil er eben Usus war und ihrer Stadt Segen brachte. Gerade an den Wallfahrtsorten, die eines besonders hohen Alters verdächtig sind, finden sich ja besonders häufig derartige Prozessionen ein, deren Anmarsch über unendlich weite Entfernungen geht.

In Judenburg ist uns das Datum 1473 zufällig überliefert. Fände es sich nicht in der erwähnten Chronik, dann würde man den Ursprung der Wallfahrt vermutlich wie anderswo auf die Jesuiten, auf eine Elementarkatastrophe der Barockzeit oder auf die Kriegsnöte von 1800 zurückführen, denn die Reformationszeit bedeutete einen einschneidenden Niedergang der Wallfahrt. Nur ungern bewilligten protestantisch gesinnte Bürgermeister einen Beitrag zu den üblichen Kerzenspenden. Die Jesuiten aber setzten alles daran, sie wieder anzukurbeln, sogar eine Geistergeschichte. Es wurde von einem jung verstorbenen Bauernburschen namens Gregorius erzählt, dessen Seele zunächst seiner Schwester erschien und sie aufforderte, für sein Heil beichten und wallfahrten zu gehen. Dann sprach sie mehrmals aus einer Brunnenröhre, bei der sich eine große Menge Neugieriger eingefunden hatte, und verlangte immer wieder den Gang nach Waitschach, und zwar gefälligst in betender Frömmigkeit und nicht etwa unter Geschwätz und Austausch von Neuigkeiten. Das beeindruckte Volk nahm auf Grund solcher Weisungen mit verstärktem Eifer den Pilgerzug wieder auf.

Aus dem Jahr 1739 wird berichtet, dass durch einen Blitzschlag ein Feuer ausbrach, durch welches die ganze Stadt Judenburg in Gefahr geriet. In dieser Not sahen drei Bürger das Gnadenbild von Waitschach über den Flammen und von da an war die Gefahr gebannt. Spätere Chroniken führten die Anfänge der Kirchfahrten fälschlicherweise, aber mit Bestimmtheit, auf dieses Ereignis zurück.

Zur Zeit der Aufklärung wurden alle Wallfahrtszüge zu entlegeneren Zielen als Zeitverschwendung, durch welche die Leute von nützlicher Arbeit abgehalten werden, verboten. Dann kam die Franzosenzeit und unter den mannigfachen Drangsalen erinnerten sich die Stadtbürger wieder des fast abgekommenen Bittzuges. Sie verfassten einen feierlichen Eid und schworen, dass sie *jedesmal nach Verlauf dreyer Jahren so zahlreich als es immer die Umstände erlauben, mit der Kreuzfahne in diesem heiligen Gotteshaus Maria Weitschach erscheinen und vor deinem Gnadenthron unser demütiges, reuenvolles, unwürdiges Dankopfer abstatten.* Diese Formel wird heute noch vor Antritt des langen Weges, bei dem die Pilger von der ganzen Stadt verabschiedet werden, feierlich verlesen, und dann marschieren sie los, hinein in den Oberweggraben und hinauf in das Gebiet des Zirbitzkogels, von einer überkommenen Wegmarke zur nächsten, bis zu dem hochgelegenen Wallfahrtsort St. Wolfgang, wo sie übernachten und dann weiterziehen über die Almen zum Streitwiesenkreuz, von wo erstmals in der Ferne das Ziel erkennbar wird. Da fielen früher die Menschen auf ihre Knie nieder, wie ein Bericht meldet, und begrüßten mit Tränen in den Augen die Gottesmutter. Aber sie mussten von dort wieder hinunter in das Tal, den Steirerbach überqueren und dann den letzten Anstieg hinaufsteigen zu der in 1155 Meter Höhe gelegenen Waitschacher Kirche. Sie werden dort festlich empfangen. Der gewaltige einsame Bau mit seiner gotischen Architektur und den altertümlichen barocken Altären wird dann wieder einmal angefüllt von den vielen Pilgern, zu denen noch jene stoßen, die mit Autobussen gekommen sind, in manchen Jahren sind es weit mehr als tausend Menschen.

Es ist aber auch ein besonderes Erlebnis, das die steirische Stadt ihren Bewohnern darbietet, ein gemeinsamer Zug über die Höhen, manchmal besonders mühselig durch schlechtes Wetter, meist aber erhebend durch Sonne und weite Sicht. Immer noch gelten die Worte, die der erste Bericht über diesen Wallfahrtszug 1887 gebrauchte: „Die engeren gemüthlicheren Beziehungen, in welche die Bürgerschaft unter sich während einer so weiten Wanderung ganz absichtslos gerät, sind ja doch weit besser als die trockenen geschäftlichen Beziehungen des alltäglichen Lebens, dazu geeignet, die gegenseitigen Neigungen zu erweitern und zu vertiefen. Ich nenne die Kirchfahrt der Judenburger nach Waitschach ein Volksfest und glaube der geistlichen Absicht derselben dadurch nicht nur nicht abträglich zu werden, sondern ich hoffe vielmehr, die wahre Bedeutung damit ins rechte Licht zu stellen, denn es dürfte sich schwerlich irgendwo in der katholischen Welt bei irgendeiner Prozession die Freude am irdischen Leben so eng mit den tieferen kirchlichen Lehren berühren wie gerade bei dieser frommen Übung.“

i Steile Bergstraße von Hüttenberg (3 km). Neben der Kirche Gastwirtschaft. In Hüttenberg eindrucksvolle Tibetschau Heinrich Harrers.
Pfarramt Hüttenberg,
Tel. 04263/227
pfarre-huettenberg@dekanat-krappfeld.at

58

Die Sagen und der Segen der heiligen Hemma

Gurk

Im 10. Jahrhundert gab es in Kärnten eine angesehene Adelsperson namens Hemma, die auch nach ihrem Tod im ganzen Land in guter Erinnerung blieb. Am meisten wurde sie gelobt, weil sie ihre zahlreichen Besitztümer der Kirche geschenkt hatte, was uns heute weniger beeindrucken dürfte. Damals aber ließ die Geistlichkeit nichts über solche Gönnerinnen kommen und bemühte sich eifrig und mit Erfolg um die Verbreitung ihrer Ehre. Die Stiftung von Klöstern und Kirchen, wie sie Hemma praktiziert hatte, bedeutete tatsächlich nicht nur eine Förderung von Glauben und Frömmigkeit, sondern auch einen Entwicklungsschub für ganze Landstriche. Darüber hinaus wurde sie als sozial denkende und caritativ handelnde Frau gerühmt, die an den armen Leuten gute Werke tat.

Über ihr Leben ist kaum etwas gewiss, nicht einmal, von wem sie abstammte und wo sie geboren wurde. Sie soll mit dem reichen Grafen Wilhelm von Rann verheiratet gewesen sein. Nach dem Verlust von Gemahl und Kindern hat sie dann, wie berichtet wird, ihren Besitz für die erwähnten Wohltaten verwendet. In der Zeit um 1938, als Hemma heilig gesprochen wurde, zierte man ihren Lebenslauf mit viel Tugendhaftigkeit aus. So wußte der damalige Bischof von Klagenfurt, dass sie „stark und leidverklärt war in stiller Seelengröße", und er war

Die eindrucksvolle Fassade des Domes von Gurk, des bedeutendsten Baus der Romanik in Österreich

sich sicher, dass sie ihre Söhne „heldisch werden ließ in der Kraft und Gnade Christi". Zumindest verkündete er dies seinen Gläubigen in einem Hirtenbrief.

Zwischen dieser blumigen Charakteristik und der historischen Gestalt der Gräfin liegen viele Jahrhunderte, in denen eine Fülle von Legenden um sie erfunden und erzählt wurden, sodass sich eine komplette Biographie mit Höhen und Tiefen ergab, die letztlich auch die Grundlage für die Lobpreisungen des Bischofs bildete. Die Legenden wurden zum Teil aus dem Urgrund des Denkens der damaligen Bevölkerung geholt, daher sind sie interessant, ehrwürdig und erwägenswert.

Eine der bekanntesten von ihnen erzählt, Hemma habe sich als Witwe auf einer Burg in der Nähe von Admont in der Steiermark aufgehalten. Dort habe sie der böse Hofmeister, ihr eigener Untertan, bedrängt und verfolgt. Als er immer begehrlicher wurde, setzte sie sich auf einen Karren, vor den zwei Ochsen gespannt waren, die noch nie ein Joch getragen hatten, und ließ sie ziehen. Sie gelangte mit ihnen bis zur Lichtmesshöhe, einem nicht weit entfernten Bergsattel, wo die Tiere stehenblieben und nicht mehr von der Stelle zu bringen waren. Erst am nächsten Morgen zogen sie an, marschierten bis Zeiring und machten dann wieder Halt. In der Frühe ging es weiter bis zum endgültigen Rastpunkt in Gurk, wo die Gräfin Kloster und Kirche stiftete. Diese Erzählung ist ganz altertümlich. Man kann nicht glauben, dass man es mit einer realen Person zu tun hat. Die reiche Grundbesitzerin auf einem Ochsenkarren, auf dem sie womöglich die ganze Nacht sitzen bleibt, bis sich die Zugtiere nach Stunden wieder in Bewegung setzen – eine ganz unmögliche Vorstellung! Wenn man sich anstelle einer lebendigen Fürstin das Kultbild eines weiblichen Idols denkt, wird die Sache schon glaubhafter: Eine Statue oder ein sonstiger Gegenstand, der das Heilige symbolisiert, wird auf einem von jungen ungelernten Tieren bespannten Wagen durch das Land gezogen. Und schon fällt uns der Bericht des römischen Schriftstellers Tacitus ein, wonach bei einem Germanenstamm die Göttin Nerthus auf einem von Rindern gezogenen Wagen durch das Land gebracht wurde und allen Gegenden, die sie besuchte, zu Glück und Segen verhalf. Uralte Überlieferungen und Gebräuche könnten in diesen Legenden fortleben. Tatsächlich wird von Hemma in einer anderen Legende berichtet, nicht sie selbst habe sich auf dem Wagen befunden, sondern ein Marienbild. Sie habe es auf einem Ochsenwagen durch das Land gezogen und dort, wo die Tiere anhielten, das Stift Gurk begründet. Dasselbe Motiv kommt im Umkreis der Hemma-Geschichten noch einmal vor, wenn erzählt wird, die Leiche ihres Gemahls, des Grafen Wilhelm, sei von einem frischen Rindergespann an die gewünschte Stätte seiner Beisetzung, das Dorf Gräbern im Lavanttal, transportiert worden.

Von diesem Ehegemahl Wilhelm gibt es noch eine recht archaische Legende. Er soll in den Wäldern um den Packsattel in der Weststeiermark von einem verwundeten Wildschwein verfolgt worden sein, sodass er auf einen Baum flüchtete, auf dem er nach drei Tagen in erschöpftem und sinnverwirrtem Zustand von seiner Gemahlin gefunden wurde. An der Stelle erhebt sich heute die einsame Kirche St. Hemma bei Edelschrott, unter deren Hochaltar noch die Überreste des Baumes gezeigt werden. Ist es nicht auch hier evident, dass von einem verehrten Baum die Rede ist, auf dem ein heiliges Bild angebracht war. Es zeigt den Ehemann der Hemma oder wurde später als dieser interpretiert, denn dass ein himmlischer Patron – und als solcher wurde auch Wilhelm verehrt mit Fest am 29. Juni – drei Tage lang wie ein Jammerlappen in den Ästen hängt, ist wohl nicht recht erträglich und vorstellbar.

Auch in ihrer angeblichen Heimat, der Landschaft Krain im heutigen Slowenien, soll die fromme Hemma einen Kirchenbau geplant haben. Es wird berichtet, die Leute hätten nichts davon wissen wollen und sie mit Steinen verjagt. Da wendete sie sich am Loiblpaß um und rief: „Wenn ihr Brot haben wollt, müsst ihr mir nach Kärnten nachkommen!" Es gab dann nacheinander Missernten, und ihre Landsleute beschlossen, jedes Jahr an einem bestimmen Tag im Frühling eine große Wallfahrt nach Gurk zu unternehmen. Wiederum eine seltsame Vorstellung: Eine Heilige, die mit Gewalt fortgejagt wird, die darüber beleidigt ist und das Land für den Fall verflucht, dass man ihr nicht die geziemende Ehre erweist – man erkennt die Züge der alten Gottheiten, die Fruchtbarkeit geben und nehmen konnten. Sie wurden auf die Gurker Gräfin projiziert.

Der Reichtum der geschichtlichen Hemma gründete sich vornehmlich auf die vielen Bergwerke in ihren Besitzungen. So ergab sich ihre Verbindung zu den Knappen. Sie ist aber in der Sage nicht die Förderin des Bergbaues, sondern es kommt im Gegenteil in allen Erzählungen zu einer Auseinandersetzung zwischen ihr und den Arbeitern. Zumeist verflucht sie deren Tätigkeit, die Stollen verfallen, sie liefern nur mehr taubes Gestein. Die Herrin sitzt dann gewöhnlich in einer Grotte oder auf einem Stein und schaut den Bergleuten bei der Arbeit zu. Da übermannt sie der Schmerz über den Todes ihres Gemahls und ihrer Söhne, sie wirft ihren Ring in einen Teich und ruft: „So lange dieser nicht gefunden wird, solange wird es kein Gold und kein Erz mehr geben".

Schuld an solchem Jammer waren die übermütigen und reich gewordenen Knappen. Einer von ihnen hatte ein Frau vergewaltigt, worauf ihn die Söhne der Hemma hinrichten ließen. Seine Kameraden rächten ihn und schlugen die jungen Grafen tot. Der Vater hielt daraufhin blutiges Gericht unter den Arbeitern, worauf er aus Buße nach Rom pilgern musste. Auf dieser Reise fand er den Tod. Die allein gebliebene Gemahlin aber verwünschte das ganze Bergwesen.

Wir sehen einen neuen Aspekt im Sagenkreis um Hemma. Sie zeigt das Bild der Mutter Erde, der Magna Mater. Die Knappen sind es, die sich an ihr vergreifen. Das schlechte Gewissen der Menschen, die in ihrem Schoß herumwühlen und ihr die Schätze wegnehmen, kommt in den Geschichten zum Ausdruck. Sie bleibt ausgeplündert und verlassen zurück, aber letzten Endes ist sie die Stärkere. Wenn sie nicht will, können die Menschen nichts mehr gewinnen.

Die Geschichte von Gurk ist selber ein Beispiel fürr menschliche Habsucht und

Besonders schön ist die Westpartie des Domes mit den romanischen Apsiden.

Der Gurker Dom im nördlichen Kärnten birgt unendlich viele Sehenswürdigkeiten, aber auch fast jede der Kirchen der Umgebung vermag dem Kunstfreund etwas zu bieten.
Salvatorianerkolleg Gurk,
Tel. 04266/8236

Machtgier. Erzbischof Gebhart I. von Salzburg, den der Historiker Hugo Dopsch einen „zielstrebigen wie skrupellosen Kirchenfürsten" nennt, hatte ein Auge auf das von Hemma gestiftete, reich ausgestattete Frauenkloster Gurk geworfen. Mit der Begründung, die dortigen Nonnen führten einen unkanonischen Lebenswandel, hob er es auf, zog die Güter ein und begründete ein Bistum, das er in jeder Beziehung so knapp hielt, dass es nur ein Anhängsel seiner Kirche, nicht aber ein Machtfaktor werden sollte. Er setzte sich dabei über alle Anforderungen hinweg, die von der Kirche an Bistümer gestellt wurden. Einer der folgenden Bischöfe dieser matten Diözese, Roman I., war aber so listig, dass er sich aus der Bevormundung durch die Salzburger Kirche soweit als möglich löste. Er baute den grandiosen Dom von Gurk als Ausdruck seines Machtwillens und stattete ihn mit großen Kunstwerken aus. Die Gebeine der ursprünglichen Stifterin, der Gräfin Hemma, wurden zwar aus dem Friedhof in das Gotteshaus übertragen, aber sie fand ihren Platz im entlegensten und dunkelsten Winkel der Unterkirche. Wer weiß, über wieviele Intrigen, Anordnungen und Rücksichtnahmen das gelaufen ist. Das Volk aber hatte Hemma längst mit der Aura einer Heiligen und Wundertäterin umgeben. Man pilgerte zu ihrer Grabstätte in der dunklen Ecke, die als Durchkrieche gestaltet war und setzte sich auf einen daneben gelegten Stein, auf welchem schon die Verehrte gesessen war. Das Andenken an die würdige Frau blieb lebendig, aber es war vermengt mit den archaischen Vorstellungen über die Magna Mater, über die Herrin der Fruchtbarkeit und über das Idol, das dem Land Segen spendete. Diese Vorstellungen waren nicht leicht aus den Hirnen zu bringen, selbst wenn die Leute inzwischen getauft und katholisch geworden waren. Und die Geistlichkeit sah es nicht ungern, wenn an den alten Kultstätten nicht mehr irgendwelche vorzeitige Gottheiten verehrt wurden, sondern etwa die heilige Hemma, deren Leben und Wirken immer detaillierter zu einem Musterfall christlicher Tugenden stilisiert wurde.

59

Achilles, Lenin und die Muttergottes

Maria Saal

Die romanische Taufkapelle (der „Heidentempel") in Maria Saal

Eigentlich dürfte man die Kirche von Maria Saal nicht einen Dom nennen, streng genommen nach kirchlichem Kriterien. Aber wer denkt heute schon in solchen Kriterien? Und außerdem gibt es in Maria Saal noch andere Bezeichnungen, die genau genommen ebenso falsch sind, etwa wenn man die romanische Taufkapelle Heidentempel nennt oder sie als Oktogon beschreibt – der Bau hat in Wirklichkeit neun Ecken. Und die berühmte Postkutsche, ein Römerrelief an der Kirchenwand, soll in Wahrheit ja auch etwas anderes darstellen.

Maria Saal rechtfertigt alle diese Fehler mit seinem Alter. Es ist, als sei der Bau nicht nach Jahrhunderten zu messen. Er wirkt, als sei er zu Zeiten von Trias oder Jura ohne menschliches Zutun aus der Erde gewachsen und gleichsam als Findling stehen geblieben. Die Menschen haben dieses altersgraue Gemäuer behängt und ausgestattet mit Zutaten aller Art, mit solchen aus der Gotik und dem Barock, mit Römischem und mit Romanischem.

Das Römische ist natürlich am ältesten, und am meisten beeindruckt das erwähnte Relief mit der Kutsche, einer exakten Wiedergabe eines Pferdewagens aus klassischer Zeit. Ist es das Grabmal eines Transportunternehmers, ist es ein Brautwagen oder zeigt das Relief die letzte Fahrt eines Verstorbenen? Ist der Kutscher ein Todesgott, der ihn ins Jenseits transportiert? Immerhin passt das Bild noch einigermaßen in das Ambiente eines christlichen Gotteshauses, aber was soll hier ein anderer Stein, der die kriegerischen Aktionen dreier nackter Männer zeigt: Der siegreiche Achill hat seinen toten Gegner Hektor an den Streitwagen geschnallt und schleift ihn um die Mauern von Troja, immer in treuem Gedenken an seinen geliebten Freund Patroklus, nach dessen Erscheinung er sich umdreht. Die Leute, die solche Darstellungen an der Kirchenmauer anbrachten, müssen ausgesprochene

Die Außenwand des Domes von Maria Saal trägt Denkmäler aus den verschiedensten Zeiten. Die berühmte römische „Postkutsche" ist links von der Säule zu sehen.

Liebhaber der klassischen Mythologie und Kunst gewesen sein, sonst hätten sie dieses Römerrelikt mit seiner obskuren Szene rasch wieder vergraben. Es scheint, als hätte man ein Museum der Grabplastik begründen wollen, das auch einen virtuos gearbeiteten gotischen Epitaph und eine Menge Gedenktafeln aus späterer Zeit einschließt.

Beim Christuskopf über dem Portal soll es sich um ein Überbleibsel aus römischer Zeit handeln, das allerdings, wenn man einigen Forschern glaubt, nicht nach den Regeln fachgerechter Konservierung behandelt wurde. Es soll nämlich ein Ehepaar dargestellt gewesen sein, bei dem man die Frau wegmeißelte. Den Stein hat man dann in das Erlöserbild ummodelliert.

Schon bei den ersten Schritten im Inneren merkt der Besucher, dass auch hier alles, was man als schön und interessant empfand, als Zierat des strengen Raumes verwendet wurde, gleichgültig, aus welcher Zeit es stammte. Von einer unbekleideten Venus bis zum Kopf des kommunistischen Altvaters Lenin ist da alles zu finden, was man für einen zwar unvollständigen, aber instruktiven Querschnitt durch die abendländische Kultur braucht. Die nackte Venus schmückt den Sockel eines Weihwasserbeckens und gehörte einst zu einem römischen Grabbau. Lenin wiederum streckt Christus die Arme auf einem Fresko entgegen, das der österreichische Künstler Herbert Böckl 1928 an die Südwand gemalt hat. Das Bild mit seinen prächtigen Farben ist nicht einfach zu deuten. Wollte der Künstler schon in den Anfangsjahren des Kommunismus zum Ausdruck bringen, dass jede Kultur letztlich irgendwann von Christus aufgefangen wird? Die Kärntner Kirchenleute haben es jedenfalls nicht so verstanden, sie haben das Gemälde jahrzehntelang mit einem Tuch verhängt.

Unverfänglicher sind die beiden Flügelaltäre. Der eine zeigt den Ritter Georg, der mit Pferd, Hund und Schwert auf den Drachen losgeht, der andere wohlwollende, pausbäckige Heilige, die den Beter vertrauenerweckend anlächeln. Und dann gibt es einen Punkt von magischer Ausstrahlung mitten im nördlichen Kirchenschiff, die mit Gittern umschlossene so genannte Sachsenkapelle. Hier ist die Häufung von alten Devotionalien besonders dicht. Unter einer eindrucksvollen gotischen Kreuzungsgruppe wurden im 19. Jahrhundert die Armen Seelen angebracht, darunter liegen in einem Glaskasten drei der von Herodes massakrierten Kinder von Bethlehem. Ein daneben aufgestellter römischer Altar, den ein gewisser Januarius der Göttin Fortuna weihte und auf den heute die Figur des Schmerzensmannes gesetzt wurde, sei nur nebenbei erwähnt. Vorne steht ein Altartisch auf romanischen Säulen, der einen römischen Steinsarg einfasst. Darin sind die Gebeine des Modestus beigesetzt, des *mit großer Heiligkeit leichtendten* Bischofs, den 767 die Salzburger Kirche ausschickte, damit er dem Kärntner Land christliche Sitten beibringe. Das altertümliche, unregelmäßige Arrangement verleitete das Volk zu der Annahme, der Sarg des Heiligen bewege sich von selbst gegen den Hochaltar. Wenn er ihn erreicht habe, sei das Ende der Welt da.

Irgendwann steht der Besucher dann vor dem Hochaltar. Er sieht einen mächtigen barocken Aufbau mit vielen Heiligen und einem großen Bild der Dreifaltigkeit ganz oben. In der Mitte sitzt eine gotische Marienfigur, das Gnadenbild von Maria Saal, und ruft in Erinnerung, dass der Dom eine Wallfahrtskirche ist, ja als das offizielle Landesheiligtum von Kärnten gilt. Bei festlichen Anlässen wurde das Bild in feierlichem Zug in die alte Landeshauptstadt St. Veit und in die Metropole Klagenfurt überführt. Für die Abwehr großer Gefahren von Land und Volk dankte man in Maria Saal durch die Stiftung von Bildern. Eines davon erinnert an das glückliche Ende der Türkenbelagerung von Wien. Aus dem Metall von Kanonen, die damals den Siegern in die Hände fielen, wurde die „Große Glocke von Maria Saal“ gegossen.

Warum der Ursprung des Marienbildes dem Erzbischof Adalbert von Prag zugeschrieben wurde, bleibt das Geheimnis der Legendenfabrikanten. Der Mann lebte im zehnten Jahrhundert, das Bildwerk stammt aus der Zeit um 1425. Er soll es, natürlich aus lauter Frömmigkeit, irgendwo in Italien entwendet und nach Prag gebracht haben. Vor seinem Tod drückte ihn das Gewissen, und er trug zwei böhmischen Edelleuten auf, die Gottesmutter dorthin zurückzuführen, wo er sie hergenommen hatte. Als diese nach Kärnten kamen, standen sie plötzlich vor dem Problem, dass die Figur ihr Gewicht veränderte und nicht mehr von der Stelle zu bringen war. Außerdem träumten sie von Maria Saal. Sie legten das Bildwerk auf einen Wagen, spannten Ochsen davor und ließen sie ziehen. So kam Maria durch mehrere göttliche Weisungen hieher und zog seither die Pilger aus nah und fern an.

In Wahrheit dürfte die Wallfahrt nach Maria Saal damit zusammenhängen, dass der Ort in der Zeit um 800 als geistlicher Mittelpunkt von Kärnten gegründet wurde. Wenn Bischof Modestus ausgerechnet hier seine Missionsstation anlegte, hatte das nicht mit Traum oder Ochsenweisung zu tun, sondern mit handfesten realpolitischen Überlegungen. Maria Saal liegt zwischen den alten Zentren Magdalensberg und Ulrichsberg. In der Ebene, direkt nördlich vom Dom, gründeten die Römer ihre Stadt Virunum, eine schöne Siedlung von hoher Lebensqualität, ausgestattet unter anderem mit Bädern, einer Schaubühne und einem gewaltigen Amphitheater. In ihr residierte der Statthalter der Provinz Noricum, und später jener der unterteilten Provinz Binnennoricum. Alarich, der König der Westgoten, schlug hier seinen Sitz auf, bevor er zum Zug nach Italien aufbrach. Die Bedeutung und die günstige Lage der Stadt bewirkten, dass der Platz immer wieder ein Machtzentrum bildete, auch nachdem Virunum längst zerstört und verfallen war. Die Slawen ließen sich hier nieder, mehr und mehr rückte allerdings das Plateau von Karnburg ins Blickfeld, das westlich von Maria Saal auf der anderen Talseite liegt, ein Ort von solcher Bedeutung, dass seine Bezeichnung curtis Carantana vermutlich dem ganzen Land Kärnten seinen Namen gab. Auf dieser geschützten Anhöhe unterhalb des Ulrichsberges saßen vermutlich die Anführer der Slawen, die ab dem späten sechsten Jahrhundert die Gegend beherrschten und merkwürdig stark prägten. Schon einhundertfünfzig Jahre später gerieten sie in Bedrängnis. Von der Ostseite her waren sie den Awaren ausgesetzt, im Norden hatten sich andere starke Mächte konsolidiert, die Baiern und ihre Kirche, beide mit ausgeprägtem Expansions- und Missionierungsdrang. Sie boten den Slawen einerseits Schutz vor ihren östlichen Gegnern, mischten sich aber andererseits massiv in ihre inneren Angelegenheiten ein und verlangten, dass die Söhne des Herrscherhauses als Geiseln nach Salzburg geliefert würden. Die jungen Leute wurden entsprechend indoktriniert und christianisiert. Sie kamen in geistiger Abhängigkeit von den Baiern in ihre Heimat zurück. Nachdem der eine von ihnen, Cheitumar, an die Herrschaft gelangte, ersuchte er den Salzburger Bischof, das Land christlich zu machen, und dieser schickte den schon erwähnten Modestus nach Süden.

Wieweit dem Bischof die Wahl seiner Niederlassung freistand, wissen wir nicht. Jedenfalls war der Ort, an dem er seine Kirche und damit das erste christliche Zentrum Kärntens gründete, gut gewählt. Man hatte die Residenz in Karnburg im Blickfeld und saß neben der ehemaligen Römerstadt, deren magische Bedeutung als alte Hauptstadt unvergessen war, so unvergessen, dass die Gebieter des Landes noch lange hieher ziehen mussten, um die Herrschaft anzutreten, zum Herzogstuhl, den man weitgehend aus römischen Steinen zusammengefügt hatte. Erst die spätmittelalterlichen Habsburger nahmen von dieser mittlerweile anachronistisch gewordenen Huldigungszeremonie Abstand. Die Hauptstadt wurde nach St. Veit an der Glan verlegt und dann nach Klagenfurt. Virunum war zum Acker geworden, Karnburg zu einer einsamen Kirche auf einem Hügel. Maria Saal aber hat seine spirituelle Bedeutung nie ganz verloren. Und als man am Hochaltar das gotische Gnadenbild inthronisierte, bekam das Land einen neuen geistigen Mittelpunkt, den *Marianischen Gnaden Thron des Erz Herzogtums Kärnten*, wie eine barocke Lobschrift ihn nennt.

i Der „Dom“ von Maria Saal erhebt sich ungefähr 5 km nördlich von Klagenfurt in einer Landschaft, die ungewöhnlich reich ist an archäologischen und künstlerischen Sehenswürdigkeiten (Herzogstuhl, Magdalensberg, St. Veit an der Glan, um nur die bedeutendsten zu nennen).
Pfarramt, Tel. 04223/2254
pfarramt@pfarre-mariasaal.net

Die Bauten am Kapellenberg: vorne die etwas ungestalte ältere, hinten die barocke Kapelle

60

Eine Kapelle als Luftfracht

Maria Elend

Rosental, das klingt nach Fülle und Blütenduft, schon gar, wenn man erfährt, dass damit die südlichste Landschaft Österreichs bezeichnet wird. In Wahrheit ist das Kärntner Rosental eine eher herbe Gegend, besonders in seinem westlichen, oberen Teil. Die Bodenform ist geprägt von den Wildbächen, die aus den Bergen kommen und die im Lauf der Zeit alles mit Schutt und Schotter ausgefüllt haben. Der große Fluss, die Drau, zog einst in weiten Auwäldern dahin, heute ist er durch die aneinander gereihten Stauwerke ein stiller See geworden. Am eindrucksvollsten springen die Karawanken ins Auge, die in geschlossenen Mauern aufragen. Einmal gewahrt man in den steilen bewaldeten Hängen einen weißen Fleck, das sind die Sakralbauten auf dem Kapellenberg von Maria Elend.

Wie kann man einen Ort „Elend" nennen? Die Bezeichnung meint allerdings nicht armselig oder vermaledeit, sondern andersartig, fremd. Irgendwo gibt es einen Ort namens Elendskirchen und in der Oberpfalz verehrt man „die Drei Elenden Heiligen", das waren drei Mönche, die von auswärts kamen und als Fremde galten. Der Elendsname im Rosental wurde sicherlich aus dem Blickwinkel des Villacher Beckens gewählt. Von dort gesehen war hier das Siedlungsgebiet zu Ende, und es begann das fremde Land. So könnte auf dem Kapellenberg durchaus ein Wachtturm gestanden sein, wie es die Überlieferung wissen will und eventuell auch eine Fluchtburg der Bevölkerung in unsicheren Zeiten. Eine Legende, vermutlich von einem frommen Historiker erdacht, vermeldet dazu, die ersten Christen des Landes hätten sich vor ihren Verfolgern hierher zurückgezogen. Sie hätten verborgen und im Elend gelebt. Daher hätten sie die Kirche, die sie erbauten, Maria Elend genannt.

Heute können sich die Christen der Gegend eines komfortablen und geräumigen Gotteshauses bedienen. Es handelt sich um einen auffallend breiten Baukörper aus dem 15. Jahrhundert, der reich mit Werken der gotischen und barocken Epochen ausgestattet ist. Am prunkvollen Hochaltar thront wie üblich bei Wallfahrtskirchen in der Mitte die Gnadenmutter. Wer genau hinschaut, bemerkt zu ihren Füßen die abgeschnittenen Köpfe der türkischen Feinde. Sie triumphiert also über die Heiden, die im Rosental in greulicher Erinnerung geblieben waren, seit sie in den Jahren 1478 und 1483 alles verwüsteten. Sämtliche Kirchen wurden damals zerstört. *Wunder taffel und pildt (von Maria Elend) hyetten sy all zerhackt,* klagt der Chronist. Um so größer war die Freude, als sich der leidige Erzfeind 1683 vor Wien eine blutige und endgültige Niederlage holte. Man erzählte, die hiesige Maria, die ja Erfahrung mit den Türken hatte, sei in die Hauptstadt geflogen und habe der bedrängten Bevölkerung Beistand geleistet, sodass der Sieg errungen werden konnte. Zum Dank habe die Stadt Wien den Hochaltar gestiftet. Dies ist Phantasie, in Wahrheit hat eine Kärntner Familie, die in die Kaiserstadt übersiedelt war, verschiedene Spenden vermacht.

Neben dem Hochaltar kann sich der kunstsinnige Besucher an einem großen Flügelaltar erfreuen, der so zierlich geschnitzt ist, dass man sich nicht genug wundern kann, warum die feinen Türmchen und Ornamente nicht längst zerbrochen und verworfen worden sind. Die so genannten Nothelfer, vierzehn bekannte Heilige, sind hier als verlässliche Beistände um Maria gruppiert, damit die Bevölkerung zu ihnen Zuflucht nehmen konnte, wenn wiederum, Gott bewahre, der türkische Feind drohen sollte.

Alle diese Gebetsstätten und noch einige dazu machten Maria Elend zu einem besuchten Wallfahrtsort. Seine größte Attraktion war aber die Legende von der fliegenden Kirche.

Wir müssen uns wiederum dem Kapellenberg zuwenden, der fast dreihundert Meter oberhalb des Ortes eine Terrasse inmitten des Abhanges der Karawanken bildet. Mühselig ist der Weg dort hinauf und so konnte die Erzählung Glauben finden, eine schwangere Frau, die von weither gepilgert war, sei angesichts dieses letzten steilen Weges verzagt in die Knie gegangen. Sie habe sich niedergelegt und sei eingeschlafen. „Auf ihr Seufzen“ wurde, wie einer Chronik aus dem Jahr 1732 zu entnehmen ist, die auf dem Berg befindliche Kapelle durch die Engel zu Tal gebracht, sodass die Frau, aufgewacht, die Andachtsstätte gleich bei der Hand hatte und nicht erst die Höhe erklimmen musste.

Diese wunderbare Geschichte genügte aber offenbar nicht, um dem Gnadenort das nötige Ansehen zu verleihen. Der Abt von Ossiach, Hermann Ludinger, dem Maria Elend damals unterstand und der hier sogar als Pfarrherr tätig gewesen war, stellte im 18. Jahrhundert die Erwägung an, ob die gravide Dame nicht womöglich die heilige Patronin Hemma selber gewesen war, der auf der Wallfahrt zur hiesigen Gnadenstätte die Geschichte passierte. Er meinte, dafür spreche einerseits „die alte und allgemeine Außsag“, weiters aber, dass sie „nit weit von hier in der Jagd mit einem jungen Prinzen seye entbunden worden“. Die Überlegungen Ludingers schlugen ein, es galt seither als ausgemacht, dass die Kirchenübertragung dem Gebet Hemmas zu verdanken war. Allenthalben ist die fromme Gräfin

„Woher thuet doch diß geschechen Das zu mir Maria Eilst?“ (Fresko am Kapellenberg)

abgebildet, wie ihr die Engel das fliegende Gotteshaus aus der Luft präsentieren.

Wir fühlen uns sofort an Loreto erinnert, wo ein heiliges Gebäude als Luftfracht über Erde und Meer geflogen kam, und tatsächlich wurden in Maria Elend immer wieder Parallelen zu diesem in der ganzen Christenheit anerkannten Wunderort gezogen. Ähnlich wie dort suchte man das Mirakel dadurch zu begründen, dass der älteste Teil des Kirchengebäudes, die Sakristei, ohne Fundamente errichtet wurde. Es stand aber im rechten Schiff des Gotteshauses früher eine Kapelle, die man das „Häuschen von Nazareth“ nannte. Vielleicht war also Maria Elend ursprünglich ein Loreto-Wallfahrtsort, wie viele in unserem Land, von dem man später berichtete, es habe sich hier ein ähnliches Wunder zugetragen, und zwar an der heiligen Hemma persönlich.

Es darf aber der Kapellenberg nicht außer Betracht bleiben, wenn es um die Entstehung der Wallfahrt geht. Immerhin nennt ihn auch die Legende als das ursprüngliche Ziel der schwangeren Pilgerin, und erst als die Kirche zu Tal gekommen war, zogen die Andächtigen dort hin. Befand sich etwa auf der Anhöhe eine Kultstätte, die aus älterer

Fresken in Maria Elend. Maria schwebt über Wien und vertreibt die Türken (oben), die Kirche fliegt Hemma entgegen (unten).

Zeit stammte, bevor sich noch die Christen in diesem Land niedergelassen hatten? Es scheint naheliegend, dass man die Anhöhe zu Zwecken aufsuchte, welche die Kirche nicht recht als legal empfand, dass man später eine Kapelle oben anlegte und dass die Geistlichkeit dann, als das unchristliche Unwesen immer noch kein Ende fand, das Besteigen des Berges verpönte und anstelle dessen den Wallfahrtsort unten im Tal anlegte. Dazu hat man wohl den Leuten erzählt, Gottes Wille, Mariens Wunsch und das inständige Gebet einer entkräfteten Frau hätten bewirkt, dass der Andachtsort herabversetzt wurde. Immerhin gibt es als Indiz alten Kultes auf dem Kapellenberg auch eine heilige Quelle. Das als Augenheilmittel verwendete Wasser kommt dort direkt aus der Seitenwunde einer Christusstatue.

Die ehedem geheiligte Anhöhe blieb aber in Erinnerung, ebenso wie unendlich viele der alten von der Kirche abgeschafften Kultplätze. 1731 ging man wieder daran, auf dem einsamen Fleck inmitten der Berglehnen ein neues Bethaus zu errichten. Es wurde reich mit Fresken verziert, durch einen viereckigen Turm überhöht und hat ein weit heruntergezogenes Holzdach, sodass es mehr dem Oberteil einer Schanzenanlage ähnelt, als einer Sakralanlage. Offenbar waren die Leute schon damals mit dem plumpen Bau nicht recht zufrieden, denn schon 1750 soll eine Frau aus Graz das Geld zu Errichtung einer eleganteren und größeren Gebetsstätte gespendet haben. Sie soll sehr enttäuscht gewesen sein, als sie sah, dass man das von ihr gestiftete Werk nicht anstelle oder über der alten Kapelle errichtete, die sie wohl als unproportionierte Bausünde wertete.

So findet man heute zwei Gebäude nebeneinander, ein elegantes barockes und ein ursprüngliches, das noch dazu mit recht naiver Malerei geziert ist. Da erblickt man die heilige „Hema", wie ihr die Engel die Kirche entgegenbringen und Maria sich aufmacht, ins Tal zu fliegen. Die vornehme Gräfin spricht die Gottesmutter mit einem lateinischen Bibelzitat an: „Wie kommt es, dass die Mutter Gottes zu mir kommt?" Leider hat der volkstümliche Maler mindestens drei schwere Fehler in den fremdsprachigen Text eingebaut. Auch sein Deutsch ist nicht viel besser, wenn er gleich die Übersetzung anfügt: *Woher thuet doch diß geschechen Das zu mir Maria Eillst. Vor freid mueß ich fast Vergehen. Weill mir solche gnad erweist.* Damit ist der Bezug hergestellt zwischen dem Geschehen in Maria Elend und dem biblischen Ereignis „Maria Heimsuchung". Maria machte sich auf, ging ins Gebirge und besuchte ihre Base Elisabeth, die sie mit dem oben zitierten Satz empfing.

Die Frauen dominieren in diesem Geschehen. Eine schwangere Frau, die Landesmutter Hemma wird von Maria selbst beehrt, und die erwiesene Gnade, die sie „vor freid" fast vergehen lässt, wird weitergegeben an die gläubigen Frauen, die sich vertrauensvoll an sie wenden. Männer spielen keine Rolle in der Szenerie. Und doch – einer schon: Als der Teufel das Mirakel von der vertragenen Kirche bemerkte, schleuderte er voller Wut Felstrümmer in die Tiefe, aber er konnte weder Maria noch Hemma noch das Gotteshaus treffen. Wer das nicht glaubt, sehe sich um in Maria Elend. Er wird die Steine im Bereich vor der Kirche in eindrucksvoller Stückzahl und Größe vorfinden.

i Vom Ortszentrum kann man an einem Altersheim vorbei nach Süden ein Stück in den Wald bis zu einem Parkplatz fahren. Von dort zu Fuß auf steilem Weg zum Kapellenberg. Pfarramt, Tel. 04253/304

61

Wie ein Gipfel zu zwei Kirchen kam

Dobratsch

Ein Berg voller Geheimnisse und Merkwürdigkeiten: die Deutsche Kirche über den Almböden des Dobratsch

Wenn je eine Anhöhe der österreichischen Alpen den Anspruch erheben könnte, ein heiliger Berg zu sein, dann scheint dies dem 2167 Meter hohen Dobratsch der Villacher Alpe zuzukommen. Sein Name bedeutet „gut". Er ist voller Geheimnisse und Merkwürdigkeiten Bei seinem Gipfel finden sich zwei Kirchen nebeneinander, die so genannte „windische" und die deutsche.

Westlich von Villach erhebt er sich als markanter isolierter Klotz aus der Ebene, ein Berg, anders als alles, was ringsum aufragt, kahl, von bleichen Felsen durchsetzt, auch in den unteren Regionen praktisch ohne Besiedlung. Seit eh und je wußten die Menschen, dass in seinem Inneren Erzminen und andere Schätze liegen, sie nannten ihn den „Pleyberg" und trauten ihm zu, dass er sogar Haufen von Diamanten berge. Aber dann ereignete sich die große Katastrophe, eine der schrecklichsten in der geschichtlichen Vergangenheit der Alpen überhaupt: Am 25. Jänner 1348 brach der Bergstock nach einem Erdbeben auseinander, dreißig Millionen Kubikmeter Gestein setzten sich in Bewegung und verschütteten das Tal. Tausende Personen kamen durch das Unglück und die nachfolgende Stauflut des Gailflusses ums Leben. Zuvor hatten die Leute gehört, wie Gott mit starker Stimme sprach: „Petrus, schleif dein Schwert, schneid weg den halben Berg!"

Auch das kleiner gewordene Massiv diente als Hochweide. Den Schafhirten, die auf dem Plateau herumstreiften, an hellen, sichtigen Tagen wie an solchen mit kühlen, feuchten Nebelschwaden, erschienen allerhand Dinge, die ihnen merkwürdig vorkamen und die häufig nur in ihrer Phantasie existierten. Da gab es einen auffälligen Stein in Gipfelnähe, der eine Einbuchtung wie von einer Sitzfläche hatte. Vielleicht bestaunten und verehrten sie zunächst den Stein, vielleicht kam gleich die Erzählung auf, hier habe die Madonna ihren Sitz gehabt, und es

wird sicherlich bald den einen oder anderen gegeben haben, der sie leibhaftig gesehen hatte. Die Erzählung wurde ausgeschmückt. Ein Hirte soll mit seinen Tieren gegen den Abgrund geraten sind; vor dem Absturz wurde er durch die Erscheinung der sitzenden Muttergottes bewahrt. Jedenfalls nahm sich die Kirche des Phänomens an und bereits 1484 wird der *Heilige Stayn* erwähnt, neben dem eine Herrschaftsgrenze mitten über das einsame Hochplateau verlief.

Es dürfte sich um ein Naturheiligtum gehandelt haben. Wieweit die entlegene Stätte damals schon christianisiert war, wissen wir nicht. Gegen 1690 fasste der Inhaber der Herrschaft Wasserleonburg, Christoph Semler, dem der westliche Teil des Dobratsch gehörte, den Entschluss, diese urtümliche Örtlichkeit durch eine Kapelle endgültig dem offiziellen Kultus zuzuführen. Dass er durch sein Kind dazu bewogen wurde, das taubstumm geboren war, immer sehnsuchtsvoll zur Höhe blickte und nach dem Gelöbnis des Kapellenbaues die Sprache gewann, können wir getrost dem Bereich der frommen Mären zuordnen.

Was dann geschah, gibt uns einen Einblick in die feudale Denkweise, welcher der Besitzstand selbst dann bedeutsam war, wenn es um einen steinigen, unfruchtbaren Berggipfel ging. Der Herr von Wasserleonburg wollte seinen gelobten Bau selbstverständlich dort hinsetzen, wo der Wunderstein lag. Die Stelle gehörte aber zum Besitz des Stadtherrn von Villach, des Bischofs von Bamberg, und dessen Kärntnerischer Statthalter sprach sich strikte gegen das Vorhaben aus, auch wenn es noch so gut gemeint war und noch so sehr der Ehre der Himmelskönigin förderlich sein sollte. So musste die Kapelle jenseits der Grenzlinie im Westen erbaut werden, wo sie romantisch über den

Die Steilabbrüche des Dobratsch. Die Deutsche Kirche, von der Windischen aus gesehen

Steilabbrüchen des Dobratsch hängt, sie wird die Windische Kirche genannt.

Nun kamen auch die „Bischöflichen", die Villacher, in Schwung. Sie wollten sich nicht lumpen lassen und begannen zwei Jahre nach der Konkurrenz 1692 am heiligen Platz selbst eine Andachtsstätte zu bauen. In den Chroniken wird berichtet, wie mühsam das war. Der Dobratsch ist völlig verkarstet, die Niederschläge sickern schnell in die Kalkklüfte, nirgends gibt es Wasser. Man musste es Behälter für Behälter hinauftransportieren, ebenso alle sonstigen Baumaterialien, und der Weg zur Höhe war höllisch lang und anstrengend, drei bis vier Stunden, eine elende Schinderei. Die beiden Kirchen sind daher auch strenge, klobige Bauten geworden, ohne Schnörkel und Zierat. Die windische hat überhaupt keinen Turm, die deutsche wenigstens die Andeutung eines solchen. In ihr thront auf dem Altar die „gnadenvolle Muttergottes am Heiligen Stein", wie sie auf Gebetszetteln der Barockzeit genannt wird, eine Marienstatue, welche einen Hirtenstab in der Hand hatte und mit einer üppigen Allongeperücke ausgestattet war, ähnlich wie sie Ludwig XIV. in Versailles trug.

Wo aber ist der Heilige Stein geblieben, welcher der Ursprung des Andachtsortes gewesen war? Es wird berichtet, böswillige Menschen hätten ihn in die Tiefe geworfen, möglicherweise waren es Gegner des alten Kultes, welche meinten, der fabulöse Gegenstand sei nun obsolet geworden. Gugitz berichtet, dass sich daraufhin folgendes ereignete: „Nun hatten sich vierzehn Bleiberger Knappen unter Anführung eines Geistlichen aus andächtigem Eifer zusammengetan, um den Stein wieder hinauf zu heben. Zwei von ihnen ließen sich 70 Klafter tief in das Wasserleonburger Gebiet hinab und fanden dort einen Stein, der einen lieblichen Geruch verbreitete. Diesen hätten sie aus der Tiefe gezogen und in eine neue gemauerte Kapelle gebracht, worüber unter den windischen Pilgern große Freude herrschte, die den Stein küßten und reichlich Opfer gaben." Heute ist der Stein wiederum nicht vorhanden, vielleicht hat man ihn neuerlich entfernt, und wer weiß, vielleicht findet ein einsamer Wanderer unter den Steilabstürzen des Dobratsch einmal einen Stein, der einen lieblichen Geruch verbreitet und den man dann unter allgemeinem Jubel heben und in die Höhe transportieren kann.

Eigentlich ist also die Erklärung dafür, warum auf dem Dobratschgipfel zwei Kirchen fast nebeneinander stehen, recht nüchtern. Es handelt sich mehr um einen Zufall und geht sicher nicht auf den Umstand zurück, dass der Berg als solcher für heilig erachtet worden wäre. Auf seinen ausgedehnten Hängen gibt es keine besonderen Andachtsstätten, die dem Pilger den Weg empor weisen. Der Prospekt, der für das Befahren der Bergstraße wirbt, faselt zwar von Waldgeistern, Feen und Elfen, denen man dort und da begegnen soll, aber es geht durch ganz normale Wälder hinauf zur Roßtratte, einem ausgedehnten Almgebiet, von dem ein Sessellift weiter zur Höhe führt. Das Sensationelle sind nicht außerirdische Wesen, die noch niemand zu Gesicht bekommen hat, sondern die Ausblicke auf die Julischen Alpen, sowie die Tiefblicke auf die nähere und weitere Umgebung. Von der Bergstation des Liftes wandert man noch eine Stunde zu Fuß weiter, dann ist der Gipfel erreicht. Aber nicht die beiden bescheidenen Gotteshäuser beherrschen dort das Bild, sondern ein gigantischer 165 Meter hoher Sendeturm des Österreichischen Rundfunks. Er nutzt die freie Lage des Berges, um seine Wellen nach allen Richtungen auszuschicken.

Irgendwie muss eine ähnliche Vorstellung mitgewirkt haben, als die Talbewohner daran gingen, auf den Gipfeln der sie umgebenden Berge weithin sichtbare Andachtsstätten zu errichten, zu denen sie nur mit Mühe und viel Schweiß gelangen konnten, und die für Alte und weniger Leistungsfähige überhaupt unerreichbar blieben. Sie konnten aber alle hinaufschauen und sich vorstellen, da oben sitze die Muttergottes auf einem Stein und sende ihre Segnungen wie Wellen hinunter in das Tal zu allen Menschen, die den Kontakt mit ihr aufnehmen.

Derjenige aber, dem es vergönnt war, hinaufzusteigen, der empfand ein eigenartiges Glück, wie es unzählige romantische Bergsteigerseelen in ihren Sprichwörtern zum Ausdruck gebracht haben: Man sei am Gipfel dem Himmel näher als sonstwo, oder: Viele Wege führen zu Gott, einer davon über die Berge. Rational ist es jedenfalls nicht zu erklären, warum sich die Leute die Mühe antaten, auf über 2000 Meter Höhe zwei Kirchen zu bauen und warum sie diese bis in unsere Zeit nicht abkommen ließen, sondern sie immer wieder mit Fleiß und großen Opfern zu erhalten und zu erneuern suchten. Auch die Tatsache, dass an den traditionellen Terminen wie Jakobi oder St. Anna hunderte Menschen auf den Gipfel pilgern, um hier gemeinsam Gottesdienst zu halten und nachher zünftig zu feiern, lässt sich nicht mit Vernunftgründen erfassen, denn weit rationeller wäre es doch, das Fest unten abzuhalten. Aber es herrscht offenbar eine besondere Stimmung am Berg. Sie lässt es manchen sogar im Glauben hinnehmen, dass hier die heilige Maria auf einem Felsblock vor den Hirten saß und dass der Stein hierauf einen lieblichen Geruch verströmte.

i Dobratsch auch Villacher Alpe genannt. Von der westlichen Umfahrung von Villach Bergstraße (Maut), vorbei an einer großen Sprungschanze. Sie endet nach 14 km bei der Roßtratte. Von dort weiter mit Lift und dann zu Fuß über ansteigende Almböden zum Gipfel (etwa 1 Stunde).
Villacher Alpe, Tel. 04242/57047-0
tourismus@villach.at

62

Die Geschichte von der Bäuerin Helena

Maria Luggau

Das schöne Bergdorf Luggau mit seinem markanten Kirchturm liegt in 1173 Metern Höhe.

Was für ein Tal! So wild, so steil, so abgelegen, fast exotisch möchte man es nennen. Oder ist es nicht exotisch, wenn heutzutage damit geworben wird, es gäbe weit und breit keine Seilbahn? Aber für beste Erholung ist das Lessachtal, „Europas naturbelassenstes Urlaubsparadies" allemal gut, dazu für Abenteuer wie Rafting und Klettern. So können sich die 1700 Einwohner jährlich über hundertzehntausend Nächtigungen freuen, die ihrer immer noch etwas urtümlichen Lebensweise eine wirtschaftliche Grundlage geben. Selbst heute, wo die Verkehrswege ausgebaut sind, bedeutet die Anfahrt von Osten, von Kärnten her, ein einprägsames Erlebnis. Die Alpen zeigen, was sie an ausgefallenen Geländeformen zu bieten haben. Die Straße muss sich an steilen Hängen über ungezählte Gräben und Brücken hoch über dem Fluss dahinwinden, und in den Orten fragt sich der Fremde, was die Menschen denn veranlasste, sich in so abschüssigem und unwirtlichem Gelände anzusiedeln.

Früher, als es noch keine rechten Straßen gab, war der Weg ins Talinnere naturgemäß eine Strapaze und doch nahmen ihn nicht nur die Einheimischen auf sich, sondern darüberhinaus jedes Jahr zehntausende Menschen aus den umliegenden Gegenden, die nicht einmal über die Hauptzugänge kamen, sondern über Bergjöcher im hochalpinen Bereich, über den „Kirfartsteig" von Oberdrauburg oder über den 1880 m hohen Kofelpaß von Lienz her, die beide durch die Wildnis der Lienzer Dolomiten führten. Sie wollten einen Ort im innersten Bereich der Talschaft aufsuchen, von dem die Leute schon seit eh und je meldeten, man finde dort Hilfe in allen Lebenslagen, in Maria Luggau.

Heute noch berührt es den Besucher eigenartig, wenn er in dieser abseitigen Berglandschaft den großen Gebäudekomplex eines Klosters erblickt mit einem schönen terrassierten Ziergarten, der sogar einen lusthausähnlichen Pavillon einschließt. Daneben erhebt sich eine mächtige Kirche mit einem markanten Turm in spätgotischem Zierat, den der renommierte Baumeister Bartholomäus Vierthaler erbaute, ein spätester Anhänger der Gotik aus einer Zeit, als in Italien die klassische Renaissance bereits als überholt galt. Im untersten Geschoss dieses Turmes haben sich seine kunstvoll verschlungenen Gewölberippen noch erhalten.

Die Kirche selbst ist im 18. und 19. Jahrhundert mehrmals neu gestaltet worden, was dem charaktervollen Bau des gotischen Künstlers nicht besonders gut tat. Dennoch wirkt sie freundlich und hell. Der Blick der frommen Pilger wandert ohnehin sogleich zum Hochaltar, er sucht unter dem dunklen roten Brokatvorhang und dem etwas aufdringlichen Gemälde eines venezianischen Malers des 19. Jahrhunderts das Gnadenbild, das reich gekleidet und von Engeln überschwebt auf einem schrankartigen Aufbau thront. Die Gewandung verhindert, dass man das Bild näher betrachten kann. Ungekleidet wirkt es befremdlich, denn Christus auf dem Schoß seiner Mutter ist winzig gestaltet wie ein Kind. Es ist dies aber eine Darstellung, wie sie im späten Mittelalter gelegentlich vorkam. Sie stellte die Verbindung her zwischen dem vertrauten Bild der Madonna und jenem der Leidensfrau, die einen Toten hält.

Gnadenbild und Wallfahrt gehen auf das Jahr 1513 zurück. In Maria Luggau meldet man in stolzer Genugtuung (und dies sogar im Internet): „Die Ereignisse, die zum Entstehen der Wallfahrt geführt haben, sind keinen Phantasien aus dem dunklen Mittelalter entsprungen, sondern bewiesene und festgestellte Fakten".

Berichtet wird folgendes: Eine arme Bäuerin namens Helena hatte „in der Luggau" einen winzigen Acker. Dort schlief sie einmal während der Erntearbeiten bei der Mittagsrast ein und erhielt im Traum von Maria die Anordnung, eine Kirche zu errichten. Sie wollte wissen, ob das wirklich eine himmlische Weisung sei und stellte eine Kerze bei Wind und Wetter ins Freie. Als diese drei Tage und drei Nächte lang nicht erlosch, fühlte sie sich sicher und begann, Geld für den Bau zu sammeln. Sie stieß aber auf unerwartete Ablehnung. Die Leute verweigerten ihr nicht nur die Spenden, sondern beschimpften und verleumdeten sie als Hexe, sodass sie sogar eingesperrt wurde.

Die gute Helena muss jetzt im Kerker schmachten
ob sie schon gut gemeynt was man ihr übel nimmt.
Umsonst wird das die Höll zu hintertreiben trachten
was einmal Gott zur Ehr Maria hat bestimmt.

So wird ihr Schicksal in den Versen eines volkstümlichen Bilderzyklus' beklagt und gleich mit der passenden Nutzanwendung verbunden. Die Hölle konnte sich natürlich nicht durchsetzen. Die Frau wurde „wie durch ein Wunder" wieder frei, setzte die Propagandierung des Kirchenbaues fort und so entstand eine kleine Kapelle. Sie besorgte bei einem Schnitzer das Gnadenbild und stellte es dort hin. Während der Arbeiten für ein Schindeldach drang ein Wahnsinniger in das Heiligtum und wollte die Statue fortschaffen. Als er sie aber berührte, kam er plötzlich zu Sinnen und ließ von seinem Vorhaben ab, das erste Wunder von Maria Luggau! Auf Grund dessen nahm der Zulauf zu, und die emsige Helena plädierte für eine Vergrößerung der Kirche. Sie ging zum zuständigen Beamten, dem Grafen Johann

An so manchem Bauernhaus ist das Bild der Muttergottes von Luggau angebracht.

von Mannsdorf, der sich an Ort und Stelle begab, um den Platz für den Bau auszumachen. *Doch widersetzt sich starr die ganze bauren schaar,* sodass „Herr Pfleger" die Sache nicht weiter verfolgen wollte und heimritt. In der Ortschaft Oberring scheute sein Pferd, er geriet in höchste Lebensgefahr, kam nach Anrufung der neuen Gnadenmutter aber davon und machte sofort kehrt, um das Anliegen mit Nachdruck fortzusetzen. Die Bauern ließen sich nun auch überzeugen, und so entstand schließlich Meister Vierthalers Werk, in dem jedermann *sein Herz mit süßen Trost ergetzt,* wie es in den erwähnten Versen heißt. Nur zwei Männer blieben stur und widersetzlich, sie erlitten verdiente Strafen. Der eine endete elend in der Fremde, dem anderen brannten Haus und Hof ab.

Befasst man sich kritisch mit dieser Gründungsgeschichte, so fallen weniger die Wunder der frommen Helena auf. Sie lassen sich kaum nachvollziehen, die Traumweisung sowieso nicht, aber auch für das Mirakel mit der Kerze gab es anscheinend keine Zeugen. Weit merkwürdiger erscheint der Widerstand der ansässigen Bevölkerung gegen den Kirchenbau. Landauf, landab entstanden damals Gotteshäuser in Menge. Bartlmä Vierthaler und seine Berufskollegen brauchten sich über Arbeitsmangel nicht beklagen. Im Nachbardorf St. Jakob, in Laas, in Lienz, überall hatten sie zu tun. In Keutschach wurde ein 1485 gerade erst geweihter Bau in den Jahren 1518 bis 1527 neu aufgeführt. Warum wehrte sich die Bevölkerung ausgerechnet in der Luggau so heftig gegen ein Gotteshaus, noch dazu wo himmlische Weisungen ihn verlangten. Vermutlich opponierte sie nicht gegen den Bau an sich, sondern dagegen, dass er gerade dort an dieser Stelle geplant wurde, an einer Stelle, die ihr offenbar heilig war und die verschiedenen Kulten diente.

Der Herr Pfleger, der in der Geschichte vorkommt, war nicht irgendeine subalterne Verwalterfigur, sondern ein mächtiger Herr. Als Graf Hanns von Mandorf oder Mansdorf zu Oberaich war er Hauptmann der Grafschaft Ortenburg, der etliche Schlösser erwarb und offenbar eine bedeutsame Stellung in Westkärnten bekleidete. Und schließlich kann auch der Geisteskranke, der es auf das Gnadenbild abgesehen hatte, einigen Aufschluss über das tatsächliche Geschehen geben, das wir folgendermaßen wiedergeben könnten:

In dem entlegenen Winkel des Lesachtales herrschten noch heidnische Kulte wie der lokale Machthaber Mansdorf, der schließlich dem Kaiser verantwortlich war, feststellen musste. Er trat dem unchristlichen Wesen nicht mit Gewalt entgegen, sondern versuchte es mit der Installation einer Wallfahrt, wozu er sich einer Vertrauensperson, nämlich der Bäuerin Helena, bediente. Die Bauern waren erbittert, dass ihnen die Kultstätte weggenommen würde. Unwissend, wer hinter der Sache stecke, denunzierten sie die Propagandistin als „Hexe" und ließen sie sogar einsperren. Natürlich wurde sie umgehend wieder freigelassen und konnte ihre Gebetsstätte errichten. Der „Wahnsinnige" war ein Anhänger der alten Bräuche, denn solche wurden öfters als geisteskrank bezeichnet. Er wollte das Andachtsbild attackieren und wegbringen, doch konnte man ihn rechtzeitig davon abhalten. Nun schaltete sich der Graf selber ein. Da er nichts ausrichtete, musste wieder ein Wunder her, der Sturz vom Pferd, der sich vielleicht wirklich zugetragen hat. Nun hatte er genügend Gründe, um die Einheimischen zu überzeugen und jene wenigen, die noch in Opposition verharrten, verloren ihr Hab und Gut, ihr Hof wurde verbrannt, sie selbst vertrieben.

Wird der Gnadenort Maria Luggau durch diese Sicht der Dinge abgewertet, indem man die Wunder durch Realität ersetzt, die faszinierende göttliche Einwirkung durch simples menschliches Handeln? Keineswegs. Dutzende Kultstätten halten es sich zugute, dass sie schon von Kelten und Römern und anderen vorzeitlichen Völkern zu Gebetszwecken aufgesucht wurden, dass sich die Menschen dort seit vorchristlicher Zeit vom Numinosen angesprochen fühlten. Stimmt unsere Darstellung, dann war dies in der Luggau bis in die neuere Zeit hinein der Fall. So spät kam die Obrigkeit dahinter, dass an dieser abgelegenen Stätte die Menschen in althergebrachter Art die Gottheit verehrten, in einer Art, die nicht mehr akzeptabel war. Sie fühlten sich dringend aufgerufen, den Ort in eine Wallfahrt umzuformen. Dass dabei List und Täuschung, ja Unduldsamkeit zum Einsatz kam, trübt freilich das schöne Tableau der frommen Entstehungsgeschichte. Aber immerhin ist es erträglicher zu wissen, dass menschliche Härte die Anhänger der alten Kulte vertrieb, als sich vorzustellen, Gott und die heilige Jungfrau hätten sich durch konservativen Sinn so beleidigt gefühlt, dass sie höchstpersönlich diese Leute um ihre Existenz und ihr Leben brachten. Und so ist die neue Perspektive im Grunde für den Christenmenschen erbaulicher als die alte.

i Maria Luggau liegt im westlichsten Teil Kärntens in einer überaus eindrucksvollen bäuerlichen Kulturlandschaft. Zufahrt entweder von Osttirol her (Abzweigung nahe Sillian) oder von Kötschach-Mauthen, das wiederum in langer Fahrt von Villach über Hermagor erreichbar ist, soferne man nicht über Gebirgspässe vom oberen Drautal oder Italien dorthin kommt.
Pfarramt, Tel. 07416/601

Literaturverzeichnis

Allgemeine Literatur (Auswahl)

Angenandt Arnold, Heilige und Reliquien, München 1997

Andree-Eysn Maria, Volkskundliches aus dem bayrischen Alpengebiet, Braunschweig 1910

Bauerreiss Romuald, Pie Jesu, das Schmerzensmannbild und sein Einfluß auf die mittelalterliche Frömmigkeit, München 1931

Biedermann Hans, Lexikon der Symbole, München 1989

Caminada Christian, Die verzauberten Täler, Olten 1961

Fink Hans, Verzaubertes Land, Volkskult und Ahnenbrauch in Südtirol, Innsbruck - Wien - München 1973

Gugitz Gustav, Österreichs Gnadenstätten in Kult und Brauch, 5 Bände, Wien 1955–1958

Haid Hans, Mythos und Kult in den Alpen, Rosenheim 2002

Höllhuber Dietrich/Kaul Wolfgang, Wallfahrt und Volksfrömmigkeit in Bayern, Nürnberg 1987

Kriss Rudolf, Volkskunde der altbayrischen Gnadenstätten, München 1953–1956

Kusch Heinrich und Ulrike, Kulthöhlen in Europa, Graz–Wien–Köln 2001

Lukan Karl, Alpenwanderungen in die Vorzeit, Wien 1965

Lukan Karl, Seltsame Kultstätten, sonderbare Heilige, Wien 1985

Neugebauer Johannes-Wolfgang, Österreichs Urzeit, Wien 1990

Pauli Ludwig, Die Alpen in Vorzeit und Mittelalter, München 1980

Schlinke Diether, Kelten in Österreich, Wien 1987

Ausstellungskataloge

Das keltische Jahrtausend, Rosenheim 1993

Die Tirolische Nation 1797–1820, Innsbruck 1984

Heiltum und Wallfahrt, Innsbruck 1988

Hexen und Zauberer, Riegersburg/Graz 1987

Salzburger Wallfahrten in Kult und Bruach, Salzburg 1986

Schatz und Schicksal, Mariazell/Neuberg 1996

Volksfrömmigkeit in Oberösterreich, Linz 1985

Wallfahrt kennt keine Grenzen, München 1984

Vorarlberg
1 Rankweil
2 Bildstein

Nordtirol
3 Kaltenbrunn und Serfaus
4 Seefeld
5 Wilten
6 Maria Waldrast
7 St. Magdalena bei Trins
8 Absam
9 St. Georgenberg bei Schwaz
10 Eben am Achensee
11 Die Hohe Salve
12 Klobenstein

Südtirol
13 St. Martin im Kofel
14 Riffian
15 Trens
16 Meransen
17 Latzfonser Kreuz
18 Maria Weißenstein
19 Heiligkreuz am Kofel
20 St. Silvester auf der Alpe

Osttirol
21 Obermauern

Salzburg
22 Salzburg
23 Maria Plain
24 Großgmain
25 St. Wilhelm
26 Maria Kirchenthal
27 Die Kapelle zu den Drei Wallern in Gastein
28 St. Leonhard bei Tamsweg

Oberösterreich
29 St. Wolfgang
30 St. Konrad
31 Maria Schmolln
32 Hart bei Pischelsdorf und Heiligenstatt
33 Brunnenthal bei Schärding
34 Schardenberg
35 Pöstlingberg
36 Waldkreuzkapelle bei Helfenberg
37 Christkindl

Niederösterreich
38 Sonntagberg
39 Maria Taferl
40 Hoheneich
41 Pulkau
42 Maria Dreieichen
43 Maria Enzersdorf
44 Hafnerberg
45 Klein-Mariazell
46 Mariahilfberg bei Gutenstein

Wien
47 Stephansdom

Burgenland
48 Frauenkirchen
49 Loreto

Steiermark
50 Mariazell
51 Frauenberg bei Admont
52 Schüsserlbrunn
53 Graz
54 Weizberg
55 Kulm bei Puch

Kärnten
56 Hochfeistritz
57 Waitschach
58 Gurk
59 Maria Saal
60 Maria Elend
61 Dobratsch
62 Maria Luggau